布野修司 編著

はてしなき現代住居 1989年以後

フィルムアート社

はじめに

はてしなき現代住居

「建てること、住むこと、考えることBauen Wohnen Denken」❖というのは、マルティン・ハイデガーの哲学的思索のキーワードである。「住むことWohnen」は、すなわち「生きることLeben」であり、その根源は、「建てることBauen」そして「考えることDenken」である、という。

ホモ・サピエンス（現生人類）の本質的能力とされるのが言語能力すなわちコミュニケーション能力である。また、抽象化・概念化の能力、文字・図像による表現能力、知的設計能力である。要するに、「建てること」すなわち建築する能力を獲得したこと、空間をあらかじめイメージし表現する抽象能力、知的設計力を得たのがわれわれホモ・サピエンスである。

そうした意味では、われわれは誰もが生まれながら「建築家」である。実際、「住む」ために必要な空間を「建てる」ことは、誰にも身近な行為であった。

第二次世界大戦直後、広島、長崎、東京……日本の多くの都市は焼け野原であった。壕舎をはじめとして人々はありとあらゆるところに住みついた。多くが自力でバラックを建てはじめた。そうしたなかに、創意工夫に富んだ多様な住宅のスタイルが生み出されていた。
しかし、それからおよそ80年、日本の住居のあり方は大きく変わった。敗戦まもなく、日本全体で420万戸もの住居が不足していたと推計されるが、今や1000万戸に及ぼうとする空き家（848・9万戸、2018／総務省統計局「平成30年住宅・土地統計調査」）を抱える。第二次世界大戦直後のことを思えば、日本の住居が豊かになったことは疑いがない。室内環境を人工的に制御する住宅設備の進化には著しいものがある。

しかし、果たして、日本の住居は真の意味で豊かになったのか？

1990年代以降、世界は大転換しつつある。冷戦構造の崩壊、グローバリゼーションの加速と自国第一主義の経済、ナショナリズムの抬頭、ICT革命によるインターネット社会の到来、巨大なプラットフォーマーの出現と生成AIの登場、地球温暖化のグレート・アクセラレーション、そしてCovid-19の蔓延、この30年間は、ほぼ日本の平成時代（1989－2019）に重なる。

阪神・淡路大震災（1995）、東日本大震災（2011）などこの30年に次々に大災害が日本列島を襲い、日本の住居とそれを取り巻く環境が、想像以上に脆弱であることが明らかになった。また、少子高齢化の進行は、日本から活力を奪っていった。膨大な空き家を抱える一方、日本社会の階層分化、上流（富裕）層と下流（低所得）層の二極分化も指摘される。そして、日本の総人口は、2011年以降、減少に転じた。2070年には8700万人に減少するという（厚生労働省人口問題研究所、2023年4月）。日本は、世界でもっとも少子高齢化が進行する国である。

私たちは、現在どのような住居を手にしているのであろうか？　現代の日本では、住宅は「買う」ものであって「建てる」ものではなくなっている。日本の住居の未来はどうなっていくのであろうか？　「住むこと」と「建てること」の未来を考えるために、この30年の日本の住居を振り返ってみたい。

自ら「住む」場所を選び、自らの住居を思うままに設(しつら)えることは、誰もが人生の節目節目に行ってきている。この選択はどのようなかたちで終わるのであろうか。かつては、生まれた場所は故郷であり、やがて帰っていく場所であった。また、移り住む場所にも、地域それぞれに互いに助け合うコミュニティがあった。しかし、そうした故郷や地域コミュニティは失われつつあるように思える。そもそも、集まって住むかたちはどのようであればいいのか？

布野修司

❖ ドイツ工作連盟主催ダルムシュタット建築展で行った講演（1951）のタイトルであり、著書のタイトル。Martin Heidegger, "Bauen Wohnen Denken. Vorträge und Aufsätze", Klett Cotta, 2020. 中村貴志『ハイデッガーの建築論——建てる・住まう・考える』中央公論美術出版、2008年。

目次

I

失われた終の棲家

私たちはどこに棲むのか?

布野修司

II

III 現代住居論考

Habitation

1 集住

家族と社会

Technology

2 テクノロジー

供給と生産

Architect

3

建築家
作品と表現
……281

はてしなき現代住居
1989年以後

凡例

・書籍名、雑誌名、映画タイトルは『　』、建築作品名、展覧会名、論考タイトル、プロジェクト名、シリーズ名等は「　」で記したが、Ⅱ 1989–2019の住居50選では建築作品名の括弧を省略した。
・参考文献については、Ⅰ総論では著者名・発行年方式で示し、原稿末に出典リストを記載した。Ⅲ現代住居論考では、脚注内に書誌情報を記載した。

I

総論 失われた終の棲家

私たちはどこに棲むのか?

布野修司

家族やコミュニティは、あらゆる人間社会の基本構成要素であり続けた（産業革命以前は、ほとんどの人の日常生活は、古来三つの枠組み、すなわち、核家族、拡大家族、親密な地域コミュニティの中で営まれてきた）。ところが産業革命は、わずか二世紀余りの間に、この基本構成要素をばらばらに分解してのけた。そして、伝統的に家族やコミュニティが果たしてきた役割の大部分は、国家と市場の手に移った。［……］
ところが当初、市場や国家は自らの力を行使しようとすると、外部の介入を快く思わない伝統的な家族やコミュニティに行く手を阻まれることに気が付いた。［……］そこで国家と市場は、けっして拒絶できない申し出を人々に持ちかけた。「個人になるのだ」と提唱したのだ。［……］
このように、コミュニティと家族が破綻を来し、しだいに孤独感の深まる世界に、私たちは暮らしているのだ。［……］

ユヴァル・ノア・ハラリ『サピエンス全史——文明の構造と人類の幸福』▼1

はじめに

本書は「平成」時代（1989–2019）の日本の住居を振り返る試みとして企画された。第一に議論となるのは、「元号」というひとりの天皇の在位期間によって日本の住宅の歴史を区分できるのかということである。住居の歴史は、王朝や王位の興亡によって必ずしも大きく変わるわけではない。日本の歴史について、一般に「明治」「大正」「昭和」といった「元号」による時代区分が行われるが、「昭和」にしても、戦前と戦中で歴史は大きく異なる。戦後の「昭和」も一括りにはできない。戦後復興から高度経済成長期にかけての1960年代までと、2度のオイルショックに見舞われた1970年代とは区別される。さらに、1980年代後半からのバブル経済が日本を世界の主役（ジャパン・アズ・ナンバーワン）に押し上げて、弾けたという歴史がある。「平成」という時代の区分はとりあえず仮の設定であった。

しかし、「平成」の始まりは、冷戦構造の崩壊という世界史的大転換の年と一致する。ベルリンの壁が崩壊したのが平成元（１９８９）年11月、ソビエト連邦共産党が解散するのは１９９１年である。ほぼ時を同じくしてバブルが弾けた。１９８９年12月29日の東証大納会で日経平均株価が史上最高値の３万８９５７円44銭（同日終値３万８９１５円87銭）を記録した後、１９９０年１月４日の大発会から株価の大幅下落が始まる。[▼2]以降、「平成」時代の日本は「失われた30年」と言われる。

そして、これも偶然というしかないけれど、２０１９年末以降の新型コロナウイルスCovid-19によるパンデミックの発生は世界史的な区切りとなると思われた。情報通信技術ＩＣＴによるリモート・ワークの定着は大きく住居のあり方を変えていくはずである。冷戦構造の崩壊にともなって本格的なグローバリゼーション時代が到来し、コンピュータ技術やＩＣＴの発達は大きくわれわれの生活を変えてきた。日本に住文化を異にする外国人の居住が増加していったのはグローバリゼーションによる国際的労働力移動の結果である。

しかし、問題はグローバリゼーションの行方である。アメリカ合衆国にアメリカ・ファーストを唱えるＤ・トランプ政権が誕生すると（２０１７–21）、イギリスのブレグジットBrexit（２０２０年１月）など自国第一主義を唱える経済ナショナリズムが世界各地で顕著になった。[▼3]加えて、「一帯一路」（２０１４）vs「自由で開かれたインド・太平洋」（２０１６）という経済圏の囲い込みをめぐる対立構図、民主主義（自由主義諸国）vs権威主義（中国、ロシア他）という新たな世界秩序の構図が鮮明に浮上してきた。そして、ロシアのウクライナ侵攻（２０２２–）、イスラエルのガザ制圧戦争（２０２３–）が勃発、進行中である。世界史の行方は予断を許さない。

そうしたなかで、日本の総人口は２０１１年以降減少しはじめた。世界でもっとも早く少子高齢化が進行しつつあるのが日本である。日本のみならず世界の歴史にとってまったく新たなフェーズである。この間、超高層タワーマンション、スマートハウスの登場、空き家の大量発生など、まったく新たな動向がある。

住居はさまざまな制度によって規定されており、社会に埋め込まれていることにおいて極めて保守的である。変わるものと変わらないものがある。変化といっても、「平成」になって突然に変わったわけではない。これまで何度か戦後日本の住宅について振り返る機会があったが（布野１９８５、布野１９９５）、日本住宅の歴史的大転換期となるのは、１９６０年代の10年である。「住宅革命」の10年といってもいい。そして、この転換の行きつく先が明らかになりつつあるのが現在である。日本住宅の歴史を大きく振り返りながら、「住宅革命」の帰趨を確認しよう。

I 日本住居の原像

バラックの海——戦後日本の原風景

第二次世界大戦後まもなく日本は廃墟であった。原子爆弾を投下されて一瞬にして焼野原となったヒロシマ・ナガサキがその象徴である。首都東京は、1944年11月以降100回を超える空襲を受け、1945年3月10日の東京大空襲では1日だけで100万人を超える人々が罹災し、5月末までにさらに4回の大規模な空爆を被った。日本全土で被害を受けた市町村数は430に及ぶ。

東京は一面焼け野原であった。戦後まもなく撮られた写真を見ると[4]、銀座、京橋、日本橋に「焼けビル」が残っているけれど、それ以外は焼けた木造住宅の残骸だけがどこまでも続いている。露店が新宿に出現し、すぐさま銀座、浅草、上野、渋谷、池袋へ広がった。そして無数のバラックが焼野原を埋め尽くしていった[図I-1]。

「壕舎をはじめとして人々はあらゆるところに住みついた。その住むことへの意志は実にしたたかであったといえるであろう。東京都が1945年11月から建設をはじめた応急簡易住宅が、窓ガラスはセロファン、屋根は防水加工の紙葺きで、なお材料難のため工期に3カ月を要すといった状態である。建築許

図I-1｜1945年9月7日、焼け野原の東京に、トタンでつくられたバラック（写真：AP／アフロ）

可申請の抽選を待つ余裕もなく、多くが自力で、無断でバラックを建て始めたのは無理からぬことでもあったのである。そうしたなかで貧相であれ、多様な住居のスタイルが生み出されていた。東京都交通局の廃車に切妻の屋根をかけたバス住宅。三角ハウス。戦時中製造中止のため不要となっていた川崎の工場の鉄管や釜をあり合わせの新聞紙や木片、布などによって塞いだ鉄管住宅。上野の天幕住宅。ブリキ職人、林三氾は空缶で屋根を葺いた。そのアイディアを千葉県で採用、空缶66個を平たくして1坪につなぎ合わせたものが配給されたのだという。また、銀座・松屋裏に出現した、広告版で屋根を葺き、壁に鉄製の町名表示板を並べて貼った住宅。そして、賃貸（100円／日、1000円／月、10000円／年）の移動家屋、トロッコ住宅。[5]」

実に多様な創意工夫に満ちたバラック群の出現であった。戦後まもなくのバラックや壕舎は生存のためのぎりぎりの条件のもとで選び採られた表現である［図I-2①②③④］。それは、建てることと住むこと、そして生きることがまったく同一でありえた位相である。この創意工夫のバラックの海と化した廃墟の光景が戦後日本の原風景である。それは仮の姿であった。やがて、アメリカナイズされた生活様式が日常を覆いはじめ、「花の団地族」が出現するまでさして時間はかからない。

戦後まもなくの日本において、自分の住宅を自ら建てる経験は珍しいことではなかった。もちろん、住宅建設は大工さんをはじめとする職人さんたちの仕事であったけれど、住宅建設の一部始終は身近に見ることのできる出来事であった。しかし、現代日本において、自力で自分の住宅を建てる人はほとんどいない。ディベロッパーや住宅メーカー、建設会社のカタログやチラシ、インターネット情報から選ぶだけでいいのである。住宅へのさまざまな思いを実現すべく建築家や大工・工務店に相談して建てる人々も少なくなった。また、住宅を建てる職人さんそのものもいなくなりつつある。住宅だけではない。

図I-2①｜三角住宅（『新建築』1955年8月号）

図I-2②｜バス住宅（『朝日報道写真集』）

図I-2③｜立ち上がるバラック

図I-2④｜闇市

住宅を建てる土地（宅地）も以前から売買の対象である。そして、投機の対象になってすでに久しい。住宅は買い替えたり、住み替えたりするものであって、あるいは資産運営の対象であって、住み続けるものではなくなりつつある。終の棲家が失われつつあるのが現在の日本である。

図1-3｜旧渋谷家住宅（山形県東田川郡朝日村（現・鶴岡市））

住居の起源・変容・転生

伝統的な住居の形態は、気候や地形、建築材料、生業形態、家族や社会組織、世界観や宇宙観、信仰体系など多くの要因によって規定され、その立地する地域によってさまざまである。世界には実に多様な住居の形態をみることができる。住居の形態は、本来、地域の自然・社会・経済・文化の複合的表現である（布野2005）。

日本住宅の起源は、竪穴式住宅と高床式住宅に遡り、そのふたつの原型がそれぞれ庶民住宅（民家）と貴族住宅（寝殿造、書院造）の流れを形成してきたと日本住宅史は説き起こされる。日本住宅のさらなるルーツ、そのグローバルな位置づけをめぐる詳細は他に委ねるが（布野・田中・オンサワンチャイ・チランタナット2017）、竪穴式住宅は北方系あるいは西方系、高床式住宅は南方系と理解することができる。住宅は、どこであれ、地域で調達できる建築材料、木、草、土、石などの自然材料を用いてつくられるのが基本である。中国あるいは朝鮮半島には、磚（煉瓦）造の系譜が加わるけれど、日本の住居は基本的に木造であった。日本列島は豊かな木造資源に恵まれてきたのである。

日本の木造住宅は、柱と梁で組み立てられる軸組構法（柱梁構造）――木を横に使ういわゆるログハウス（井籠（蒸籠）組、校倉造）も古来用いられてきたけれど、住宅に用いられることは少なかった――、屋根は和小屋あるいは2本の部材を逆V字形に組む又首（さす）（扠首）組に、茅葺、藁葺の草葺――瓦葺は、特定の階層の住宅に用いられてきた――を基本としてきた。木造住宅といっても、世界中にさまざまな形態と架構方法があるが、日本の木造技術は世界でもっとも洗練されたもののひとつと評価できる。

しかし、日本の伝統的木造住宅はこの間大きく変化してきた。最初のインパクトとなったのは、明治維新以降の西洋化の流れである。西洋の建築技術の導入によって、第一に、木造住宅の構法は、接手仕口による伝統的な切組加工から釘金物を利用した工法に変化していった。第二に、基礎と土台の固定、筋違（斜め材）の導入による耐震化が大きい。耐震性を高めた新たな構法が成立するのは明治末から大正期にかけてであり、「伝統工法」と区別して「在来工法」と呼ばれるようになる。木造住宅の構法は、戦後、新建材の利用やツーバイフォー（バルーン・フレーム）など新たな構法の導入によって多様化していくことになる。そしてさらに、伝統的木造構法の接手仕口の手加工（「刻み」）を機械加工によって自動的に行うプレカット技術の出現によって、「在来工法」も大きく変わることになる。間取りを描けば柱や梁が自動的に刻まれてくるのである。構法の基本原理もまた失われつつある。

北海道から沖縄まで、地域ごとに極めて多様な伝統的木造住宅は、昭和戦前期までは各地に残されてきた［**図Ⅰ-3**］。そして、構法は変化したとはいえ、地域産材を用い、地域の大工・工務店によって建てられるという日本の木造住宅の仕組みは、少なくとも1960年ぐらいまでは維持されてきた。

地域の生態系に基づく住居システムが崩れ、日本の伝統的木造住宅が衰退していく大きな要因となったのは、鉄とガラスとコンクリートによる新たな構造形式の導入である。鉄骨造、鉄筋コンクリート（RC）造の建築物が建設されるようになるのは19世紀末から20世紀初めにかけてのことであるが、日本でも1930年には鉄骨造、鉄筋コンクリート造の構造基準が設けられる。15年戦争期（1930–45）には建設されることは少なかったけれど、第二次世界大戦後、木造亡国論が唱えられ、火災に弱い木造住宅よりも、防火性能が高い鉄骨造、鉄筋コンクリート造の住宅が一気に普及していくことになるのである。

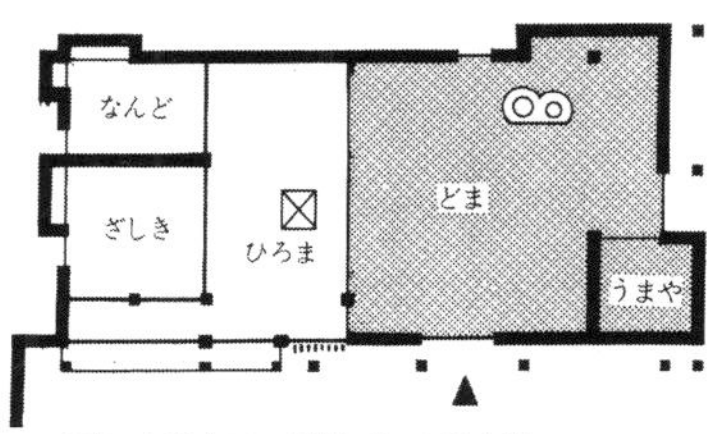

図Ⅰ-4①｜三つ間取り・ひろま型

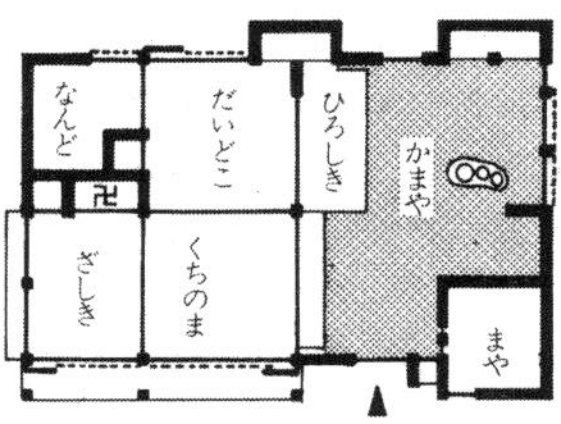

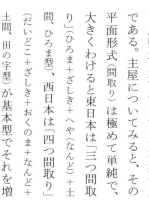

図Ⅰ-4②｜四つ間取り・田の字型
（ともに、日本建築学会1981）

未成の共同住宅

西洋の科学技術の導入は日本に産業革命をもたらすが、産業革命による都市化の進展は、まったく新たな住居類型を必要とすることになる。

日本の伝統的住宅の基本型のひとつは農家である。すなわち、母屋、納屋などいくつかの住棟によって屋敷地が構成される分棟型住居である。主屋についてみると、その平面形式（間取り）は極めて単純で、大きくわけると東日本は「三つ間取り」（ひろま＋ざしき＋へや（なんど）＋土間、ひろま型）、西日本は「四つ間取り」（だいどこ＋ざしき＋おくのま＋なんど＋土間、田の字型）が基本型でそれを増築していくのが一般的であった［**図Ⅰ-4①②**］。城下町における武家住宅も基本的には同じで、いくつかの建物によって屋敷地が構成される。そして、もうひとつの基本型として町屋（都市型住宅）が成立するのは、古代都城の条坊制が崩れていく平安末期から鎌倉時代にかけてのことである。この中庭（坪庭）型の町屋に加えて、連棟の棟割長屋が成立するのは近世の大都市（江戸、京都、大阪）においてである。

明治維新以降、幕藩体制下ではほとんど流動化のなかった近世社会は大きく変動していくことになるが、農家型住宅すなわち分棟型の住宅は、敷地面積が狭くなるにつれて、一棟のみで周囲に外庭をめぐらす戸建住宅の伝統に引き継がれる。一方、中庭型の町屋は店舗併用住宅の伝統として、木造棟割長屋の伝統が木賃（モクチン）（木造賃貸）アパートとして今日に引き継がれる。明治30年代に大都市（東京、大阪、名古屋）に形成された「貧民窟」と呼ばれる下層民が居住する地区を構成したのは、江戸時代の「木賃（キチン）宿」である。

「明治」時代以降、洋風生活の導入とともに玄関脇に洋間を付加する洋館和洋折衷型［図1-5］が出現する。さらに、都市俸給生活者（サラリーマン）のための住宅が現れる。その住宅は、基本的には木造伝統工法で建てられ、新たな住宅形式として和室を中廊下で連結する形式＝「中廊下型住宅」［図1-6］が生み出された。そして、「文化住宅」と呼ばれる「家族本位」の「茶の間（居間）」中心型住宅［図1-7］が提唱されるのは、大正デモクラシー期における住宅改良会や生活改善同盟会、さらに文化生活研究会による文化生活運動の過程においてである。

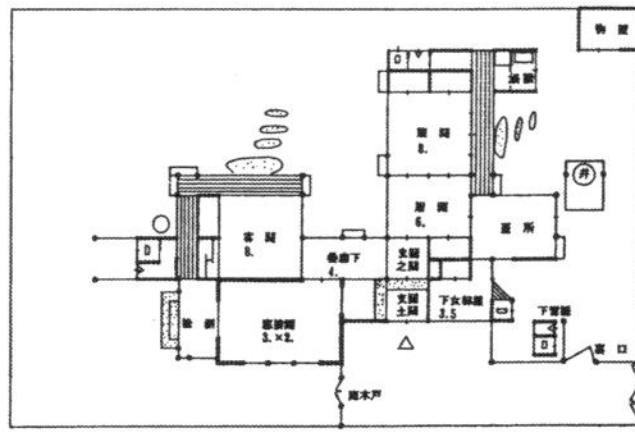

図1-5｜和洋折衷型
（日本建築学会建築計画委員会1989）

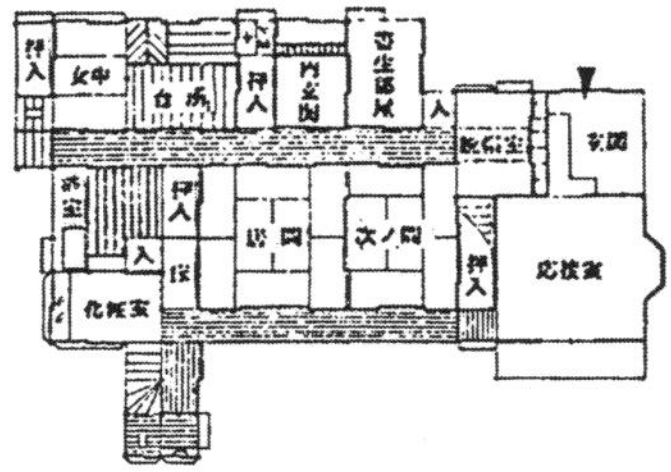

図1-6｜中廊下型住宅（同上）

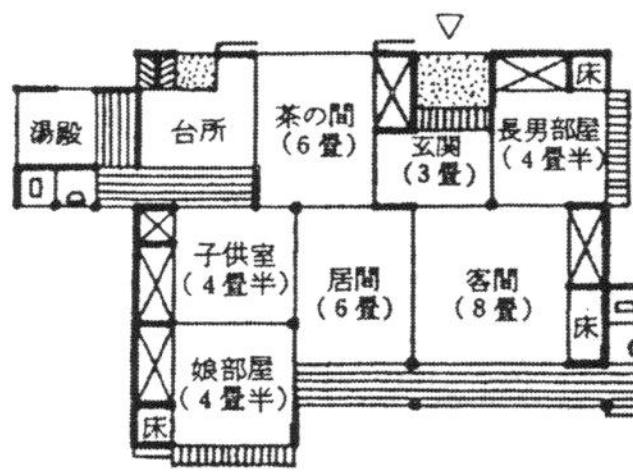

図1-7｜居間中心型住居（同上）

図1-8｜軍艦島の集合住宅（1930年頃）
（『日本地理風俗大系第13巻』
（新光社、1930年）より）Public domain.

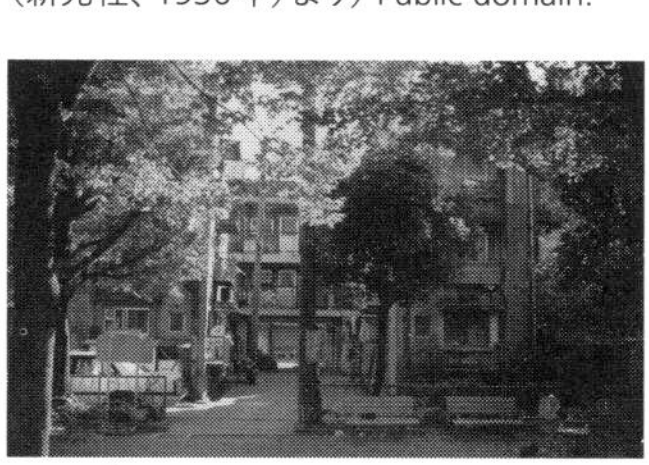

図1-9｜同潤会アパート（筆者撮影）

そうしたなかで、集合住宅、都市型住宅の伝統が薄い日本に、まったく新たなアパートメントハウス（共同住宅）の形式がもち込まれるのは、大正期から昭和の初めにかけてのことである。そしてその過程は、日本に鉄筋コンクリート造の建築物が導入されるのと並行する。最初の鉄筋コンクリート造アパートメント（共同住宅）が建てられたのは端島炭鉱（1916、長崎県軍艦島）［図Ⅰ-8］だが、一般的に建設されはじめるきっかけとなるのは、関東大震災後の同潤会によるアパートメントハウス［図Ⅰ-9］である。そのモデルとなったのは、アメリカのアパートメントハウスとされる。「江戸川アパートメント」（1934）が示すように、単身者住宅と家族住宅があり、共同浴場、食堂、理容室、社交場のあるまさに共同生活のための集合住宅であった。しかし、共同生活のための集合形式としてのアパートメントハウスは、戦後に引き継がれることはなかった。同潤会（1923）は、日本最初の住宅供給機関であり、それを引き継いだのが住宅営団[6]（1941）であるが、第二次世界大戦中には建設する機会は少なく、鉄筋コンクリート造アパートメントが全面的に建設されるのは戦後になってからである。日本に固有の集まって住むかたちを生み出す課題は未解答のままである。

図Ⅰ-10｜日野山の方丈庵（長尾重武作成）

図Ⅰ-11｜阪神・淡路大震災の惨状、夙川（筆者撮影）

永遠の仮設住宅

この間の日本を次々に襲った大規模な自然災害は、戦後日本の原風景を思い起こさせることになった。災害のたびに、被災者は応急仮設住宅に仮住まいすることになるのである。高度成長期のスクラップ・アンド・ビルドの時代に、鴨長明の無常観と彼が住んだ移動可能なプレファブ住宅「方丈庵」[7]［図Ⅰ-10］、そして、20年に一度建替えられる伊勢神宮の式年造替を念頭に、日本の住宅は、基本的に仮住まいを基本とする、というスクラップ・アンド・ビルドを肯定する住居論が展開されたけれど、鉄筋コンクリート造の集合住宅には、あらかじめリサイクルの仕組みは組み込まれていないのである。

阪神・淡路大震災（1995年1月17日）の6日後、西宮から新神戸まで、西宮市、芦屋市、東灘区、灘区、中央区と、国道2号線を軸に、阪急神戸線、JR東海道線、国道43号線で挟まれた帯状の地区を縫うように歩いた。そしてさらに6日後、新神戸から三ノ宮、元町、神戸、兵庫、長田と歩いた。もっとも被害が集中した地域である［図1-11］。そして次のように書いた。

「瓦礫と化して原形をとどめぬ民家の群。延々と拡がる焼け跡。一キロにわたって横転した高速道路。あるいは落下した橋桁。駅がへしゃげ、線路が飴のようにひん曲がる。ビルが傾き、捻れ、潰れ、投げ出される。信じられないような光景である。新幹線の橋桁が落っこちる、そんなことがあっていいのか。相次ぐ奇怪な街の光景に息をのみ続ける体験であった。横転した家の屋根が垂直になって、真上から見るように眼の前にある。家や塀、電柱がつんのめるように倒れて路をふさいでいる。異様な形の物体がそこら中に転がっている。何もかもが、折れ、転がり、滑り、捻れ、潰れている。平衡感覚が麻痺してきた。どうしたらこんな壊れ方をするのか。……まるで戦後まもなくの廃墟のようではないか。廃墟から出発し、50年を経て、再びわれわれが眼にしたのはまた廃墟であった。▼8」

東日本大震災（2011）は、さらに衝撃的な大災害となった。M9.0、史上最大規模の地震である。2004年12月26日スリランカの南端に位置するゴールにいてインド洋大津波に遭遇し、危うく命拾いをしたときのことをありありと思い出したのであるが、気がつくとバスや車、そして船が転がっている、ゴールの周辺で500人が亡くなった。悪夢の再現であった。復興支援の番屋建設に何度か通ったけれど、津波で洗い流された南三陸町や陸前高田、女川町の光景は、戦後まもなくの廃墟の光景をさらに剥がしとって、太古の日本列島を露わにするかのようであった。さらに致命的なのは、起こってはならない原子力発電所のメルトダウンである。13年を経て、未だに帰宅困難地区があるどころか、廃炉の問題も目途が立たない。戦後日本を支えてきたエネルギー供給システムがいかに危ういかを思い知らせてくれたのである。2011・3・11は日本の歴史にとって永久に記憶される年月日である。

大規模な自然災害は、阪神・淡路大震災、東日本大震災にとどまらない。台風や大雨による災害は、日本の住居とその集合体である村や街の脆弱性を明らかにすることになった。戦後、焼野原から築きあげてきた街が、風雨に洗われ、揺り動かされて、再び瓦礫の積み重なる大地に帰してしまう事態は、否応なく、日本の戦後住宅の歩みを振り返らせる。そして、太古からの大自然の営みの前に日本の現代住宅の拠って立つ基盤がいかに不安定かを思い知らされるのである。

原点としての最小限住宅――51C（≒2DK）

第二次世界大戦に敗北した日本政府は、1946年5月に「臨時建築等制限令」を交付、新築住宅の面積の上限を15坪に制限する。翌年上限は12坪に引き下げられ、その制限は1950年の廃止まで続いた。「12坪の住宅」すなわち40㎡の住宅が、日本の戦後住宅の出発点にある。

建築家たちはこの最小限住宅についてさまざまな提案を競うが、[9] それ以前に、住居を失った人々はそれぞれが雨露をしのぐシェルターを建てるのに必死であった。1945年の冬をどう過ごすかは大問題であり、敗戦後まもなく立ち上げられた戦災復興院（1945年11月設立）は、住宅営団を通じて「応急越冬住宅」を建設したが、その規模は6畳と3畳の二間（ふたま）のみの6坪2合5勺（20・63㎡）である。それでも、年度末までに目標の30万戸には遠く及ばず、10万戸程度の建設が精一杯であった。[10]

多くは自力で住宅を建てざるを得なかった。そうしたなかに、築地小劇場などの舞台美術家であり、今和次郎とともに考現学の提唱者として知られる吉田謙吉の「12坪の家」（1951）［図II-1］がある。2018年から2019年にかけて「吉田謙吉と12坪の家――劇的空間の秘密」と題する展覧会が開催（LIXILギャラリー）されたが、今日の眼で見ても「12坪の家」は楽しそうな家である。わずか4間×3間の空間に小ステージ兼ア

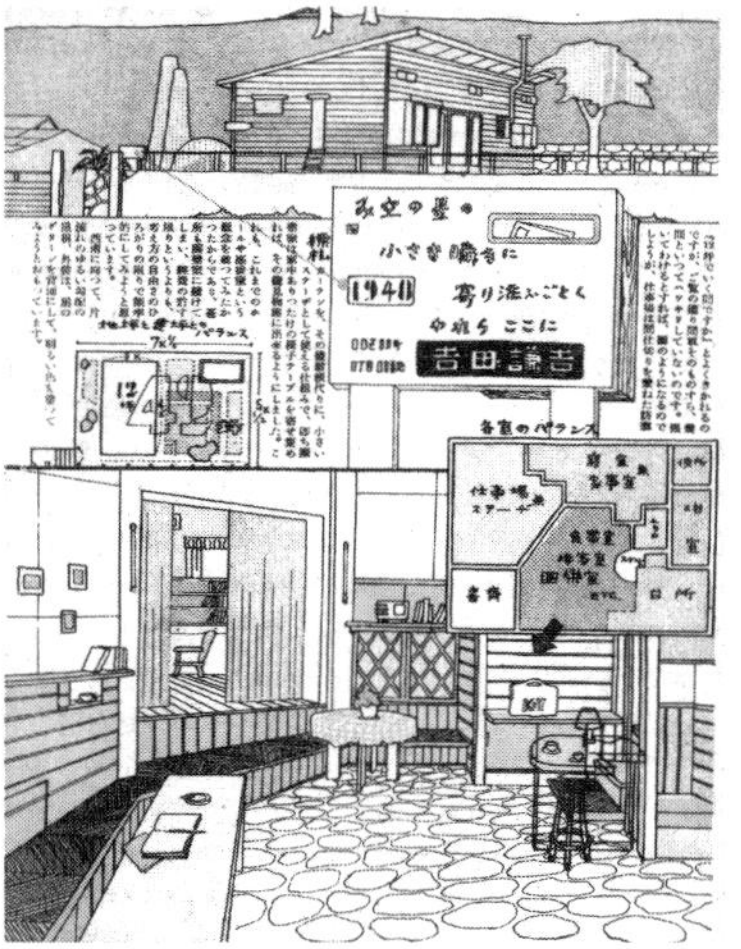

図II-1｜吉田謙吉「12坪の家」（『婦人画報』1948年6月号）

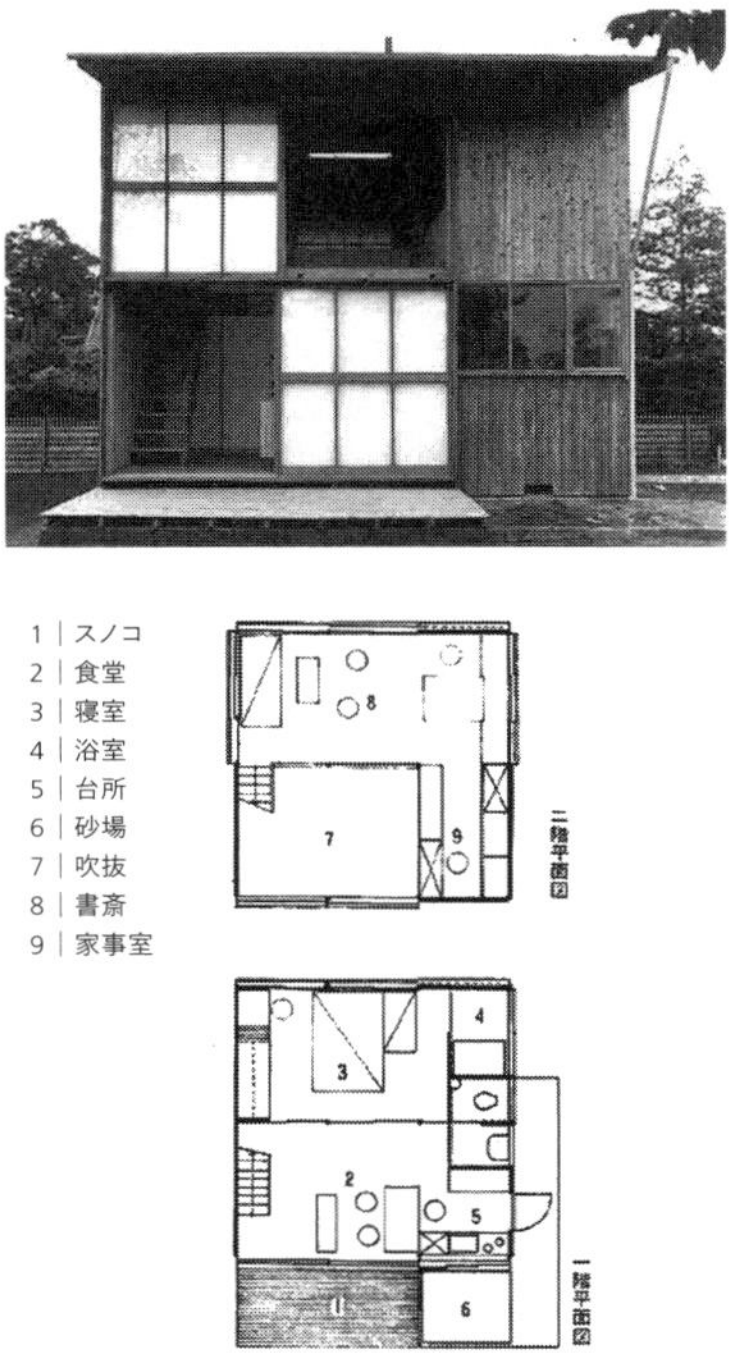

図II-2｜増沢洵「最小限住居」（1952）

トリエがあり、座卓と机を兼ねるテーブル、家事室兼寝室など創意工夫が随所にある。戦後まもなく、多くの建築家が小住宅の設計に取り組んだが、吉田謙吉の「12坪の家」はそれらにひけをとらない。その代表のひとつである増沢洵の「最小限住居」（1952）［図II-2］は建坪3間×3間＝9坪というが、2階建てで3坪の吹抜けがあり、延坪は15坪である。吉田謙吉邸は12坪だが、2階に1坪の2部屋と渡り廊下を設けてほぼ15坪である。立体構成もよく似ている。

しかし、日本の戦後住宅の歴史は、この吉田謙吉の「12坪の家」の創意工夫の方へは流れなかった。新たな流れをつくったのは鉄筋コンクリート造の集合住宅である。1946年に入って、「応急越冬住宅」は8坪の「復興住宅」に規模を拡大されたが、その一方で、戦災復興院によって鉄筋コンクリート造の積層アパートの建設が提案されるのである。[11] モデル住宅として建設されたのが東京都営住宅「高輪アパート」（1947、48）である。そして、内務省の解体に伴い戦災復興院を引き継いだ建設省（1948年7月設立）は、「国庫補助住宅」の建設を全国展開することになる。鉄筋コンクリート造の住戸モデルの標準設計として1949年にはABC、[12] 続いて1951年にはABCとMB[13]のタイプが用意された。日本の戦後住宅のモデルとなったのが1951年のC型、いわゆる「51C」［図II-3］である。

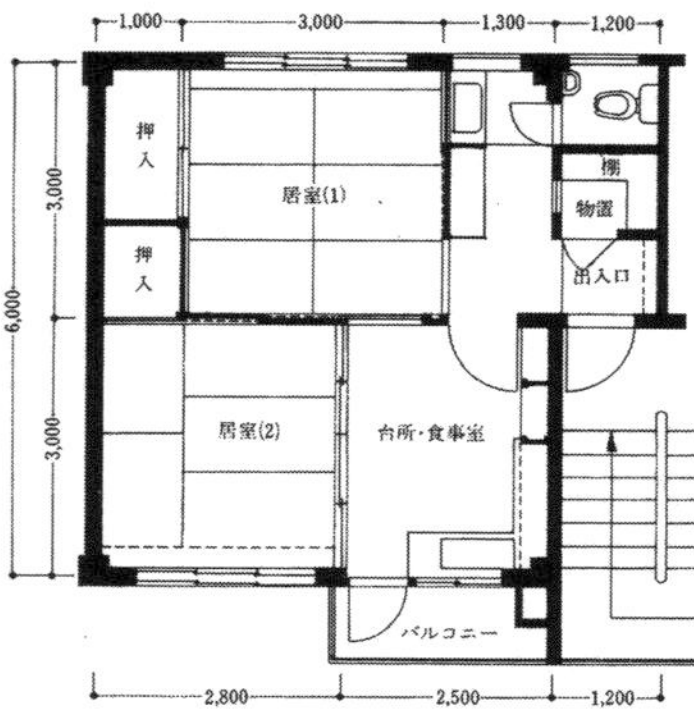

図II-3｜51C型住居S（南入）

設計に当たったのは吉武泰水研究室である。[14] 51C（51C型の住戸プラン）の設計過程については鈴木成文が詳細に明らかにするが（鈴木2006）、その空間構成の基本的な設計指針とされたのは、西山夘三が住宅営団で行った膨大な住宅採集調査から引き出された「食寝分離」そして「就寝分離（隔離就寝）」という原則である。[15] 要するに、最小限の住居においても「食べる場所」と「寝る場所」は分離する、「基本寝室」（主寝室、マスターベッドルーム）と一定年齢に達した子どもの寝室を分離するという原則である。12坪という限られた面積において、この原則によると、解答のヴァリエーションはそうあるわけではない。6畳と4.5畳の2寝室、トイレ、洗面、物置のスペースをとると独立した食事室を設ける余裕はなく、残りのスペースを広めの台所すなわち食堂兼台所DK（ダイニング・キッチン）とすることがひとつの解答となる。夕食は、DKに隣接するひとつの部屋（寝室）を利用することがあってもいいけれど、朝食はDKで採れるようにする、のである。

1955年に設立された日本住宅公団は、この「51C」を「2DK」型として採用することになる。大きな違いは、「2DK」は13坪であり1坪広く、浴室を備えていることである。「51C」は浴室をもたず、近隣の銭湯を利用するのが前提であった。そして、この「2DK」型住宅、その象徴であるDKという空間は、日本全体で、日本住宅公団の住宅団地のみならず、都市部のマンションはもとより、農村地域の戸建住宅まで、その基本型ともなる。そうした意味で、「51C」[16]→「2DK」[17]は、戦後日本を象徴する住宅形式である。

プレファブ住宅——住宅革命の1960年代

戦後まもなくの圧倒的な住宅不足への対応として、もうひとつプレファブ(工業化)住宅建設の流れがある。その歴史は、戦前期の乾式工法[18](トロッケン・モンタージュ・バウ)の移入に遡るが、建築家たちが組立式住宅の量産化に実際に取り組むことになるのは戦後である[19]。その代表はMID同人(前川國男設計事務所)によるプレモスPREMOS[20]である(1946–51)[図II–4]。木製パネルをボルトで接合する組立式住宅で、炭鉱住宅として全国で約1000戸建設された。政府は、「復興住宅」を建設する一方で、産業復興のために石炭・鉄鋼生産を優先し、炭鉱労働者向けの住宅を重点的に建設するのである。

戦後日本の住宅政策の基本は、今日に至るまで一貫して「持ち家政策」である。住宅の建設取得は国民の自己責任であり、公共住宅の供給は、終の棲家としての持ち家取得までの仮の経過措置と位置づけられてきた(「橋の論理」)。住宅政策のもうひとつの柱は融資であり、住宅金融公庫法が公布されたのは1950年である。住宅復興は、基本的には民間に委ねられる。各都市銀行が個人住宅融資を開始したのは1960

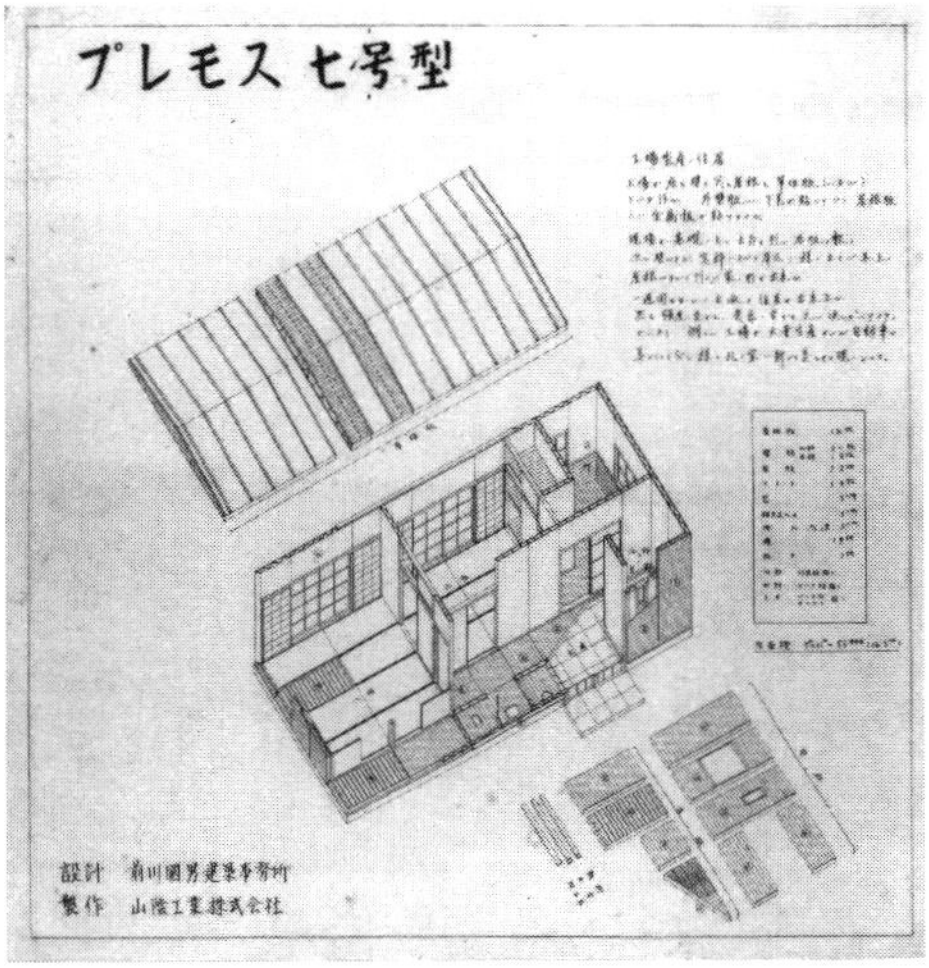

図II-4|山陰工業株式会社「プレモス」(前川建築設計事務所)

図II-5|ミゼットハウス原寸復元(ものつくり大学)

年である。期を一にして、相次いでプレファブ会社が設立されることになるが、[21]その嚆矢となるのが大和ハウスの「ミゼットハウス」(1959)[図II-5]である。「3時間で建つ11万円の子ども部屋」がキャッチフレーズであり、「プレファブ住宅の原点」と呼ばれるが、4.5畳タイプと6畳タイプがある「子ども部屋」である。爆発的に売れたというが、宅地の庭に「子ども部屋」を増築するというニーズが日本のプレファブ住宅の誕生の背景にあったのである。

1960年の段階で日本に建てられる住宅は、ほとんどすべて「在来工法」による木造住宅であった(91%、1963)。伝統的な木造住宅は、地域で入手可能な建築材料で、地場の職人たちによって建設されるのが一般的であった。しかし、10年後、戦後最大190・5万戸の新築住宅が建設された1973年には、プレファブ住宅は7.3%を占めるまでになる(内訳は木造住宅58・8%、鉄筋コンクリート造など非木造住宅41・2%)[22]。日本の住宅生産の構造が1960年代の10年で大きく転換したことは明らかである[図II-6]。

住宅の工場生産化は、すなわち住宅の商品(耐久消費財)化であり、住宅革命と呼びうる一大転換である。プレファブ住宅は、不特定多数のユーザーに向けて設計され、あらかじめ工場生産された部品(プレファブリケーション)によって建設されることにおいて、土地の条件とは切り離された生産システムに基づくこ

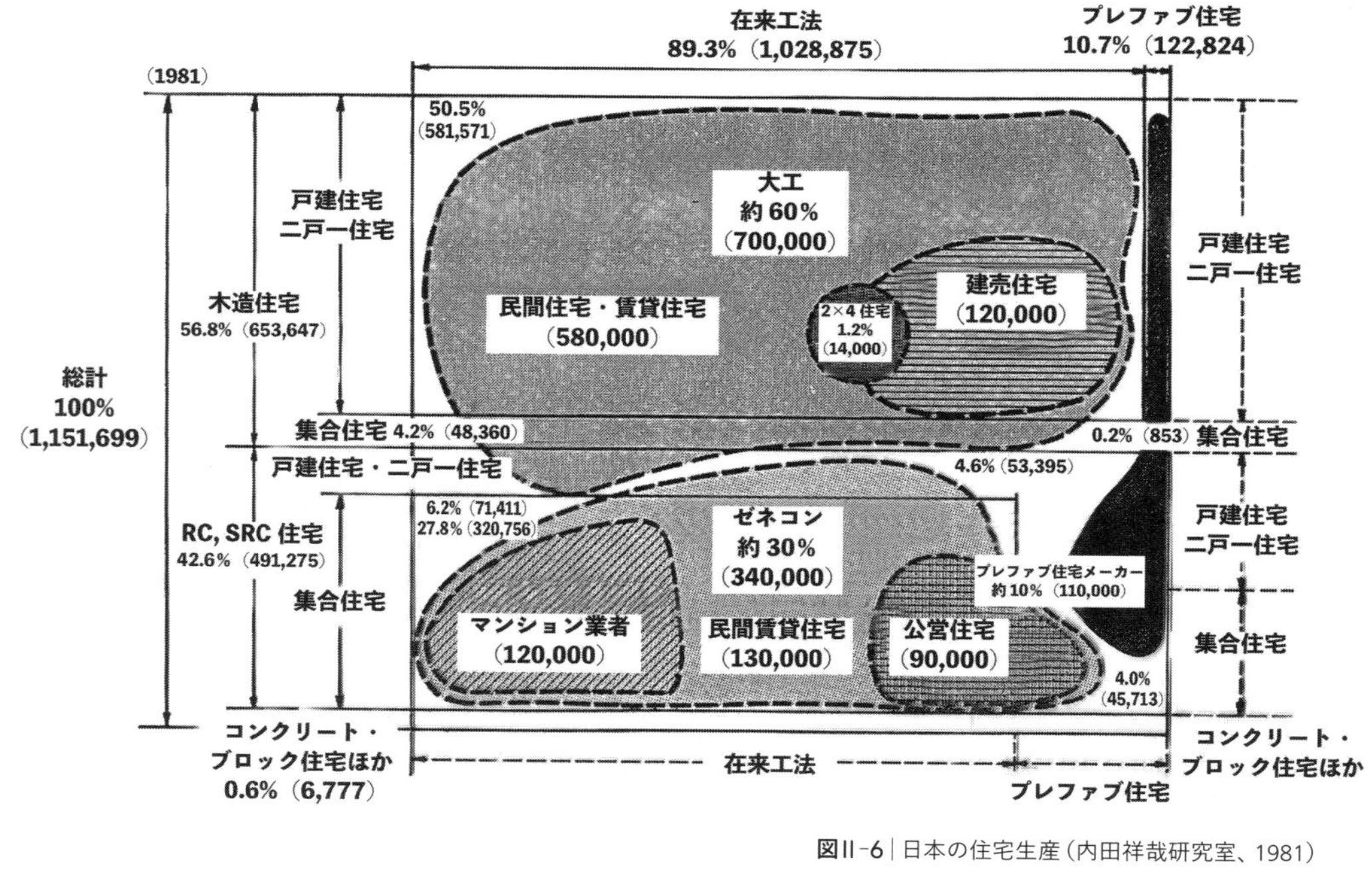

図II-6|日本の住宅生産(内田祥哉研究室、1981)

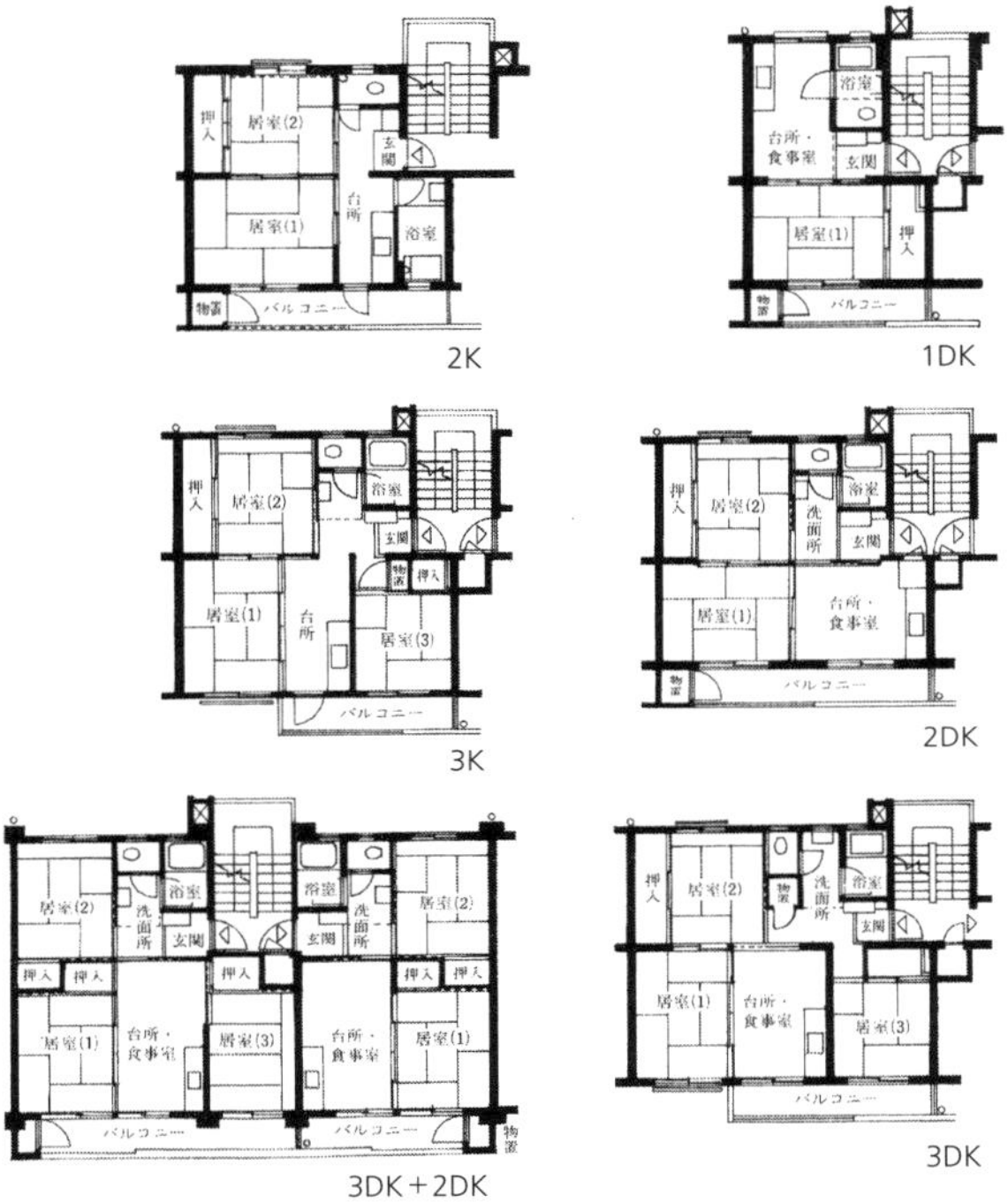

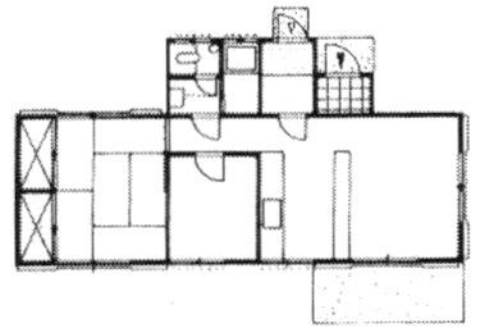

図II-7①｜松下1号型（1961）

図II-7②｜ミサワホーム フリーサイズ（1962）

図II-8｜日本住宅公団の標準住居型

とになるのである。

プレファブ住宅は、鉄骨造や鉄筋コンクリート造の住宅構法を採用することにおいて、住宅の多様化をもたらすが、その影響は「在来工法」にも及ぶ。新建材やさまざまな部品や建具の開発、家具や家電、住宅設備の革新は、一般の木造住宅にも取り入れられていくのである。１９６０年にゼロであったアルミサッシ[▼23]は１９７０年には１００％普及する。空調設備の普及によって住宅の気密性が求められるのである。こうして、１９６０年代後半には住宅産業が成立することになる。住宅の建設はさまざまな消費に結びつき、新築住宅の建設は景気動向の大きな指標となるのである。

プレファブ住宅の初期のプランは、住宅金融公庫のメニュー集（1951–66）を踏襲するものとなる。興味深いのは、「51C」→「2DK」とは異なり、当初から居間（L）が設けられていることである。１９５１年のメニュー集には、LDKワンルーム型、LD＋K型、全和室中廊下型、茶の間＋応接間型が用意されていて、戦前戦後の移行期を示して興味深いが、やがてL＋DK型あるいはLDK型が主流となっていく。松下１号型（１９６１）は１LDKの平屋であり、ミサワホームフリーサイズ（１９６２）は３LDKの２階建てである［**図II-7①②**］。この戸建プレファブ住宅の流れには、戦後まもなくの居間中心（ワンルーム・コア）住宅の影響をみることができる。

日本住宅公団は、２ＤＫを中心としながら、さまざまな世帯に対応すべく、１ＤＫ（31・63㎡）、２Ｋ（39・84㎡）、３Ｋ（49・50㎡）、そして３ＤＫ（54・97㎡）を用意してきたのであるが［図Ⅱ－８］、１９６６年に「住宅建設計画法」が制定され、「住宅建設５ヵ年計画」が開始されるとともに、最低居住水準としてのＤＫ型に加えて、平均居住水準としてＬＤＫ型を加えることになる。プレファブ住宅として一般化していったのは、このＬＤＫ型である。すなわちｎＬＤＫという住戸型と住んでいる場所を言えば、およそその住宅のイメージを想像できる、そうした標準化が進行していったのが１９６０年代である。

マイホームの夢——住宅イメージの商品化

２ＤＫ、そしてｎＬＤＫという住戸形式が想定したのは核家族である。夫婦とその子ども（ｎ＋１人）が居住するのがｎＬＤＫ住宅モデルである。いわゆるファミリータイプである。戦前期に一般的であったと考えられるのは家長を中心とする拡大家族である。戦後、核家族化（世帯分離）が急速に進行していくことになるが、家父長制から核家族が独立していく容器、その受け皿となったのが２ＤＫでありｎＬＤＫである。そして、家族から個が自立していく装置がｎ－１個の個室であり、「一家団らん」の場となるのが居間（Ｌ）である。このｎＬＤＫ家族の容器として、公共住宅そしてプレファブ住宅の住戸モデルがもっとも相応しい解答であったがゆえに、広く建設されていくことになるのである。そのことは、日本人のライフスタイルが著しく画一化されていったことの裏返しでもある。

日本全国の住宅数が世帯数を上回ったのは１９６８年、全都道府県で住宅数が世帯数を上回ったのは１９７３年である。４２０万戸の住宅不足を解消するのに四半世紀以上を要したことになる。敗戦後15年の１９６０年には年間60万戸の新築住宅が建設されているのだから、その時点で住宅不足は解消されていても不思議ではないけれど、そうならなかったのは爆発的な人口増加があり、さらには世帯分離すなわち大家族（三世代同居）から核家族への転換が進行したからである。７２１５万人（１９４５）の人口が１億１３３万人（１９６８）へと２９１８万人も増加、１９６８年からの５年間だけでも７７７万人増加するのである。世帯数は１９５０年から１９７０年の20年間で１１５１（１６５８→２８０９）万世帯も増加した。要するに、１５７１（４２０＋１１５１）万戸もの建設が必要であったことになる。

全都道府県で住宅数が世帯数を上回った１９７３年、奇しくもオイルショックが日本列島を襲う。この年、１９０万戸も建設された新築住宅は、翌年、１１５万戸に激減する。以降、１９７０年代から80年代にかけて日本経済は低迷し、それとともに住宅に関わるパラダイムは、量から質へ、高層から低層へ、郊外開発から既成市街地の再開発へ、スクラップ・アンド・ビルドから長寿命・省エネ住宅へ、一転していく。プレファブ住宅も、低価格の量産住宅（現場小屋、安普請のバラック）のイメージを払拭するかのように、さまざまなスタイルのファサード・デザインが付加されるようになる。日本の住まいをめぐる広範な問題を多角的に考える雑誌『群居』[24]の創刊号（１９８３年4月）は、「商品としての住居」を特集テーマとして掲げ、商品化住宅の「傑作」[25]を挙げるが、70年代に入って流れが変わったことを明らかにしている。これを商品化住宅の様式化と呼ぶが、デザインの差異が住宅メーカー各社で競われ、A型、B型、C型……、1号型、2号型……と記号で呼ばれてきた住戸型は、「セラピア」（住友不動産ホーム）、「アドウェル」（野村ホーム）、「フェスタ」（住友林業の家）、「ソーブル」（パナホーム）、「ライブリィ」（小堀ハウス）、「エヴァンス」（旭化成ヘーベルハウス）、「ゼフィール」（大和ハウス）、「ビッグジョイ」（NKホーム）、「ベルエ」（星和ホーム）などとネーミングされるようになるのである。

各社が売ろうとしてきたのは「マイホームの夢」である。土地や住宅、すなわち、空間の商品化の段階から住宅イメージの商品化へ、商品化のレベルは一段階あがったことになる。

住宅のポストモダン——作品としての住宅

戦後まもなくから１９６０年代にかけて、すぐれた建築家たちは、自邸を含めた限られたクライアントのために近代建築の理念を実現する作品としての住宅を設計していくことになる。

しかし、以上のように、一家族一住宅が量的に確保されていく過程で、建築家の関心は住宅から離れていったように思われる。[26]朝鮮特需によるビルブーム（１９５１）から１９６０年代にかけて、建築家は公共建築や都市計画により大きなエネルギーを注ぎ込むことになる。[27]『モダンリビング』（１９５1年創刊）『住宅』（１９５3年創刊）など１９５０年代にすでに一般向けの住宅雑誌が刊行され、住宅設計に取り組んできた建築家は少なくないが、建築家に住宅設計を依頼するクライアントの一定の層が出現するのは１９６０年代末のことである。

そして一方、ｎＬＤＫという住戸モデルに集約される戦後住宅を批判する若い建築家のさまざまな試みが１９６０年代末から１９７０年代にかけて開始される。１９７3年のオイルショック以降、建築家の仕事は激減する。住宅の設計を「最後の砦」といい、「住居に都市を埋蔵する」という方法意識を鮮明に打ち出したのは原広司である。住宅から都市をどう組み立てていくかは若い世代の共通の課題となるのである。

『日本の住宅 戦後50年』（布野１９９５）は、戦後の半世紀を対

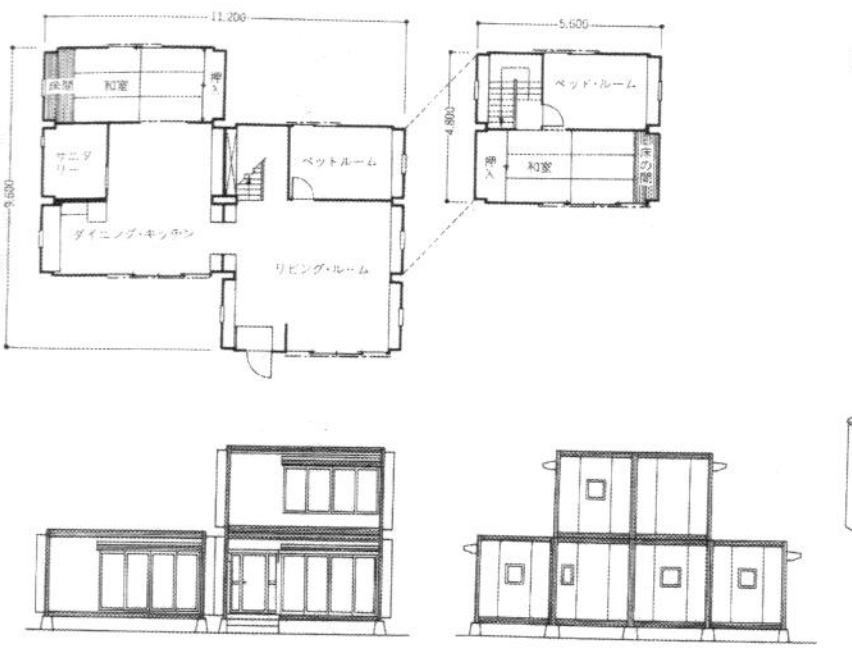

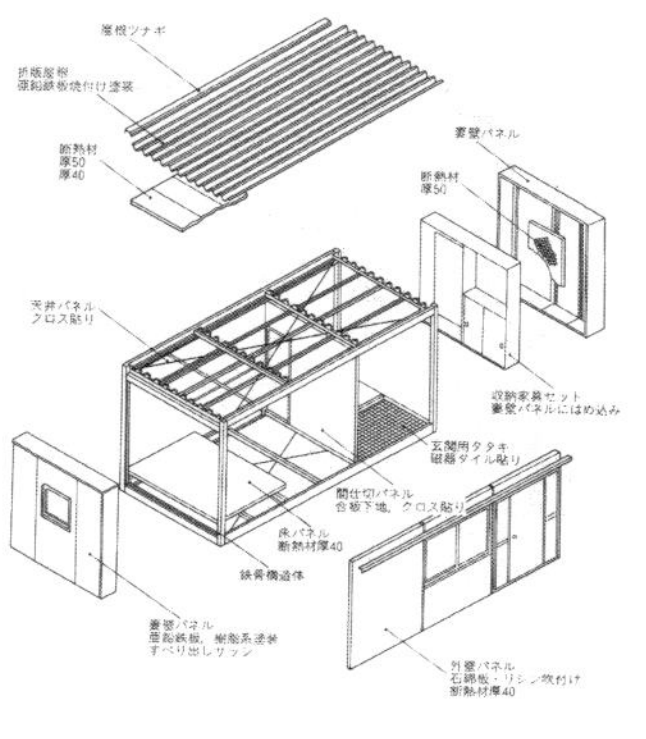

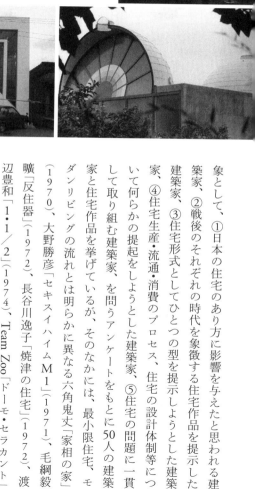

象として、①日本の住宅のあり方に影響を与えたと思われる建築家、②戦後のそれぞれの時代を象徴する住宅作品を提示した建築家、③住宅形式としてひとつの型を提示しようとした建築家、④住宅生産・流通・消費のプロセス、住宅の設計体制等について何らかの提起をしようとした建築家、⑤住宅の問題に一貫して取り組む建築家、を問うアンケートをもとに50人の建築家と住宅作品を挙げているが、そのなかには、最小限住宅、モダンリビングの流れとは明らかに異なる六角鬼丈「家相の家」（１９７０）、大野勝彦「セキスイハイムM１」（１９７１）、毛綱毅曠「反住器」（１９７２）、長谷川逸子「焼津の住宅」（１９７２）、渡辺豊和「１・１／２」（１９７４）、Team Zoo「ドーモ・セラカント」（１９７４）、石山修武「幻庵」（１９７５）、安藤忠雄「住吉の長屋」（１９７６）が含まれている［図II-9①～⑧］。ほかにも伊東豊雄「中野本町の家」（１９７６）、石井和紘「54の窓」（１９７５）、坂本一成「代田の町屋」（１９７６）、山本理顕「山川山荘」（１９７８）、高松伸「駒井邸」（１９７７）など１９７０年代の作品がある。すなわち、多様な住宅のあり方が追求されはじめるのが１９７０年代以降である。

「住宅産業化の流れの中で——建築家の新しい戦略目標は何か」（布野１９８５）そして「変わるものと変わらぬもの」（布野１９９５）と題する論考において、筆者は、それぞれ日本の住宅のあり方の課題をあげて、その未来を展望している。前者は、

図II-9｜④以外出典：『日本の住宅 戦後50年』
①六角鬼丈「家相の家」（1970）
②大野勝彦「セキスイハイムM1」（1971）
③渡辺豊和「1・1/2」（1974）
④毛綱毅曠「反住器」（1972）（著者撮影）
⑤長谷川逸子「焼津の住宅」（1972）
⑥Team Zoo「ドーモ・セラカント」（1974）
⑦石山修武「幻庵」（1975）
⑧安藤忠雄「住吉の長屋」（1976）

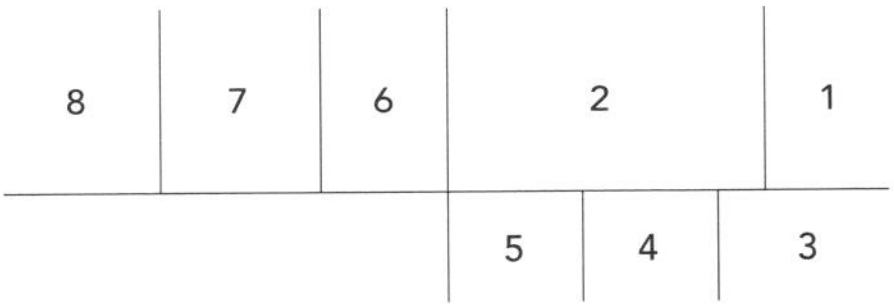

「もう一つの指針——ハウジング・ネットワークへ」として、「小さな回路」における、住宅の生産流通消費の全プロセスに関わる「アーキテクト・ビルダー」の可能性、「地域に固有なハウジングシステム」の構築、住宅設計から町づくりへの展開、オルタナティブ・テクノロジーの開発、DIY、セルフビルドを組み込んだ住宅システム（プロセスとしてのハウジング）を展望する。後者は、前者に言及したうえで、「これからのすまい——日本の課題」として、多様な家族形態への対応、多様な集合形式の展開、都市型住宅の型の開発、共用空間の多様化、住宅の再生循環システムの構築、地域住宅生産システム、環境共生住宅の開発などを謳った。以下、その帰趨を問うことになる。

III 漂流する住居

1990年代に入ると、冷戦構造の崩壊によって、本格的にグローバリゼーションの時代が到来する。ロシア革命（1917）そしてソビエト社会主義共和国連邦（1922-91）の樹立は、社会主義世界建設という人類の壮大なる実験であった。資本主義vs社会主義という第二次世界大戦後の世界を規定してきた枠組すなわち冷戦構造が崩壊に至ったことは、その実験が失敗に帰したことを意味した（フクヤマ1992）。歴史を制したのは自由主義経済であり、以降、資本主義システムが世界を席巻していくと思われた。ヘゲモニーを握ったのはアメリカ合衆国である。世界随一の軍事力を背景にアメリカ合衆国によって世界が主導されていく時代が開始される。

資本主義システムは、「差異」を駆動力とするシステムである。安価な労働力、物資を求めて、国境、制度、規制を超えて資本主義システムは浸透していく。グローバリゼーションは、すぐさま社会主義体制の諸国にも及んだ。多くの共和国から構成されていたソビエト連邦は、1991年12月にいくつかの共和国が脱退、ソ連に代わる独立国家共同体CISが創設されて、翌年1月には市場経済の導入が図られた。中央計画経済から市場主義経済システムへの移行は、数百万人の貧困層が生み出されるなど大きな混乱をもたらすことになる。

中国では1972年以降、改革開放による市場経済の導入が図られてきたが、1992年に一気に加速され、「社会主義市場経済システム」が整備された——ただ、中国の習近平3期目の発足(2022年10月)以降を考えると、1989年が「六四天安門事件」(6月4日)の年であることも想起しておくべきであろう。また、アメリカ合衆国の一極支配に対して、西側で一定の経済圏を確立しようとするEU(欧州連合)が形成されたのは1993年である。さらに、振り返れば、湾岸戦争(1990−91)が新たな火種(ハンティントン1998)の予兆であったことも思い起こされる。

アメリカ合衆国のヘゲモニーは、21世紀に入って、9・11(2001)の同時多発テロ、イラク戦争(2003)によって揺らぎはじめる。そして、リーマンショック(2008)が世界経済に深刻な打撃を与える。並行して、大きく抬頭するのが中国経済である。北京オリンピック(2008)、上海エクスポ(2010)を成功させ、中国が国内総生産GDPで日本を抜いて世界第2位となったのは2010年である。

日本が、この間一貫して、世界経済における相対的地位を低下させてきたことは覆うべくもない。『ジャパン・アズ・ナンバーワン』(ヴォーゲル1979)が出版され、大きな話題になったのは1979年である。それは、戦後復興を成し遂げ、高度経済成長を実現させた日本に焦点を当て、日本的経営を高く評価し、サブタイトルに謳うように「アメリカへの教訓」とするものであった。当時、日本経済はすでに減速し、不況に悩みつつあったが、1980年代後半のバブル景気と重ね合わされて読まれた。日本の一人当たり名目GDPは、1990年代前半には、アメリカ合衆国に次いで世界第2位となった。しかし、バブル経済が崩壊した1992年以降、GDPの成長率は年平均1%前後で推移する。▼28 そして、2010年にGDPは中国に抜かれて世界第3位になる。今やドイツに抜かれて第4位に落ちた。近い将来インドにも抜かれて第5位に転落すると予想されている。

日本社会のこの間の変化は、第一に人口構成の変化が示している。日本の総人口は、1950年に約8300万人、1950―80年（約1億1700万人）は10年ごとに年平均約10%、1980―90年（約1億2400万人）は5%強、1990―2000年（約1億2700万人）は3%強増加してきた。21世紀に入って2005年に自然増減率はマイナスに転じ、総人口も2011年以降減少に転じた。国立社会保障・人口問題研究所（2023）によれば、総人口が1億人を下回るのは2056年、2070年には8700万人になると予測される。2018年の総人口1億2644万人のうち65歳以上人口は3558万人（28・1%）である。15―64歳人口は、1995年8716万人のピーク以降、減少に転じ、7545万人（59・7%）と6割を切った。一般に、子どもが多く高齢者が少ない多産多死の社会から子どもが少なく高齢者が多い少産少子の社会に移行していくが、日本の少子高齢化の人口ピラミッド構造は、世界でもっとも先鋭なかたちをとりつつあるのである。

そして第二に、産業構造の変化が日本社会の大きな変化を示している。戦後まもなくの日本は農業国家であった。1950年には、就業者のほぼ半数は第一次産業（農林水産業）に従事していた（48・5%）。1950年に21・8%であった第二次産業人口は次第に増え、1960年代半ばに逆転し、39・6%であった第三次就業者は、一貫して増え、現在は3分の2を超える[29]（67・3%、2017、総務省統計局）。すなわち、日本社会は、農業社会から工業社会へ、さらに、ポスト工業社会へ大きく推移していくのである。

そして、バブル崩壊（1991）以降、グローバルな政治経済に翻弄されてきた日本社会に大きなダメージを与えてきたのが相次いだ自然災害である。とりわけ、1995年の阪神・淡路大震災と2011年の東日本大震災は、日本社会の拠って立つ基盤を根底から揺さぶるものとなった。

宙に浮くｎＬＤＫ

東京の西の郊外、住宅・都市整備公団が1970年代末から80年代初頭にかけて建設した団地、鉄筋コンクリート造5階建て、全11棟（全280戸）の分譲住宅4ＬＤＫ（92㎡）に筆者は居住する［図Ⅲ―1］。地方都市で1949年建設の平屋の公営木造住宅［図Ⅲ―2］に育ち、大学入学のために上京して以降の住宅遍歴については別のところで記したことがあるが[30]、その時「もう当分引っ越すことはないだろう」と書いた。ところが、その直後に関西に移住、四半世紀で計4カ所に住んで、現在の住居に戻ってきた。引っ越し回数は11回、海外居住の経験はないが、一生の移住回数としては多い方であろうか。結局、ｎＬＤＫの集合住宅を渡り歩いて、住宅遍歴を終えそうである。戦後住宅のモデルとなった51C（≒2DK）型を設計提案した吉武泰水研究室（「Ⅱ 原点として最小限住宅——51C（≒2DK）」参照）を出自とする筆者は以て瞑すべきであろう。

しかし、住宅の供給と需要のずれが蓄積されていること、住宅の供給単位である住戸型すなわちnLDKと居住単位である家族類型とのミスマッチが拡大していることは大問題である。「平成」から「令和」へ元号が替わった2019年の一年、新聞折り込み広告などわが家に配られるビラやチラシ、パンフレット類を集めてみたのであるが、30年前とさして変わらない印象である。間取りの基本はほとんどすべてnLDK型である。分譲マンションの場合、WIC（ウォーク・イン・クローゼット）、WTC（ウォーク・スルー・クローゼット）、SIC（シューズ・イン・クローゼット）、N（納戸）、パウダー・ルーム（化粧室）などが目新しいが、いずれも収納スペースの強調である。直下が駅のタワーマンションでも2LD・K＋N＋WIC（60・05m²）、3LD・K＋WIC（70・25m²）が基本であり、規模は20坪前後60–75m²がほとんどである[図Ⅲ-3]。戸建住宅の場合、4LDK–5LDK

図Ⅲ-1｜S.Fの住宅
（住宅・都市整備公団）

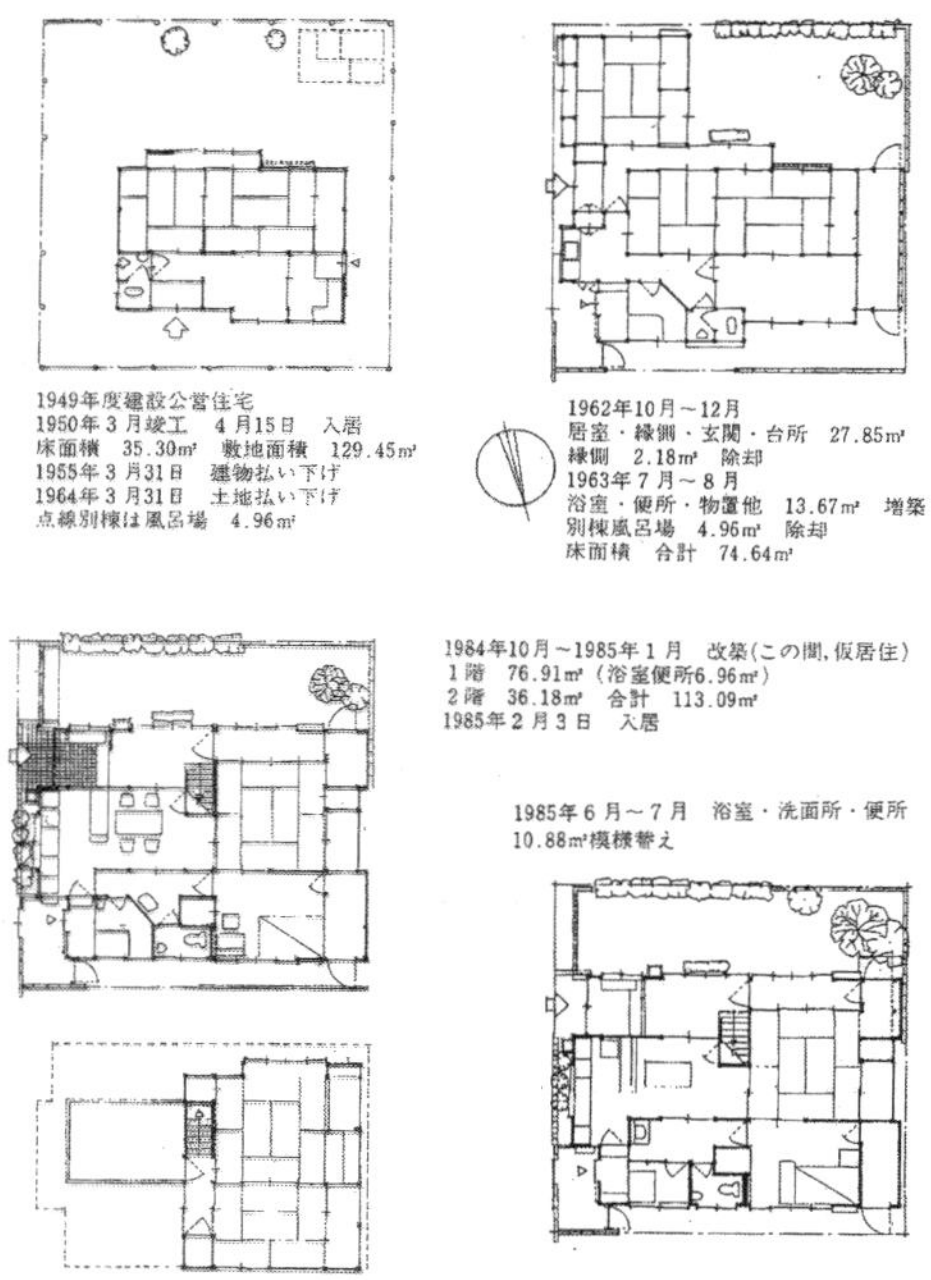

図Ⅲ-2｜F氏の住宅遍歴（布野修司1989）

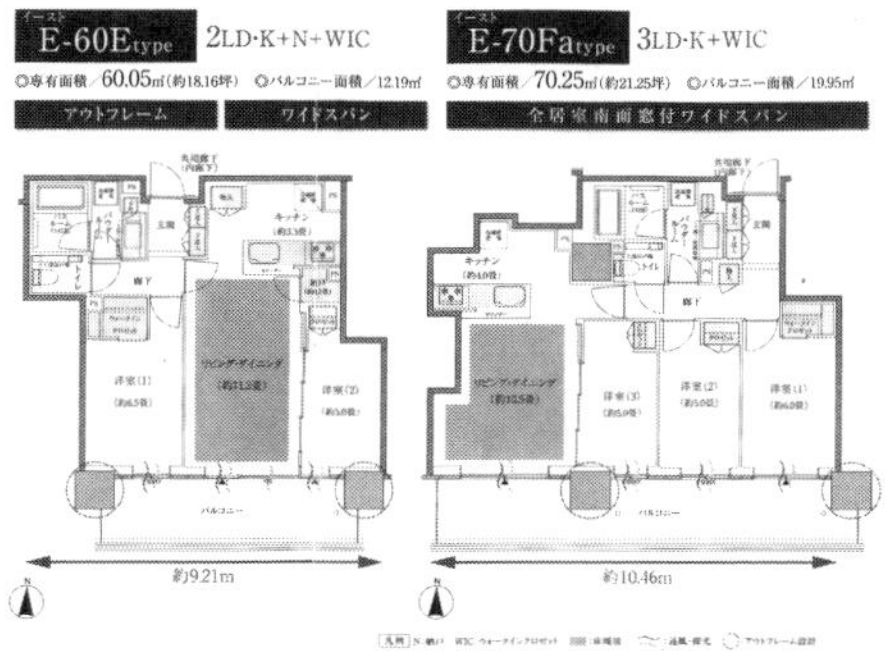

図III-3｜直下が駅のタワーマンションの標準プラン

などへ規模は拡大するが、その2階建ての住宅形式は変わらない。変わらなさをとりわけ印象づけるのは、首都圏最大級という住宅展示場の大型チラシである[図III-4]。不動産広告は、すでにインターネットが主要なメディアになっているけれど、実物を体験できる住宅展示場は宣伝媒体として健在である。

もちろん、変化も明らかである。新築住宅として目立つのは、高齢者にターゲットを絞った、ケア付きのシニア向けマンションや老人ホームである。そして、そもそも新築住宅の広告が少なく、圧倒的に中古住宅のチラシが多い。売りに出されるのは、当然、nLDK型住戸である。そして、リハウス、リフォームを勧めるチラシは頻繁である。いささか薄気味悪いのは、わが団地、わが住居を特定したチラシの投げ込みである。そして、霊園や葬式関連のチラシがしばしば入る。こうした住宅情報は身近なごく一部の地域に限定されたものだけれど、オープンデータによってはっきり確認できる。

増え続ける単身世帯
——オタクとワンルームと「おひとりさま」の終末住宅

最新の国勢調査(総務省統計局、2020)によれば、平均世帯人数は、3・41人(1970)、3・22人(1980)、2・99人(1990)、2・67人(2000)、2・42人(2010)、2・21人(2020)と一貫して減少してきた。nLDK住戸モデルが想定した夫婦+子ども家族は、すでに総世帯数の4分の1になっている。総世帯数5570万世帯のうち、核家族世帯は3011万世帯(54・1%)であるが、夫婦のみ世帯が1120万世帯(20・1%)、夫婦と子どもという本来の核家族が1395万世帯(25・0%)、ひとり親と子ども世帯が500万世帯(9・0%)である。そして、単独世帯が2115万世帯(38・0%)もある。夫婦のみの2人世帯と単独世帯を合わせれば、58・1%にもなるのである。数字が指し示すのはひとりで終末を迎える住居である。65歳以上の世帯員のいる2266万世帯(40・7%)のうち、夫婦のみ世帯が1685万世帯(74・4%)、単独世帯が1072万世帯(47・3%)である。夫婦のみ世帯はやがて単独世帯となる。nLDK住宅であれ、やがて、「おひとりさま(独居)」の終末住宅となるのである。

9 三井ホーム
レジンテ
プレミアム・モノコック構法
Tel.042-528-1731
30 三井ホーム
セレクトフリー
プレミアム・モノコック構法
Tel.042-525-3231
31 旭化成ヘーベルハウス
FREX
重量鉄骨システムラーメン構造
Tel.042-526-2811
32 ミサワホームセラミック
ハイブリッドフェイシアプラス
鉄骨ラーメン構造ユニット工法
Tel.042-526-3481
33 大成建設ハウジング
Palcon Clair(パルコン クレア)
鉄筋コンクリート壁式構造
Tel.042-526-0102
8 住友林業
Gran SQUARE
ビッグフレーム構法
Tel.042-525-2541
39 大和ハウス工業
xevo GranWood
木造軸組構法
Tel.042-526-2705
建築準備中
2020年3月オープン予定
40 三栄建築設計
SPUR AXIA
STROOG工法(木造金物工法)
Tel.03-5336-8491
41 旭化成ヘーベルハウス
FREX Tokyo Residence 立川モデル
重量鉄骨システムラーメン構造
Tel.042-524-2722
42 ウェルダン
床暖房の家
2×4・2×6・木造軸組工法
Tel.042-525-8411
7 桧家住宅
スマート・ワン カスタム
木造軸組ハイブリッド工法
Tel.042-526-1275
48 一条工務店
i-cube
外内ダブル断熱工法
Tel.042-548-5851
49 ユニバーサルホーム
LAVISTA
木造軸組・ハイパーフレーム構法
Tel.042-548-9667
50 ネクストハウス
ソラタス
木造軸組工法
Tel.042-000-2701
51 アイエ務店
Ees(イエス)
木造軸組工法
Tel.042-519-3294
2 天草産業
BLAREGN(ブラーレン)
2×4・2×6
Tel.042-526-2433
3 スウェーデンハウス
ヒュースプレミエ
木質パネル工法
Tel.042-524-8885
4 クレバリーホーム
V series
SPGモノコック構造
Tel.042-540-0504
5 住友不動産
J・レジデンス
2×4・2×6・ウッドパネル工法
Tel.042-548-0544
6 三井ホーム
フィルコート
プレミアム・モノコック構法
Tel.042-521-6038
11 四季工房
エアパスの家
木造軸組・エアパス工法
Tel.042-512-8526
12 一条工務店
一条の洋館セゾン
木造軸組
Tel.042-523-2811
13 ヤマト住建
エネージュ
木造軸組金物+パネル工法
Tel.0120-755-810
18 桧家住宅
スマート・ワン カスタム
木造軸組工法
Tel.042-540-5020
19 オープンハウス・アーキテクト
ゼロエネプレーン
在来パネル工法
Tel.042-521-7744
20 木下工務店ホーム
太陽光発電搭載の家/メンテナンスのいらない家
2×4工法
Tel.042-595-7579
25 パナソニック ホームズ
カサート
鉄骨構造
26 古河林業
100%国産材で建てる古河林業の家
木造軸組在来工法
27 木下工務店
イケアと暮らす家 by 木下工務店
木造軸組 & 2×4工法
会場MAP
首都圏最大級
54棟のモデルホームが勢揃い!
バリエーション豊かなモデルホームをお楽しみください。
ららぽーと
エントランスA
エントランスB
エントランスC
エントランスD
1番街
センターハウス
建替え期間中の仮住まい専門
Tel.042-548-3030
0120-36-0530
日本テンポラリーハウス株式会社
ご存知ですか?
最新モデルホームの見学・比較だけでなく…
新築
建替え
リフォーム
二世帯住宅
宅地情報

図III-4｜首都圏最大級の展示場の大型チラシ

一方、65歳未満の単独世帯1144万世帯も決して少なくない。各年代で未婚の比率が一貫して増加してきている。さらに、孤立化する個人の問題も浮上しつつある。「オタク」という言葉が一般的に用いられるようになったのは、平成元（1989）年の連続幼女殺人事件によってである。ひたすら「閉じた個室」に閉じこもり、マニアックな興味のみにおいて他とつながる「オタク」の存在は1980年代から知られてきたが、犯人Mのヴィデオテープが積み重ねられた部屋は、「オタク（お宅）」の典型とみなされたのである。近年は、「ひきこもり」がしばしば話題になる。中高年のひきこもりは「8050問題[▼31]」「限界家族」ともいわれる。「個室（ワンルーム）」に居住し、インターネットのみによって社会とつながる単身者が相当程度存在している。経済格差による貧困層の拡大を考えれば、むしろ、「ワンルームマンション」や「木賃アパート」など「個室」居住が一般化している状況が想定される。単純化すれば、大家族からの核家族の自立、そして核家族からの個の自立を理想化してきた日本の近代家族の受け皿としてのnLDK住戸は、個室（ワンルーム）に解体されつつあるのである。

集まって住む——その多様なかたち

一家族（世帯）＝一住宅という形式は、日本における近代家族の確立という流れのなかで現実化されていくが、その問題点は当初から認識されていた。2DK→nLDKにしても、住戸の間取り（平面形式）のみの提案、議論であって、住戸がどう集合するか、その集合の論理は当初から欠落していたのである。あるいは、大量の住宅供給が絶対的目的とされ、あらかじめ、階段室を挟んで左右5戸ずつ積み重ねるバッテリー・タイプ（階段室型）（ほかに中廊下型、片廊下型、回り廊下型など）、住棟を南面させ冬至4時間日照を確保できる間隔で隣棟を並行配置する団地形式が暗黙の前提とされていたのである。

超えるべきは、第一にnLDK住戸モデルである。本書で取り上げる事例の多くはnLDKを超える試みである。多様な家族のかたちに合わせて多様な住宅が提案されるのは当然である。第二に超えるべきは、隣地境界線である。すなわち、住戸と住戸の間にいかに共用空間を確保していくかである。集まって住む多様なかたちについて、この間、さまざまな提案がなされてきた。

本書の集合住宅の事例「熊本県営保田窪第一団地」（60頁）、「ネクサスワールド」（62頁）、「NEXT21」（68頁）、「岐阜県営住宅ハイタウン北方」（86頁）、「東雲キャナルコートCODAN」（94頁）、「コモンシティ星田」（64頁）、「アパートメント鶉」（90頁）などは、新たな集合形式を求めようという試みである。また、「森山邸」（96頁）、「庭路地の家」（156頁）などにしても、集まって住むか

図III-5｜
山本理顕「GAZEBO」（1986）

たちへの提案がある。なかでも、家族のかたちと住居のかたちをめぐって一貫して問い続けている建築家の代表が山本理顕である。「山川山荘」（1978）から「GAZEBO」（1986）[図III-5]、「ROTUNDA」（1987）、「HAMLET」（1988）を経て「熊本県営保田窪第一団地」（1991）、「岡山の住宅」（1992）、「緑園都市」（1992–94）、「東雲キャナルコートCODAN」（2003）などの作品とともに、日本の住宅の驚くほどの画一性とそれを支える生活像、家族像についてのステレオタイプ化された幻想を批判する住居論を展開してきた▼32（山本1993、山本2004、山本2006）。

図III-6｜
ヘキサ「都住創内淡路町」（1986）（『日本の住宅 戦後50年』）

集まって住むあり方はもちろん建築形式だけの問題ではない。集団の形成があって、それに相応しいかたちを求めるのが基本的流れである。前提となる集団への着目としては、1970年代初頭から「OHP（Our Housing Project）」「都住創（都市住宅を自分たちの手で創る会）」といった設計集団によるコーポラティブハウスの建設があり[図III-6]、「コープ住宅推進協議会」設立（1978）の歴史もある。さらに公的住宅にも「グループ分譲」という、あらかじめ入居者を募集して、その集団的要求をもとに設計し、供給しようとする試みもあった。

今日では、シェアハウスあるいはコレクティブハウスと呼ばれる単身者が共同居住する形式も一般化しつつある。個別の住宅設計においても、成瀬・猪熊建築設計事務所「LT城西」(136頁)、仲俊治「食堂付きアパート」(142頁)、オンデザイン「ヨコハマアパートメント」(114頁)、ツバメアーキテクツ「牛久のおやこ屋根」(152頁)など、地域と共有できるスペース、地域に開かれたスペースを内包させる試みがある。集まって住む多様なかたち求めていくことは果てしない課題である。近年のコーポラティブハウスの動向については、織山和久が論じている(250頁)。

空き家――空間資源とリノベーション

住宅が居住のためにのみ使用されるのであるとすれば、すなわち投機の対象として売買されることはないとすれば、また、世帯数の増加がなければ、毎年の新設住宅着工戸数は、住宅の耐用年数に応じてほぼ一定になっていくはずである。しかし、総人口はすでに減少に向かいはじめたにもかかわらず、総住戸数(ストック)はこの間増加し続け、結果として、空き家が増え続けている。新設住宅着工戸数(フロー)については、耐震偽装事件による建築基準法改正(2007)によって100万戸ほどになった▼33[図III-7]。リーマンショック直後には78万戸(2009)となり、その後徐々に増え、消費増税前の駆け込み需要もあって80―90万戸台で推移したが、コロナ禍で81万戸に再び落ち込んだ。2022年は85万9529戸(持家25万3287戸、貸家34万5080戸、分譲住宅25万5487戸(マンション10万8198戸、戸建住宅14万5992戸))(建築着工統計調査報告(2022年計)、国土交通省総合政策局)であったが、長期的にはさらに減って、2040年には約49万戸になると予測されている。仮に、世帯数と同じ住戸数が必要であるとして、総住戸5000万戸が50年(耐用年限)に一度更新されるとすれば年100万戸、100年に一度更新

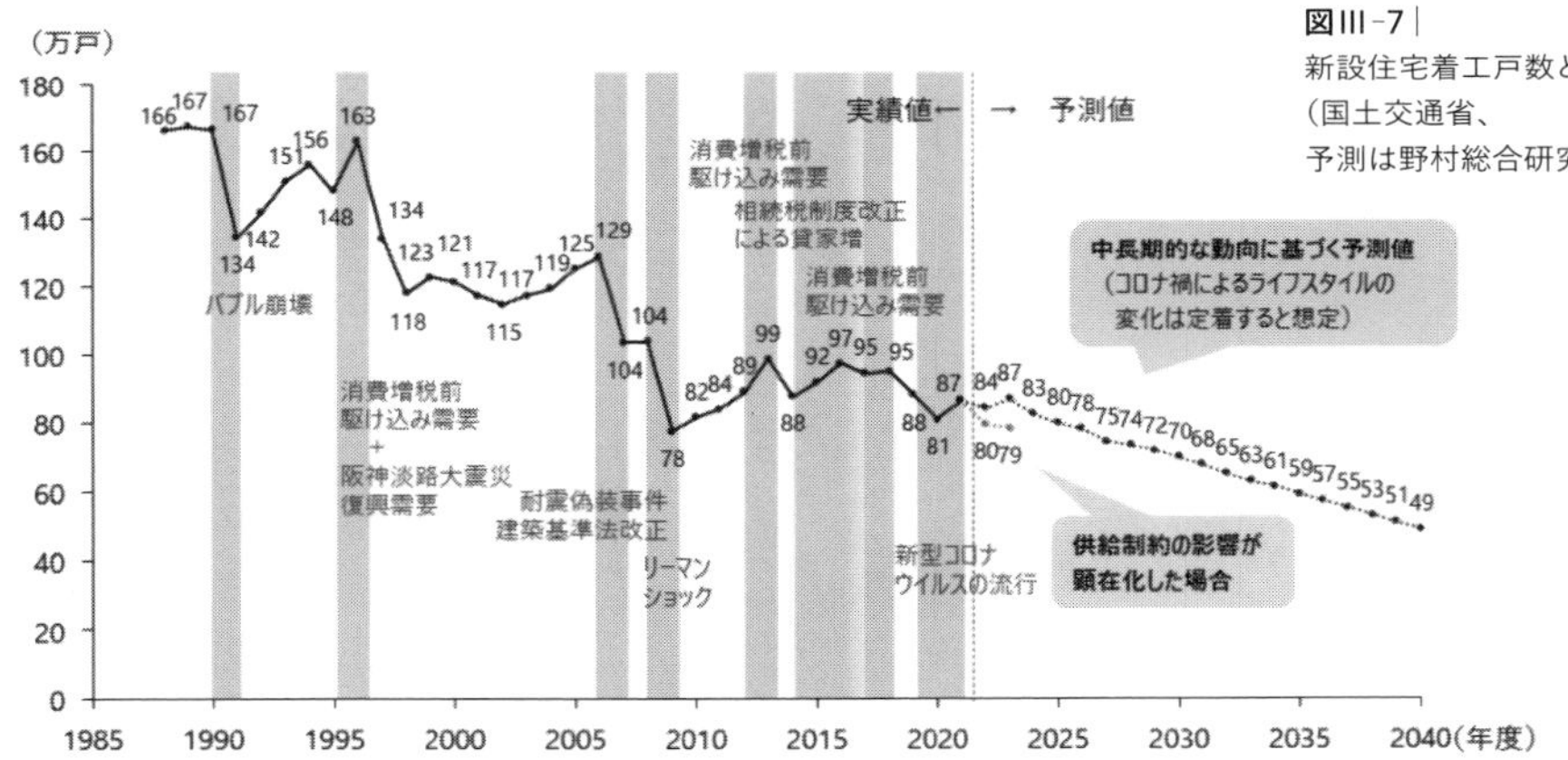

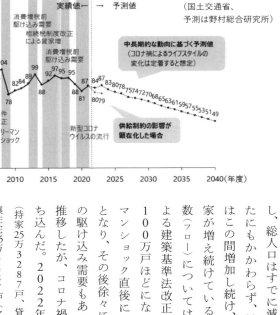

図III-7｜新設住宅着工戸数と予測(国土交通省、予測は野村総合研究所)

されるとすれば年50万戸の新設住宅建設となるから、ほぼそういう方向に推移していくと考えていい。

問題は、老朽化した鉄筋コンクリート造の共同住宅の更新システムが成立していないことである。日本には2021年末に686万戸の共同住宅のストックがあるが、そのうち旧耐震基準（1981年以前）の築40年以上のストックが115・6万戸である。新耐震基準となって以降も経年劣化が進行するのは当然で20年後には築40年以上のストックは425・4万戸と推計される。現在建設されるタワーマンションもやがて同じ運命を迎える。鉄筋コンクリート造の共同住宅は建替えるしかない。鉄とガラスとコンクリートは膨大な廃棄物となる。そしてそれ以前に、現在の区分所有法では建替えのためには住民の5分の4の同意が必要である。区分所有の共同住宅の建替え実績は270件（2022年4月）で、平均築年数は37・7年という（国土交通省）。建替え費用を捻出するためには、住戸

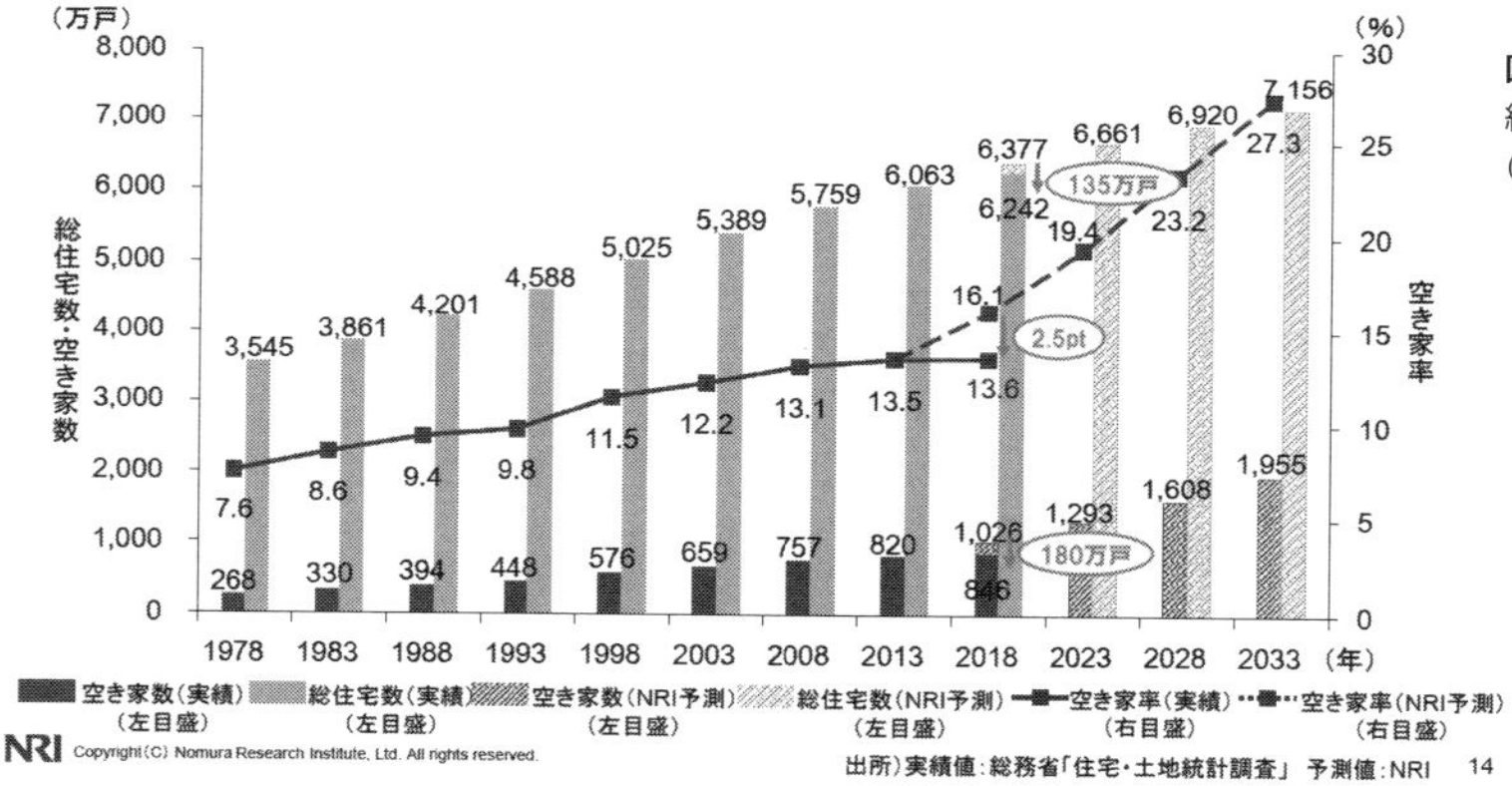

図III-8｜空き家数の経年変化と予測（野村総合研究所）

数を増やして販売する、容積率の余剰か緩和が不可欠である。建替えが可能となった事例は、最寄駅から10分以内に立地するものがほとんどである。更新システムが不在だから、空き家は増加し続ける。それどころか、所有者不明の土地が410万ha（九州の面積に匹敵する）という（所有者不明土地研究会、2017）。悪循環、システム矛盾というより、循環なき、システムなき蕩尽である。国土計画の再構築、全国の居住空間の再編成は必至である。

1968年に総住宅数が世帯数を超えて以来、空き家は増え続け、70年代末には268万戸（空き家率7.6%、1978）、1983年には330万戸、21世紀初頭には820万戸（13・5%、2013。総世帯数は5099万世帯、総住宅数は6063万戸、その差964万戸から複数住戸を所有する世帯を除く。さらに別荘などの「二次的住宅」を除けば808万戸）、2018年には1026万戸（16・1%）と推移し、世帯数の減少も加速して、2033年には1955万戸が空き家となると予測

されるのである［図Ⅲ-8］。

スクラップ・アンド・ビルドの時代からリノベーションの時代への転換は必然である。建設省主導でマンションリフォーム推進協議会が設立されたのは1992年であるが、大きな流れとなるのは21世紀初頭である。リノベーション運動を先導することになる大島芳彦がブルースタジオ（1997年設立）に合流するのが2000年、馬場正尊がオープン・エーを設立し（2003）、東京R不動産を立ち上げたのが2004年である。そして、2008年に松永安光、松村秀一、清水義次といったメンバーが立ち上げたHEAD（Home & Environment Advanced Design）研究会によるリノベーションスクールが開始されるのは2011年である。並行して、住宅リフォーム推進協議会（2000）、リノベーション住宅推進協議会（2009）など業界団体も設立されていくのであるが、まちづくりに結びついて、居住空間の再編成とともに、地域の再生を目指すリノベーションスクールの運動は目指すべき大きな方向を示している。こうした動きと豊富な事例については松村秀一が詳しい（松村2018）。また、京都を拠点として、京町家の再生を積み重ねる森田一弥、魚谷繁礼、アルファヴィルなどの注目すべき動きもある。

タワーマンションと木賃アパート

1991年のバブル崩壊以降、それ以前に構想されたプロジェクトを除けば、大規模な新規開発は行われなかった。都市再生、地方創生が一般的な課題となるのは必然である。しかし、夢見られたのは、高度成長期の1960年代、1980年代末のバブル経済の再現である。環境、防災、国際化等の観点から都市の再生を目指す21世紀型都市再生プロジェクトの推進や土地の有効利用等、都市の再生に関する施策を総合的かつ強力に推進することを謳って内閣府に「都市再生本部」が設けられたのは「空白の10年」を経た小泉第一次内閣の2001年である。

日本の超高層建築時代の幕開けを切ったのは「霞が関ビル」（156m、36階、1968、三井不動産、山下寿郎）であるが、超高層建築と並行して住居専用の高層住宅が出現する。1976年に建設された「与野ハウス」（66m、22階、住友不動産）が高層分譲マンションの第1号とされる。建築基準法20条が60m以上の建物を「高層」（1号建物）と規定していることによる。その後、高さ100m以上の建築を超高層建築と呼ぶようになるが、建築基準法に規定が追加されたわけではない。東京都の環境アセスメント条例は、その対象とする高層建築を100m（特定の地域では180m）を超えるものとしている（2018）。最高層マンションが「与野ハウス」を超えるのは、バブル期に入ってからである。[35]きっかけとなったのは、斜線制限の緩和を行った1987年の建築基準法改正である。バブルが弾けて、20世紀末から21世紀にかけて超高層住宅いわゆるタワーマンションが急増するのは、容積率を600%まで増加し日影規制の適用を除外とする規制緩和（「高層住居誘導地区」制度）と廊下・階段等の容積率への不算入を行った1997年の建築基準法改正が大きい。

この間、タワーマンションは年々増え、東京、大阪、横浜、名古屋、福岡といった大都市へ広がり、全国で約1464棟のタワーマンションが存在する。[36]ニューヨークやシカゴ、上海や香港のような集積密度はないが、日本の大都市なかでも首都・東京が行き着きつつあるのは、超高層やタワーマンションが林立する巨大都市である。

しかし、その方向が空き家をさらに生んでいくことははっきりしている。タワーマンションがターゲットとしたのは核家族層であり、大量に供給したのはファミリータイプすなわちnLDK住戸である。大型タワーマンションの場合、一棟あたり1000戸以上あり、数千人の住民といえばひとつの町であり、少なくとも1行政単位となる。その30年後を考えてみてほしい。今日の老朽化マンション問題がすでにその行く末を示している。タワーマンションは、住居のみならずさまざまな日常生活関連施設を集積するが、すでに初期のタワーマンションでは居住者の高齢化が問題になっているのである。

しかも、タワーマンションには防災上の問題が少なくない。火災に対しては、強力なポンプ車、高層用はしご車が必要とされる。また、広い土地が必要であり、これまで未利用であった河川沿いの土地に立地する例が少なくない。首都圏における新しいコミュニティづくりで話題を呼んだ「パークシティ武蔵小杉ステーションフォレストタワー」が多摩川の洪水に見舞われたのは平成末年の2019年である。

そして何よりも、超高層建築のタワーマンションは人工環境の究極的形式である。その建設のみならず維持管理に莫大な資源、エネルギーを必要とする。地球温暖化、気候変動に対する脱炭素への取り組みに明らかに逆行する建築形式である。

タワーマンションを富裕層の住居の象徴であるとすると、一方で増加してきた貧困層の受け皿となっているのは木賃アパート[37]や「ドヤ」である。また、ホームレスやネットカフェ難民やカー・ドゥエラー（車に寝泊まりする人々）、すなわち住民票をもたない層も増加してきた。

バブル崩壊以後の1990年代の10年に格差拡大の問題が深刻化する。日本社会が一億総中流といわれたのは1960年代から70年代にかけてであるが、バブル期における株価、地価の上昇を背景として「持てる者」と「持たざる者」の資産格差が拡大、個人の能力や努力の評価については平等と考えられた日本社会は幻想であることが明らかになるのである。そして、20

世紀末のアジア通貨危機（１９９７）を契機として、大企業による正規社員の削減、非正規社員の増加は、「就職氷河期」を招き、若年の、職に就けないフリーターや働いても給料の少ないワーキングプア、また就学・就労・職業訓練を行わないニートを生んだ。１９９５–２００５年に大学・高校を卒業した世代はロストジェネレーションと呼ばれる。日本の相対的貧困率[38]は15・7％（２０１８）（子ども（17歳以下）の貧困率13・5％、ひとり親世帯の貧困率48・3％）で、今や先進諸国のなかでも高い（２０１９年国民生活基礎調査、厚生労働省）。

プレファブ住宅や公共住宅とは別に、日本の戦後、特に大都市の住まいを支えてきたのが木賃アパートである。１９６０年代から70年代にかけて、木賃アパートは上京してきた学生たちや若いサラリーマンたちの受け皿だった。当時は「賄い付き下宿」も一般的であり、ワンルームマンションが登場するのはのちの時代である。膨大に供給され、住宅ストックとなってきた木賃アパートのリノベーションの動きも当然起こってくる。首都圏のさまざまな大学から学生が集まり、木賃アパートを自分たちの手で、自分たちの住みたくなるようなものに改修しようという「木造賃貸アパート再生ワークショップ」が行われたのは２００９年であり、そのワークショップに主体的、主導的に参加した若い学生たちのひとり、連勇太朗らがＮＰＯ法人モクチン企画を立ち上げたのは２０１２年である。このモクチン企画は、「モクチンレシピ」（１３２頁）というリノベーションのメニューを用意し、工務店や駅前不動産業者と連携するユニークな事業を展開しつつある。「ドヤ街」については、岡部友彦の「ヨコハマホステルヴィレッジ」（98頁）の取り組みもある。

スマートハウスとゼロエネルギーハウス

タワーマンションを可能にしたのは建築構造技術の発展である。そして、超高層で住生活が可能となるためには建築環境設備の発達が不可欠である。超高層とともに、人工環境化していく都市の象徴となるのは、季節や天候に限らず、いつでも試合や催しができる空調設備を備えたドーム建築である。「東京ドーム」（竹中工務店、日建設計）が竣工したのが１９８８年である。[39]

住宅の気密化が進められたのは、上述のように１９６０年代のアルミサッシの１００％普及が示しているが、一貫して追求されてきたのは、冷暖房を効率化する高気密高断熱の住宅である。断熱材として古来用いられてきたのは大鋸屑や籾殻であるが、１９６０年代に暖房用の石炭費用の削減そして表面結露を防止するためにグラスウールが用いられるようになる。[40]そして、二次にわたるオイルショックを経て「省エネ法（エネルギーの使用の合理化に関する法律）」が制定されるのが１９７９年である。以降、省エネ法による住宅の断熱基準と設計施工指針が全国的に用いられるようになり、バブル崩壊後に改正強化される（1992）。しかし、本格的に推進されるきっかけとなったのは1997年のCOP3（気候変動枠組条約第3回締約国会議）の京都議定書であり、それを受けた抜本的改正強化（1999）である。しかし、省エネ法の改正強化は長らくそのままであり、非化石エネルギー導入を含む改正が施行されたのは2023年4月のことである。Covid–19の蔓延は、空間の気密性の問題、すなわち、通風の重要性を明らかにした。「夏を旨とすべし」としてきた日本の伝統的住宅は自然換気を基本にしてきたのであるが、真の環境共生住宅（エコハウス）とは何か？に対する解答は建築家に求められ続けている課題である。

　省エネルギー住宅として、住宅メーカーが1990年代に開発を試みたのは、太陽電池や蓄電池、エネルギー制御システムなどを装備した、創エネ、省エネ、蓄エネ型住宅、いわゆる「スマートハウス」[41]である。日本では、ホームオートメーション、インテリジェントハウス、電脳住宅、マルチメディア住宅、IT住宅などと呼ばれるが、当初主眼が置かれていたのはICTの居住空間への導入である。[42]外出先からプッシュホン（スマートフォン）により電気錠やエアコンの操作を行うことができるテレコントロール、テレビ画面による家電機器のコントロール、ホームセキュリティ・システムなどがあった。この住宅のインテリジェント化は、電話回線からインターネットへ、サービスも電子レンジや洗濯機から、スマートフォンとWebカメラを利用した留守宅や高齢者の見守りシステムなどへ進化してきた。省エネという意味では、住戸内のエネルギー管理システムHEMS（Home Energy Management System）で家電、太陽光発電、蓄電池、電気自動車等を一元的に管理するシステムが想定されている。電力の流れを供給・需要の両側から制御し、最適化できる送電網スマートグリッドとの連結もスマートハウスという概念には込められる。

　しかし、地球環境問題は一戸の住宅の断熱性能やエネルギーの効率的制御による省エネルギーのレベルにあるわけではない。重要なのは住宅の建設、使用、解体の全過程における温室効果ガスの排出量削減であり、再生可能エネルギーを最大化していく方向である。国連が「サステナブル・ディベロップメント」という理念を提唱するのは1987年である。この年は国際居住年IYSH（International Year of Shelter for the Homeless）でもあった。そして、国連は現在、貧困の撲滅を第一に掲げる「持続可能な開発目標SDGs（Sustainable Development Goals）」を掲げる（2015）。建築環境の総合的評価システムとして、英国でBREEAM（Building Research Establishment Environmental Assessment Method）が制定されたのは1990年、米国のLEED（Leadership in Energy and Environmental Design）が定められたのは1993年である。日本のCASBEE（Comprehensive Assessment System for Built Environment Efficiency）は２００１年と遅れる。ゼロエネルギーハウスＺＥＨ[43]（Net Zero Energy House）、ＬＣＣＭ[44]（Life Cycle Carbon Minus）が政策目標[45]となるのはごく最近のことである。

この間、工業材料ではなく自然素材を用いた、あるいは自然として樹木を積極的に取り入れる住宅が試みられてきた。藤森照信「ニラハウス」（82頁）、平田晃久「Tree-ness House」（１５４頁）などがそうである。象徴的な表現といっていいのであるが、ひとつの目指すべき方向を指し示している。機械力に頼るアクティブデザインに対して、自然エネルギー、自然環境に依拠するパッシブデザインが対置される。「オートノマスハウス（自律住居）」すなわち完全に自給自足の住宅という概念も提出されているが、可能な限り一定の地域において循環系を再生させることが、サステナブル社会への道である。

問題はフェイク（偽物）である。世に蔓延るのは、木材をぺたぺた貼るだけ、樹木で覆うだけで、環境共生住宅（エコハウス）、省エネ住宅、持続可能住宅を謳う住宅である。これをグリーンウオッシュ（「グリーン」で糊塗する）住宅という。グレタ・トゥンベリがもっとも激しく告発するのは、気候変動の重大性を認識しながら、それを糊塗し、あたかも温室効果ガスを抑制することを謳いながら、化石燃料を使い続ける産業界や政府である。「カーボンオフセット」や「気候補償」のような用語は放棄しよう、とトゥンベリは言う。ＳＤＧｓにしても、それを謳う政府や企業がそういう行動をとっているとは限らない。これをグリーンウオッシュというのである。

ヒロシマからフクシマへ——第二、第三の戦後

経済の低迷に加えて、日本列島を立て続けに襲ったのは大規模な自然災害である。１９７０年代から80年代にかけての自然災害は、死者行方不明４４７名を出した台風６・７・８号および７月豪雨（１９７２）が最大であった。１９９５年に起きた阪神・淡路大震災（兵庫県南部地震）は死者６４３４名で、死者数では伊勢湾台風（１９５９）の４６９７人を超える大災害となった。都市直下型地震として、高速道路が横転するなど、多くの建築物が倒壊、日本社会に対して、とりわけ建築界に対して大きな衝撃を与えることになった。

戦後50年の節目に当たる１９９５年は、日本の戦後50年のなかでも敗戦の１９４５年とともにとりわけ記憶される年である。阪神・淡路大震災と「地下鉄サリン事件」、このふたつの大事件によって、日本の戦後50年のさまざまな問題が根底的に問い直されることになったのである。加えて、年末には、バブル経済のツケといっていい「住専問題」（不良債権問題）が明るみに出た。住宅が財テク、投機の対象とされ、一瞬にして価値を失うのである。一体、われわれの生活の基盤はどうなっているの

図III-9｜被災した南三陸町の防災対策庁舎、2011年4月8日（撮影：竹内泰）

か——日本の戦後社会を支えてきたものが大きく揺さぶられたのが１９９５年である。阪神・淡路大震災の復旧復興のために多くのボランティアが参集した戦後50年は、ボランティア元年と言われる。ボランティア・アソシエーションを支えるＮＰＯ（特定非営利活動法人）法が成立したのが（１９９８）、未来につながる出発点となった。

日本列島は、その後も、地震、台風に毎年のように襲われる。２００４年には台風23号による風水害と新潟県中越地震に見舞われた。そして２０１１年３月11日に、東日本大震災が起きた［**図III-9**］。マグニチュード9.0の史上最大の巨大地震によって、東北地方は大津波に襲われ、しかも、福島第一原子力発電所（１号炉、２号炉、３号炉）の炉心溶融（メルトダウン）という大事故を引き起こした［**図III-10**］。死者・行方不明者の数は２万２３１８人、建築物の全壊・半壊は合わせて40万６０６７戸が公式に確認されている（２０２３年３月）。震災発生直後、停電世帯８００万戸以上、断水世帯１８０万戸以上、避難者は40万人以上に及んだ。原発事故の処理は未だに終わってはいない。どころか、汚染水、汚染土、使用済み燃料の処理を考えれば、気の遠くなる

図III-10｜メルトダウンした福島第一原子力発電所（2011年3月）

図III-11｜南三陸町の「番屋」（竹内泰+宮城大学グループ）

ような時間を要する。「平成」末（2019年4月30日）時点でも、避難者の数は5万人を超えている。

ヒロシマ1945・8・6からフクシマ2011・3・11へ、原子力を根幹に据える世界がいかに危ういかを、日本そして世界は再び思い知る。原子爆弾による焼け野原と原発事故以後無人となった野原を比べるとき、後者には明らかに展望がない。日本の拠って立つ基盤を根底から揺るがした原発事故のダメージは計り知れない。3・11直後、多くの建築家たちはすぐさま動いた。「アーキエイド」の建築家の活動や伊東豊雄などの「みんなの家」（120頁）がその象徴であるが、応急仮設住宅の建設から復興計画の立案へ、被災地支援に通った多くのグループがいる。避難所の間仕切り設置、仮設風呂の建設、竹内泰グループと滋賀県立大学木匠塾グループによる「番屋」建設［図III-11］、陶器浩一グループの「竹の会所」［図III-12］「浜の会所」など、戦後まもなく、最小限住宅の設計に取り組んだ建築家を思い起こさせる動きであった。

そして、戦後住宅の歩みも再検討されることになる。すぐさま問題にされたのは、建造物の安全性を規定する建築基準法のような法律や基準である。阪神・淡路大震災に限らず、大きな地震や災害のたびに問題になる。そして、基準は改定を重ねてきている。全半壊の建物が4385戸、一部損壊建物が8万棟を超えた1978年の宮城県沖地震後、新耐震基準を定める建

図III-12｜「竹の会所」（陶器浩一＋滋賀県立大学グループ）

築基準法の大幅の改正が行われたのは1981年であった。現在でも、1981年以前を旧耐震基準、以降を新耐震基準とする。阪神・淡路大震災後に、一部で主張されたのは、新耐震基準を遵守した建物に被害は少なく、旧耐震基準に従うものに被害率が高かった、ということである。しかし、被害の実態はさまざまであって、絶対安全な基準というのはない。高速道路や高架橋が倒壊したのである。2000年には、被害の多かった木造住宅について、地盤調査や接合部の金物や耐力壁の設置などを義務づける建築基準法の改正が行われることになる。しかし、法を守っていればいい、ということではない。[46]

阪神・淡路大震災の後、「建築確認・検査の民間開放」を可能とする建築基準法の一部改正（1998）が行われるが、この第三者検査制度の導入が、「構造計算書偽造」事件（2005–09）を生むことになる。その後も、さまざまな住宅建設に関わる不祥事が続いた。それらは、建設産業の基盤に綻びや空洞が生じていたことを示している。

最大の問題は、住宅生産を支える建築職人が高齢化し、ほとんど消えつつあることである。建設業の就業者数は、1992年には619万人、1997年にピークの685万人となって以降減少が続き、500万人を下回るに至っている。[47] 建設業の許可業者数は、1999年にピークの60万業者となるが、47万業者（2018）に減っている。国勢調査の職業分類でいう建設技術者は、主に住宅などの建築物の建設・改修・維持に従事する建築技術者と、道路・橋梁・河川など土木施設の建設・改良・維持を行う土木・測量技術者からなるが、２０００年には前者は39万人、後者は51万人であったものが、２０１０年にはそれぞれ22万人、24万人に激減する。復興需要が増えた２０１５年でも、24万人、26万人程度である。そして、とりわけ建築技術者の高齢化と後継者難は、極めて深刻になっている。

こうした建築技術者、建築職人の減少の背景には、２×４(ツーバイフォー)工法やプレカットという機械による加工技術の導入がある。２０２２年の新設住宅着工戸数(85万９５２９戸)のうち、プレファブ住宅は13・１%(11万２５２８戸)、ツーバイフォーは10・６%(９万１２３３戸)を占めている。ツーバイフォーを含めた木造住宅は55・６%(47万７８８３戸)であるが、そのうち大半を占める「在来工法」住宅もほとんどがプレカットによるものである(国土交通省総合政策局)。すなわち、戦後から続いてきた住宅生産の工業化の流れによって、伝統的な住宅生産システムが大きく混乱、衰退してきたのである。

おわりに――すべてが建築であり、誰もが建築家である原点

１９９０年代以降の日本の住居をめぐって、住宅モデルと家族モデルがずれてきていること、そのために大量の空き家が出現していること、単独世帯が多数になる趨勢に対して、空間の再編成、そのリノベーションが必要なこと、また、集まって住む多様なかたちが求められていること、格差が拡大しつつあり、タワーマンションが林立する一方で低所得者の住宅が見逃されてきていること、地球環境問題が深刻化しつつあるなかで、真の環境共生住宅(エコハウス)が求められていること、建築職人が激減していること、などを見てきた。すべての歯車が噛み合わなくなってしまっている。われわれは、最小限住宅から出発した原点に戻って、再出発する必要がある。量はすでに必要ない。現在手にしている新たな道具(ＣＡＤやＢＩＭ、ＩＣＴ技術、生成ＡＩ)も援用しながら、まったく、異なった出発が可能なはずである。

１９９０年代初頭、「住宅革命」の１９６０年代を確認しながら、「小さな回路」における、住宅の生産流通消費の全プロセスに関わる「アーキテクト・ビルダー」の可能性、「地域に固有なハウジングシステム」の構築、住宅設計から町づくりへの展開、住宅建設のためのオルタナティブ・テクノロジーの開発、ＤＩＹ、セルフビルドを組み込んだ住宅システム(プロセスとしてのハウジング)、多様な家族形態への対応、多様な集合形式の展開、都市型住宅の型の開発、共用空間の多様化、住宅の再生循環システムの構築、地域住宅生産システム、環境共生住宅の開発などを展望したのであるが(布野１９９５)、必ずしも、その

展望に沿う動きが大きな流れとはならなかった。この間明らかになったのは、最終的に、不動産を動産化し、空間を商品化し、投機の対象とする住宅産業の行きつく先である。それゆえ、同じ展望を繰り返すことになるけれど、すでにその萌芽はある。そして、その行方を考えさせるのが本書のさまざまな事例である。

発泡スチロールの「家」をかぶって日本をさまよい続ける村上慧の姿が日本の住居の現在を象徴しているようにも思える（146頁）。日本には、安らかに棲み続ける終の棲家が失われつつあるのである。誰もが、ひとりでは生きていけないのだとすれば、必要とされるのは、身近な居住環境を居心地のいい家族や地域コミュニティによって維持管理していくサステナブルな仕組みである。そしてはっきりしているのは、この仕組みをつくり上げようとする試みが、住居を単なる容器に解体してきた巨大な力に対する、はてしなき戦いとなることである。

> 現代というものは取り決めだ。私たちはみな、生まれた日にこの取り決めを結び、死を迎える日までそれに人生を統制される。この取り決めを撤回したり、その法を越えたりできるひとはほとんどいない。この取り決めが私たちの食べ物や仕事や夢を定め、住む場所や愛する相手や死に方を決める。［……］
> 現代の取り決めは、力と引き換えに、意味を捨てることを私たちに求める。

ユヴァル・ノア・ハラリ『ホモ・デウス』▼48

注

▼1 「第18章 国家と市場経済がもたらした世界平和」「第19章 文明は人間を幸福にしたのか」（ハラリ2016）。

▼2 平成バブル、平成景気と呼ばれるが、きっかけは、1985年9月の先進5カ国G5（米英仏独日）蔵相・中央銀行総裁会議によるプラザ合意（為替ルートの安定化（円高ドル安誘導））である。振り返って、1986年12月から1991年2月までの51カ月間がバブル経済期とされる。

▼3 中国が「一帯一路Yídài yílù」と呼ぶ広域経済圏構想「丝绸之路经济带和21世纪海上丝绸之路」（One Belt, One Road Initiative, OBOR）を提案したのは、2014年のアジア太平洋経済協力APEC首脳会議である。それに対して、日本が「自由で開かれたインド・太平洋戦略」を提唱したのは、2016年の第6回アフリカ開発会議（TICAD）においてである。「一帯一路」とは、正式名称が示すように陸路の「シルクロード経済ベルト」＝「一帯」と中国沿岸部から東南アジア、南アジア、アラビア半島、アフリカ東岸を結ぶ海路の「海上シルクロード」＝「一路」の2つのルートをいう。すなわち、アフロユーラシア全体に及ぶ壮大なる経済圏構想である。

▼4 木村伊兵衛らによる『東京・一九四五年秋』（文化社、1946年4月）など。

▼5 「第二章 呪縛の構図——戦後建築の零地点 一 廃墟の光芒」（布野1981）。

▼6 1941年設立。関東大震災（1923年9月1日）の義捐金で設立された同潤会の事業を引き継ぐ形で設立された公的住宅供給機関。1946年連合国軍最高司令官総司令部（GHQ）によって解散を命じられた。

▼7 京都の下賀茂神社の参道に方丈庵が復元されている。方丈庵については、「I 住家を持たざる夢 3 バラックの世界」（布野1997）で触れたが、詳細な考証については長尾重武（2022）がある。

▼8 「I 砂上の楼閣 第一章 戦後建築の50年」（布野2000）。

▼9 『新建築』誌が主催した設計競技には、「十二坪木造国民住宅」（1948年4月号）、「新住宅懸賞競技——家庭労働の削減を主体とする」（1948年8月号）、「十五坪木造住宅懸賞競技——育児を主たるテーマとする」（1948年12月号）、「五〇平方メートルの木造一戸建住宅設計競技——整理・整頓・格納を主題として」（1949年4月号）がある。

▼10 第二次世界大戦後直後、日本全体で420万戸の住宅が不足していたと推計されている。東京大空襲、広島・長崎への原子爆弾の投下など、戦災による住宅喪失（約240万戸）に加えて、戦時下に疎開などによって壊されたもの、建てるべくして建てられなかったもの、海外からの引揚者のための住宅が必要とされた。

▼11 提案したのは、GHQによって公職追放となった初代会長小林一三に代わって、戦災復興院の第2代総裁となった阿部美樹志である。小林一三は、阪急電鉄、宝塚歌劇団、阪急百貨店、東宝など阪急東宝グループを創業した実業家、政治家であるが、鉄道事業と一体化した都市開発、流通事業を展開、六甲山麓の高級住宅地、温泉、遊園地、野球場、関西学院等の高等教育機関の沿線誘致などによる日本的田園都市の実現を目指した。阿部美樹志は、鉄筋コンクリート造の専門家で、イリノイ大学で学位を取得した学者であり、国鉄で仕事をしてきた人物であった。

▼12 Aは8畳・6畳・台所、Bは6畳・6畳・台所、Cは6畳・4畳半・台所である。

▼13 51A、51B、51C、51MBの4つのプランで、Aは16坪、Bは14坪、Cは12坪、そしてMBは異なる規模の住戸をミックスしたタイプである。

▼14 建設省から委託を受けたのは建築設計監理協会（のちの日本建築家協会）で、具体的に担当したのは、Aは松田・平田設計事務所、Bは山下壽郎設計事務所、Cは久米建築事務所、MBは石本建築事務所である。各事務所からの提案を国庫補助住宅設計構造審議会（1950年秋）が審議

の上決定するというかたちであったが、その基本設計部会（委員は、平山嵩、木村幸一郎、佐藤鑑、高山英華、武基雄、丹下健三、吉武泰水）の委員であった吉武泰水が各案について提案、各事務所が実施設計を行うというのが実際のプロセスであった。

▼15 「1．普通の家族構成では（居住期間を考え合わせると）少なくとも2寝室必要で、C型でも2寝室とるべきであろう。2つの寝室のうち1つは「基本寝室」（夫婦寝室）として初めから設計することが望ましく、両者の隔離に注意したい。
2．これまでの住宅は結局1室的で、間仕切りも不完全である。家族人数や家族構成によって居住部分をどう区切るかの要求は異なるが、子どものある家庭では、少なくとも家族全員がくつろげるほどの広さをもつ部分と、勉強、読書、仕事（家事を含む）などが出来る部分をもつことが必要であろう。後者はさほど広くなくてもよいが基本寝室としての条件を備え、前者とは壁で仕切ってもよいのではあるまいか。前者には家族構成や生活の仕方に応じた住み方のできるゆとりが欲しい。この部分は南面させ、台所と直結するかあるいは調理部分を含み、住戸の出入り口や便所につながるように配置したい。
3．「食寝分離」は小住宅では「就寝分離」を犠牲にすることになりやすい。少なくとも朝食の分離が出来るよう台所を広めにとることがよいと思われる。」（『日本建築学会研究報告』13号、日本建築学会、1951年8月）

▼16 「51C」型住宅は、1951年から1957年度にかけて全国で6654戸建設される（規格住宅研究会『アパートの標準設計』住宅研究所、1959年）。すべての都道府県で鉄筋コンクリート造の公営住宅が建設されたわけではなく、東京都、福岡県、愛知県など大都市中心に19都道府県において建設されたことが確認されている。また、「51C」型の標準設計がそのまま使われたのではなく、例えば2部屋の和室を壁で区切るのではなく続き間とした例が多い。福岡県、愛知県、新潟県、愛媛県には2019年に「51C」型住戸が現存していたことが確認されている。

▼17 日本住宅公団は、設立された1955年から1973年の19年間に、65万2000戸（賃貸55万4000戸、分譲9万8000戸）を建設するが、そのうち2DKタイプは24万8000戸を占める（『日本住宅公団20年史』日本住宅公団、1975年）。

▼18 漆喰壁のような左官材料を使わないのが乾式組立構造で、W・グロピウスによって1910年代に提唱された「木製パネル式組立住宅」をいう。これが日本に紹介され、市浦健などがいくつか試作を試みた。そして、戦時中に住宅営団が開発・試作を行っており、これが戦後に引き継がれた。

▼19 工場生産住宅協会が設立されたのは1946年である。1947年には、倉敷絹織「クラケンC型組立住宅」、棚橋諒「桐2号組立住宅」、田辺平学「組立鉄筋コンクリート住宅」、牧野清「パネル式組立住宅」などが発表されている。

▼20 PREはPrefabrication、MはMID同人、Oは構造担当の小野薫、Sは山陰工業の頭文字。

▼21 永大産業がプレファブ住宅を試作したのも1959年であり、1960年には、永大、大和、松下、積水、ミサワのプレファブメーカーが設立された。

▼22 その後、プレファブ住宅の新築住宅に占める割合は増え続け、昭和から平成に移行する時点で15・8％（1990）となり、1990年代後半には20％程度となる（20・9％、1998）。そして現在は、プレファブ住宅は14・0％であるが、ツーバイフォー住宅12・7％を合わせれば、26・7％（2018）がいわゆる住宅メーカーによって供給されている。

▼23 開口部の建具は木製建具から金属製建具に代わっていく。スチール製建

具がまず用いられるが、軽量で加工が容易であるアルミサッシが開発される。日本で最初にアルミサッシが用いられた建物は1932年の村野藤吾設計の「森五ビル」であるが、このサッシはアルミ被覆のスチールサッシであった。わが国最初の押出成形サッシバーが造られるのは1950年で、一般のビルに用いられたのは1952年の前川國男設計の「日本相互銀行本店」である。住宅用アルミサッシは、まさにプレファブ住宅の登場と並行して開発され、普及していくことになった。

▼24
ハウジング計画ユニオンHPUのメンバー、大野勝彦、石山修武、渡辺豊和、布野修司によって、1982年12月に創刊準備号、1983年4月に創刊号を出して、2000年10月の50号、12月31日の終刊特別号まで51号を刊行した。創刊の言葉に「家、すまい、住、住むことと建てること、住宅=町づくりをめぐる多様なテーマを中心に、身体、建築、都市、国家をめぐる広範な問題をさまざまな角度から明らかにする新たなメディア『群居』を創刊します。既存のメディアでは掬いとれない問題にできるだけ光を当てること、可能な限りインタージャンルの問題提起をめざすこと、さまざまなハウジング・ネットワークのメディアたるべきこと、グローバルな、特にアジアの各地域との経験交流を積極的に取り挙げること、等々、目標は大きいのですが、今後の展開を期待して頂ければと思います。」と謳う。編集長を布野修司が務め、編集同人として、他に野辺公一、高島直之、松村秀一、秋山正一が加わった。

▼25
「大和ミゼットハウス」(1959)、「松下1号型」(1961)、「セキスイハウスB型」(1961)、「ミサワホームコア100」(1969)、「セキスイハイム」(1971)、「ミサワホームO型」(1976)、「大和ハウス〝和瓦の味わい〟」(1978)、「三井ホームコロニアル80」(1980)、「ミサワホーム55」(1981)、「殖産住宅ミセスピアII」(1982)を挙げている。

▼26
八田利也(磯崎新・伊藤ていじ・川上秀光)の『小住宅ばんざい』が、戦後まもなくからの小住宅作家の試みを、復興が進むことにおいてすでに実現しつつあるではないか、と揶揄したのは1958年であり、篠原一男が「住宅は芸術である」と宣言するのは1961年である。池辺陽のようにナンバーを付して100を超える住宅を設計し続けた建築家もいるが、量の供給という点では建築家の住宅設計が問題とならないことははっきりしていた。

▼27
戦後建築史については、布野1981、布野1995を参照されたい。

▼28
日本のGDPは、1955年から1973年までの高度成長期には年平均10%程度の成長を遂げた後、減速するが、それでも1975年から1991年は年平均4%の成長率であった。

▼29
1960年には、第一次産業人口32・7%、第二次産業人口29・1%であったが、1965年には、24・7%、31・5%と逆転する。第一次産業の就業者数は、以降、急激に減り、1970年に2割を切り(13・8%)、1985年には1割を切る(9.3%)。そして現在は、5.1%(2017)である。第二次産業は、1975年に34・1%となり、1995年(31・0%)まで30%台前半を維持するが、21世紀に入って25%程度となる(25・9%、2017)。

▼30
「第2章 欲望としての住まい それぞれの住宅物語 3 それぞれの住宅事情 F氏の住宅遍歴」(布野1989)。

▼31
引きこもりが長期化すれば、若者も中年になり、親も高齢となり、収入や介護などの問題が発生する。これは80代の親と50代の子の親子関係での問題であることから「8050問題」と呼ばれるようになった。

▼32
山本理顕の住居論については、「第四章 家族と地域のかたち 二 家族のかたちと社会のかたち 山本理顕の建築論」(布野2011)参照。

▼33
新設住宅着工戸数はオイルショック直前、186万戸(1973)のピークに達し、翌年115万戸に激減したが、団塊世代の住宅取得によって150万戸前後に回復した。しかし、第二次オイルショック後は

120万戸程度にとどまってきた（125万戸、1985）。そしてバブル経済の開始とともに、1989–90年には、166–167万戸に回復する。しかし、バブル崩壊によって134万戸（1991）に落ち込み、消費増税前の駆け込み需要と阪神淡路大震災の復興需要によって一旦163万戸（1996）に回復するが、以降減少し、21世紀初頭にオイルショック時の水準となり、以降、減少していく。

▼34
「世界貿易センタービル」（163m、40階、1970、日建設計、武藤構造力学研究所）、「京王プラザビル」（179m、47階、1971、日本設計）、「新宿住友ビル」（210m、52階、1974、日建設計）、「新宿三井ビル」（225m、55階、1974、三井不動産、日本設計）など、日本一の高さを誇る超高層建築が次々に登場するが、「サンシャイン60」（240m、60階、1978、三菱地所設計、武藤耕三力学研究所）を最後にいったん途絶える。復活するのは、平成初頭の「東京都庁第一本庁舎」（243m、48階、1991、丹下健三都市建築設計研究所）、「横浜ランドマークタワー」（296m、70階、1993、光美諸設計、ザ・スタビンス・アソシエイツ）である。現在日本一は「あべのハルカス」（300m、60階、2014、竹中工務店、ペリ・クラーク・ペリ・アーキテクツ）を抜いた「麻布台ヒルズ森JPタワー」（330m、64階、2023、ペリ・クラーク・ペリ・アーキテクツ）である。この間の超高層建築の推移は日本経済の動向を示している。200mを超える40棟の超高層建築のうち、6棟は1970年代に建てられ、1980年代は1棟もない。1990年代は1995年以前に8棟、計12棟、21世紀に入って2000年代が12棟、そして2010年代が10棟である。

▼35
ベル・パークシティG棟（115・95m、36階、1987）、大川端リバーシティ21リバーポイントタワー（132m、40階、1989）、オークプリオタワーレジデンス（167m、50階、1993）、エルザタワー55（185m、55階、1998）、アクティ汐留（190m、56階、2004）、クロスタワー大阪ベイ（200m、54階、2006）、The Kitahama（209m、54階、2009）と推移する。階数でこれを超えるのがTHE TOKYO TOWERS（193・5m、58階、2008）、パークシティ武蔵小杉ミッドスカイタワー（203・45m、59階、2009）、ザ・パークハウス西新宿タワー60（208・97m、60階、2017）である。

▼36
20階以上の分譲マンションをタワーマンションとしてカウント。2022年12月の集計（野村不動産）。総戸数は38万4581戸となる。

▼37
モクチン＝木賃とは、木造賃貸アパートの略語である。「木賃」はモクチンと呼び慣らされる以前はキチンと読まれた。木賃宿のキチンである。本来、江戸時代に宿場制度として街道筋に設けられた安宿、旅籠を意味する。基本的に大部屋で宿泊者が食材を持ち込んで薪代相当分を払って料理してもらった、薪すなわち木を賃料として払ったから木賃宿である。木銭宿ともいった。明治に入って産業革命とともに都市化が進行すると、東京、大阪、名古屋に「貧民窟」が出現、木賃宿は「貧民窟」すなわち労働者や無宿人を畳一枚程度で雑魚寝させる貧民の巣窟の安宿を意味するようになる。この頃「やど」を逆にした「ドヤ」という言葉ができる。この系譜は、ドヤ街につながるが、モクチンは、この「ドヤ」の系譜とは異なる。

▼38
日本の2018年の貧困線（等価可処分所得の中央値の半分）は127万円で、それに満たない世帯員の割合を相対的貧困率という。

▼39
平成に入って、「福岡ドーム」（竹中工務店・前田建設工業共同企業体、1993）、「ナゴヤドーム」（監修＝三菱地所、設計監理＝竹中工務店、1997）、「大阪ドーム」（日建設計、協力＝竹中工務店・大林組・電通、1997）、「西武ドーム」（球場建設＝早稲田大学池原研究室、設計アドバイザー＝石山健一、ドーム化工事＝鹿島建設、1999）、「札幌ドーム」（原広司／アトリエ・ファイ建築研究所、アトリエブンク、2001）と建設が続いた。「西武ドーム」は、屋根のみドームとし、壁のない（密

閉しない）ユニークな球場である。「札幌ドーム」は、サッカー場をドーム内に引き入れる、野球サッカー兼用の球場である。もちろん、すべてのドーム球場は、さまざまな用途に用いられる。ドーム球場以外にも、大館樹海ドーム（竹中工務店、伊東豊雄建築設計事務所、１９９７）、仙台市屋内グラウンド（シェルコムせんだい、佐藤総合計画、２０００）、「出雲ドーム」（鹿島デザイン、１９９２）など、また、ドーム建築に限らず、スライド式の屋根をもつ有明コロシアム、豊田スタジアムなども含めて、数多くの球技が可能な屋根付の大規模建築が、日本列島につくられていった。

▼40 北海道防寒住宅建設等促進法の改正により断熱基準が制定されたのは１９６９年である。

▼41 家電や設備機器を情報化配線等で接続し最適制御を行う「スマートハウス」は、１９８０年代にアメリカで提唱され、ＮＡＨＢ（全米ホームビルダー協会）の実証プロジェクトとしてスタートした（Smith Ralph Lee, *Smart House: The Coming Revolution in Housing*, GP Publishing, Inc., 1998）。

▼42 住宅情報化推進協議会（ALICE FORUM）が住宅関連の団体・企業を中心に設立されたのは１９８８年である（２００９年解散）。

▼43 ＺＥＨ（ゼッチ）とは「外皮の断熱性能等を大幅に向上させるとともに、高効率な設備システムの導入により、室内環境の質を維持しつつ大幅な省エネルギーを実現した上で、再生可能エネルギーを導入することにより、年間の一次エネルギー消費量の収支がゼロとなることを目指した住宅」とされる。

▼44 ＬＣＣＭ住宅とは、建設時、運用時、廃棄時においてできるだけ省CO_2に取り組み、さらに太陽光発電などを利用した再生可能エネルギーの創出により、住宅建設時のCO_2排出量も含めライフサイクルを通じてのCO_2の収支をマイナスにする住宅をいう。

▼45 地球温暖化対策計画（平成28年5月閣議決定）そしてエネルギー基本計画（平成30年7月閣議決定）において、「住宅については２０２０年までにハウスメーカー等が新築する注文戸建住宅の半数以上で２０３０年までに新築住宅の平均ＺＥＨの実現を目指す」とする。

▼46 問題が多いのは、旧耐震基準に従う「既存不適格」とされる建築物である。既存不適格建物とは、基準となる法が変わり、現行法では法律に適合しない、現在では建設できない建築物である。「既存不適格」建物は駄目であった、ということになると一体誰の責任になるのか。さらに、設計（書類）上は法や基準を遵守していても、手抜き工事などその通りに施工されない問題がある。誰がそのチェックをするのか、震災以後、検査機関の必要性が叫ばれたのは当然である。実際被害の大きかった木造住宅は老朽化したものが多かった。白蟻や結露、漏水によって部材が腐っていたのである。木造住宅に限らない。どんな建物でも、新築のときには基準を満たしていても、次第に老朽化するのは当然である。要するに、安全は必ずしも法によって担保されるわけではないのである。法や基準は時代とともに変わりうるし、そもそも絶対安全な建築物などはないのである。

▼47 建設投資額は、１９６０年代から70年代にかけて全投資額の20％から25％を占めるに至り、日本は「土建国家」と呼ばれてきたのであるが、50兆円前後に落ち着いていた建設投資額は、バブル経済によってピークとなった84兆円（１９９２）以後、徐々に減り、２０００年には66兆円、２００５年には51兆円、近年は、東日本大震災の復興投資もあって50兆円程度で推移している。

▼48 「第6章　現代の契約」（ハラリ２０１８）。

参考文献

- 上野千鶴子（2001）『家族を容れるハコ――家族を超えるハコ』平凡社
- ヴォーゲル，エズラ・F（1979）『ジャパン・アズ・ナンバーワン――アメリカへの教訓』広中和歌子・木本彰子訳、TBSブリタニカ。Ezra Frivel Vogel (1979), *Japan as Number One: Lessons for America*, Harvard University Press.
- 鈴木成文（2006）『五一C白書――私の建築計画学戦後史』住まい学体系101、住まいの図書館出版局
- 鈴木成文・上野千鶴子・山本理顕・布野修司・五十嵐太郎・山本喜美恵（2004）『「51C」家族を容れるハコの戦後と現在』平凡社
- 長尾重武（2022）『小さな家の思想――方丈記を建築で読み解く』文春新書
- 日本建築学会（1981）『日本の民家1　農家・集落編』日本建築学会
- 日本建築学会建築計画委員会（1989）『すまいの近代化論――その学際的議論から』建築計画協議会、日本建築学会
- 日本建築センター（2019）『日本の近代・現代を支えた建築――建築技術100選』日本建築センター
- ハラリ，ユヴァル・ノア（2016）『サピエンス全史――文明の構造と人類の幸福』上下、柴田裕之訳、河出書房新社。Yuval Noah Harari (2014), *Sapiens: A Brief History of Humankind*, Harvill Secker.
- ハラリ，ユヴァル・ノア (2018)『ホモ・デウス――テクノロジーとサピエンスの未来』上下、柴田裕之訳、河出書房新社。Yuval Noah Harari (2015), *Homo Deus: A Brief History of Tomorrow*, Harvill Secker.
- ハンティントン，サミュエル・P（1998）『文明の衝突』鈴木主税訳、集英社。Samuel Phillips Huntington (1996), *The Clash of Civilizations and the Remaking of World Order*, Simon & Schuster, 1996.
- フクヤマ，フランシス（1992）『歴史の終わり』渡辺昇一訳、三笠書房。Francis Yoshihiro Fukuyama (1992), *The End of History and the Last Man*, Free Press.
- 布野修司（1981）『戦後建築論ノート』相模書房
- 布野修司編（1985）『日本の住居1985　戦後40年の軌跡とこれからの視座』（『建築文化』1985年12月）彰国社
- 布野修司（1989）『住宅戦争』彰国社
- 布野修司編（1995）『日本の住宅　戦後50年』（『建築文化』別冊、1995年3月）彰国社
- 布野修司（1995）『戦後建築の終焉――世紀末建築論ノート』れんが書房新社
- 布野修司（1997）『住まいの夢と夢の住まい――アジア住居論』朝日新聞社
- 布野修司（2000）『裸の建築家――タウンアーキテクト論序説』建築資料研究社
- 布野修司編（2005）『世界住居誌』昭和堂
- 布野修司（2011）『建築少年たちの夢』彰国社
- 布野修司＋田中麻里＋ナウィット・オンサワンチャイ＋チャンタニー・チランタナット（2017）『東南アジアの住居――その起源・伝播・類型・変容』京都大学学術出版会
- 松村秀一（2018）『空き家を活かす――空間資源大国ニッポンの知恵』朝日新聞出版
- 山本理顕（1993）『住居論』住まいの図書館出版局
- 山本理顕（2004）『新編 住居論』平凡社ライブラリ

・山本理顕（２００６）『建築の可能性、山本理顕的想像力』王国社
・山本理顕（２０１３）『地域社会圏主義』ＬＩＸＩＬ出版
・吉見俊哉（２０１９）『平成時代』岩波新書

II

1989–2019の住居50選

IRONHOUSE	椎名英三+梅沢良三	2007	馬場兼伸	110
Sayama Flat	長坂 常／スキーマ建築計画	2008	橋本健史	112
ヨコハマアパートメント	西田 司+中川エリカ ／オンデザイン	2009	菅原大輔	114
HandiHouse projectと つくる家	HandiHouse project	2010–	葛西慎平	116
陸前高田市小友町獺沢 第2仮設団地	住田住宅産業 +菅原大輔+原田勝之	2011	前田圭介 ／UID	118
みんなの家	伊東豊雄ほか	2011–	岡野道子	120
経堂の住宅	長谷川 豪	2011	柿木佑介	122
渥美の床	彌田 徹+辻 琢磨+橋本健史 ／403architecture [dajiba]	2011	魚谷繁礼	124
頭町の住宅	魚谷繁礼	2011	渡辺菊眞	126
駒沢公園の家	今村水紀+篠原 勲／miCo.	2011	青井哲人	128
観月橋団地再生計画	馬場正尊／オープン・エー	2012	長谷部 勉	130
モクチンレシピ	モクチン企画（現CHAr）	2012–	布野修司	132
御所西の町家	森田一弥	2013	辻 琢磨	134
LT城西	成瀬・猪熊建築設計事務所	2013	柳沢 究	136
「スマートパワー ステーション」シリーズ	セキスイハイム	2013–	長谷部 勉	138
躯体の窓	増田信吾+大坪克亘	2014	橋本健史	140
食堂付きアパート	仲 俊治	2014	今村水紀	142
井上邸	井山武司	2014	渡辺菊眞	144
発泡スチロールの家	村上 慧	2014–	井上悠紀	146
宙地の間	渡辺菊眞	2015	森田一弥	148
ホシノタニ団地	ブルースタジオ	2015	香月真大	150
牛久のおやこ屋根	山道拓人+千葉元生+西川日満里 ／ツバメアーキテクツ	2016	彌田 徹	152
Tree-ness House	平田晃久	2017	山本麻子	154
庭路地の家	竹口健太郎+山本麻子 ／アルファヴィル	2017	平塚 桂	156
ハートフルタウン三鷹	飯田産業	2018	香月真大	158

[DATA]
所在地｜熊本県熊本市
竣工年｜1991年
規模｜地上5階
構造｜鉄筋コンクリート造
（一部型枠コンクリートブロック壁式造）
敷地面積｜11184m²
建築面積｜3562m²
延床面積｜8753m²
（住戸面積は51.30−67.10m²）

熊本県営保田窪第一団地

山本理顕
1991

中庭が喚起する自治的な集合住宅のかたち

プライベートとパブリックの間に中間領域を置く、「ひょうたん図式」を適用した集合住宅。住宅を経由しないと辿り着けない中庭では他の住民と交流できる。従来の住宅を前提にこの図式を解釈すれば、そこにはいつも同じようなメンバーが集うと想像されるかもしれないが、ここでは異なる景色の可能性がある。

　この図式の根底には、山本の身体感覚がある。熊本は暑い。風を呼び込み、住宅を冷やしたい。そのために、ダイニングキッチンを住宅から切り離し、中庭側に並べた。寝室群とは渡り廊下を介して行き来する。この構成は同時に、家族というものが共同体内共同体であることを表すこととなった。中庭側から見れば、住宅の共有空間とでもいうべきダイニングキッチンを眺めることになる。寝室やトイレといったもっともプライバシーを要求する空間は見えない。ここに図式の変容がある。

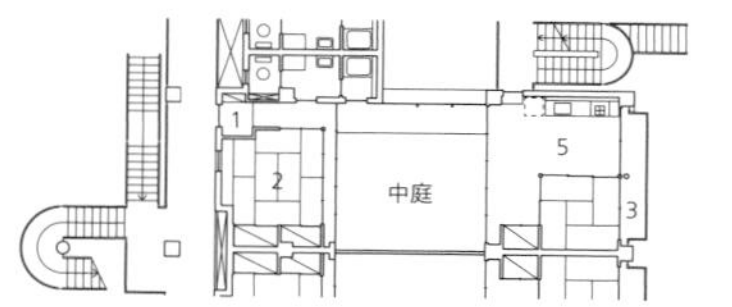

2階平面図

1｜エントランス
2｜個室
3｜テラス
4｜LDK
5｜DK

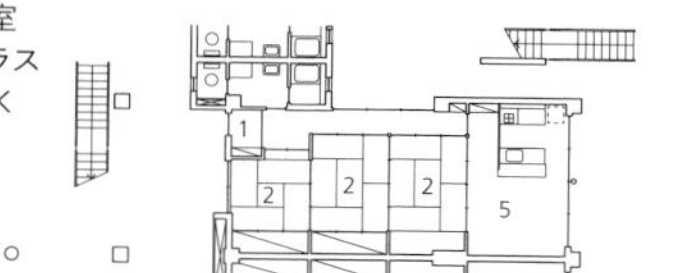

1階平面図

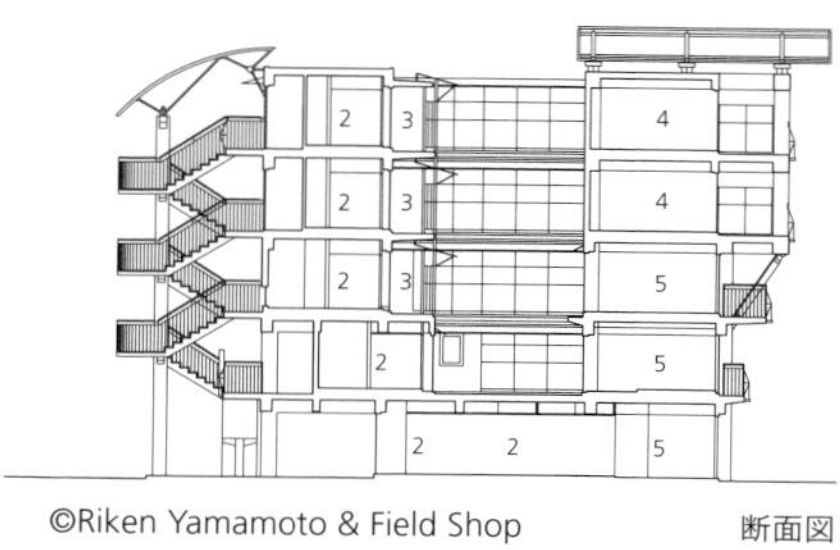

©Riken Yamamoto & Field Shop
断面図

　1階の住戸をカフェに改修するという山本のスケッチがある。1階の住戸は街路にも中庭にも面するという特徴を利用した改修案で、中庭側の軒下にも客席が展開している。そこからは1mほど凹んだ中庭を見渡すことができる。外部からお客さんが入ってくる。子連れなら子どもを安心して遊ばせられる公園に見えるだろう。もちろん中庭側からもこの集合住宅の住人がやってくる。高齢者だとしよう。子どもの声は迷惑だろうか。いやむしろ楽しい刺激になるだろうか。議論が生まれ、どのようなカフェならいいのか、どのような中庭になったらいいか、そんな会話が交わされるだろう。この共同体ならではのルールができ、他者や地域との交流が生まれるだろう。

　このカフェ構想には共同体のメンバーが自らの住環境を采配するという理念が込められている。自治的空間としての集合住宅である。ここにこの図式の可能性がある。

（**仲俊治**）

上｜中庭を囲む住棟配置（撮影：大野繁）
下左｜広場に面した専有テラス（撮影：大橋富夫）
下右｜1階の住戸をカフェに改修する案のコラージュ

ネクサスワールド

1991

［**監修**］磯崎 新 ［**設計**］レム・コールハース＋
スティーブン・ホール＋石山修武＋マーク・マック＋
クリスチャン・ド・ポルザンパルク＋オスカー・トゥスケ

［**DATA**］Ⓒ…コールハース棟 Ⓗ…ホール棟 Ⓘ…石山棟 Ⓜ…マック棟 Ⓟ…ポルザンパルク棟 Ⓣ…トゥスケ棟
所在地｜福岡県福岡市東区香椎浜 竣工年｜1991年
規模｜Ⓒ地下1階 地上3階 Ⓗ地上5階 Ⓘ地下1階 地上8階 Ⓜ地下1階 地上6階
Ⓟ地上5階＋地下1階 地上5階＋地上7階＋地上10階の4棟 Ⓣ地上5階
構造｜ⒸⒽⓂⓉ鉄筋コンクリート造 Ⓘ鉄骨鉄筋コンクリート造 Ⓟ鉄筋コンクリート造＋鉄骨鉄筋コンクリート造
敷地面積（総合計）｜19781.78m²
延床面積｜Ⓒ5764.76m² Ⓗ4243.58m² Ⓘ5554.31m²
Ⓜ4965.15m² Ⓟ5968.70m² Ⓣ5776.87m²

世界が挑んだ集合住宅の和室

磯崎新監修の国際的建築スター招致による集住プロジェクト。欧米から5名、日本から1名が選出され、それぞれに敷地とヴォリュームが与えられた。過去の複数建築家による競作方式と大きく異なるのは、統一的ルールを極力なくし、計画途上における建築家相互の応答により、全体的な構成として思いがけない景観を生み出している点である。この状況を磯崎は「香椎の連歌」と表現した。

外観の不連続美は一成果としてまばゆいが、内観の、つまり住空間の相補的な展開も見届けたい。例えば「和室」。当時の日本の集住として固定化しつつあった（公団1996汎用設計）一戸一和室の形式を、トゥスケ棟は素直な形で取り込み98％の戸に標準とした。和室有り率としては、ポルザンパルク棟は90％、マック棟65％、石山棟55％、コールハース棟とホール棟はともに0％となる。その中で、ポルザンパルク棟の一戸には、西欧石造的な構造体の独立棟に17・5畳の、別戸には畳一畳の奥行きしかない不思議な和室が出現している。石山棟は唯一「和風」を求められたにも関わらず、過半近くに和室がない。その代わり、2和室、3和室、さらに4つの居室すべてが和室という住戸に挑んでいる。

ホール棟は、畳床と建具の操作による融通無碍な空間の使われ方を日本の伝統として意識しつつも、さらにアクティブに空間の大きさや形を変えられる「ヒンジドスペース」として、和室なしで和室を越えようとした。コールハースは、「日本に建築するという事実を反映するべきなのか」と問いつつ、和室の概念や素材に頓着することなく、立体方向へのプランを演出した。

現在の集合住宅は、いつの間にか和室なしが前提となっている。まさに、それが残るか残らないかの瀬戸際が、バブル崩壊直前の香椎で詠まれていたようである。（**高木正三郎**）

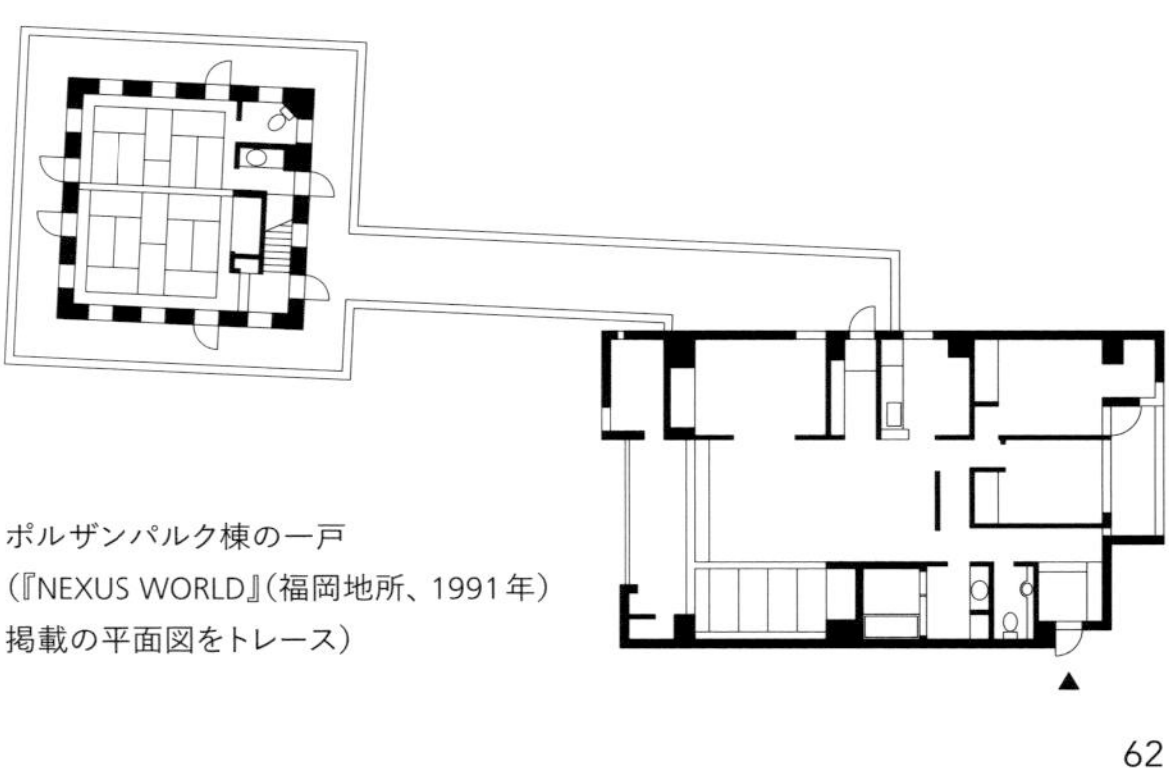

ポルザンパルク棟の一戸
（『NEXUS WORLD』（福岡地所、1991年）
掲載の平面図をトレース）

上｜敷地全景（2023年秋、筆者撮影）
下｜ポルザンパルク棟4LDKプランのリビング。左手が小上がりの和室に（提供：goodroom）

［**DATA**］
所在地｜大阪府交野市
竣工年｜1992年
規模｜地上2階
構造｜鉄筋コンクリート造+鉄骨造
敷地面積｜23639 m^2
建築面積｜8138 m^2
延床面積｜12116 m^2

図版提供：アトリエアンドアイ

コモンシティ星田

坂本一成
1992

醸成される開放系のまち

コモンシティ星田は、112戸の分譲住宅と集会施設から成るまちである。最大の特徴は地形をそのまま残したスロープ造成と、そこに建物をばらまくように分散配置する構成。目指されたのは計画された人工的環境ではなく、自然発生的な集落のような環境である。では、集落の特徴とは何だろうか。そのひとつは、同じ形式を共有する似た建物が、変化を伴いながら反復していく風景にある。地域の材料や気候などの共通する条件と、敷地特有の個別の条件に個々の建築が応えることで、こうした風景は形成される。それぞれ異なる建物（トークン）でありながら、表れている要素から共通する型（タイプ）を読み取れることが、共同性を感じさせる。それぞれの建物が自由に振る舞いながらも、連続性をもった集落の風景に私たちは惹かれるのではないか。

　コモンシティ星田でも、こうしたタイポロジーの実践が読み取れる。外部と連続する床、RCの壁、鉄骨の覆いといった要素は共通して反復されるが、地形との関係や日照、アプローチなどは少しずつ変化する。各要素は周囲の環境と部分的に密接に結びつきながらも、どこかと連続している。全体に従属しない部分の自由な振る舞いと、断片的な連続性によって、自然発生的な環境が実現されている。

　今日では、この計画を土壌に、RC壁に対する仕上げ、デッキの増築、植栽など思い思いに手が加えられている。それらはバラバラで計画を崩しているというより、環境をより豊かに醸成しているようにみえる。タイプがあってその場所の環境を感覚的に理解できること。その理解に基づけば住民がいくらでも新たな部分を挿入して暮らしを定着できること。こうした開かれたあり方がタイポロジーの実践によってもたらされ、変化を許容する自律的な基盤をもったまちになっている。（**千葉元生**）

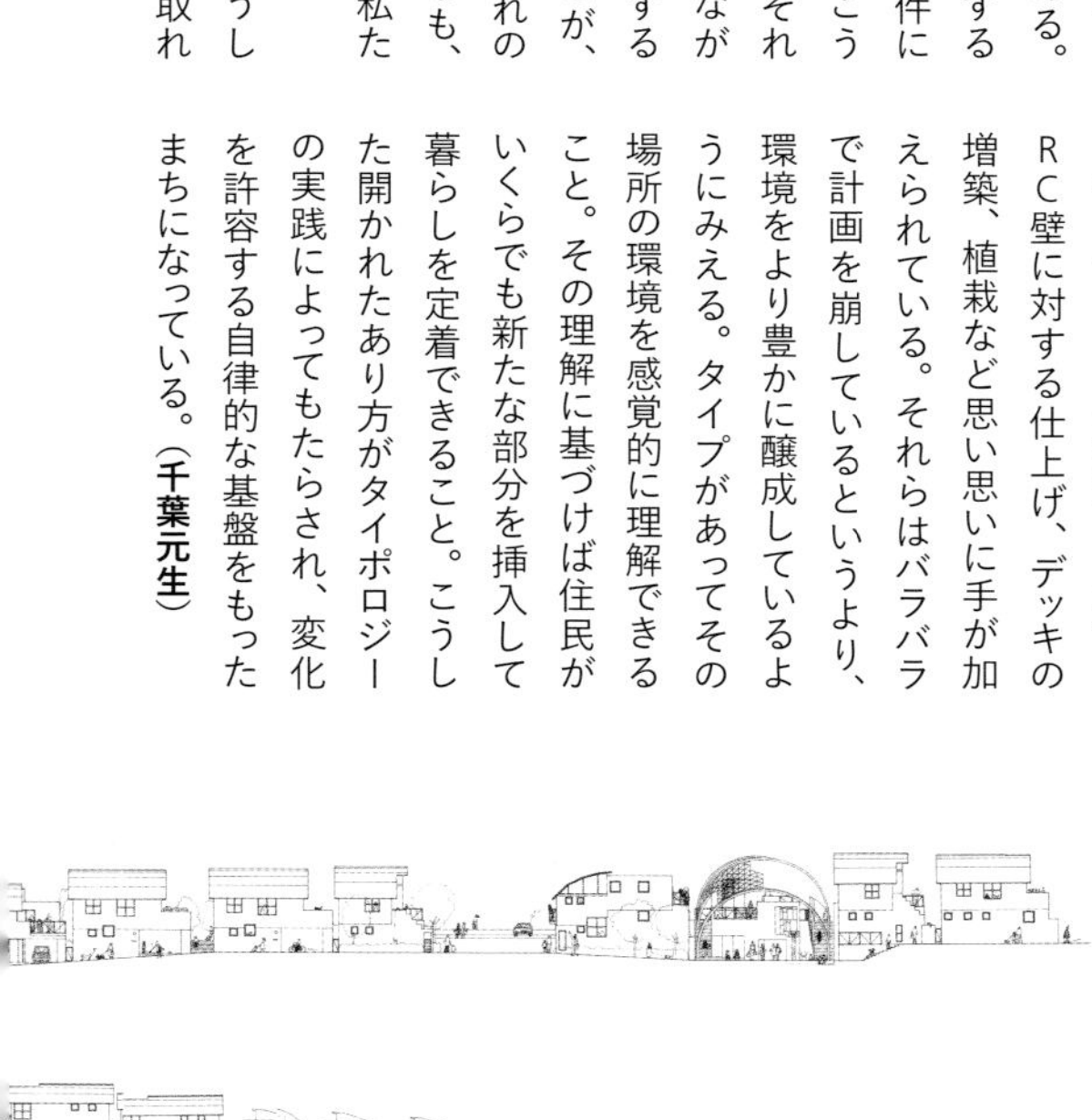
立面図

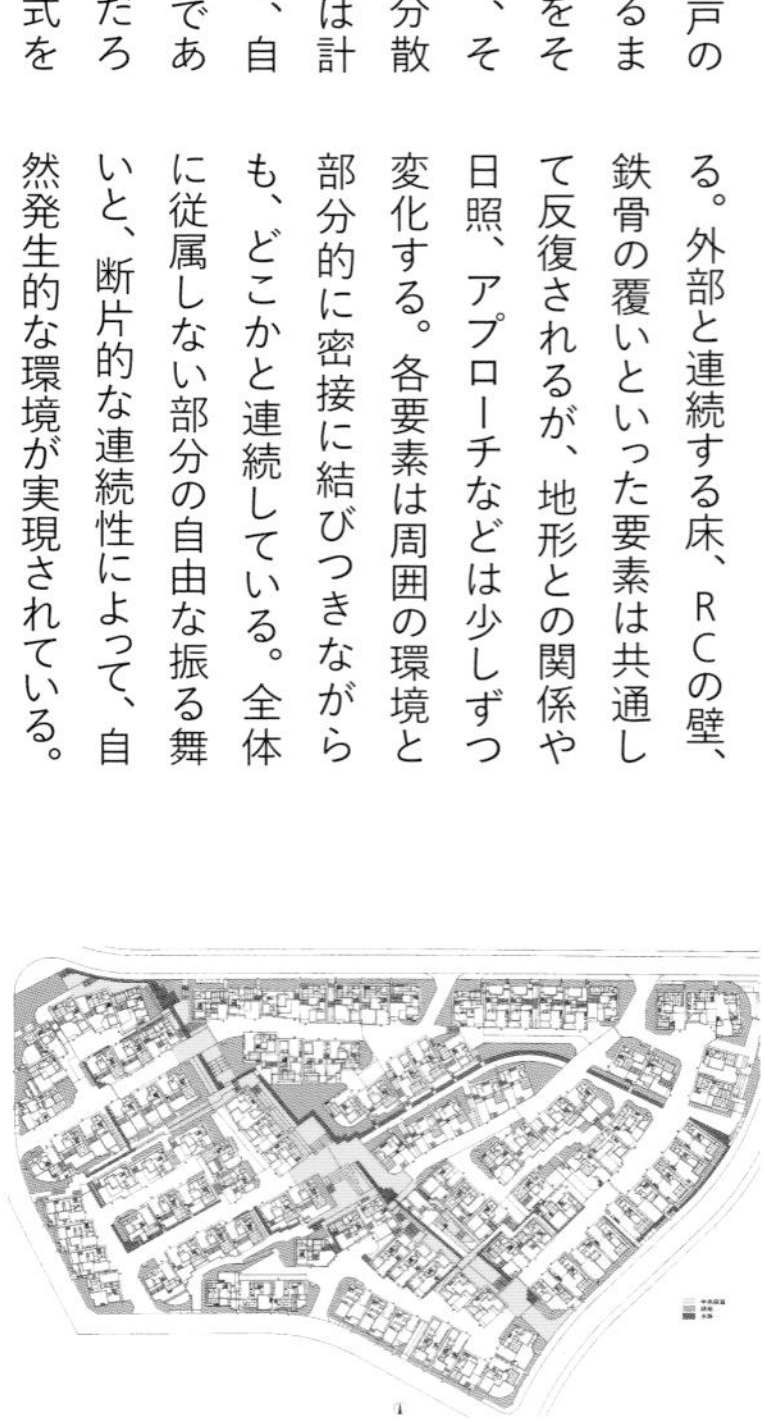
配置図

上・下｜高低差のある地形に沿って住棟が配置されている

［DATA］
所在地｜神奈川県相模原市
竣工年｜1992年
規模｜地下1階 地上2階
構造｜鉄骨造
敷地面積｜244.47㎡
建築面積｜115.77㎡
延床面積｜217.96㎡

相模原の住宅

野沢正光
1992

ディテールから問い直すサステナブルな実験住宅

相模原の住宅は、栴檀（センダン）の大木を囲むように町の中で控えめに佇んでいる。住宅は骨（架構）と皮（壁や窓）とマシーン（設備）からできていると語る建築家野沢正光の自邸である。カタログの寄せ集めで性能が担保された「安心」な住宅ができる時代に対して、この住宅は既製品から離脱している。工業的素材の導入、6㎜ベニヤを使った家具の引手や模型飛行機の羽根でできた照明カバー、人研ぎテラゾーでつくった浴室床、画材屋で特注したキャンバス天井、安価で汎用な家具用の材料を漆で仕上げたリビング床など、身体的で実験的なディテールが随所に見受けられる。材料やディテールを一つひとつ見ていくとはじめて全体が見えてくるようだ。

また、この住宅はゆったりと暮らしを包容する箱のようである。物がないときにもっとも美しく見える住宅建築とは対照的に、時を刻んで暮らし続けて「家」になる住宅のあり様を示している。住宅はライフスタイルに応じて修繕、改変や設備の取り換えが起きる。それゆえ耐用年数の長い骨と皮である建築と、変化できるインテリアとを分離した構成をとっている。床下に太陽熱を導入し室内環境を平準化させる集熱換気システム（OMソーラーシステム）が当時として先駆的な試みであるが、家政学的に使いやすいプランニング、既存樹木を残す風景の継承と庭の緑との連続性、暖炉の火や屋上庭園の土という人の営みに根ざす要素も忘れていない。高性能化することだけではサステナブルな住宅にはならない。住まい手が変わっても対応できる可変性や使いやすさ、自然エネルギーを生かす穏やかな室内環境、暮らしを楽しむ緑や火、長く住み続けられるサステナブルな住宅は何なのかを問うている。（**藤村真喜**）

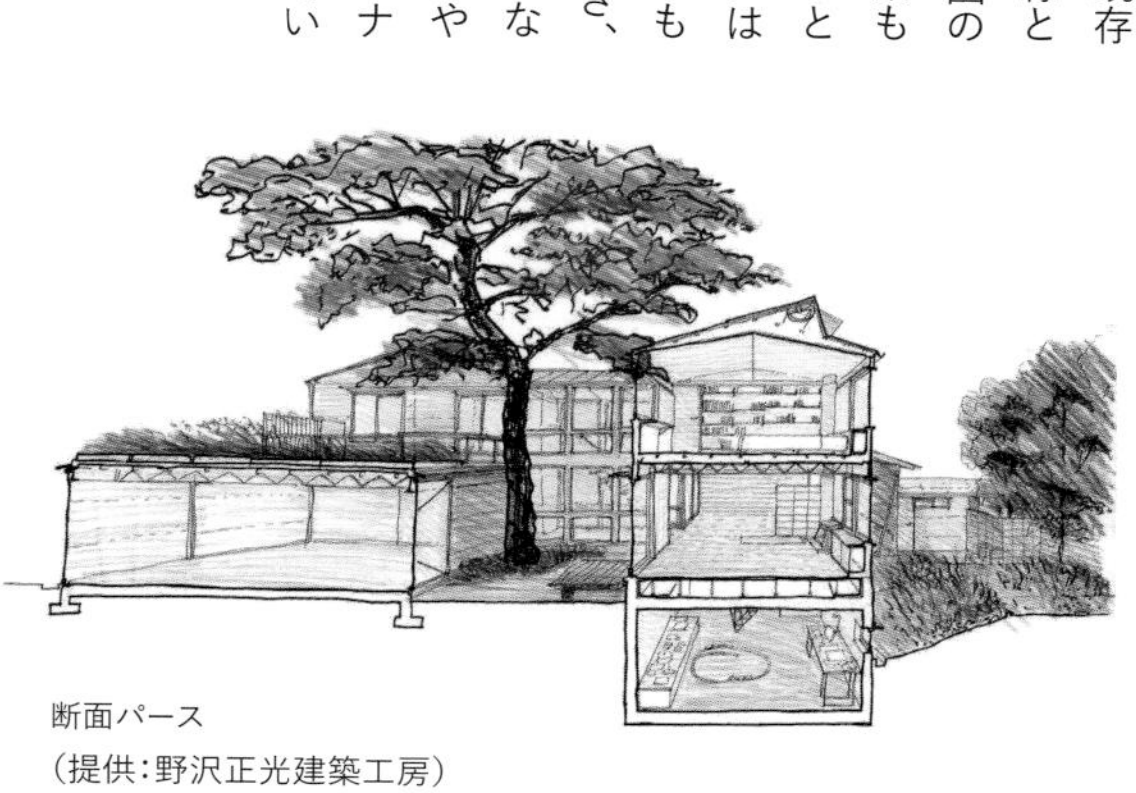

断面パース
（提供：野沢正光建築工房）

1階平面図兼配置図

長年暮らしを彩るものたちを
受け止める箱としてのスケルトン
（提供：野沢正光建築工房）

既存の栴檀を中心にしたプランにより
風景を継承（筆者撮影）

［**DATA**］
所在地｜大阪府大阪市
竣工年｜1993年
規模｜地下1階 地上6階、全15戸
構造｜鉄骨鉄筋コンクリート造
敷地面積｜1542.92 m^2
建築面積｜896.20 m^2
延床面積｜4577.20 m^2
（住戸面積は82.63－166.89 m^2）

NEXT21

大阪ガスNEXT21建設委員会

1993

スケルトン・インフィル方式による環境配慮型実験集合住宅

大阪ガスの社員が実際に住みながら、新しい居住スタイルや設備システムを提案・実験することを目的に建設された実験集合住宅である。地球環境・エネルギー問題への対応と豊かな暮らしの両立を掲げ、東京大学の内田祥哉と京都大学の巽和夫が計画の中心となり、設計・建設にあたっては2段階供給方式やシステムズビルディングなどの手法が採用された。耐久性を必要とする躯体や共用部分（スケルトン）は、可変性が必要とされる住戸内部（インフィル）と分離され、生活の変化に対応した住戸の改装や設備機器の更新の自由度を高めている。住戸の外壁もまた規格化・部品化され、移動や交換・再利用が可能なシステムとなっている。

建設後は現在まで4フェーズにわたり、さまざまな居住とエネルギー・設備システムの実験が行われてきた。そして、そのために繰り返される住戸と設備系の改修がスケルトン・インフィル方式の有効性を検証する大きな実験となっている。大阪ガスが設定した家族・生活像に対し設計者が住戸プランを提案、モニター家族が数年にわたり居住し検証する形式で、住戸の分割や住まい手参加による間仕切りの変更、環境調整空間や住み継ぎをテーマに実験が行われてきた。屋上と各階に配された植栽は大きく繋り、集合住宅内の熱環境の改善ばかりでなく、周辺市街地の環境や景観に対してもポジティブな貢献をしている。

このような実験的取り組みが、一企業が母体となって30年にわたり継続されてきたことは、実に驚くべきことである。そのなかで実証された住戸の更新性、界隈性のある立体的な共用空間、豊かな建築緑化など、NEXT21は現代の集合住宅としてのひとつの理想形を体現しているといってよい。残念なのは、NEXT21が未だに孤高の実験にとどまっていることである。（**柳沢究**）

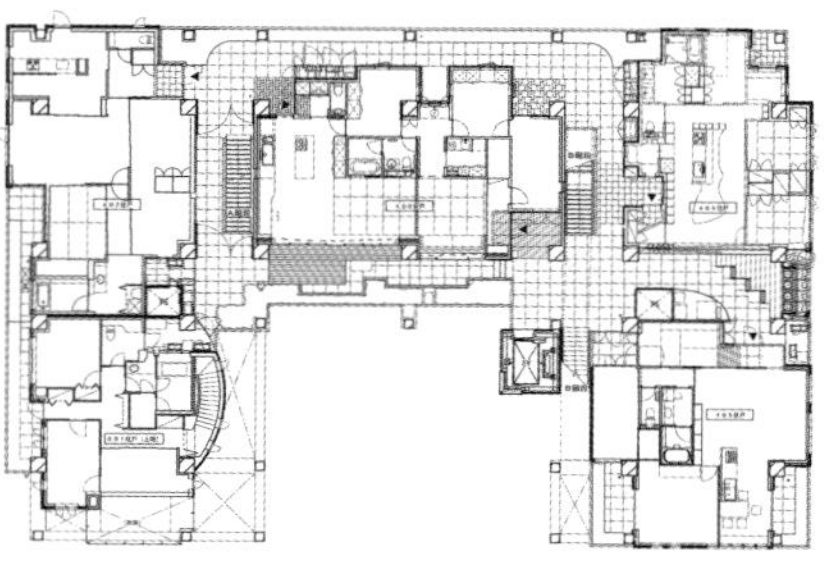

4階平面図

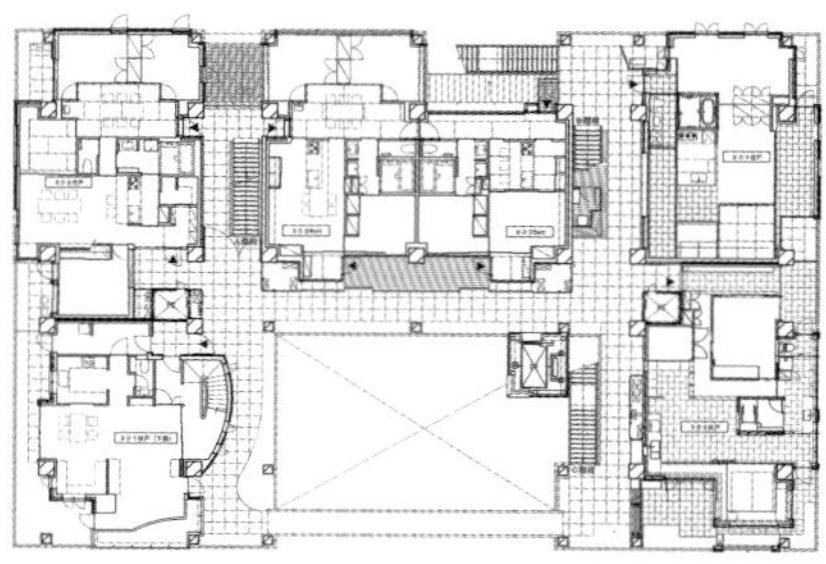

3階平面図

上｜南東側から見た全景
下｜立体街路
(写真は2点とも提供:大阪ガス(株))

断面構成(1層目は商業業務機能と駐車・設備インフラ、2層目は立体格子形状の住宅地盤、3層目は自然環境地盤として構成されている)

(図面は3点とも提供:
(株)集工舎建築都市デザイン研究所)

［**DATA**］
所在地｜千葉県勝浦市
竣工年｜1994年
規模｜地上2階
構造｜鉄骨造＋鉄筋コンクリート造
敷地面積｜1441.72 m^2
建築面積｜102.98 m^2
延床面積｜155.21 m^2

図版提供：AS

H
青木 淳
1994

「原っぱ」に回帰する住まい

この住宅にはいわゆる部屋らしい部屋がない。あらかじめ目的が定められた部屋を用意すると、空間が先回りして住まい手の行為や感覚を拘束してしまう。そういった目的が先験的に与えられてしまう状態を丁寧に避けるべく、大きな廊下のような空間を立体的に折り畳み、ゆるく分節された、ひとつながりの住処をつくっている。これにより、住まい手である夫婦ふたりが、各々好きな場所で好きなことをして過ごし、なんとなくつながりを感じながら暮らしていけるようになっている。

　青木淳は、あらかじめそこで行われることがわかっている「遊園地」のような建築ではなく、そこで行われることでその中身がつくられていく「原っぱ」のような建築を思考している。かつての住まいは現代と比較してもっと多義的な場所であった。多くの行為がそこに同居しており、その総体が生活という不定形なひとまとまりを成していた。しかし、近代化の過程で生活は目的をもった行為に細かく切り分けられていった。細分化されたそれら一つひとつから、事務所や集会所、工場、葬儀場などといった定型化されたビルディングタイプが生まれたわけである。そうやってそれぞれの目的に対応した空間を用意することが前提となり、住宅も目的空間の集合体へと変容していった。

　そこからもう一度、住宅を「未目的」な状態に差し返す、つまり行為に先取りして存在している空間を引きずり戻し、行為が起きることではじめて出現する場につくりかえる試みがなされた。大きな廊下状の空間を動き回っているうちに、居場所を発見する。どこにいても構わない。一人ひとりが自由に振る舞い、別々のことをしながらも時間と空間を共有する。そんな道から進化する建築＝「動線体」という概念のもと設計されたのがこの「H」である。（**柿木佑介**）

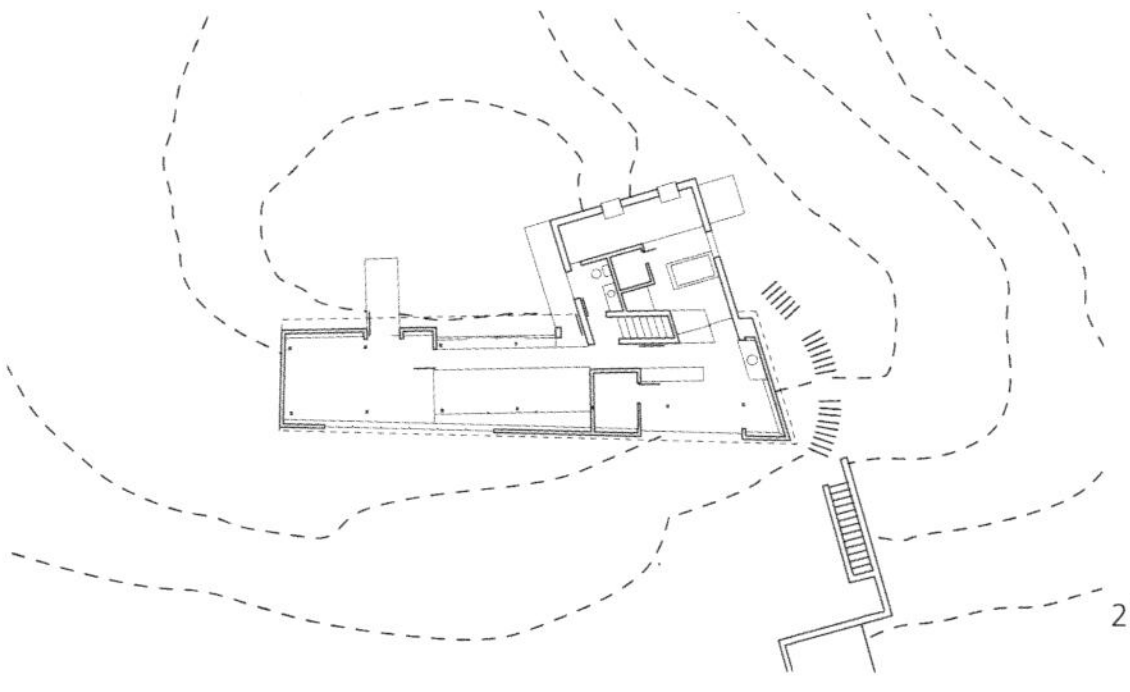
2階平面図

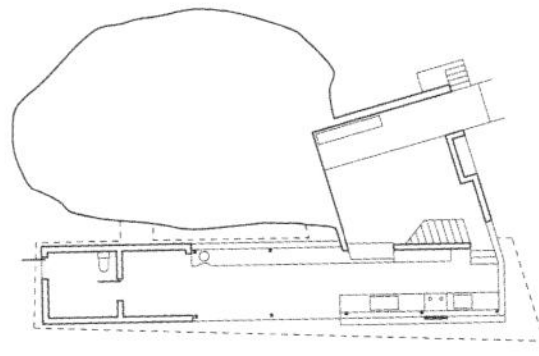
1階平面図

上｜外観　下｜2階内観

［**DATA**］
箱の家001
所在地｜東京都杉並区
竣工年｜1995年
規模｜地上2階
構造｜木造（在来工法）
敷地面積｜132.68 m^2
建築面積｜119.15 m^2
延床面積｜119.15 m^2

箱の家

難波和彦＋界工作舎

1995―

更新される標準と伝統的知性のハイブリッド

箱の家は難波和彦による一連の住宅シリーズの総称である。1995年竣工の箱の家001に始まり現在では約170戸建設され、そのコンセプトをもとに商品化・建設されたMUJI HOUSEは1000戸に上る。戦後日本の建築家が提案した住宅シリーズのなかでもっとも成功した事例といっても過言ではないだろう。

箱の家は産業社会における都市住宅の普遍的なプロトタイプを目指し、コンセプトとして、部品、構法の標準化によるコストパフォーマンスの最適化、自然採光や通風を取り入れた省エネルギー化、一室空間、シンプルな箱型のデザインが掲げられている。プロトタイプにはこうした原理原則の提出や、仕様の標準化が求められるが、これらもシリーズ初期から明確に宣言されていたわけではないようだ。つまり、箱の家は現代住宅における標準を模索するプロジェクトであり、その過程で見えてきたのが現在のコンセプトだと捉えられる。ひとりの建築家が建てては考え、検証実験を行い、次のシリーズで改善する。技術が進歩すれば柔軟に取り入れ更新する。建築家の経験の蓄積と時代に即した技術の組み合せによって、箱の家の標準は漸進的に先鋭化されていく。

一方、当初より試みられている一室空間による構成は、民家や町屋にみられる形式で、襖や障子などの簡易な仕切りによって多様な使い方を可能にする。近代における住宅の標準化が、核家族や自立した個人を前提に、nLDKプランを生み出したのに対して、箱の家は近代以前の暮らしを支えてきた伝統的な空間の知性から学び、多様な住まい手の暮らしに対応する。

更新し続ける標準と伝統的知性のハイブリッドによって、普遍性をもつプロトタイプでありながら住まい手の個別性を受け止めること、それが箱の家というプロジェクトなのである。（**千葉元生**）

1階平面図

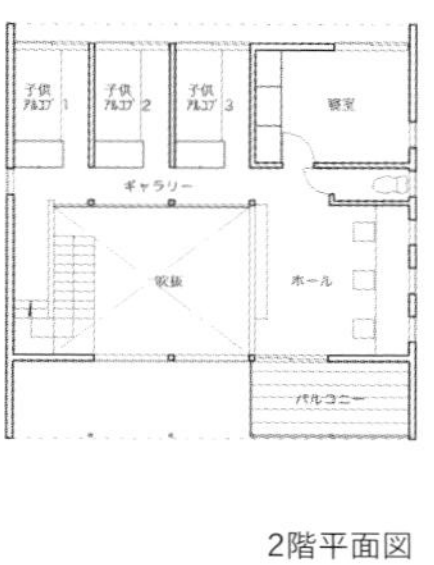

2階平面図

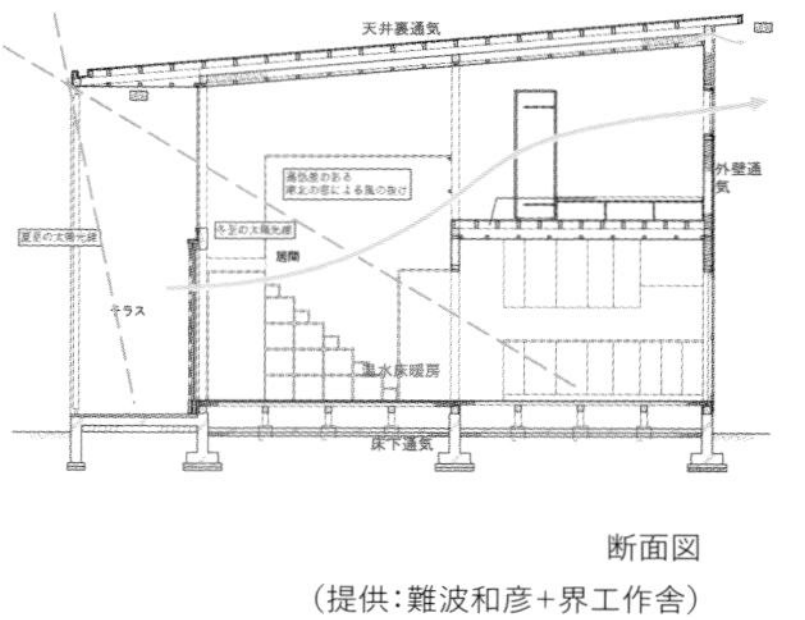

断面図

（提供：難波和彦＋界工作舎）

上｜箱の家001の外観（撮影：平井広行）　下｜同内観（撮影：坂口裕康）

［DATA］
所在地｜高知県高知市
竣工年｜1971年に着工、95年前後にておおむね
現在の姿となるも、更新を続ける
規模｜地下1階 地上5階
構造｜鉄筋コンクリート造、
一部鉄骨鉄筋コンクリート造+鉄骨造

沢田マンション

沢田嘉農

1995—

更新続けるユートピア

沢田マンションは沢田嘉農・裕江夫妻によるセルフビルドの鉄筋コンクリートを主体構造にした5階建ての集合住宅である。沢田は10歳の時に100世帯の集合住宅建設を目標にし、30年後の1971年の着工から25年かけて現在の姿にまでつくりあげた。尊厳ある人間の住まいとして、均質な箱ではなくすべての間取りが異なる個性ある住戸にこだわった。

1期工事の完成を待たず、下階の工事が終わった時点で賃貸を開始。家賃支払いが難しい貧困層の入居も許容したことから、社会改良運動の側面もうかがえる。昭和年間は、住戸と廊下、複雑な間取りに起因する不規則な階段、これら集合住宅の骨格が形成された。平成時代に入ると、建築外周を螺旋状に5階まで伸びるスロープ、各階テラスの手摺上の花壇、地上5階の工房までかけあがる巨大リフトや、池付きの屋上庭園などが増設される。リフトや花壇は沢田マンションを象徴するランドマーク要素であり、スロープと屋上庭園は住民同士がコミュニケーションをとる立体広場である。ランドマーク要素、コミュニティを育む場、これらは集合住宅の骨格を包みながら、共同体としての豊かさ示している。平成時代後半の嘉農氏没後、大きな空間変化は見られない。しかし、5階にある工房が工務店の役目を担い、間取変更や修繕が日々行われている。

当マンションではよく居住者のマンション内引越しが行われるという。間取りが違い更新を続けることが、さまざまな場に住まう欲求を刺激するのであろう。着工から現在まで常に更新を続け、どの時点でも生き生きとした共同体空間たりえている。沢田マンションは決してつくり手自作の表現主義建築なんかではない。100世帯の共同体が夢見られ、つくり続けられ、居住者とともに更新を重ねる、ユートピアなのである。(**渡辺菊眞**)

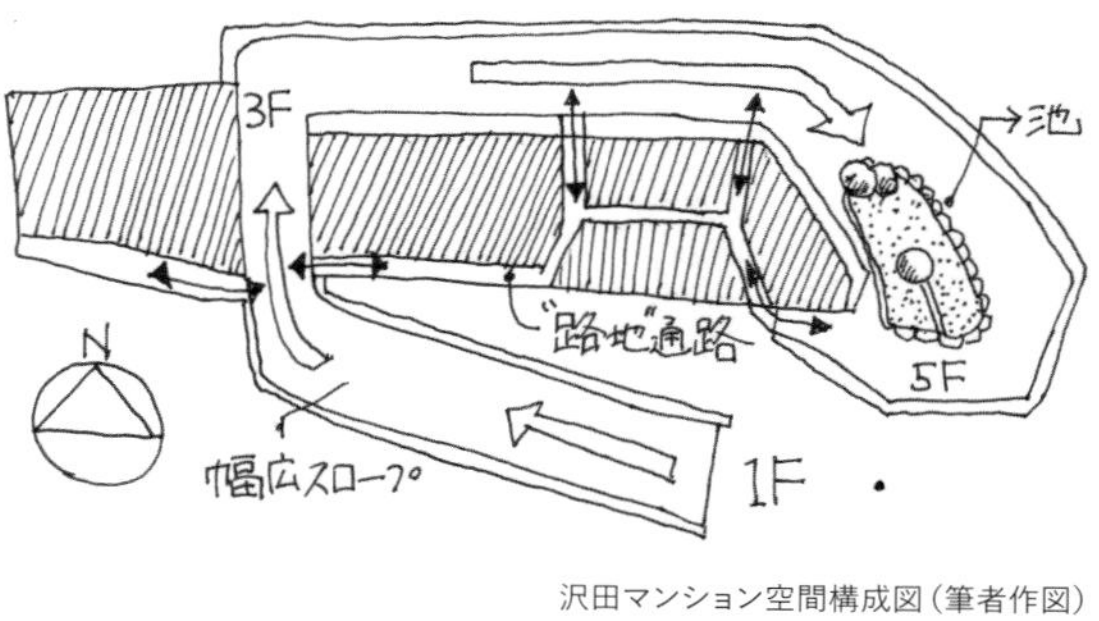

沢田マンション空間構成図(筆者作図)

＊参考文献
・古庄弘枝『沢田マンション物語』
情報センター出版局、2002年
・加賀谷哲朗『沢田マンション 超一級資料』
築地書館、2007年

沢田マンション全景（南東から）。
巨大リフトと手摺花壇の植栽が見える

廊下情景。複雑な工程を反映した廊下のレベル差が確認できる。スロープがあることで住戸前まで自転車含む車両乗り入れが可能（2点とも筆者撮影）

［**DATA**］
所在地｜兵庫県神戸市
竣工年｜1995年
規模｜地上1階
構造｜紙管構造
建築面積｜16m²
延床面積｜16m²

紙のログハウス

坂茂

1995—

紙管が問い直す、建築の作品性と社会貢献

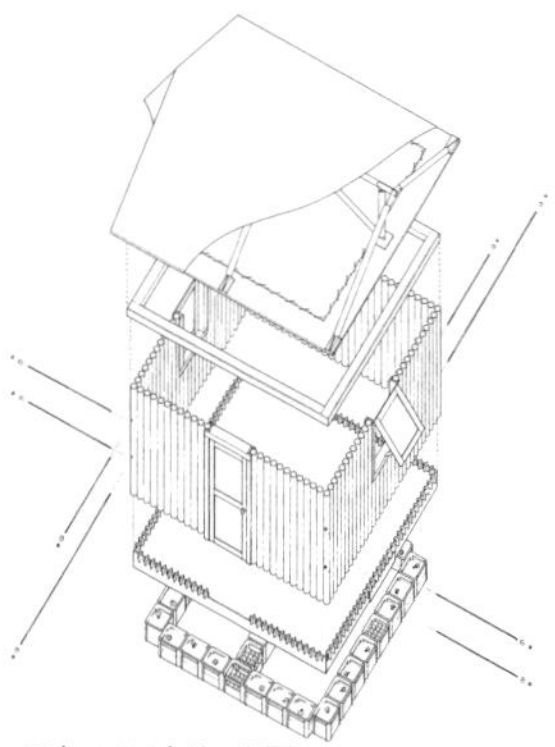

アクソノメトリック図

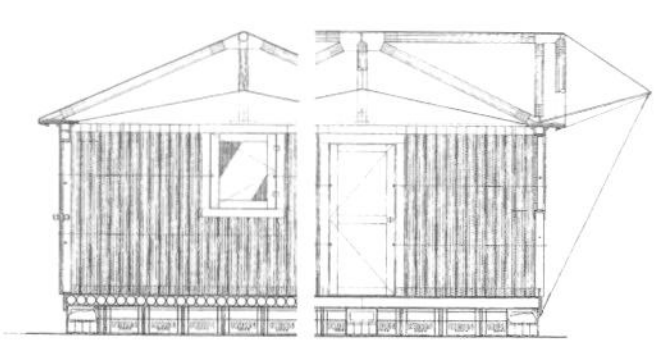

立面図

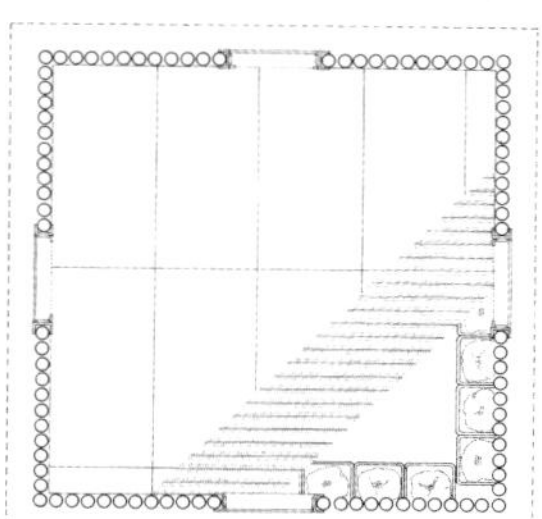

平面図

２０１１年の東日本大震災以降、筆者を含め多くの建築家が応急・復興活動に積極的に関わっている。こうした建築家像を世に広めたのは坂茂であり、それを象徴するのが紙のログハウスである。

坂が初めて紙管を使用したのは、アルヴァ・アアルト展の会場構成だった。サランラップなどの生活用品や文具の芯として使われていた紙管は、流通性や施工性がよく、何よりも低価格であった。さらに、解体後リサイクル可能な環境配慮型建材でもある。構造材としての紙管を追求するなかで、初めて非常事態の建築として完成したのはルワンダ紛争（１９９４）の難民のための仮設避難テントだった。その経験が翌年の阪神・淡路大震災の紙のログハウスへつながる。１棟16m²のログハウスは、２棟１家族の寝室利用を想定し、２棟の間の庇空間を共用部として計画している。水回りなどを銭湯や公園などにアウトソーシングすることで、25万円／棟という圧倒的なローコストを実現している。だが、その内部空間は、応急仮設住宅とは思えないほど豊かで、美しい。

紙のログハウスは、社会貢献する建築物の模範といっていいだろが、そこに建築家が本来追い求める作品性はあるのであろうか？作品性には、作家の強い個性によるものと、発明的な新しい視点によるものがある。紙のログハウスは、流通や生産といった建設システムを発明的視点でデザインし、建築と社会の関わり方を変えた。そして、被災者をやわらかく包むその空間には、坂の圧倒的な美意識が感じ取れる。ここでは、あまりにもシンプルに、そしてあまりにも巧みに、社会貢献と作品性が両立している。この住宅には、「人間が生きる場所を創る」という、建築活動が本来もつべき原型が示されている。（**菅原大輔**）

外観。基礎のビールケースが
足元に見える © Takanobu Sakuma

組み立て風景 © Shigeru Ban Architects

［**DATA**］
所在地｜駅近の雑居ビル
発生年｜1990年代中葉
個室面積｜2m²弱（1畳程度）

住まいとしてのネットカフェ

1990年代半ば—

生活インフラとしての最小限空間

「ネットカフェ難民」という言葉が世間に広く知れ渡った２００７年。あれから10数年経った現在も、24時間営業のネットカフェで寝泊まりする住居喪失不安定就労者は、都内で1日約４０００人（２０１８）いる。ネットカフェに頻繁に寝泊まりする人々の雇用形態はさまざまだが、不安定ながらも収入があるときは、割安な長時間パックやナイトパックを使って、積極的に利用している。窓もなく、両手両足を伸ばせばすぐに薄い間仕切りにあたる個室は、天井もなく周囲の音も筒抜け。決して居心地が良いとはいえない。しかし、駅から遠いアパートの一室で暮らす手間と費用を考えれば、駅近で、ほどほどにプライバシーが保たれ、冷暖房完備、コインシャワーやランドリー付き、インターネット使いたい放題等、ひとり暮らしに必要な生活インフラが一通り揃っているネットカフェは、仮住まいとしては充分なのだろう。また、多くの利用者が個室にこもっているため、利用者間のコミュニケーションがなく、人間関係の煩わしさがないことも好まれる点かもしれない。そこをよく定宿にしている者は、今必要な時間だけ最小限の居場所をレンタルし、その個室の狭さも、「狭さ＝貧しさ」ではなく、「狭さ＝合理的」と客観的に捉えているようだ。ネットカフェは日々、そのサービスや施設を充実させ、ホテル暮らしのような便利な場所へと進化している。予約なしにすぐにでも確保できる現実的な居場所として、生活困窮者のニーズを的確に捉え、彼らに最小の刹那的居住空間を提供し続けている。（**渡邊詞男**）

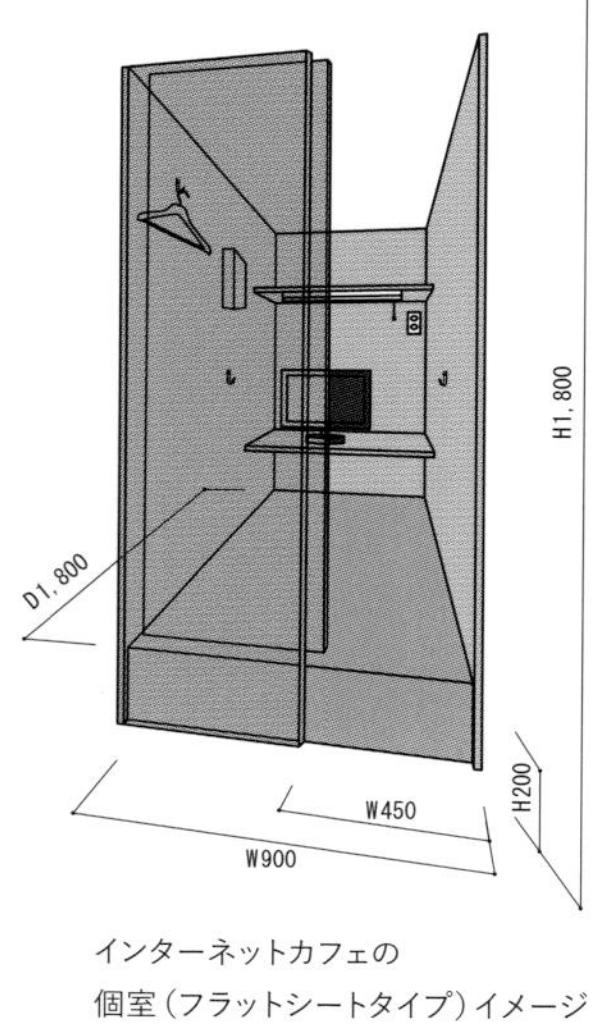

インターネットカフェの
個室（フラットシートタイプ）イメージ

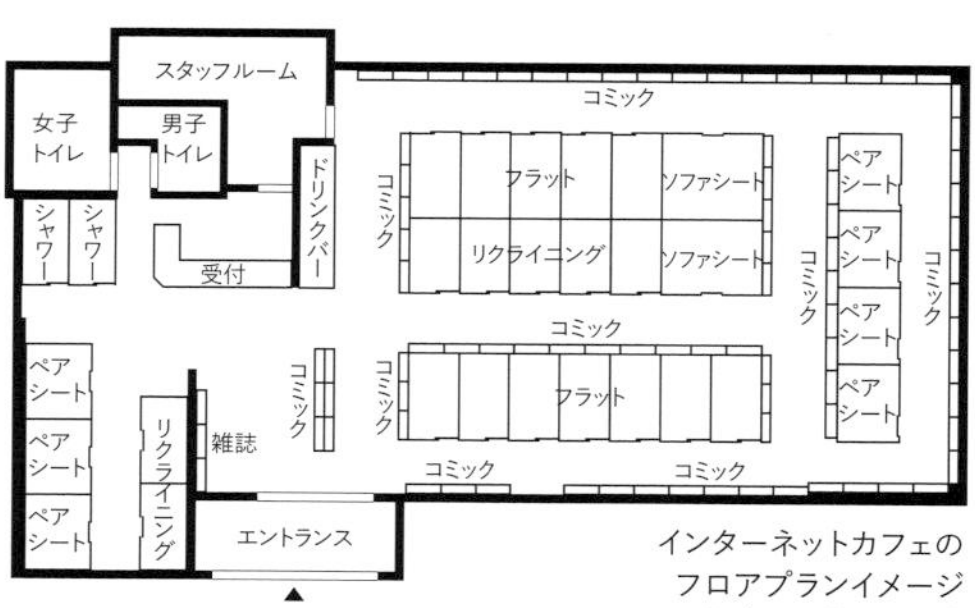

インターネットカフェの
フロアプランイメージ
（2点とも筆者作成）

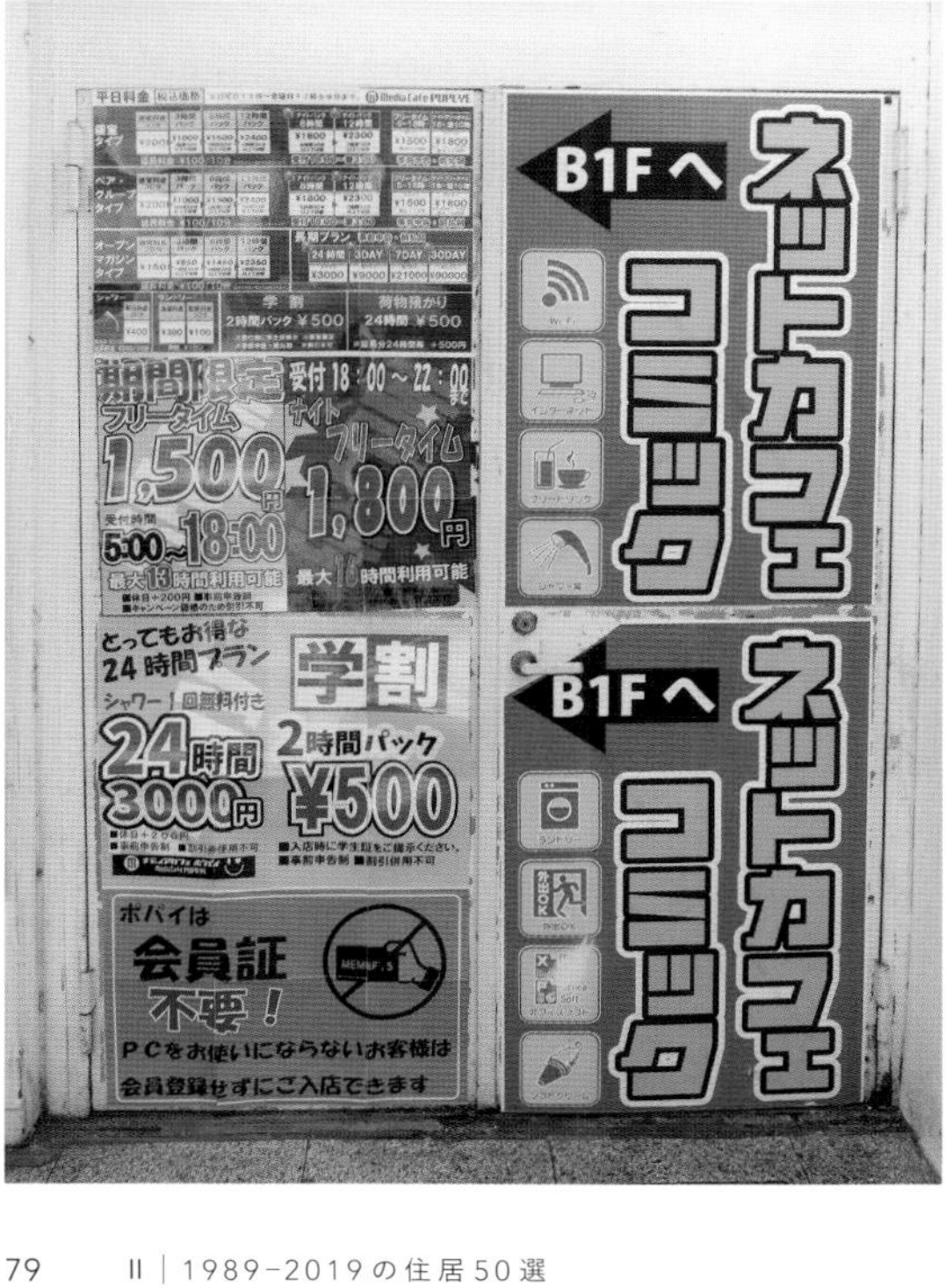

上｜繁華街にあるインターネットカフェ
下｜インターネットカフェの入り口看板
（2点とも筆者撮影）

［**DATA**］
所在地｜兵庫県宝塚市
竣工年｜1997年
規模｜地上2階
構造｜木造+鉄骨造
敷地面積｜56m²
建築面積｜45m²
延床面積｜89m²
―
図版提供：宮本佳明建築設計事務所

「ゼンカイ」ハウス

宮本佳明
1997

全壊から再生した未完の住宅

１９９５年の阪神・淡路大震災時に被災し「全壊」判定を受けた、宮本佳明の生家である木造長屋に、耐震補強を施した建築。「今まで１００年もったのだから、なんとかもう１００年生き存えさせたい」という思いから、公費解体を取り下げ、設計事務所として再生している。

　この建築は、リノベーションのように既存建築を刷新することを目指しその表面を更新するのではなく、既存建物に記された記憶を紡ぐことを目的としており、内装や外装といった表層は、まるで大聖堂の修復のように精緻に保存されている。一方、施された構造補強はこの先１００年を見据え建物の拡張を視野に入れて計画されたため、既存建物を繕うような木造ではなく、新たに鉄骨を用いて行われている。この鉄骨は、既存部分をできるだけ残しながら必要な建具の開閉を確保するため不規則にこの家の空隙を縫うように走っており、その大きさと自由な振る舞いは暴力的にも感じられる。逆に、鉄骨フレームに緊結された既存の木造軸組は、構造体の役割から解放され、ただ静かにそこに在る。

　実際に訪れると、竣工写真から受ける強烈な鉄骨補強の印象はなく、絶対的な存在感を得た既存の表面と役割を失った元構造の木軸と現構造の鉄骨は驚くほど馴染み共存していた。「ゼンカイ」ハウスという記憶の器の中では、阪神・淡路大震災という大きな出来事も、年表に記された1行のように、他の記憶とともに相対化されるのかもしれない。

　建築は人や風景や場所の記憶を伝える「時間を超えたメディア」であるという宮本は言う。この空間に身を置くと、建築は永遠の時間軸の中で、人間の営みとともに変わり続ける未完の存在なのだということを実感する。（**今村水紀**）

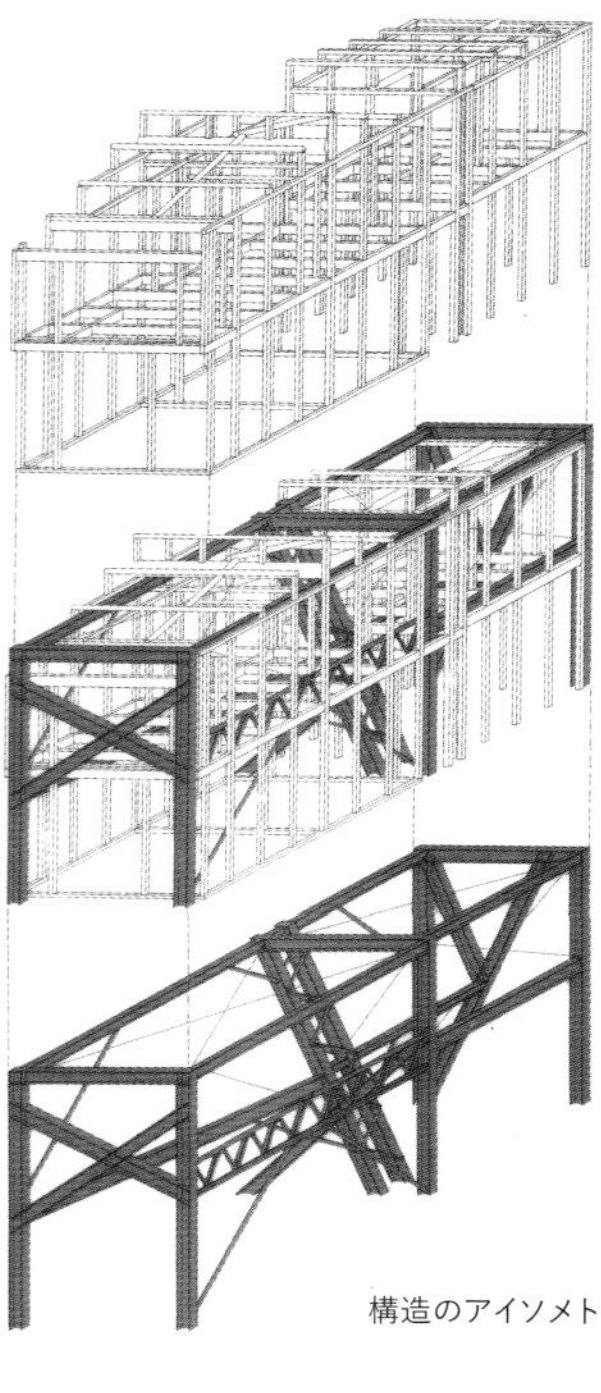
構造のアイソメトリック図

上｜内観
下｜外観

［**DATA**］
所在地｜東京都町田市
竣工年｜1997年
規模｜地上2階
構造｜木造
敷地面積｜482 m²
建築面積｜106 m²
延床面積｜172 m²

ニラハウス

藤森照信

1997

自然との共生を標榜するポストモダン住宅

広くゆるやかな形状の切妻屋根一面に、ニラが生い茂るように生えている姿が非常に印象的な「ニラハウス」。前衛芸術家の赤瀬川原平の邸宅であり「建築に自然が寄生する美しさを追求した」建築作品、と位置づけられている。

発表された1997年当初、ニラハウスは建築界にある種の大きなインパクトを与えた。モダニズムの流れから70—90年代のポストモダニズムを経て建築界全体が新しい建築の姿を模索している最中、無機質なテクスチャーのハイテク建築が優勢だった時代に、ニラハウスの出現は「単なる異端」という評価を超えて、日本の（住宅）建築の流れにひとつの楔を打ち込んだといえる。

この建築の特徴として、「自然との調和」のほか、「素材」、「素人による手づくり」というテーマがあげられる。建築材料として木や土など素材感に富んだものを採用しており、自然素材を多用した設計手法は、この後に藤森が展開する大規模な公共建築においても大きな特徴となる。また、一部インテリアを、「施主+設計者+友人=素人」による手づくりにより施工する、素人ならではの雑なつくりがかえって素朴な味わいを創出している。

このように非常に特異な点が際立つ建築だが、建築の構成自体は非常にオーソドックスにつくられている、ということは案外言及されていない。しっかりと建築のガワは固めて、アバンギャルドな建築の姿（この建築の主役である「ニラ」、木の屋根、外観のテイスト等）は、そこに付加されている装飾的要素ともいえる。そう考えると、ある意味ポストモダニズムとの類似性などが想起させられ、設計者がどこまで確信犯的であったのかを推測すると興味深い。いずれにせよ、対モダニズム、対ポストモダニズムといった新しい建築のかたちというものを観る側に考えさせる建築である。（**水谷俊博**）

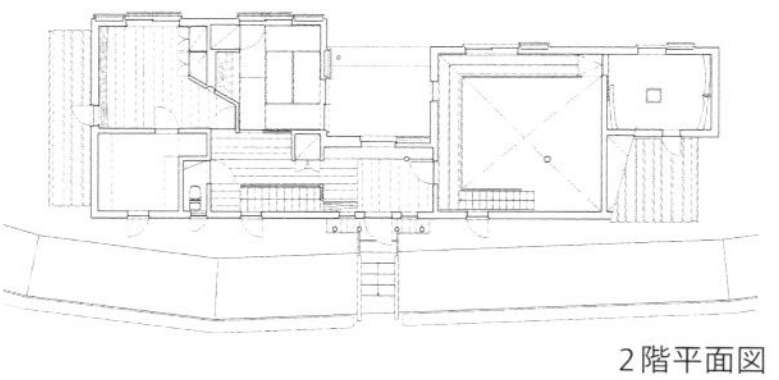

2階平面図

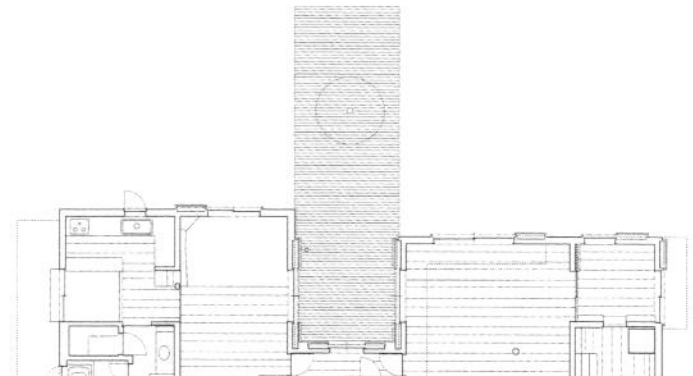

1階平面図

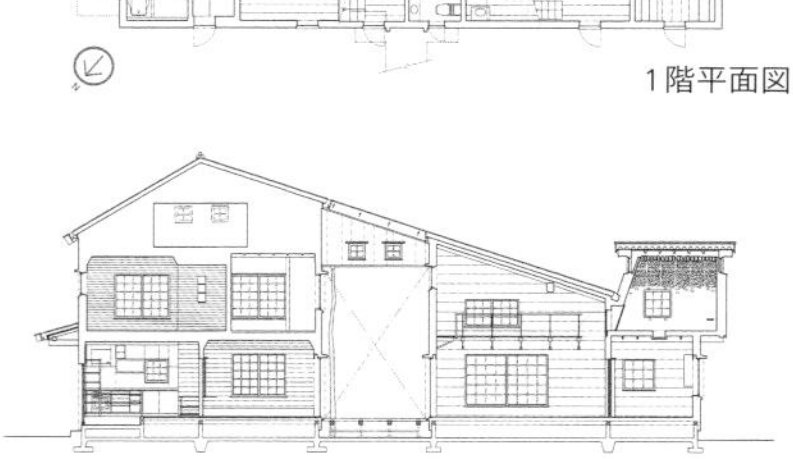

東西断面図

（出典：『藤森照信作品集』TOTO出版、2020年）

上｜外観。初夏には白いニラの花が
風に揺れる
下｜茶室「薪軒」
（2点とも撮影：藤森照信）

［**DATA**］
所在地｜東京都大田区
竣工年｜1998年
規模｜地上2階（一部4階）
構造｜1階鉄骨造、2階在来木造
敷地面積｜106.50 m²
建築面積｜37 m²
延床面積｜87.90 m²

図版提供：
西沢大良建築設計事務所

大田のハウス

西沢大良

1998

階高の伸張と圧縮が広げた狭小住宅の可能性

1990年代初頭、バブル経済が崩壊し日本の高度経済成長に終止符が打たれた。そこで多くの建築家が直面したのは、極小の敷地に極小の予算で住宅を実現させるという課題であった。建築雑誌でも「極小住宅」という特集が組まれ、この課題に多くの特に若手の建築家が取り組むことになった。

大田のハウスは敷地面積106m²、延床面積87m²、都心の狭小地に建てられた住宅である。準工業地帯の周囲も密集した環境にあり、将来的にさらなる過密化が予想された。建物の配置は、敷地の南側に駐車場とテラスを設けるというごく一般的なもので、残った敷地にシンプルで細長い平面が置かれている。内部はベッドルーム2つとゲストルームとダイニングキッチンという合計4つの居室で、構成としてはごく一般的な、いわゆる3DKの平面である。

その一方で、将来にわたって快適な日照と通風を確保するために、2階建ての建築の階高が異常に伸張し、各居室の天井高は3.7mある。また各部屋の独立性を確保するために中央に階段室を設け、玄関・トイレ・浴室・洗面室・予備室などのサービス諸室を配置しているが、こちらは天井高が極小の1850mmに圧縮され、階段に沿って4層に積層している。

結果、建物の高さは8.5mにもなり通常の住宅では見慣れないプロポーションの外観が現れている。一方で、窓には引き違いのアルミサッシ、外壁には金属サイディングが用いられるなど、使われる建材は一般的な住宅と大差はない。

同時期に発表された論考*では、住宅のもつ固有の性格として、機能ではなく「規模」が提示され、居室の「高さ」を「面積」とは独立したものとして扱うことで、日本の住宅地にありふれた住宅の形式や見慣れた素材の未だ開拓されていなかった可能性を提示することが試みられている。（**森田一弥**）

*参考文献｜西沢大良「規模の材料」『新建築』1998年4月号

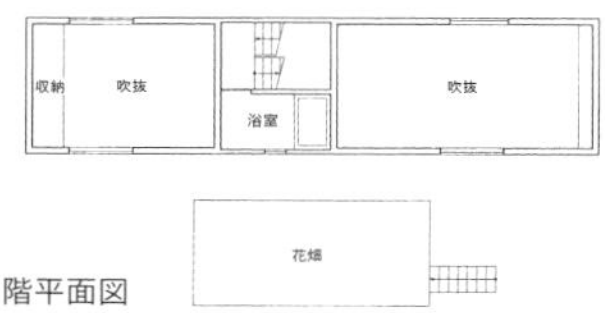

1.5階平面図

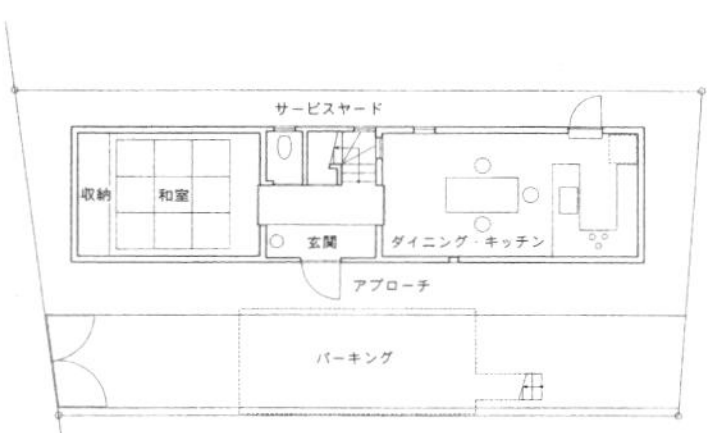

1階平面図

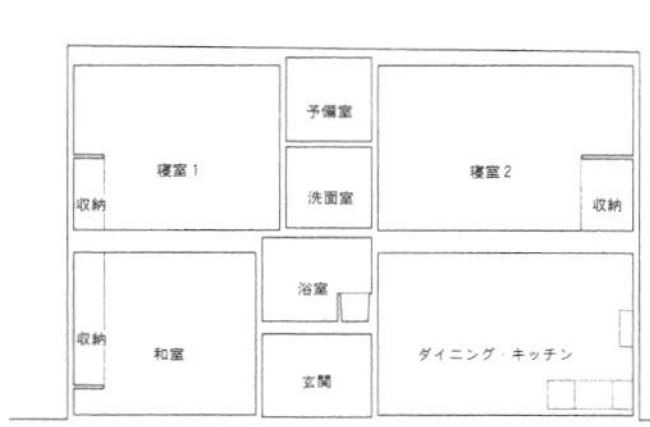

断面図

上｜南側からの外観。手前はテラスの上に花壇がある（撮影：Heiner Silling）
下右｜道路側からの外観。間口に対し高さのあるプロポーション
下左｜内観。2階の窓からは空しか見えない

［**DATA**］
S-1…高橋棟　S-2…ホーリー棟
S-3…ディラー棟　S-4…妹島棟
所在地｜岐阜県本巣郡北方町
竣工年｜I期1998年、II期2000年
規模｜（S-1）地上9階（S-2）地上10階
（S-3）地上8階（S-4）地上10階
構造｜鉄筋コンクリート造
延床面積｜（S-1）8934.70m²（S-2）9465.08m²
（S-3）9787.66m²（S-4）9559.70m²

図版提供：妹島和世建築設計事務所

岐阜県営住宅ハイタウン北方

［**監修**］磯崎 新
［**設計**］高橋晶子＋クリスティン・ホーリー
＋エリザベス・ディラー＋妹島和世
1998／2000

多様な住戸プランの模索

積層して住む集合住宅は20世紀の近代工法が可能にした、日本人にとっては比較的新しい住まい方だ。第二次大戦後、公営住宅51C型でのDKの発明がひとつの形式を確立したが、住宅不足の時代が一段落して、住まいの視点は質へと大きく転換した。新しい集住形式の提案は1960年代から始まるが、70年代の経済成長による住宅の商品化が平面の画一化につながったこともあり、私企業よりも公営住宅において実現される例が多く見られる。

1990年から建替え計画が進められた岐阜県営住宅ハイタウン北方も実験的な姿勢が顕著だ。コーディネーターとして磯崎新が4人の女性を選んだことにも、男性とは異なる視点を期待していたことが見て取れる。農家の田の字型プランを翻案した高橋案、住戸内メゾネットによって空間をパブリックとプライベートに分けたホーリー案、住戸を雁行型にずらすことで隣家との関係を再考したディラー案、とそれぞれnLDKの画一性を脱する試み、また日米欧の住まいの違いも垣間見られて興味深いが、現代から見て先見性があったのは妹島案であったと思う。

妹島案はDK、寝室、和室、テラスの4種の部屋がすべて同じサイズで一列に並べられ、南の広縁と北の共用廊下につながるという、等価な配置に特徴がある。これは家族の集まる場としての中心性と優位性が与えられていたLDKが、個室と同じ地位になっているということであり、LDKも個室も南面すると同時に社会にも等価につながっている。つまりこれは家族で使ってもよいがシェアハウスのような使い方もできるような平面計画であり、1人世帯が増大した現代社会のニーズを先取りし、部屋が縦横に積み重なった奥行きの薄い建物が、21世紀の社会構造を見事に可視化しているかのようである。（**山本麻子**）

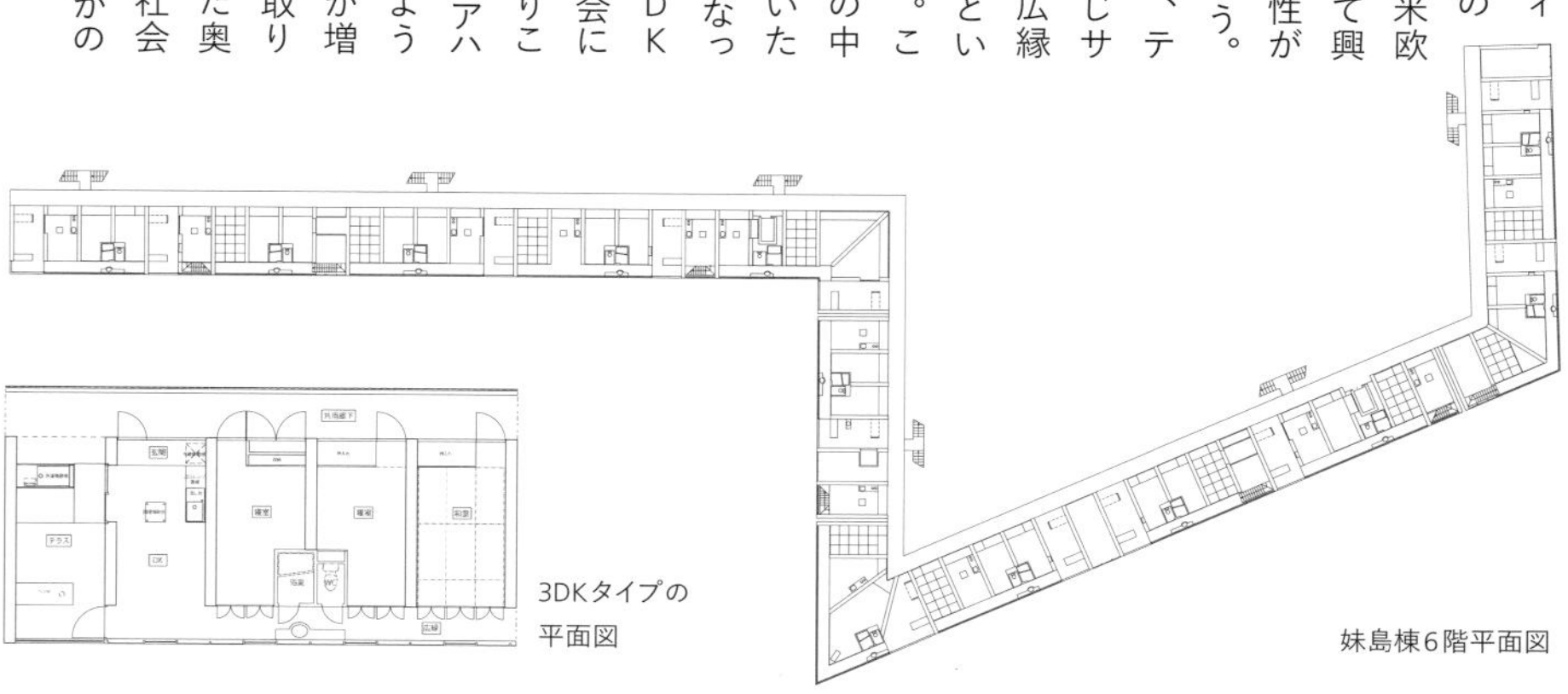
3DKタイプの平面図

妹島棟6階平面図

上｜妹島棟のファサード
下｜同テラス

［**DATA**］
所在地｜神奈川県秦野市
竣工年｜2001年
規模｜地上1階
構造｜木造
敷地面積｜298.59 m^2
建築面積｜112.74 m^2
延床面積｜157 m^2

屋根の家

手塚建築研究所

2001

ひとつ屋根の上

屋根の家。シンプルでありながら力強いタイトル——そもそも屋根がない家は成立しないため普遍的とも言えるが、どこか心に残る。設計した手塚貴晴・由比夫妻曰く、もともと屋根の上でご飯を食べたり、過ごしたりすることが好きな家族のための家である。

建物自体は木造平屋で、広々としたＬＤＫ、コンパクトにまとめられたトイレ・浴室といった基本的な機能はもちろん、引戸によってレイアウト変更可能な主寝室、子ども部屋に勉強室、収納と納戸がある。この平屋部分だけでも十分に羨ましい住まいだがこの住宅をもっとも特徴づけるのはタイトルにもなっている屋根の上である。

勾配がついた屋根の上に料理をするためのキッチン、ご飯を食べるテーブル、さらには薪ストーブとシャワーまである。屋根に上がるには、８つある天窓のどれかにハシゴを掛けて登ることになる。まるで、屋根を境界にふたつの住まいがあるかのような構成だ。そこでは晴れた日はテーブルで食事をとり、ステージよろしく子どもがトランペットを吹くなど、屋根の上での生活を満喫する様子がありありと伝わってくる。そしてその屋根には手すりはなく、あくまで屋根としての性分を失っていない。

総工費は２５６２万円、延床面積は96・89 m^2（29・41坪）。坪単価は約87万円となる。しかし屋根の上を合わせれば、延床面積は2倍で坪単価は約43・5万、かなりのローコストである。

もしタイトルが屋根ではなく屋上だったらどうか。たちまち頭の中で勾配屋根は陸屋根に、屋上に出るための階段室が付き、そして、落下防止の手すりが廻るイメージが湧く。なぜなら、屋上は上がることが前提だが、屋根はそうではないからだ。あくまで屋根であるからこそ、このインパクトをもち得た名作になったのだと思う。（**葛西慎平**）

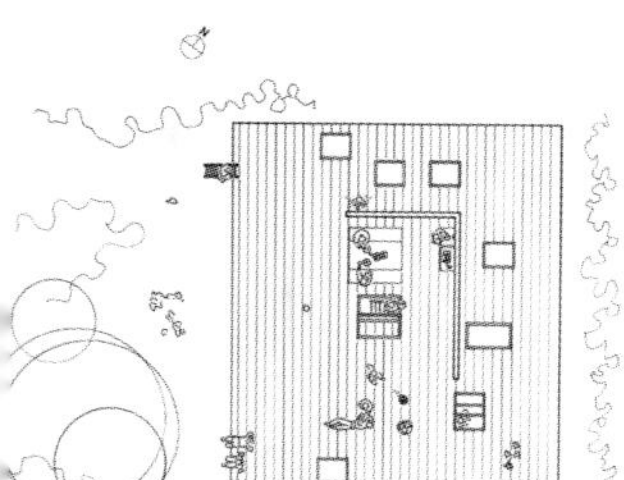

屋根伏図
（提供：手塚建築研究所）

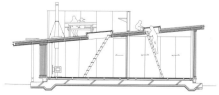

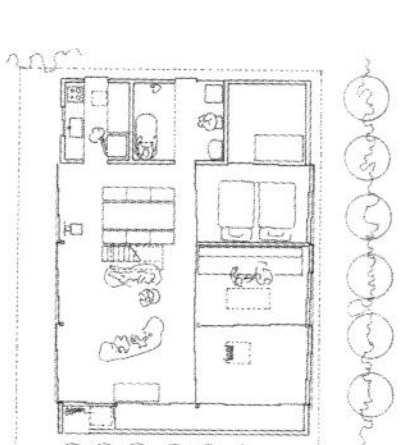

平面図

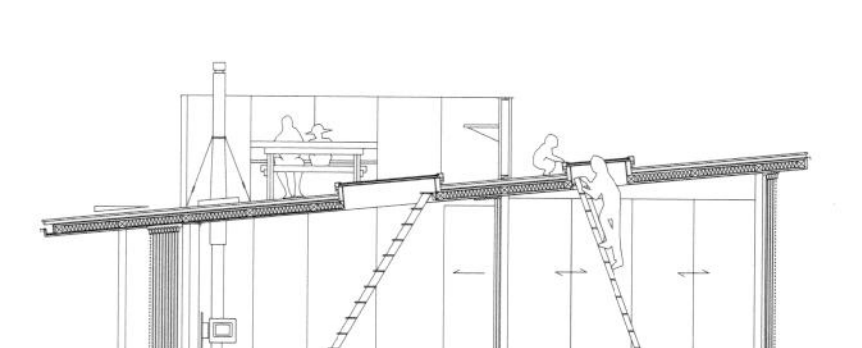

断面図

屋根の上を俯瞰する
（2点とも撮影：木田勝久／FOTOTECA）

リビング。奥に屋根に上がるハシゴがある

アパートメント鶉（じゅん）

泉 幸甫

2001

［DATA］
所在地｜東京都豊島区
竣工年｜1期2001年、2期2002年
規模｜地上1階
構造｜木造
敷地面積｜1407 m^2
建築面積｜674 m^2
延床面積｜1198 m^2

—

図版提供：泉幸甫建築研究所

意志と環境が育む生きている群

東京都豊島区、目白通りから一本入った住居地域の一街区を長屋形式の集合住宅群として再開発したもの。周辺は土地柄から大きな邸宅が比較的多く残るエリアだが、小さな戸建住宅の分譲や低層のマンションにそれらが置き換わっていく過程にある。歴史ある旧家の建替えであるこの計画には、建築家と施主によるそんな状況への強い意志が「時間の表現」として込められている。それは、既存樹木の保存や旧家の庭石・軸組材の使用にとどまらず、建物・外構の素材選択から、敷地内に湧水を再現し雨水を集めてビオトープをつくりホタルを育成するところまで徹底している（「じゅん」もかつての地名、鶉山から引かれたもの）。これまで数々の住宅を一貫した思想のもとで手がけてきた建築家・泉幸甫の技術と知見、思索の到達点であるとともに、法定容積を大きく下回る計画には、施主との揺るぎない信頼関係が感じられる。

建物の配置は3つの長屋とオーナー住戸＋ギャラリーの計4棟が13の住戸を内包し中庭を囲む形だが、雁行しながら各棟の壁が伸長して溶け合い、塀や樹木や軒が折り重なるなかで、その構成を認識するのは容易ではない。時間をかけて形成された集落を思わせる巧みな設計には、若き日の泉がその研究組織に出入りしていたC・アレグザンダーのパタンランゲージの影響も感じられ理想主義的にもみえるが、設計時の泉は法定容積を使い切る短期回収の事業と低容積で時間を味方にした事業を冷静に比較して語る老練なリアリストでもある。その後、隣接地に住宅が2軒加わり、この集落は拡大している。2軒のうちひとつの建て主はここから転居した元住人、もう1軒は泉の弟子による設計だ。このような展開や継承こそが、生きている群としての姿であり、時間の表現なのだ。（**馬場兼伸**）

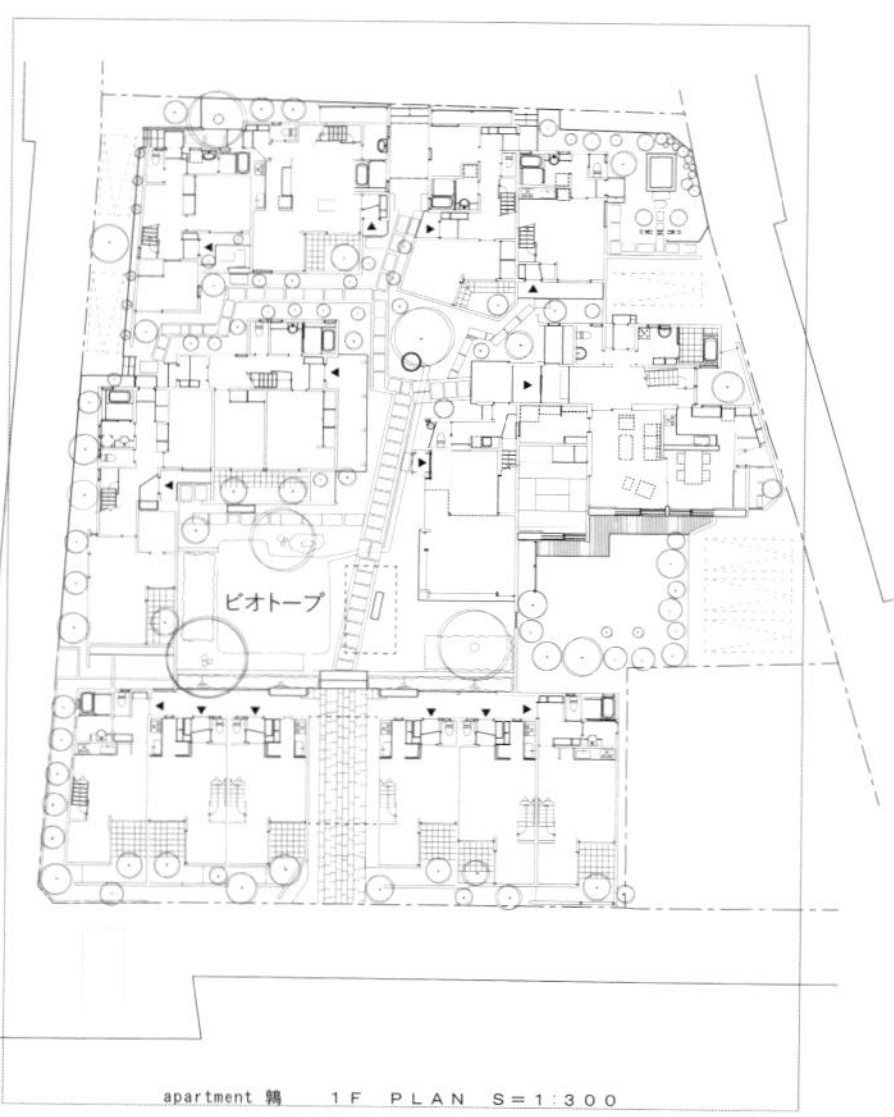

1階平面図

上｜南側正面の入り口から中庭をみる。
左手にビオトープ、右手にはギャラリー。
柱・梁にも防火のため土・しっくいが厚く塗られている
下｜北側の通路から中庭方向をみる。
石畳の小径を左に進むとオーナー住宅だが、
賃貸との区別はほとんどつかない

［DATA］
所在地｜東京都
竣工年｜2003年
規模｜地上3階
構造｜鉄骨造
敷地面積｜92.30m²
建築面積｜37.20m²
延床面積｜77.68m²

図版提供：妹島和世建築設計事務所

梅林の家

妹島和世

2003

16mmの壁がつなぐ生活と風景

東京都内の住宅地に建つ、家族5人のための比較的小さな住宅である。その最大の特徴は、主構造が厚さ16㎜の鉄板であるということだ。鉄筋コンクリート造においては柱梁ではなく、壁によって全体を支える構造形式は一般的だが、それを鉄板に置き換えることで、壁の厚さを1／10程度にしたようなものだといえる。またもうひとつの重要な特徴が、部屋自体がとても小さく、数が多いということだ。子ども部屋は机を置くための部屋とベッドを置くための部屋に分けられており、寝室は人数分より1室多く用意されている。また、部屋同士はガラスの入っていない窓や、扉のない出入り口でつながっている。結果として、とても小さな部屋が集まっていると同時にワンルームでもあるような、独自の距離感が生み出されている。

外観は抽象的な白い箱にパラパラと窓が開いており、敷地境界からセットバックした四周には、以前からあったという梅の木が植え戻されている。平面形はわずかに歪んでおり、周囲からも微妙に距離感が掴みづらい建ち方をしている。

極めて薄い壁に開いた窓は風景を切り取るフレームのようで、家族が本を読んでいる様子や梅の枝先に膨らむ蕾などが、写真のような遠い世界のことであるように見える一方で、椅子の軋みや葉擦れといった音も伝わる、非常に親密な環境をつくっている。また、動線としては一旦外部のテラスに出てからしか行くことのできない「はなれ」が寝室と接しているなど、視覚上のつながりと、身体的なつながりが一致しない。

薄い壁で仕切られた小さな部屋の連なりという建築の形式が、近い・遠いという距離感の慣習をキャンセルし、テーブルに並ぶ食器から梅の枝ぶりまでが等価に並ぶような、風景と住宅の新しい関係を築いている。（**橋本健史**）

3階

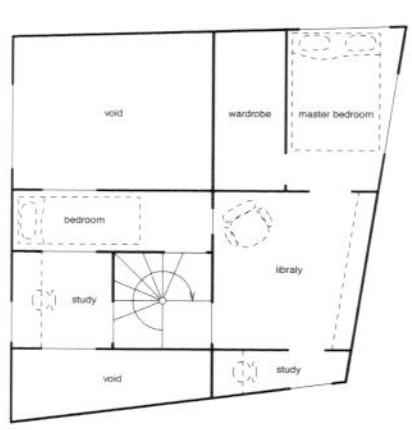

2階

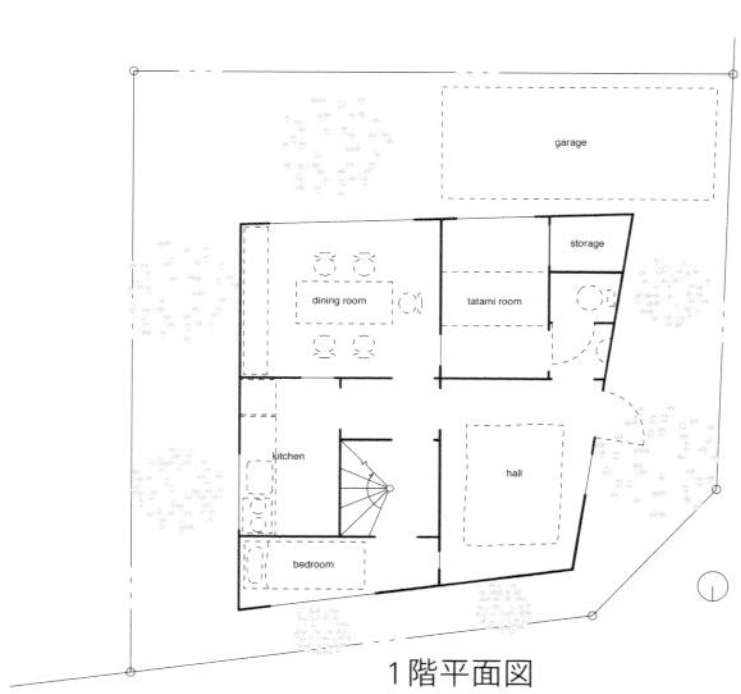

1階平面図

上｜外観
下｜内観

東雲キャナルコートCODAN

1街区 山本理顕
2街区 伊東豊雄
3街区 隈研吾＋アール・アイ・エー
4街区 山設計工房
5街区 設計組織ADH＋ワークステーション
6街区 スタジオ建築計画＋山本・堀アーキテクツ
2003―05

コモンを内包した集合住宅

［DATA］
所在地｜東京都江東区
竣工年｜1・2街区…2003年、3・4街区…2004年、5・6街区…2005年
敷地面積｜約4.8ha
総戸数｜2135戸

●1街区
規模｜地下1階 地上14階、420戸
構造｜鉄筋コンクリート造、一部鉄骨造
敷地面積｜9221.41m²
建築面積｜5938.42m²
延床面積｜50215.43m²

東雲キャナルコートは総住戸数2000戸ほどの集合住宅群で、住宅・都市整備公団の最後の新築プロジェクトである。ゆるやかに湾曲した街路に沿って6つの街区が配置され、低層部には店舗や保育園などの生活支援施設が並ぶ。

1000人／haという高密度を実現するために、平等な日照確保を前提から外し、眺望や静謐さなどを日照に代わる価値として提供している。例えば、住棟には2層の高さをもつ屋外の共用テラスをあちこちに設け、閉塞感や圧迫感を和らげている。

また、立地条件から職住の融合も試行されており、住戸ユニットの提案や、専有部の境界要素の提案がさまざまなかたちで盛り込まれている。つまり、共用空間のデザインと専有空間のデザインの連動がこの東雲キャナルコート6街区に通底した理念になっているが、マスターアーキテクトである山本理顕が設計した1街区にこの理念が明快に表れている。

山本理顕による集合住宅は、中廊下を街路と見なし、都市を計画するように設計されている。廊下の両側には透明な玄関ドアをもつ住戸が商店街のように並ぶ。ベーシックユニットはSOHOとしての利用を視野に入れた住戸である。

住棟にはコモンテラスと呼ぶ2層吹抜けのヴォイドが穿たれる。各階の平面図を見るとわかるようにこの共用の外部空間がきっかけとなって住戸に変形が生じている。廊下とコモンテラスが出会う部分は街路であれば交差点にあたるが、ここに開放的な空間（fルーム）をもつ住戸が配置されている。fルームはコモンテラスに対してガラス張り・掃き出しのサッシを備え、コモンテラスと一体的に使うことが可能である。仕事場として、ギャラリーや稽古事の場所として、外部に対して開かれた使い方が想定された。**（仲俊治）**

1｜エントランスホール
2｜デッキ
3｜コモンテラス

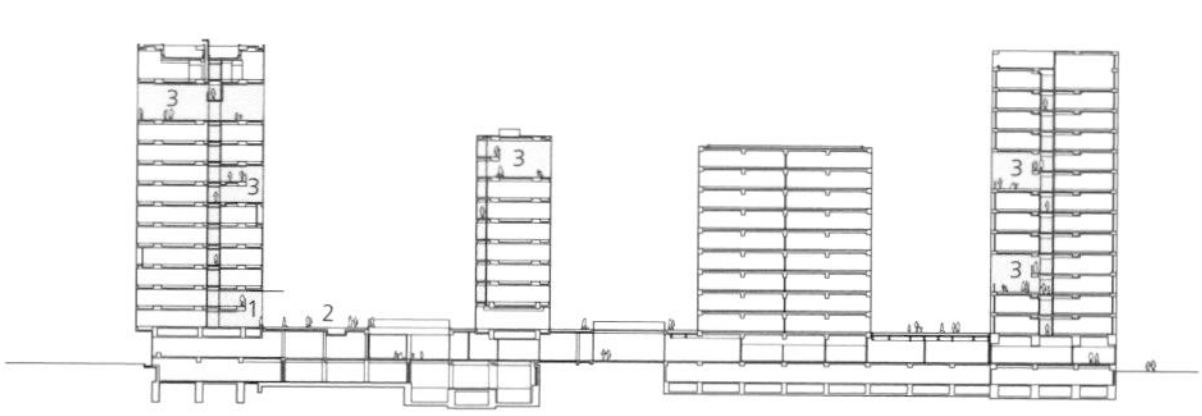

断面図

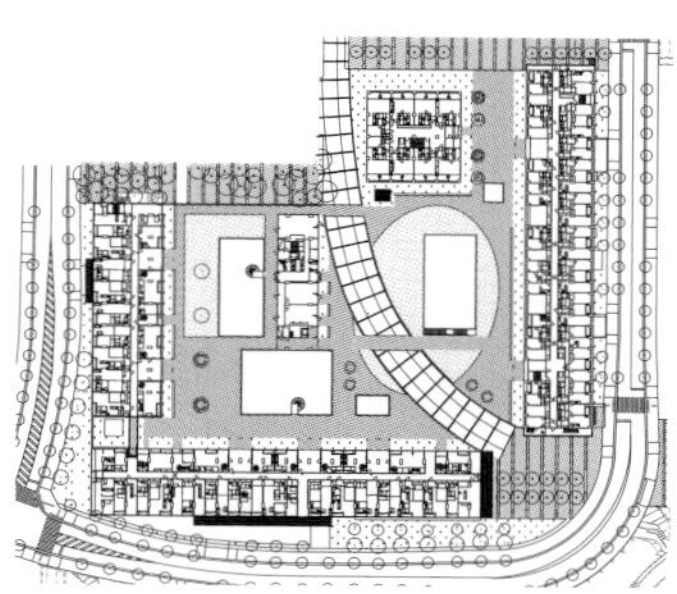
2階平面図

図面・写真 ©Riken Yamamoto & Field Shop

上｜1街区外観　下｜通路から見た住戸

［**DATA**］
所在地｜東京都大田区
竣工年｜2005年
規模｜地下1階 地上3階
構造｜鉄骨造
敷地面積｜290.07 m^2
建築面積｜130.09 m^2
延床面積｜263.32 m^2

図版提供：西沢立衛建築設計事務所

森山邸

西沢立衛

2005

都市とともに生きる建築

森山邸は、21世紀を象徴することになるであろう、私たちにとってとても重要な建築だ。東京・蒲田の住宅街に建つ集合住宅で、敷地に配された10個の白い箱の一つひとつは、住宅の単位ではなく部屋の大きさでそれぞれ独立して外部に接している。部屋を区切る境界はそのまま外壁となり、その壁には大きな窓が開けられている。だからすべての部屋が四面すべての壁に窓をもつことができる。また、敷地内の部屋と部屋の間には庭や路地といった外部空間が生まれ、窓を介してすべての部屋が庭や路地につながっていく。鉄板の壁は薄く、窓は大きいので、外の環境がダイナミックに部屋の中に入ってくる。その先には隣の部屋があり、またその先には隣地の塀や建物や道、つまり都市が続いていく。また、それぞれの暮らしはひとつの箱で完結しているわけでもなくて、バスルームだけの箱や、集会所のような箱もあり、いくつかの部屋を庭と一緒に組み合わせて使うような計画にもなっている。複数の部屋がひとつの住宅の中に押し込まれるのではなくて、部屋自体が外に飛び出し、まわりの街並みと一緒に風景をつくっていくような新しい建築のつくり方である。箱の意匠は白く統一されているので外から見ると誰がどの部屋に住んでいるのか、どこまでが誰の家なのかはわからないようにできている。これも都市生活の新しいプライバシーの考え方を示している。例えば満員電車に乗っている時、隣の人と自然と距離感が生まれるような、近くて遠い東京ならではの人と人との距離感に近い。だから人間は、森山邸で暮らすと、住宅の中に住んでいるという感覚を超えて、都市とともに生きているという実感を得るはずだ。そのような実感こそが、現代を生きる私たちの豊かさをつくるのである。（**辻琢磨**）

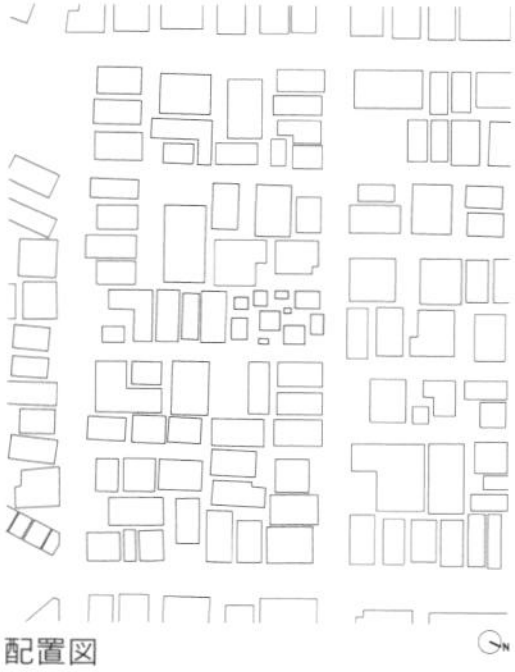

配置図

1階平面図

上|敷地北東角から全景を望む　下|四周を庭に囲まれた各住棟をみる

［DATA］
所在地｜神奈川県横浜市
事業開始年｜2005年

ヨコハマホステルヴィレッジ

岡部友彦

2005—

簡易宿所を地域資源として活用するホステル

横浜の関内や中華街に近い寿町のテナントビルの一階に、ヨコハマホステルヴィレッジ（以下ＹＨＶ）のフロントオフィスはある。中に入ると、左手にホステルのフロント、その奥にＯＳＢ合板の壁一面にびっしりとモザイクタイルのように貼られた宿泊客たちの写真に囲まれたラウンジがある。寿町は、山谷・釜ヶ崎とともに「日本三大寄せ場」のひとつで、戦後から多くの日雇い労働者を受け入れてきた。そのため、エリア内には一室３畳ほどの簡易宿所が連立する。現在は、生活保護を受給する高齢者や障がい者が多く住む福祉の街へ姿を変えている。ＹＨＶは、２００５年から寿町の簡易宿所の空室を旅行者向けの宿泊施設として運用するホステル事業を行っている。簡易宿所のオーナーから空室の客室運用を委託され、旅行者への客室の斡旋、施設の清掃、管理を行う。そのため、このエリアに分散する取り扱い客室を一括で運営、管理できるよう、フロントオフィスはどの客室棟からも独立しているのが特徴で、定期的に誰もが参加できる交流イベントも開催している。ＹＨＶのフロントオフィスの道路向かいにある簡易宿所「林会館」の４、５階にも、ＹＨＶ管理のホステルが入る。また、ここの屋上には、普通、簡易宿所では設置されないであろうガーデンもあり、１－３階で長期滞在する生活保護受給者も利用できる。

宿所１棟丸ごとホステルに転用するのではなく、あくまで空室を地域資源として有効活用しようという試みのため、生活保護受給者の住まいが脅かされることはない。また、旅行者という外からの流れをつくることが、閉鎖的になりがちな寿町の住人やまちに良い影響をもたらし、まちのイメージアップにもつながると考える。設立以来変わらないスタンスを貫き、社会的弱者に寄り添いながらこれからも寿町と歩んでいくホステルである。（**渡邊詞男**）

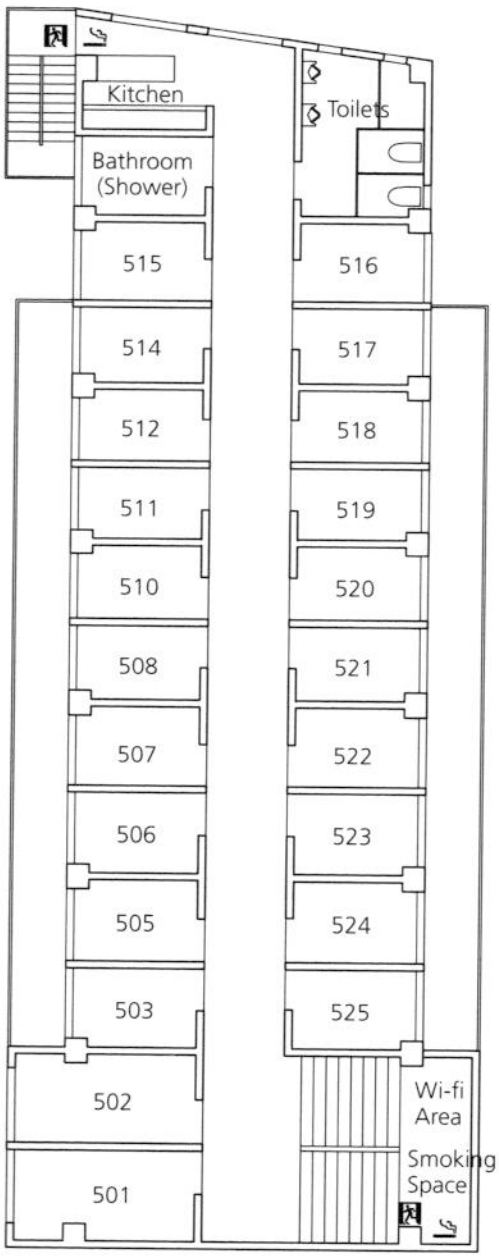

5Fフロアプラン

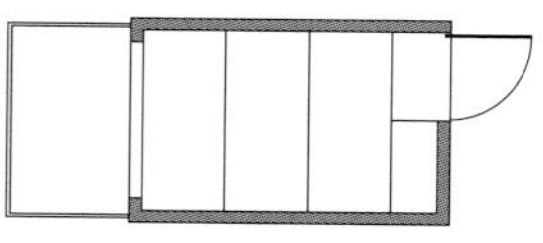

客室平面図

上・下｜林会館
（提供：ヨコハマホステルヴィレッジ）

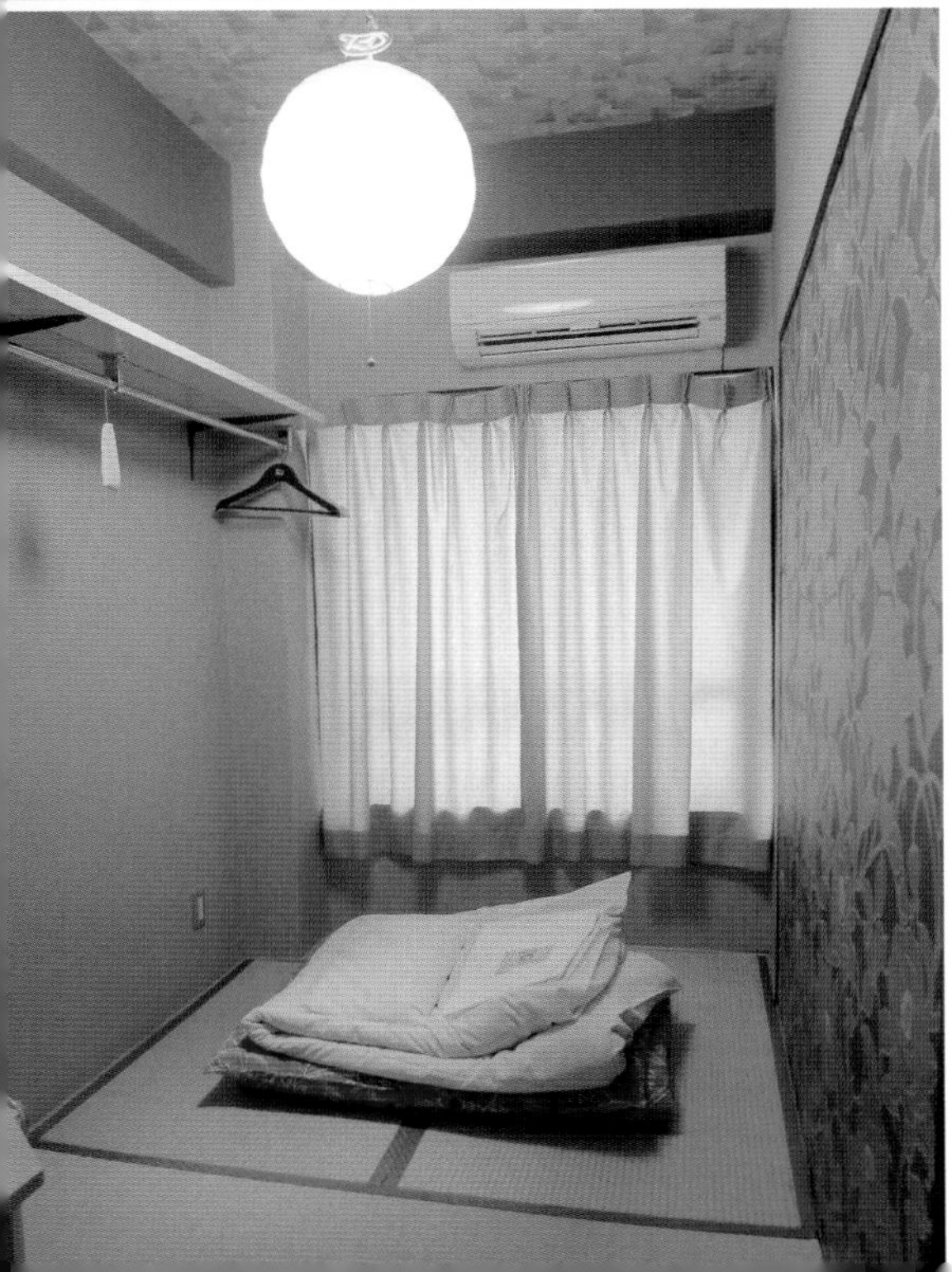

上｜ヨコハマホステルヴィレッジのフロントオフィス
下｜林会館ホステルの客室
（2点とも筆者撮影）

［**DATA**］
所在地｜東京都三鷹市
竣工年｜2005年
規模｜地上3階
構造｜壁式プレキャストコンクリート造
敷地面積｜452.56m²
建築面積｜260.61m²
延床面積｜761.46m²

三鷹天命反転住宅
イン メモリー オブ ヘレン・ケラー
荒川修作＋マドリン・ギンズ
2005

「死なない」ための住宅

住宅建築の歴史上、非常に特異な存在である三鷹天命反転住宅。現代美術作家の荒川修作+マドリン・ギンズの設計により2005年に東京の三鷹の地に現れた。その形態や色彩はもとより、存在自体が奇抜で、荒川+ギンズが提唱していた「手続きを通した建築（Procedural Architecture）」というコンセプトをベースにつくりあげられた。「世界で初めてのモデル」であり、「私たちが死なない方向に進むための用具としての住居」であると設計者は唱えている。

この建築の他の住宅にはない大きな特徴はふたつ。圧倒的な共用部の占める率の高さと、個室の消失である。約450m²のサイトに容積率134%（許容容積率は200%）という建築のあり方は、集合住宅としては（しかも、東京の三鷹の地での敷地条件において）破格のゆとりである。しかもその共用部は屋外共用廊下を除くとほとんどが空隙（1階レベルは庭や地面）となっており、このヴォイドを建築内の各スペースで体感できる。また、各住戸プランは真ん中に床レベルを掘り込んだキッチンを配置し、寝室、畳部屋、スタディルーム、水回り（バスルーム）が放射状に配置されている。各スペースは寝室の障子以外に建具は一切なく、湾曲し凹凸の付いた床でつながっており、また水回り以外のスペースは機能が限定されず、住戸内全体が（トイレまでもを含めて）シームレスに連続する個の場のない一体空間を形成している。まさに、「個を解き放ち建築と人間の一体化」した空間が実現しているといえるだろう。

設計者が目指した「死なない方向に進むための」建築は、今後どのように新たな局面を展開し、実現に向かっていくのか。あるいはひとつの特殊解で終わってしまうのか。今後の住宅のあり方を強烈に（そして哲学的に）考えることを促される建築である。（**水谷俊博**）

1｜LD
2｜キッチン
3｜寝室
4｜スタディ
5｜バスルーム
6｜畳部屋
7｜バルコニー

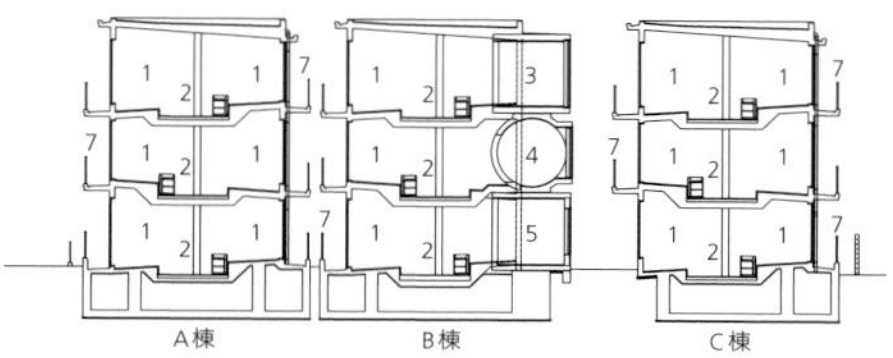

断面図

1階平面図

上｜外観　下｜掘り込まれたキッチンを中心にした室内空間（2点とも筆者撮影）

［**DATA**］
所在地｜東京都新宿区
竣工年｜2005年
規模｜地下1階 地上3階 塔屋1階
構造｜鉄筋コンクリート造＋鉄骨造
敷地面積｜109.03 m^2
建築面積｜60.94 m^2
延床面積｜218.67 m^2

図版提供：アトリエ・ワン

ハウス＆アトリエ・ワン

塚本由晴＋貝島桃代／アトリエ・ワン
2005

職住が均衡する8枚の「床」

ハウス&アトリエ・ワンは、アトリエ・ワンを主宰する塚本由晴と貝島桃代の自邸兼オフィスである（そして大学研究室のアネックスとしても機能する）。斜線で切り取られたヴォリュームの中を、8枚の「床」が螺旋状にスキップしながらダイナミックに展開する。

日中、上階の寝室以外は、ほとんどすべての床が設計事務所の雰囲気を帯びる。地下で模型をつくり、玄関脇ではスタッフがPCに向かい、その上の大きな窓をもつ床では打ち合わせをする。

一方、お客さんとの打ち合わせからそのままお酒を飲むような流れになると、スタンドライトが付き、打ち合わせで使っていた床までが家のような雰囲気になる。下のスラブは色温度の高い照明がつきスタッフはPCに向かっている。家半分、事務所半分の状態。

はたまた年に一回開かれる、事務所のOBOGやゼミの卒業生などが集う忘年会では、ほとんどの床が宴会場になり、そこかしこに人間がレイアウトされ、おしゃべりの音が建築全体を響かせ楽しい。

1階オフィス、2階住宅、と明確に分けられるのではなく8枚の床がぐるぐると展開する構成が緊張と緩和の線引きを曖昧にし、そのムードの伸縮性を担保している。

またインテリアは、通常外壁にみられるALC板が表しとなったり、隣接するマンションの外壁が取り込まれていたりと、都市の裏表がひっくり返ったようなつくりに。それが家の中に都市を埋蔵しているようにも見せてくれる。

都心で働き、家で寝るという生活のフォーマットが絶対的ではなくなりつつある現代においてこの建築は生み出された。自邸兼オフィスだけでなく、オフィス兼ショップ、保育園兼老人ホームといった組み合わせにも応用できそうだ。異なる人々を結びつけるハブのような役割に加え、時間や時代ごとにバランスが変化し伸び縮みするアメーバのような建築のヒントがここにある。（**山道拓人**）

断面詳細パース

上｜内観
下｜外観
©Atelier Bow-Wow

［**DATA**］
所在地｜群馬県前橋市
竣工年｜2005年
規模｜地上1階
構造｜木造
敷地面積｜144.47 m^2
建築面積｜90.82 m^2
延床面積｜90.82 m^2

T house
藤本壮介
2005

折りたたまれた壁の空間

平屋の変形プランに放射状の壁が閉じ切ることなく建てられている。壁と壁の間には部屋らしきスペースが展開し、部屋から部屋への移動はプラン中央の空白部分を経由して行われる。どの部屋にでもダイレクトに接続できる自由度が新鮮だ。ここには動線がつくり出す空間の序列がない。また、放射状の壁がつくる不思議なパースにより、部屋の広さによる序列も無効にしている。そして、住宅としてはかなり小さい45㎜角材の柱の等間隔な連続が、構造の序列すら消し去っている。形態は特殊だが、体験やあり方はどこまでいっても均質でフラットに広がる感覚がある。

　そんななか、やはり壁の存在だけが異様に際立って見える。壁は12㎜合板に角材を打ち付けたもので、合板側を白く塗装し、角材側を素地仕上げとしている。白色と木肌の反転を繰り返し、角度と奥行きが異なる壁。光の加減や視線の抜け具合によって、壁の先端から奥にかけて実に多様な質が生まれている。その微細な差異に呼応し、住まい手は上手にアート作品や家具を配置して、壁を背景にさまざまな居場所を遍在させている。それはちょうど壁状の長大な絵巻物を折りたたんでできた空間のようだ。この住宅の中を歩く経験には、建築家と住まい手がつくった物語の中を彷徨うような面白さがある。

　通常の住宅では、空間は広さと設定したアクティビティによって意味づけられる。ところがこの住宅では、空間は壁の角度と奥行き、仕上げがつくるリズムのなかにあり、そこを発見的に住みこなして初めて意味が生まれる。この住宅の床面積は90m²であるが、そのなかに折りたたまれた壁は広さに還元しえない豊かさをもっている。

（**塚田修大**）

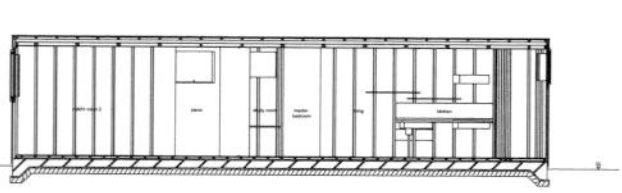
断面図

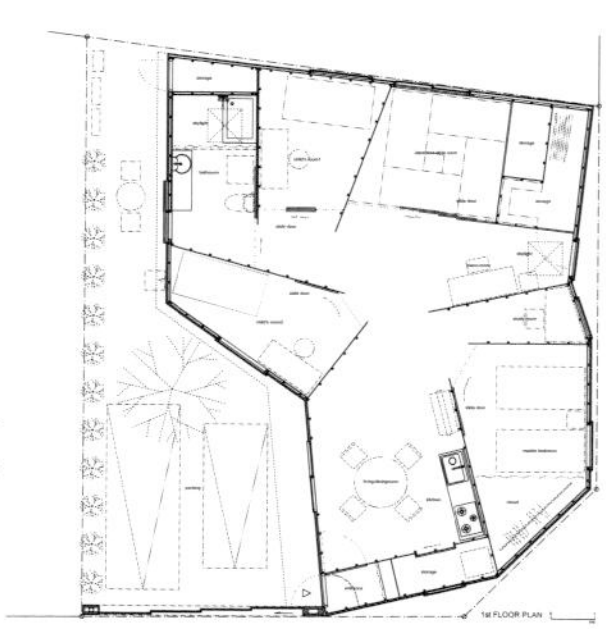
平面図

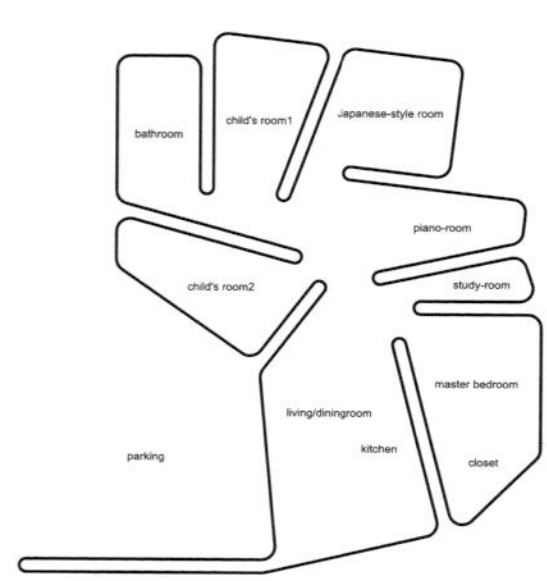

ダイアグラム

上・下｜内観（撮影：阿野太一）

［DATA］
所在地｜東京都港区三田
着工年｜2005年
規模｜地下1階 地上4階
構造｜鉄筋コンクリート造
敷地面積｜40.89 m^2
建築面積｜24.48 m^2
延床面積｜104.84 m^2

蟻鱒鳶ル（アリマストンビル）

岡 啓輔

2005−

自力建設で育てる住まいの砦

2005年に着工した鉄筋コンクリート造のこの建築は未だ建設が続いている。建設者であり施主でもある岡啓輔が「200年もつコンクリートをつくる」ことを目指し、水セメント比を低くした現場練りのコンクリートでつくられている。岡啓輔はこれまでハウスメーカーでの設計から、鳶、鉄筋工、型枠工、といった建設産業のさまざまな職種に携わってきた。そして同時に、建築家の倉田康男が校主を務めたサマースクール「高山建築学校」に通い続けた。その経験を批判的に結晶させた仕事がこの建築であり、岡啓輔の人生を懸けた自力建設である。

躯体はおよそ700㎜高さずつ打ち継がれており、それは打設時のバイブレータ差し込み深さと、型枠への圧力を考慮して考案された工法ゆえの表情である。型枠には通常のコンパネは使わずに、農業用ビニールを表面に敷いた無垢板が繰り返し使われている。各部分の建設ごとに新たな実験的工夫が試みられ、各所の造形はバラバラと離散的である。けれども、ひとりの建設者が長年つくり続けている建築に非連続の断絶はなく、またつくり続けるがゆえに竣工という切断もない。

無垢な創作意欲の持続ゆえに狂気とも形容されるべきこの建築は、再開発という巨大な都市変転の外圧を引き寄せるように巻き込まれている。移築することも検討されていて、建設が果たして続くのか、だいぶ建設が進んだ今なお予断を許さない状況にあり、それゆえにこの建築がもつ、現代の都市に対する確かな強度を備えた批評精神が露わになっている。

蟻鱒鳶ルは、建設者・岡啓輔がつくらなければならなかった建築であり、つくることでしか生きることができなかった建築である。そう言い切ることで、完成することなくつくり続けるこの建設実践を激励したい。（**佐藤研吾**）

完成予想図（提供：岡啓輔）

上｜外観
（2021年9月、
撮影：関根正幸）
下｜2階天井
（撮影：岡啓輔）

［DATA］
所在地｜長野県松本市
竣工年｜2006年
規模｜地上2階
構造｜木造、一部鉄骨造
敷地面積｜202.83m^2
建築面積｜57.60m^2
延床面積｜100.57m^2

2004
中山英之
2006

シーンを生み続ける物語の装置

郊外のミニ開発で生まれた小さな敷地に下見板張りの白い箱が地上から50㎝ほど離れて浮かんでいる。6面とも周辺から距離を取り閉じた百葉箱のようなあり方に、社会批判や歴史への応答といった根拠や動機は一切語られない。箱は2層より少し低い高さで、上面と底面それぞれ2つの開口が採光とプランニングを担う。2階は床厚が89㎜で、中央の穴の両側の寝室は壁どころか手すりもなく家具のよう。底面の中央はダイニングでテーブルが置かれているが、これは長さが5m以上あり床のように大きい。キャビネットのようなキッチン、途切れた階段、鏡の中に浮遊するドアと鏡像の奥に隠される水回り、照明器具、スイッチ、換気口などもすべて壁に同化し消えている。ここでは住宅という用途や階・部屋という単位、床・壁・天井という構成要素、階段、扉、家具などの部分も含めて、建築的言語を周到に選択排除し、その意味の異化や転倒といった操作が行われている。また私的な心象に根ざした場当たり的で不完全な物語がそれを動機づけ束ねているという危うさが同時代の他の作家との決定的な違いで、未だにその謎は解明されず色褪せていない。

「建っているけれど敷地を占有していないという設定から、断片的なシーンをスケッチし、そこから類推される物理的状態の模型化を繰り返して辻褄の合う全体を事後的に組み立てた」という中山は、自覚的にこの危うさに身を委ねている。またヒッチコックを引き、独特のルールを帯びた細部を潜ませることで些細な出来事や無意味な情報までが必然のように回収されていく状態への憧れにも触れており、あらゆる出来事を物語化する装置という建築観も垣間見える。

この建築をよくできたフィクションではなく、ノンフィクションとの中間のような豊かな補助線を含んだシーンの集積として捉えるならば、根拠が変動し主体が揺らぐ現在への応答としても示唆的だと思う。（**馬場兼伸**）

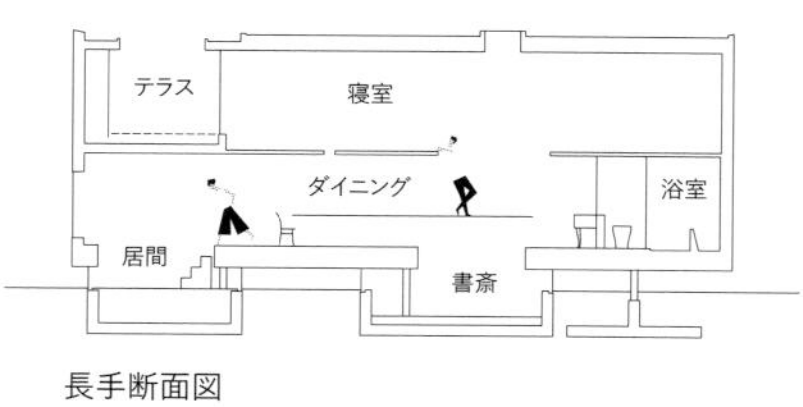

長手断面図

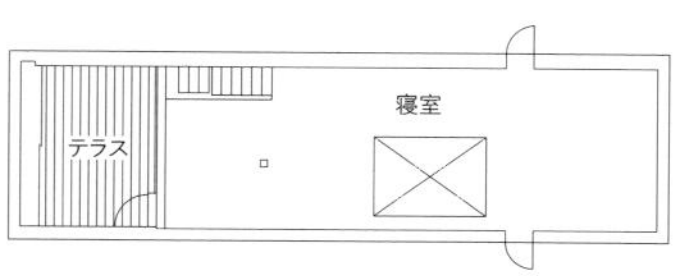

2階平面図

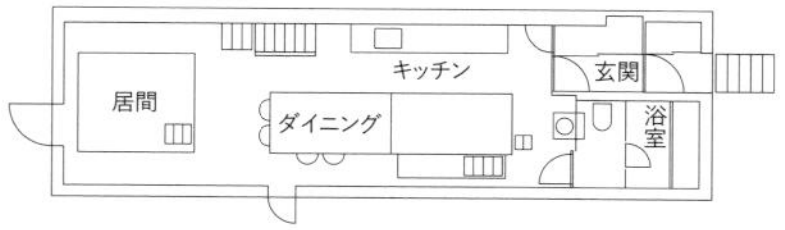

1階平面図
（提供：中山英之建築設計事務所）

上｜外観 ©Toshiyuki Yano
下｜内観（提供：中山英之建築設計事務所）

［DATA］
所在地｜東京都世田谷区
竣工年｜2007年
規模｜地下1階 地上2階
構造｜鉄骨造+鉄筋コンクリート造
敷地面積｜135.68 m^2
建築面積｜66.77 m^2
延床面積｜172.54 m^2

図版提供：椎名英三・祐子建築設計

IRONHOUSE

椎名英三+梅沢良三
2007

ふたつの時間がつくる廃墟的快楽

その名の通り「鉄」でつくられた構造家・梅沢良三の自邸。錆びることで安定した状態になる耐候性鋼板で折板をサンドイッチしたパネルをつくり、屏風のように建てて壁面とする独自の構法が全面的に用いられている。自社屋での実践に自邸で再挑戦した背景には、普遍的な構法への展開という梅沢の野心がある。機能を失って廃墟となり、時を経て発見され、例えば千年後にまた息吹を得るような、強度ある構築物としての建築。あるいは全体を構成する単一の材料が資材として再利用されるような、純粋な物質としての建築。そうした自然への還元やそれとの同化がここでは主題とされている。躯体（=鉄部）の施工は気仙沼の高橋工業で、造船の溶接技術を駆使した構造家ならではの大小さまざまな挑戦が行われている。

意匠設計は、建築は人間と自然の間を取りもち両者を礼賛する存在と語る椎名英三が担当し、敷地の約1／4をあてた代名詞であるアウタールーム（外部室）、主フロアを地下と2階に離しGLを相対化する断面構成、土を抱える屋根の妻面とそこに立つ煙突の造形、即物的で機能的なスチールサッシ、外壁と対照的に物質感を奪った家具や什器など、成熟した技量によってそのコンセプトが表現されている。

あくまでも物理現象として世界と建築を見る梅沢の構想と、世界の超越性を人間に結びつけるものとして建築を構築する椎名の技術。いきいきと住まわれながらもこの住宅に感じる大きな時間や廃墟的な快楽性は、時間を早回しで定着する素材の特性だけでなく、両者の建築観の絶妙なバトンリレーによるものなのだ。想起されるのは、かつての宇宙船がその出自を知らぬ未来の人々の鉱山となっている世界が描かれる、あの物語だ。（**馬場兼伸**）

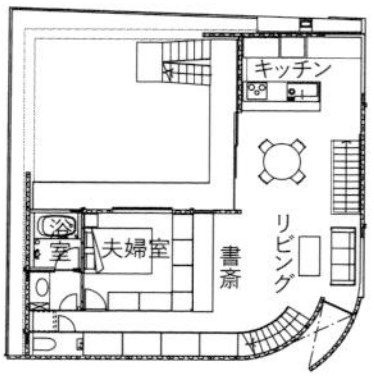

2階

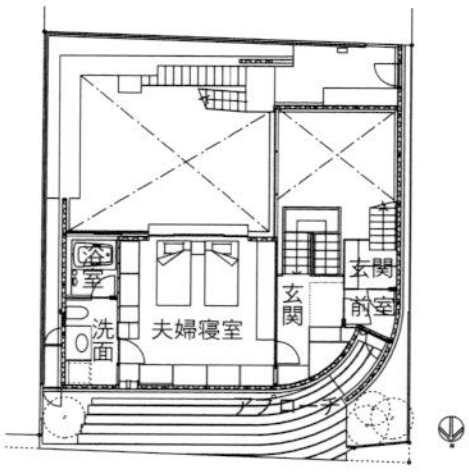

1階

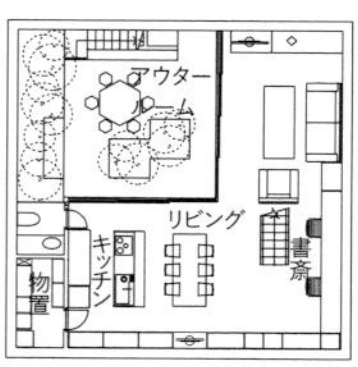

地階

東西断面図

上｜外壁はすべてコールテン鋼による
サンドイッチパネル、厚みは約85mm。
ノコギリ型屋根の上に煙突が伸びる
下｜地階はアウタールームとLDKがつながり
敷地サイズのワンルームに。
左手前リビングの入隅には折板構造のため
柱がなく、文字通り「全開」にできる

［**DATA**］
所在地｜埼玉県狭山市
竣工年｜2008年
規模｜地下1階 地上7階
構造｜鉄筋コンクリート造
敷地面積｜557.57 m^2
建築面積｜385.91 m^2
延床面積｜2227.24 m^2（住戸面積は40.27–84.05 m^2）

Sayama Flat
長坂常／スキーマ建築計画
2008

究極的に切り詰められた先の美学

埼玉県狭山市にある全30室の鉄筋コンクリートの社宅を、賃貸マンションへとコンバージョンしたプロジェクト。30室すべてに新規の入居者を集める必要があったが、少子高齢化が進む郊外にあり、築年数が29年と古く、コストをかけてリノベーションをしても賃料に反映できないという厳しい状況のため、「原状回復と同額程度」という、改修のコストとしてこれ以上ないといってよい切り詰められた条件が前提であった。対して建築家は①図面を引かない②事業主による内容確認を行わない③一部を試験的に先行して実施するといった、大胆な方針によってこれに応えた。

具体的なアプローチとしては、壁や床や天井を解体しただけで、補修や付け加える操作は最小限に抑えられている。とはいえ、単にスケルトンのがらんどう状態をつくったわけではなく、むしろ通常の改修工事であれば真っ先に更新が検討されそうな襖や障子、古いキッチンコンロ、洗面台、ユニットバスといったものが注意深く残されている。それらの一見古めかしい要素が、周囲の壁や床が引き剥がされているがゆえに、自立したオブジェクトとして、象徴的に鎮座している。日常のありふれた、価値のなさそうな、どうにもならなそうなものが既存の文脈から離れ、新鮮な美しさと緊張感を生み出す主体へと転化されている。あくまで事後的にできた構成であるが、周到にレイアウトされたように見え、具象的なものと抽象的な空間がせめぎ合いながら、一般的な価値観の反転が試みられている。

スクラップ・アンド・ビルドの限界が明らかになりはじめた時代に、究極的に切り詰められた条件と環境が、枠組みとして「そうすることくらいしかできなかった」という閾値を超える契機となり、新しい美学的転回をつくり出した。（**橋本健史**）

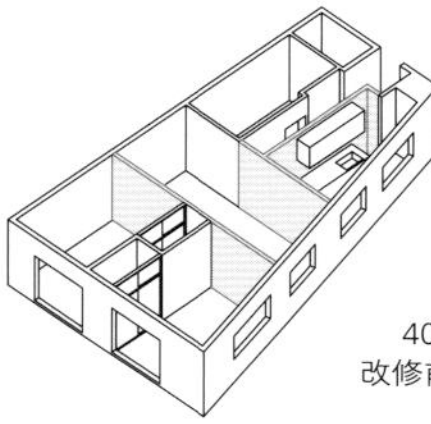
401
改修前

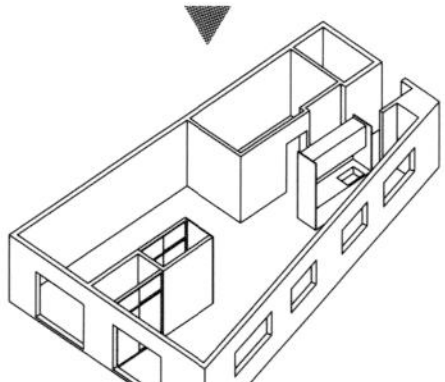
改修後

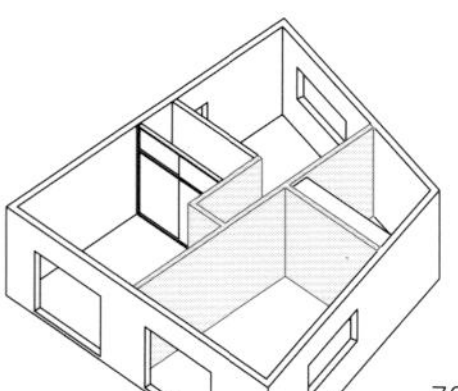
701
改修前

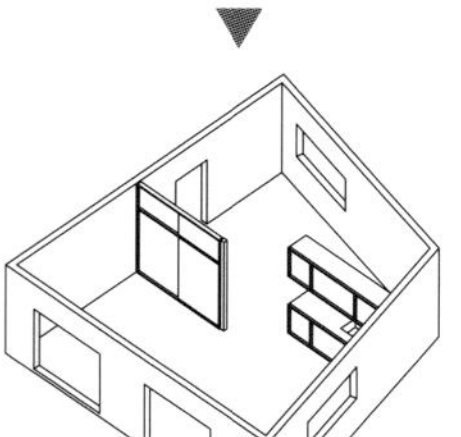
改修後

（提供：スキーマ建築計画）

上｜既存の襖の戸枠やシステムキッチンが残されている
下｜床にはエポキシ樹脂を流している
（2点とも撮影：太田拓実）

［DATA］
所在地｜神奈川県横浜市
竣工年｜2009年
規模｜地上2階
構造｜木造
敷地面積｜140.61 m²
建築面積｜83.44 m²
延床面積｜152.05 m²

ヨコハマアパートメント

西田 司＋中川エリカ／オンデザイン

2009

NOTシェアハウス、BUTアパートメントの公共性

1979年に「小さな政府」を目指したサッチャー政権誕生以降、公共空間に対する民間の役割は大きくなっていった。そんななかで、「もっとも私的空間である住宅は、公共空間たりえるか？」という問いに応えた象徴的な住宅が、このヨコハマアパートメントであろう。

開かれた住宅として、近年注目される「シェアハウス」。そこでは、住人の生活が半ば強制的に共用空間に開かれるが、交流は主に同居人の間に限られる。一方、このヨコハマアパートメントは、面積が16–19m²という極小の専用部のみでも生活が完結可能なワンルームアパートメントであるが、全体ヴォリュームに対して過大なピロティ空間を介して、隣人や近隣の住宅街とつながっている。このピロティを支える三角形状の4本の柱は、その巨大さと金属サイディング仕上げによって、それ自体が4棟の住宅群のようであり、その半屋外空間は「都市の隙間」のようである。時には住人の居間やアトリエ、シェアダイニングとして、時には、近隣住人のイベント会場として活用される民間所有のピロティ空間は、なぜ、地域の公共的空間として機能しているのであろうか？

その理由は、このアパートメントの特徴である3つの「小ささ」ではないだろうか。専有部面積の極限的な「小ささ」、住戸数4軒という住人の顔が見えるコミュニティの「小ささ」、ピロティの階段やキッチンの構成要素がもつ身体的スケールの「小ささ」。

官民の垣根を越えて公共性を帯びた共用空間の運用が期待される現在、ヨコハマアパートメントが発明したこの「小ささ」という特殊解が、より大きなスケールで展開するとき、住宅と公共空間の関係を問い直す、新しい街の姿が見えてくるだろう。（**菅原大輔**）

2階平面図

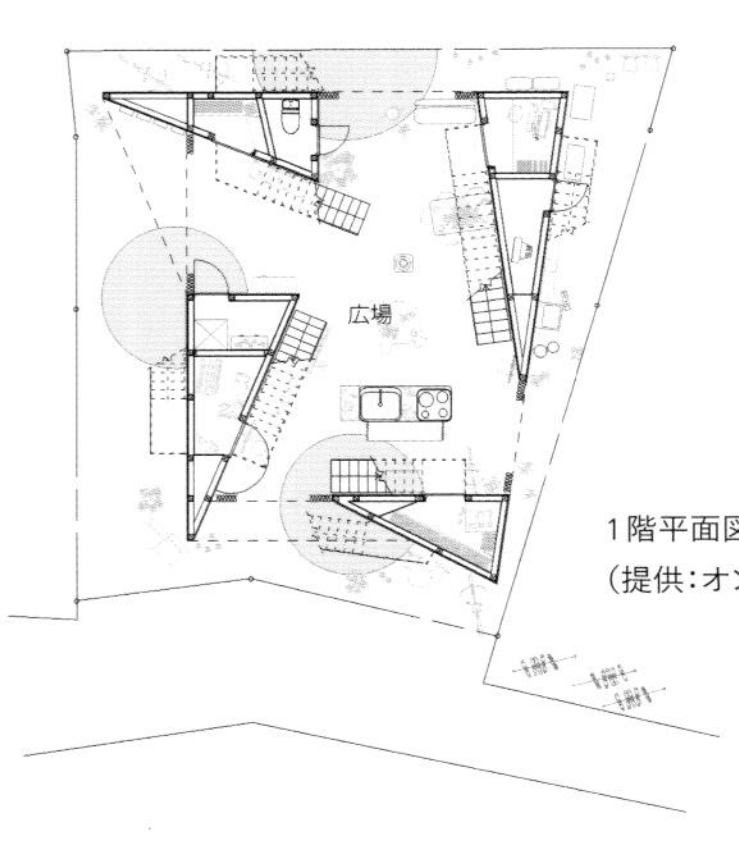

1階平面図
（提供：オンデザインパートナーズ）

住宅地で、その過大さが目を惹く建物スケール

都市の隙間のようなピロティ空間（2点とも撮影：鳥村鋼一）

［DATA］
事業開始年｜2010年

図版提供：HandiHouse project

HandiHouse projectとつくる家

HandiHouse project
2010—

自分の家を自分でつくる

HandiHouse projectは各々が独立した4名で結成された設計施工集団で、現在は20人のメンバーで活動をしている。さまざまなプロフェッションが介在しながら〝妄想から打ち上げまで〟をテーマにDIY的に施主を巻き込む家づくりを行っている。

一般的に家を建てる場合、そこに関わるのは依頼する施主、デザインを考える設計士、施工する工務店と大別できる。設計士は施主のためにデザインし了承をもらい、代理人として確認申請を行う。工務店はそれを実際の家として建ち上げる。その際、施主の要望を取り込みすぎてデザインがチグハグになったり、逆に設計士のデザインを優先する住むには気を遣う家となったり、まぁ、いろいろなことが起こる。

HandiHouse projectでは施主をプロセスに巻き込むことで、家をよりよく知り愛着を抱いてもらうことを一番の目的としているという。参加の形態は、デザインを決めたり構想段階に関わったりする場合から実際に手を動かす場合までさまざまだ。施工に関わる際には、メンバーが道具や施工方法のレクチャーを行う。ともにつくることを通して施主は家づくりに対する理解を深めていく。顔が見える関係のなかで施主が主体的に家づくりに取り組むことによって、トラブルを防ぐ効果もあるという。

ハイデガーは「建てること、住むこと、考えること」を唱えた。この言葉は、家は建てて住んで終わりではないことを示唆している。職能によって切り離され、〈建てること〉と〈住むこと〉が一致できない現代において、彼らはDIYという言葉でそれらを取り込み、まさに地で実践しているといえよう。ラフな印象とは裏腹に、その戦略にはしたたかさが伺える。

（葛西慎平）

HandiHouse projectのメンバー

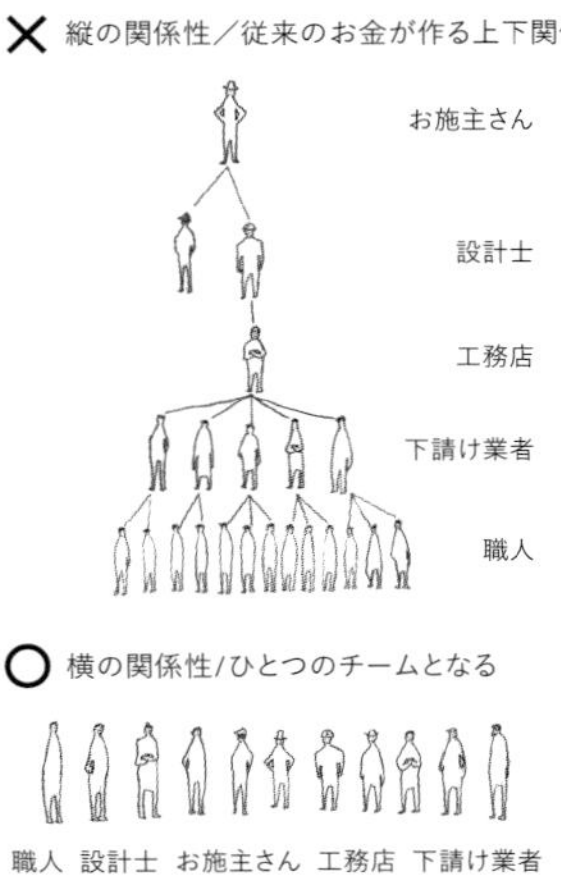

設計コンセプト

塗装工事の様子。
誰にでも参加しやすい工事のひとつ

解体からDIYで行うことも

［DATA］
所在地｜岩手県陸前高田市
竣工年｜2011年
規模｜地上1階、仮設住宅ユニット60棟
構造｜木造
敷地面積｜1788.60 m^2
建築面積｜29.81 m^2／棟
延床面積｜29.81 m^2

陸前高田市小友町獺沢第2仮設団地

住田住宅産業＋菅原大輔＋原田勝之

2011

杖のような存在としての建築家の仕事

自然災害時における被災者の住まいに対して「陸前高田市小友町獺沢第2仮設団地」の取り組みは建築家という職能のレンジの広さを明快に提示している。地場の住田住宅産業が地元木材を利用し開発した応急仮設住宅に対して二人の建築家が手掛けたのはインフラ整備と配置計画のみ。最小限の手数によって実現された仮設団地はオートキャンプ場「モビリア」の敷地を読み取り、角度を振りながら配置された全60戸の間に庭的なスペースを生むことで、住民同士の視線や距離感といった適度なプライバシーが確保されている。また高低差のある敷地の中で切妻屋根が反復していく様や、木製パネルの壁に表れる経年変化など一見恒久的な住宅とさえ錯覚してしまうほどの佇まいを創出している。

それほどまでバラックとは異なる多様な風景は、人々に安堵感を与えている。

今回の振る舞いを建築家自身は「杖のような存在としての職能」と表現しているように、常に物事全体の多様な要素を編集していける職能だからこそ、部分的な支えとしても寄り添う役割が果たせることを鮮やかに証明してみせたのである。地元木材を誇れる人たちと建築家が協働したこのプロジェクトは、どちらかが主導ではなく互いに信頼と関心をもち能動的に関わっていく人間力によって、仮設的ではない豊かな生命宿る風景や居場所を生み出している。二人の建築家の取り組みは被災地だけでなく身近な社会においても杖のような存在として建築家が役割を担っていけることを示している。

（前田圭介／UID）

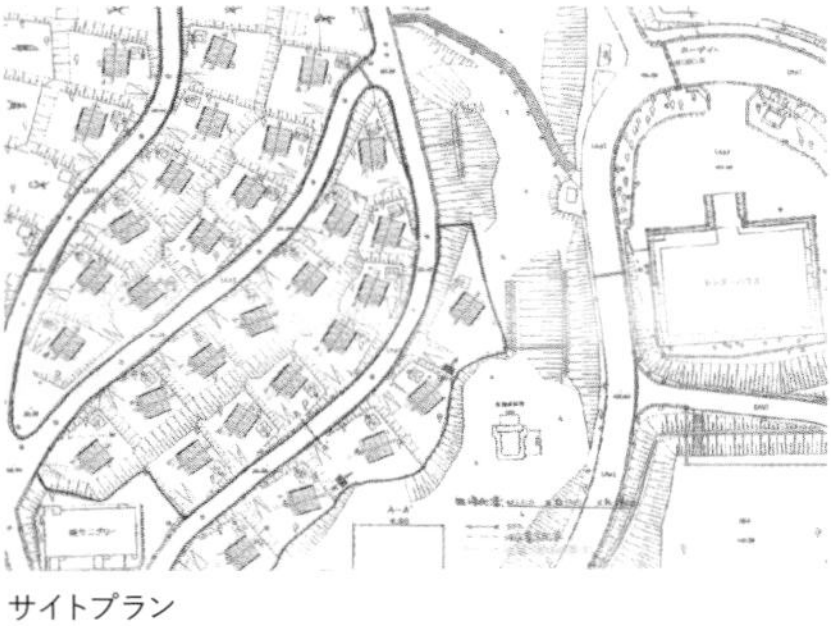

サイトプラン

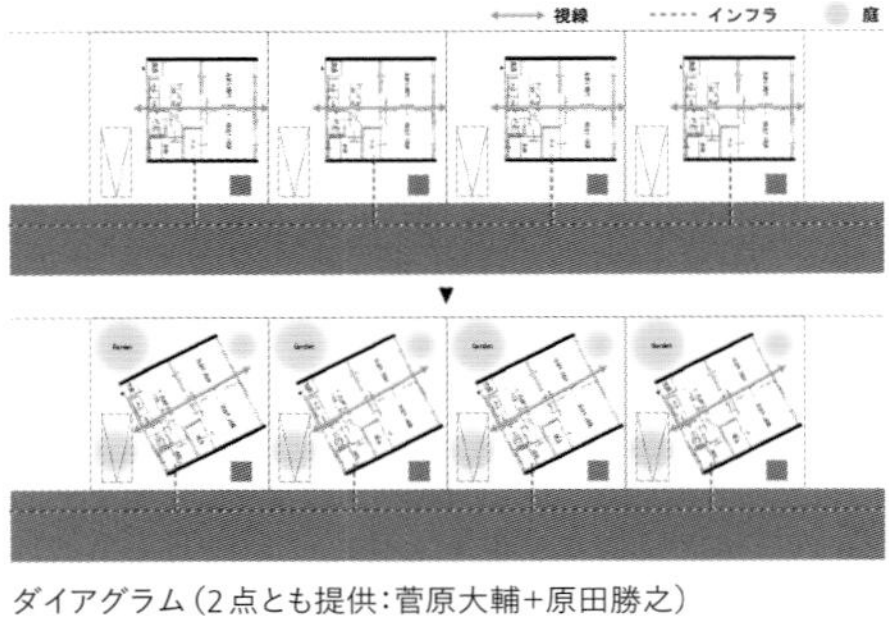

ダイアグラム（2点とも提供：菅原大輔＋原田勝之）

上｜全景　下｜外観（2点とも撮影：太田拓実）

［DATA］
宮城野区のみんなの家
所在地｜宮城県仙台市
竣工年｜2011年
規模｜地上1階
構造｜木造
敷地面積｜16094.55 m^2（公園全体）
建築面積｜58.33 m^2
延床面積｜38.88 m^2

みんなの家

伊東豊雄ほか

2011－

生きた場を育む「つくる」と「使う」の一致

みんなの家は、伊東豊雄の声がけで、東日本大震災の被災地に建設された集会所をはじめとし、東北に16棟、熊本に100棟以上がつくられたプロジェクトである。いずれも国内外の企業や自治体、海外の団体や個人などからの寄付を建設資金とし、さまざまな建築家によって設計された。建築家が現地で使い手と話し合いを重ねて設計と建設に携わったことで、被災者にとっての居場所であり来訪者にも開かれた場が創出され、まさに誰をも受け入れる「家」となった。

最初につくられた「宮城野区のみんなの家」は、農家の多く住む仮設団地のプレファブ集会所と縁側を介してつながる、木造切妻屋根の小さな建築である。住民の要望だった薪ストーブや、庇下の空間、縁側や畳といった要素は、元来は共同体によって行われる農作業という行為に由来し自然との接点になる。家を失った住民にとってこの素朴な小屋は得難い居場所となった。筆者が担当した「岩沼のみんなの家」では、使い手やボランティアとともに田植えや、土間の三和土、かまどをつくるなどの共同作業を行い、上棟や完成の時には喜びを分かちあった。「つくる」行為と「使う」行為が混然一体となり、生きることへとつながる――被災地という状況下であったからこそ通常の設計施工のフローから外れ、実現できた出来事である。

通常時の設計では使い手とつくり手の役割が分かれているため、使い手は受け身になってしまいがちだ。「ともにつくる」という意識を形成できれば、通常時でも使い手が「つくる」行為に参加し、話し合いのなかで共感が生まれ、境界が溶けだすことがある。この積み重ねが生き生きとした場を育てることへとつながる。それが日常の中の「みんなの家」という設計行為なのかもしれない。（**岡野道子**）

配置図

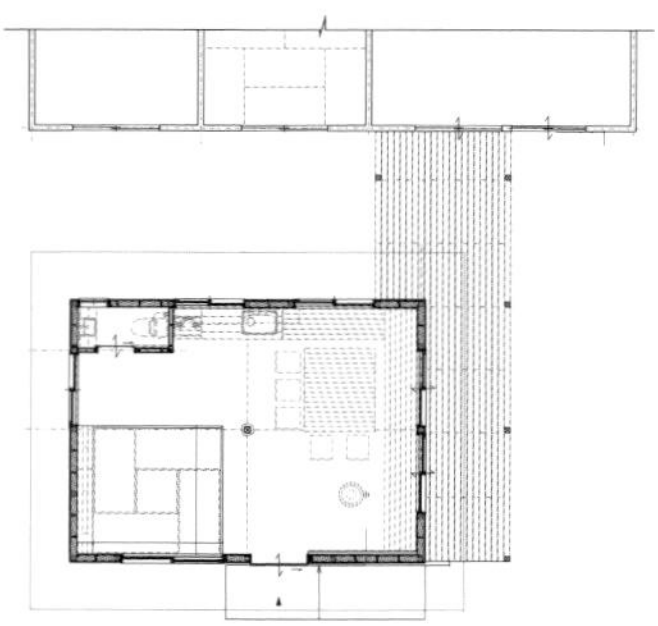
平面図

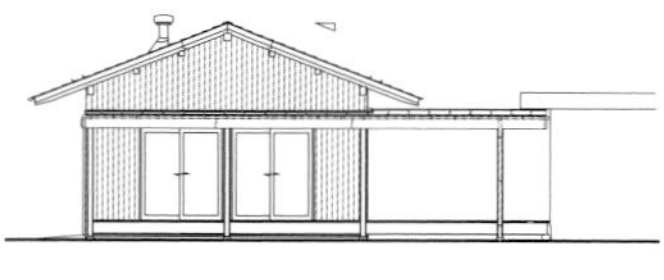
立面図

（提供：伊東豊雄建築設計事務所）

宮城野区のみんなの家外観
（提供：伊東豊雄建築設計事務所）

宮城野区のみんなの家内観、
子どもたちの見学の様子（提供：仙台市）

［**DATA**］
所在地｜東京都世田谷区
竣工年｜2011年
規模｜地上2階
構造｜木造
敷地面積｜72.89 m^2
建築面積｜33.95 m^2
延床面積｜67.90 m^2

経堂の住宅

長谷川 豪

2011

単純で新しい家型

編集者夫婦が住む小さな住宅。巣穴のような基壇（1階）の上に、屋上のような開かれた場所（2階）があり、嘘のように軽やかな屋根が載っている。1階は主に書庫になっているが、階高は異常に低く抑えられている。本との親密な関係が生まれると同時に、2階が近く感じられる。2階は小さな平面形のなか1／4程がテラスで、天井から床までの開口がリズミカルに配され、家から身体が若干はみ出るような不思議なスケールになっている。そしてシルバーの天井面が、光や周辺の緑の風景をやわらかく反射して室内に引き込むため、屋根自体の存在感が消え、より一層屋上のような開放感が増幅される。既成概念化されている現代住宅の寸法体系を疑うことで今までとは違った住まい方が獲得されている。

道路側から見ると、ファサードもプランもシンメトリーである。ファサードは1階の階高が抑えられていることで独特のプロポーションになっている。さらに上下階で外装材の割付を変え、スケールの違いをより強調している。プランでは壁面の位置と本棚や階段の関係が厳格にコントロールされており、あらゆる場所でシンメトリーを感じる。ある種の建築の古典的な部分の可能性を、現代のコンテクストのなかで再解釈しようとしている。都市部の過密な住宅地においては、敷地条件や法規によって他律的で歪な建ち方の住宅が乱立しがちだが、それに抗うように自律的で純粋な建ち方を求めている。しかしそれは決して奇抜な形態を追求するものではない。誰もがイメージできる単純な家型を、今まで経験したことがない新しい家型へと昇華しているのである。

長谷川豪は「大—小」「重—軽」「新—古」の既成概念に揺さぶりをかけて空間の経験の幅を広げようとする。その姿勢が顕著に現れている。

（柿木佑介）

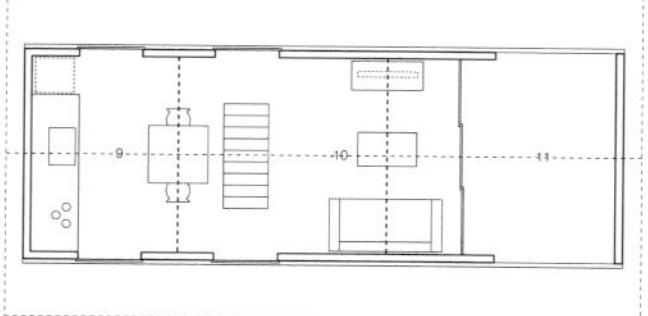

2階平面図

（提供：長谷川豪建築設計事務所）

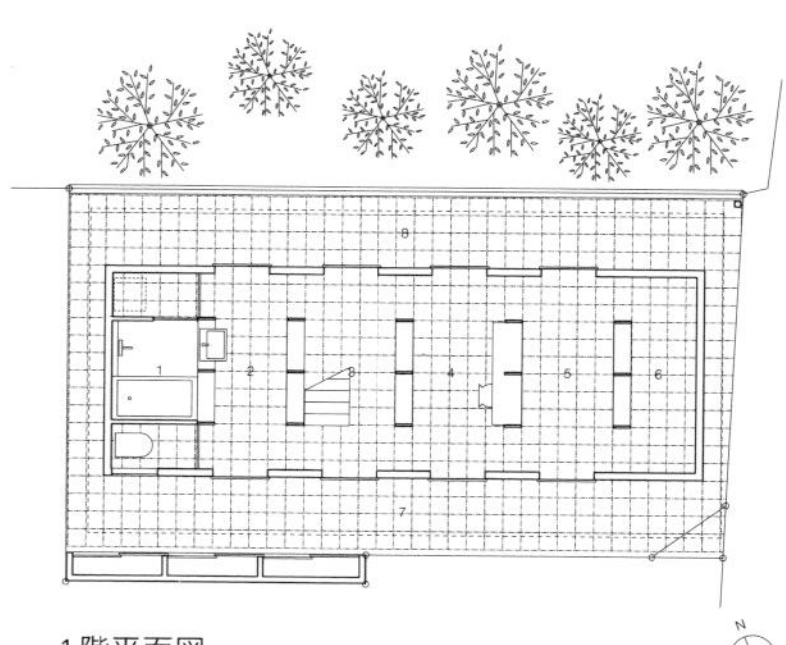

1階平面図

2階内観、天井に外部の光が映り込む
（3点とも Photo: Iwan Baan）

シンメトリーなファサード

1階内観、
階高が低く抑えられている

［DATA］
所在地｜静岡県浜松市
竣工年｜2011年
規模｜地上6階マンションの一室
構造｜鉄筋コンクリート造
延床面積｜6.5 m^2（設計対象範囲）

渥美の床

彌田 徹+辻 琢磨+橋本健史
403architecture [dajiba]
2011

多義的な床

浜松を拠点に、都市のなかに小規模かつ批評的な状況を埋め込むように設計を行っている403architecture [dajiba]によるマンションの一室のリノベーション。

　ここでの主題は作品名でもある床。廃材が再利用されているが、それはもともと床材ではなく、この部屋の天井下地にあたる野縁材である。一般的に床材と野縁材では材の形状や寸法が異なる。床には板材が張られ、天井の下地では角材が組まれる。彼らは床に角材を再利用するにとどまらず、角材を横に並べるのではなく、切断した角材を縦に突き刺すように敷き詰めた。それだけでは凸凹な状態で床に求められる平滑かつ水平という仕様が満たされないため、彼らは最後にこの床の表面を削り、滑らかに波打つ床に仕上げた。

　実際にこの床に足を踏み入れると、足裏にこれまでにない感触を味わうことになる。一度に多数の材の小口を踏んでいると同時に、削られたことによるモノコックな塊としての感触である。膨大な量の材の集積でもあり、何かひとつの塊のようでもある。また、経年した野縁材は味わいある色味を帯びていただろうが、切断され削られたことで新材のような色味になっている。一方で滑らかな質感は、まるでこの床が長い時間を経たようでもあり、渥美の床は多義的に感じられた。

　廃材の再利用というと環境への配慮を思わせ、場所のコンテクストを引き継いでいるようでもある。しかしここで使用されている材の体積は一般的な床に比べて膨大で、コンテクストを切断しつつまったく新しいストーリーを生み出すようでもある。実際に床に使用するのに足りない分の角材は、この部屋以外の場所から流用されたらしい。

　多様な読み取りを誘発することこそがこの空間の可能性であり、彼らの意図はそこにあるのかもしれない。そのような空間が、美術館の一室ではなく、都市の一角のマンションの一室という実際に人が生活する空間において実現されている。（魚谷繁礼）

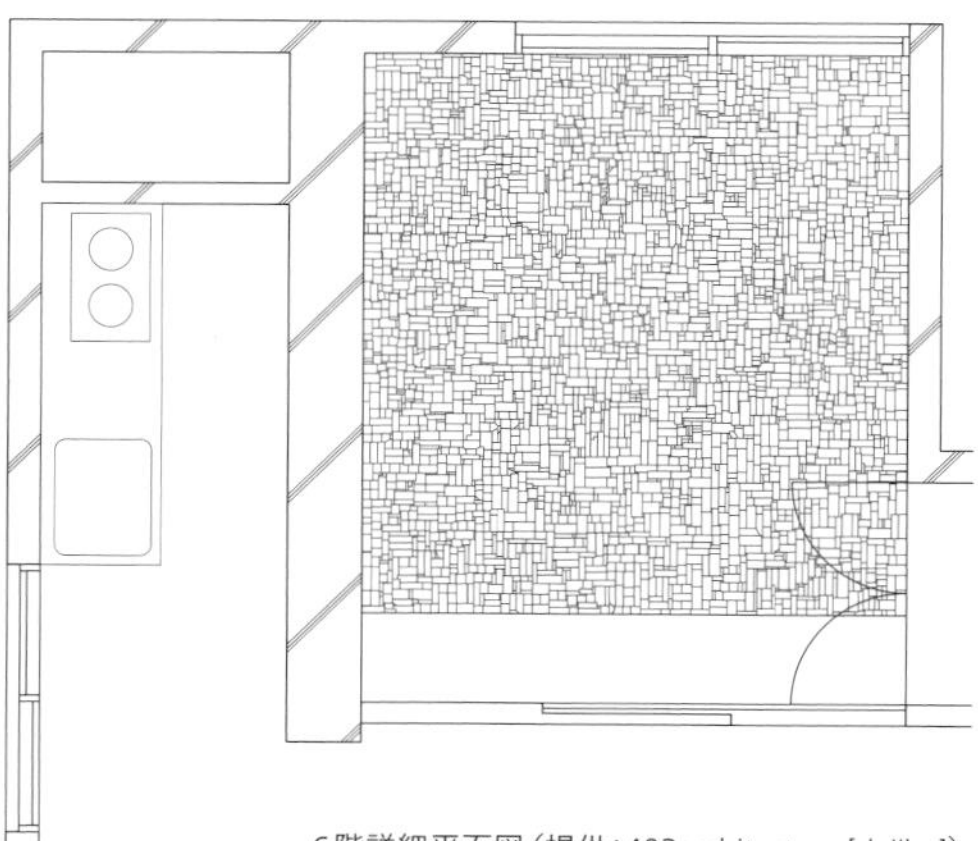

6階詳細平面図（提供：403architecture [dajiba]）

元は畳敷きだった一室の床貼りへのリノベーション。
天井の下地材を床に敷き詰めた

裸足だと多義的な触覚が生じる（2点とも撮影：長谷川健太）

［**DATA**］
所在地｜京都府京都市
竣工年｜2011年
規模｜地上2階
構造｜木造
敷地面積｜87.72 m^2
建築面積｜54.85 m^2
延床面積｜67.90 m^2

頭町の住宅

魚谷繁礼

2011

型の都市・京都で生成した型の建築

頭町の家は、グリッド都市・京都の街区内側＝「あんこ」に位置する木造小住宅群をリノベーションによって1軒の戸建住宅へと蘇らせたものである。魚谷は新築、改修問わず京都という都市空間の型を読解し、型の継承を第一義とする都市型建築をいくつものしている。京都の一街区は奥行きがあり、路地を通って街区内部の「あんこ」にアクセスする。そこには概して狭小な木造住宅群が立地する。街路から路地へ、路地を介した「あんこ」の小住宅群。この一連の空間こそ、京都街区内居住の型といえる。

頭町の家は「あんこ」内にある1軒の平屋、2軒の2階建て住宅をまとめて一軒家としている。路地はアクセスとなり、「あんこ」で路地は中庭と化す。2階建ての家のひとつは2階床を取っ払って吹抜けとし、そこに取り付けた階段から隣接するもう一軒の家の2階へ達する。その窓からは東山をのぞむことができる。接道条件を満たさない「あんこ」では新築は無理であり、それを改修によってクリアする。また一軒家にすることで現代居住に事足りる規模となり、街区内という敷地的悪条件（＝地価が安い）を利用して安価な都心内居住を生み出す。

一軒の家として再生されながらも、中庭は路地の面影が濃く残り、そこを中心に組まれた住空間は、個人の空間でありながら、路地中庭を通して京都の「あんこ」に住んでいる意識をもたらす。2階から見る東山は、より大きく京都内に在ることを意識させる。京都はグリッド都市ゆえに表裏、路地と「あんこ」をもち、建築の型を誘導する。時代とともに空間が変容してもその都度、それに対応する「型」が生成されてきた。頭町の家はそんな型の都市において、生成された新たな「あんこ」対応型の家といえる。（**渡辺菊眞**）

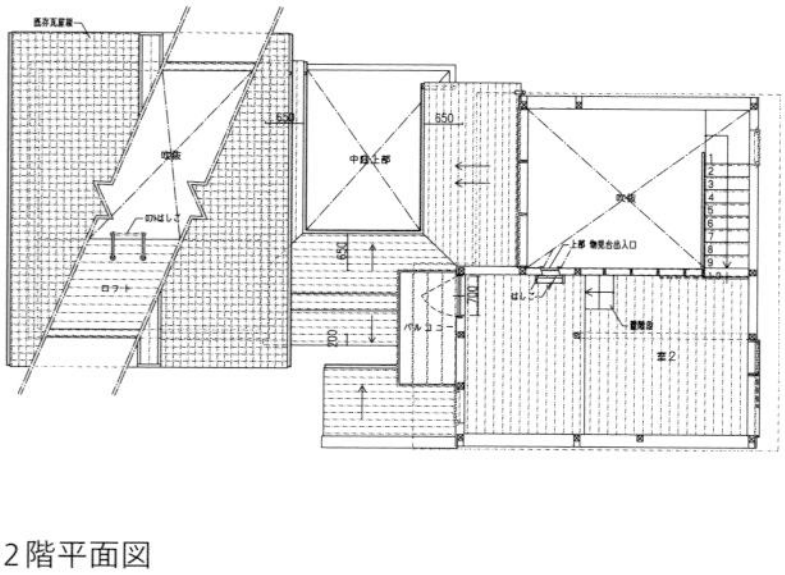

2階平面図

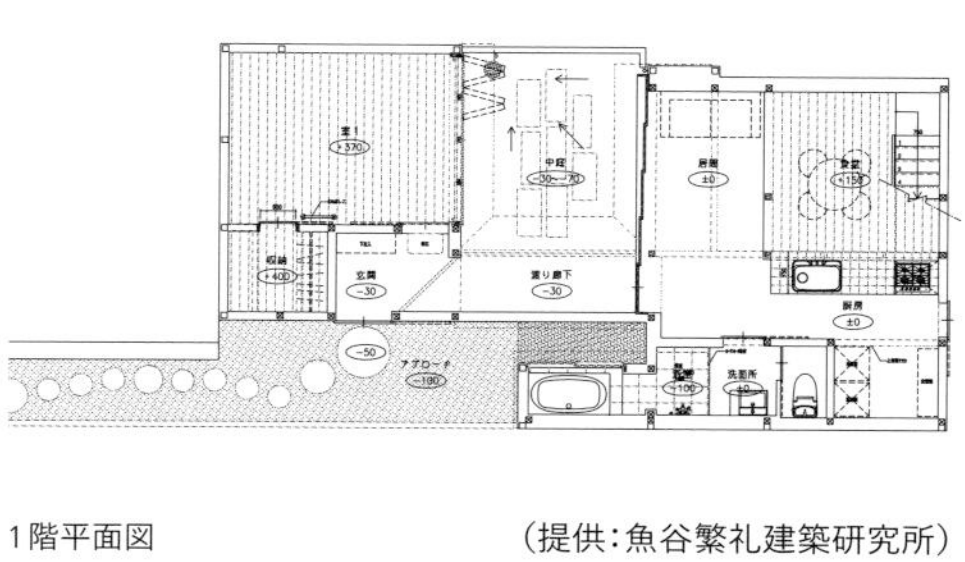

1階平面図

（提供：魚谷繁礼建築研究所）

上｜玄関から中庭越しに居間を見る
下｜アプローチ（2点とも撮影：池井健）

［**DATA**］
所在地｜東京都世田谷区
竣工年｜2011年
規模｜地上2階
構造｜木造
敷地面積｜96.37 m^2
建築面積｜46.46 m^2
延床面積｜72.14 m^2

駒沢公園の家

今村水紀＋篠原 勲／miCo.

2011

木造都市とフォルマリズムとの特異な出会い方

3つの家が並んだ姿。唐突きわまりない。薄い面に穴を穿った抽象的なフォルムと、穴の内に見える頼りなげな木部。3つの家は落ち着き払っている。いや、どことなくおどけているようでもあり、夜は踊っていそうでもある。

もちろん土地は1枚。どうということはない。3つのうち2つは1軒の家を割ったものだ。ところが横にもう1棟追加され、大げさにいえば起源が隠される。まっ白な外壁、正方形の窓。嵌め殺しの窓ではサッシも見せない。抽象性がスケールを飛ばしてしまう。内部はがらんどうの一室。追加された1棟の2階床が奥に見えるが、近づくと頭をぶちそうなほど低い。スケールが撹乱される。

この作品を一般的なリノベと思ったら大間違いだ。個と群、建物と街、具象と抽象などのカテゴリーを身体との関係において揺さぶる知覚の芸術なのだから。それが不思議に心地よい。

元の家の「分割」という抽象的な方法を、少し冷静になって見直してみよう。それは切断部分で建物を幅数十cm分、消しゴムで拭うように消し去ってしまうことにほかならない。およそ手法と呼べる代物ではない。

ふつう、建物では人の活動をのせる床や、個人が個人でいられる領域を保証する壁には強固な観念の粘りがある。だが「消し去る」という荒ぶる身振りは、床も壁も軸組も、それらにまつわる観念にも慣習にも頓着せず、飛ばす。これが効果的に内部を空洞にしている。そこに元の家に由来する形状やら記憶の欠片が漂う。この家の美しさはこの「方法」に由来する。

すべてが唐突だが、訪れるとわかるように、すべてに繊細さがともなう。フォルマリズムがモノと衝突して、豊かな質を生んでいる。そしてこうした暴力と繊細が、住宅と住宅地と都市に何かを投げ返している。（**青井哲人**）

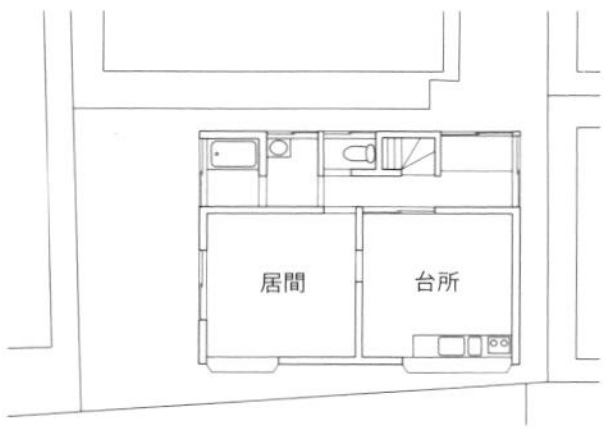

既存1階平面図

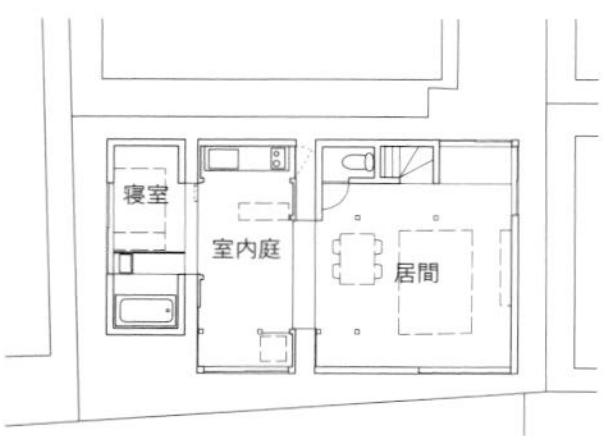

1階平面図

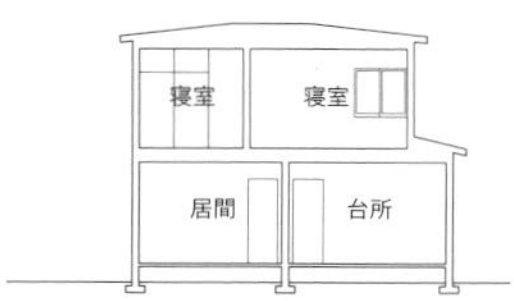

既存断面図

断面図

（提供：miCo.）

既存の木造家屋を2棟に分割し、南側に小さな1棟を増築している

ガラスでつながれた3棟は大きな一室空間となっている（2点とも撮影：鳥村鋼一）

［DATA］
所在地｜京都府京都市
竣工年｜2012年
（Bゾーンの設計は星田逸郎空間都市研究所＋DGコミュニケーションズ）
規模｜地上5階10棟（再生前14棟）
構造｜鉄筋コンクリート壁式造、
一部鉄筋コンクリートラーメン造
敷地面積｜23620m²（再生前31741m²）
建築面積｜3798m²（再生前5026m²）
延床面積｜16227m²（再生前21869m²）

観月橋団地再生計画

馬場正尊／オープン・エー（Aゾーン担当）
2012

2DKのリノベーション

馬場正尊の活動は建築設計および監理業務をメインにした「オープン・エー」だけにとどまることなく、不動産紹介サイトである「東京R不動産」の運営等多岐に渡る。また、今和次郎が提唱した考現学や、藤森照信らがつくった路上観察学にも影響を受けているというから、その活動においては既存のものを具体的に調査し、そこから答えを導き出すことを心がけているのであろう。併せて、元々編集者だったからか、その根底にはいつも「編集」という概念があるように思う。

オープン・エーが最初にリノベーションに関わった団地が観月橋団地である。そのベースになっているのは「公営住宅標準設計51C型」と呼ばれる戦後の集合住宅の原型といえる団地であり、そうした意味でもリノベーションの先駆的事例である。戦後まもなくの住宅不足（420万戸と推定）を解消するために大量建設が必要とされたのであるが、そのモデルとなったのが51C型である。戸当たり面積は12坪（約40m²）と狭いけれど、「食寝分離」を原則として設計された。そこで生み出されたのがダイニングキッチンDKである。

ここでは「食寝分離」という概念に基づく既存の間取りをあまり壊さずに、「アイランドキッチン型プラン」と「土間型プラン」というふたつの手法により、機能的に改善している。まさに考現学的思考によるリノベーションといえるのではないだろうか。

近代的手法により常に新しい空間をゼロベースから生み出すのではなく、先人の知恵を継承しつつ考えるというスタンスは対話しながらつくるリノベーションなのであり、既存ストックを活用していこうという今の時代において再生のメインテーマになり得るであろう。

（**長谷部勉**）

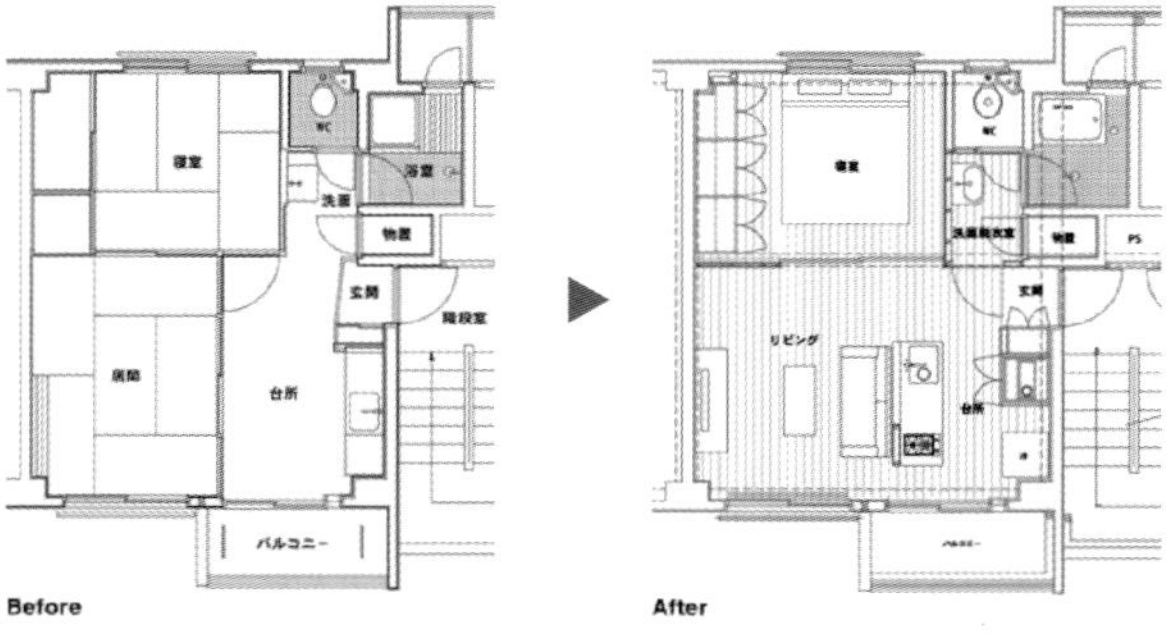

平面図（アイランドキッチン型）
（提供：オープン・エー）

土間型プラン。既存の間取りを生かしながら、
南北に抜けた土間空間を生み出した

アイランドキッチン型プラン。
無印良品の家具とコラボレーションして
モデルルームを構築し、
のちのMUJI×URへとつながった
(2点とも撮影:阿野太一)

［DATA］
事業開始年｜2012年

図版提供：CHAr

モクチンレシピ

特定非営利活動法人モクチン企画（現CHAr）

2012—

木賃アパートの改修戦略——住環境モデルの再構築へ

モクチンレシピは特定の住宅の名称ではない。モクチンはすなわち木賃（木造賃貸）アパートの略語である。「モクチン企画」は、木賃アパートの改修を戦略化することで、日本の新たな住環境のモデルを構築しようとする意欲的な集団として立ち上げられた。モクチンレシピはそのためのツールである。オーナー、不動産屋、工務店、住民など関係するさまざまな主体に、多様なアイデアをレシピとして提供し、木賃アパート全体の質の底上げを狙うというのが戦略（モクチンメソッド）である。

モクチンレシピが各地の不動産屋のニーズに応えていることはすぐさま明らかとなる。「モクチン企画」は、モクチンパートナーズと呼ぶ各地の不動産屋のネットワークを組織することになるのである。地域の住宅の売買、賃貸借関係、具体的に空き家の数などをもっとも的確に把握しているのは小規模な不動産屋さんたちである。平和建設は、戸田公園（埼玉県）の駅前で不動産業を営む。約600戸の不動産を管理する。川邉政明社長は、モクチンレシピにすぐに飛びついた。空き家対策は、大家にとって、駅前の不動産屋にとって深刻な問題である。レシピとしてもっぱら使われているのは、「ざっくりフロア」と「ぱきっと真壁」などである。

鍵となるのは、モクチンレシピなるものを支えるビルディング・システムである。住宅メーカーや住宅産業（住宅部品、住宅建材）にも空き家周辺に巨大なニーズがあることは大いなる関心事である。住宅メーカーの顧客対応のシステム、あるいは住宅部品や住宅建材のオープンシステムと個別設計をめぐる基本的問題がここにある。

「モクチン企画」は、CHAr（Commons for Habitat and Architecture）に改称、モクチン改修からさらに日本の住環境全体を視野に戦線を拡大中である。（**布野修司**）

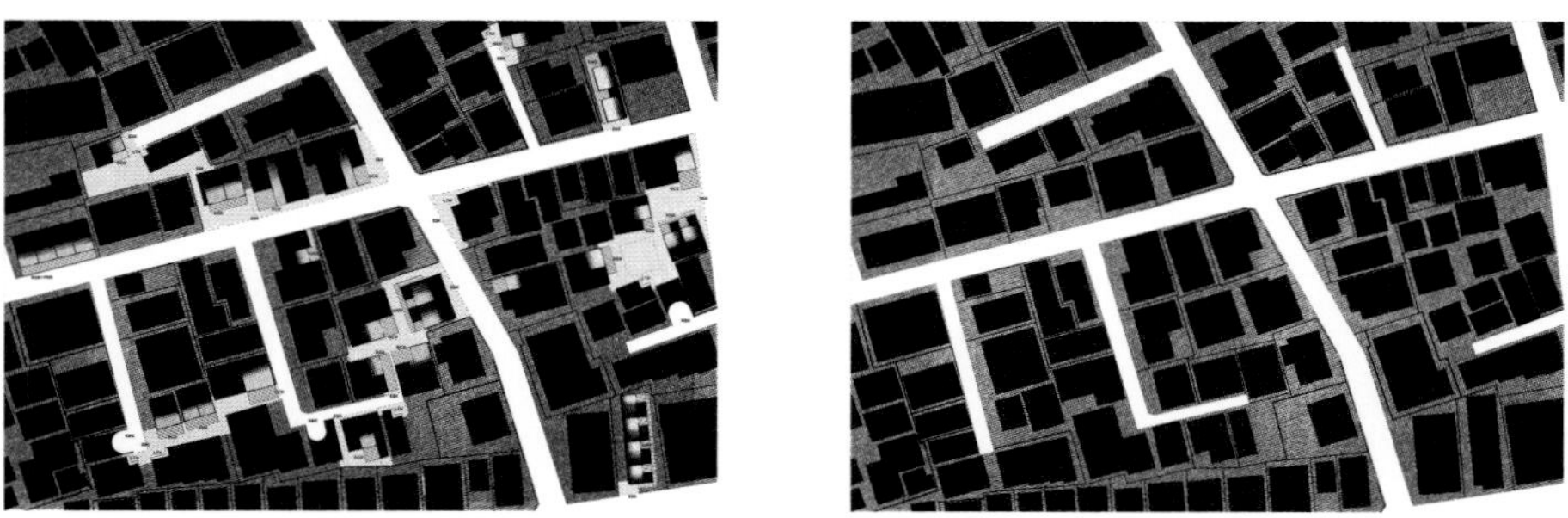

各建物が「閉じた箱」としての無関係な状態（右）から、モクチンレシピの利用と実現によって空間的に連関しあっていくまちのイメージ（左）

改修後｜モクチンレシピによる改修。「くりぬき土間」や「さわやか銀塗装」などのレシピが使われている。くりぬき土間は外廊下と個室のあいだに半外部空間をつくるアイデア

改修前｜木賃アパートの典型的な北側外廊下

改修後｜耐震補強と座れる場所を兼ねた「耐震壁ベンチ」などのレシピが使われている

改修前｜外観

レシピ一覧より抜粋

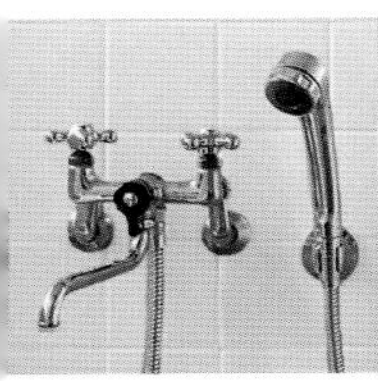

PBR ぴかっとバスルーム

KND くりぬき土間

KKN きっかけ長押

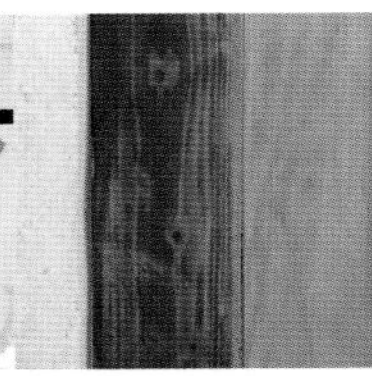

KHB 木肌美人

OKS 押入れ居室仕上げ

PKS ぱきっと真壁

IBD 井戸端デッキ

HSD ひさし棚

WOK ホワイト大壁

HKO 廃材鍵置き

SGT さわやか銀塗装

NPF のっぺりフロア

HGT ひろがり建具

GGK ギンギラキッチン

GDM ぎゃく出窓

GCD 減築デッキ

SDB すけすけドアベル

NKB ねじこみボック

［**DATA**］
所在地｜京都府京都市
竣工年｜2013年
規模｜地上2階
構造｜木造
敷地面積｜79.96m^2
建築面積｜64.64m^2
延床面積｜81.48m^2

御所西の町家

森田一弥

2013

町家改修に挿入された時間の奥行き

京都・御所西の路地奥に建てられた築およそ100年の再建築不可の二軒長屋のうちの一軒の改修である。かつての西陣織職人の作業場は空き家となっていたが、この改修によって単身者の住まいとして再生された。土を突き固めただけの土間を旗竿形の図（旗が奥庭／リビング、竿が走り庭／玄関）として、小上がりの四畳半と三畳の座敷が地（長方形から旗竿形を抜き取って残る小さな長方形を地と呼ぶ）として隅に配され、その座敷を同じく旗竿形の図（旗が次の間、竿が表の間）として、地にあたる水回りが隅に寄せて配される、入れ子状のプランニングだ。この図式と対応するのは機能であると同時に技術の時間である。すなわち図式の奥に行くにしたがって、原始（土間）、近世（畳座敷）、現代（水回り）と、技術の時間が新しくなっている。技術の時間と照度も対応しており、古いほど空間は暗い。

この図式に当てはまらないのが次の間上部に位置する茶室と、東側の庭に突き出た杉皮葺きの厠で、強い図式にバランスを与えている。南側既存の大津壁は上塗りまで施され、北側の新規の土壁は荒壁で止められており、一瞬どちらが古いのかわからなくなる。箱階段は現代のキッチンに読み替えられ、玄関の格子は町家の技術であると同時にエアコンの室外機を隠す。構造に墨を塗って耐久性を増す民家の技術は新たに天井全体の漆黒の塗装として召喚される。繊細にバランスを取るこのような空間操作は、過去に回帰するでもなく、新たな技術に自惚れるでもなく、フラットに時間概念そのものと向き合うことを可能にする。

技術の時間を配置していくその設計感覚は、これまでの建築計画の理念では捉えることができない。町家の歴史は1300年といわれるが、ここに原始の「土（で固められた）間」が新たに「地」として広がったことで、町家を飛び越えて現代から原始まで時間が相対化された。設計者がこの住宅で発明したのは、壮大な時間のスケール（尺度）なのだ。（**辻琢磨**）

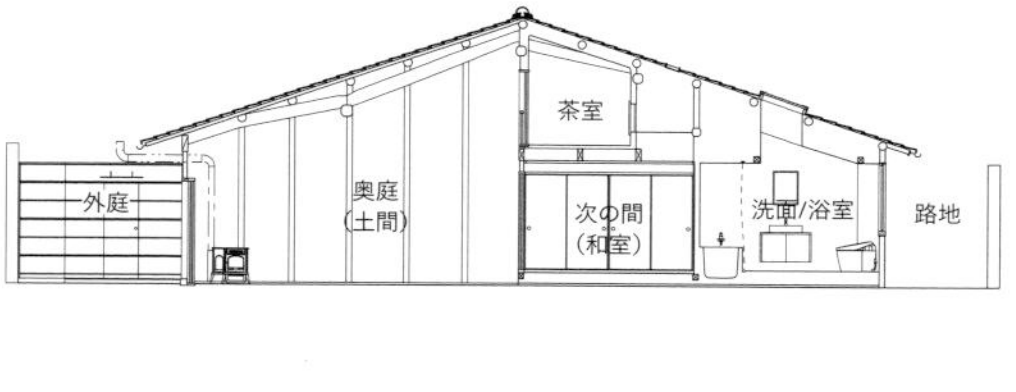

断面図

平面図

（提供：森田一弥建築設計事務所）

土間から庭をみる

土間から和室をみる
（2点とも撮影：表恒匡）

［DATA］
所在地｜愛知県名古屋市
竣工年｜2013年
規模｜地上2階
構造｜木造
敷地面積｜629.06 m²
建築面積｜167.95 m²
延床面積｜321.58 m²

LT城西

成瀬・猪熊建築設計事務所

2013

多様な居場所を内包する立体格子

シェアハウスの数は２００５年頃から増加し、東日本大震災を経たコミュニティに対する意識の変化を受け、２０１２年頃には広く社会的に認知されるようになった。そのような背景のなか、ＬＴ城西は13人の単身者が住む新築のシェアハウスとして計画された。居住者は社会人に限定され、7.5畳の部屋の家賃は6.5万円前後（２０２０年3月）と、名古屋駅に近い立地とはいえ、普通のワンルームと比してやや割高である。入居者が求めるのは単なる空間の共有ではなく、それを通じて得られる他者とのコミュニケーションだからだという。運営会社はその実現のため、入退去者の歓送迎会や誕生パーティの企画等、実にきめ細やかな運営を行っている。

　建築は単純な直方体であり、２間（３・64ｍ）という在来木造の慣習的モジュールを用いた立体格子の中に、13の個室と共用の諸室がほぼ同等の面積比でおさまっている。法規上は2階建てであるが、床レベルを各所でずらすことで立体的な変化と広がりのある空間をつくり出し、2間間隔の柱によるゆるやかな空間分節は、日本の住宅らしいスケール感を備えつつ、単位空間の連結による奥行きを感じさせる仕掛けとなっている。

　共同住宅としての公／共／私の構成は、ひとつの玄関から共用空間を経て各個室につながるという、古典的な段階構成を踏襲する。とはいえ立体的な共用空間の中には、人数や状況に応じて選択可能な、広さや居心地の異なる複数の居場所が用意されている。共用部から個室に視線が通らないよう扉の前にアルコーブを設けるなど、血縁関係にない入居者が共同生活するために必要な、適度な距離感の使い分けに細やかに配慮したデザインは周到である。日本のシェアハウス黎明期における、理想的なシェアハウスの生活像が建築空間に結実したものといえよう。その図式的構成は居住者と空間の蜜月関係への期待を匂わせ、幾分ユートピア的である。（**柳沢究**）

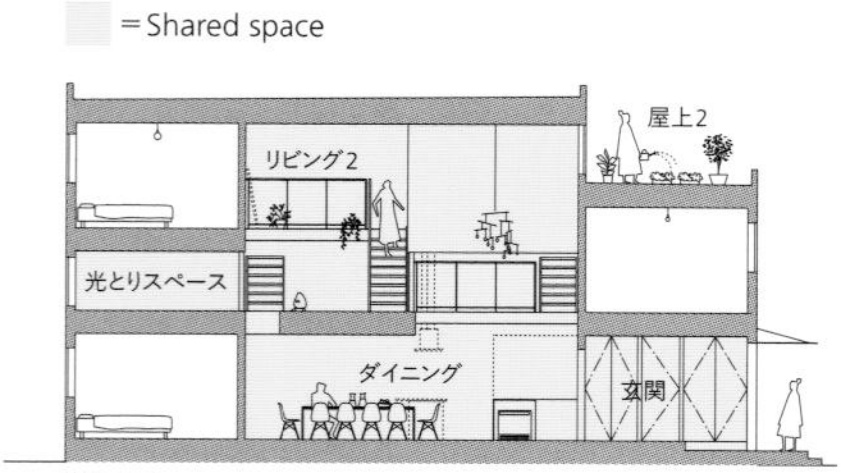

断面図

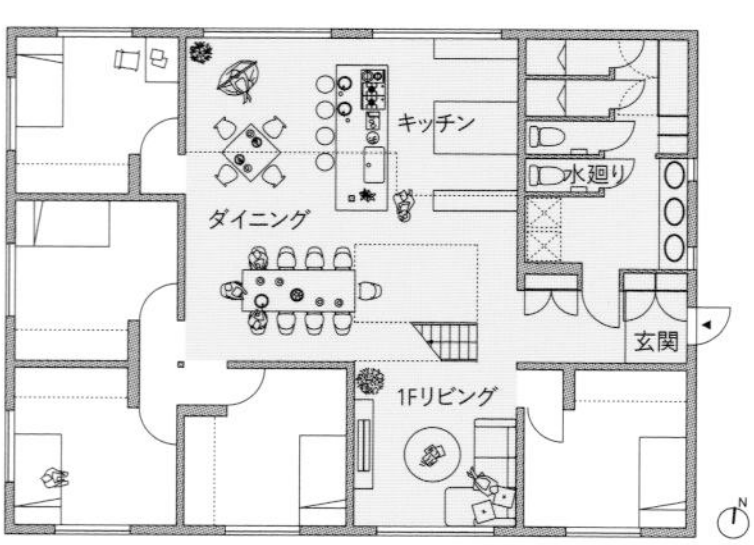

平面図（提供：成瀬・猪熊建築設計事務所）

外観｜南側道路から見る

内観｜2階の共用リビング。
個室には階段を半フロア上りアクセスする
© Nishikawa Masao

［**DATA**］
発売年｜2013年
規模｜地上2階
構造｜鉄骨ボックスラーメン構造
延床面積｜141.51m^2（モデルプランの場合）
──
図版提供：積水化学工業

「スマートパワーステーション」シリーズ

セキスイハイム

2013―

創エネ時代を牽引するゼロエネルギー住宅

１９９７年に採択された京都議定書による温室効果ガス削減目標の設定以降、日本では政府が主導した制度により、住宅の省エネ化と同時に、住宅用太陽光発電システムによる創エネ化が進んだ。各住宅メーカーは、躯体の高断熱高気密化だけでなく温熱設備の効率化や太陽光発電システム搭載の商品開発を加速。エコハウス、スマートハウスと進化し、住宅版の建築環境総合性能評価システム（ＣＡＳＢＥＥ）や年間の一次消費エネルギー量収支がプラスマイナス「ゼロ」になり得るゼロエネルギー住宅（ＺＥＨ）の推進につながった。

先行したミサワホームやセキスイハイムなどは太陽光発電システムへの補助金制度を受け、１９９６年頃から住宅用太陽光発電システム搭載住宅を販売しはじめたが、当初は高価格で屋根形状やプランに制約があった。そのなかでもセキスイハイムは、「エネルギー消費型」でも「我慢生活のエネルギー節約型」でもない「快適性と経済性を両立する省エネルギー型」を目指し、屋根形状やプラン制約もなくすべての商品に「基本となる高性能な住宅躯体」「高効率の温熱機器」「低価格太陽光発電システム」などのハード技術と、機器メーカーと共同開発したエネルギー管理システム「スマートハイムナビ」による省エネコストの見える化や省エネ生活サポートなどのソフト技術を住宅パッケージで標準提案・販売することで受注数を伸ばした。また、「快適・光熱費ゼロ」や「エコロジーはエコノミー」といった概念提示も推進し、ユーザーの省エネ志向を啓蒙拡大した。

現在では戸建住宅販売戸数トップの積水ハウスをはじめ住宅メーカーの多くがＺＥＨ戦略をとるが、セキスイハイムの住宅は９割以上がＺＥＨ（２０２２年度、北海道除く）で、業界を牽引している。（**長谷部勉**）

2階

1階

平面図

上｜モデルプランの外観　下｜LDK内観

［**DATA**］
所在地｜千葉県
竣工年｜2014年
規模｜地上2階
構造｜鉄筋コンクリート造、出窓部は鉄骨造
敷地面積｜349.33 m^2
建築面積｜113.32 m^2（出窓部分3.41 m^2）
延床面積｜210.04 m^2
1階 111.32 m^2（出窓部分3.41 m^2）
2階 98.72 m^2

躯体の窓

増田信吾＋大坪克亘
2014

まわりをよくする「窓」を建てる

オーナー住戸付き集合住宅を改修し、週末住宅兼ハウススタジオとしたものである。ただし、一般的にイメージされるリノベーションのプロジェクトと比較し、設計者の立ち位置が独特である。インテリアや植栽の計画についてはオーナーが主導し、主な設計対象となっているのは「窓」だ。

「窓」といっても高さは8mを超え、既存建物の屋上よりも2mほど高い。もともとあったサッシが取り払われた後、建物と庭との間にあらたな「窓」が新設されている。屋上で既存躯体とつながってはいるものの、窓の縦枠にはベースプレートが付き、主な荷重を地面にそのまま伝えていることから、既存躯体に取り付けた「窓」というよりは、自立した鉄骨造の建物であると考えたほうが自然である。もともとの開口部とは開き方や割付がほとんど関連しておらず、上下2段に分かれている「窓」の枠が、2階の開口部からの落下防止のための手すりとして適切な高さにあることが、既存建物と「窓」とがもっとも関係しているところである。

一方で「窓」を構成している鉄の部材は、一般的なアルミサッシに比べ極めて華奢で、ガラスも小さく分割することで薄い3㎜のものを採用している。これは大きなガラスの製作が困難だった時代の意匠を思い起こさせるが、ガラスを薄くすることで反射光をなるべく多くすることを目的としている。結果として、南側の前庭はこの「窓」が建てられたことによって、以前よりも明るくなっている。

ごく限られた部分への介入は、全体をコントロールすることからの単純な撤退ではなく、むしろ建築としての自律性を発揮する領域を構築しながら、建てることでまわりの環境をよくするという、独自の射程をもった全体性を構築している。（**橋本健史**）

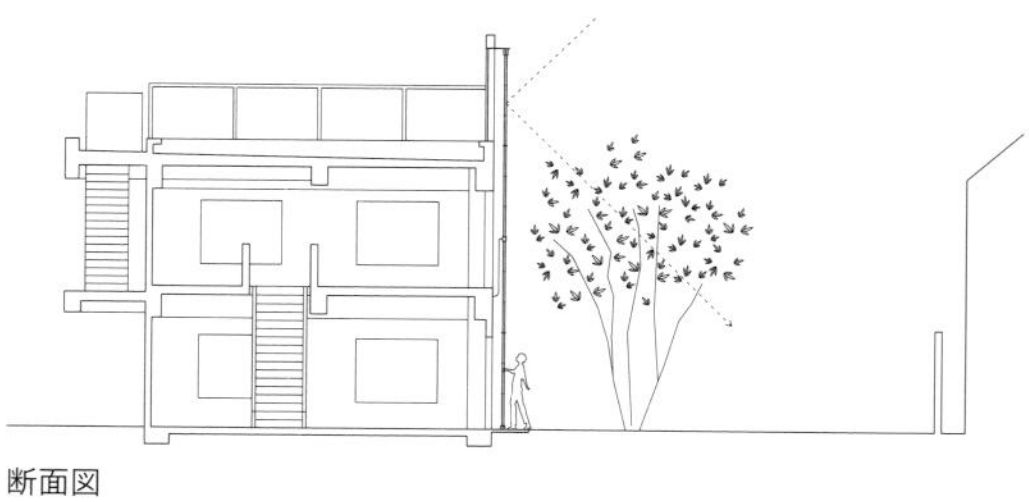
断面図

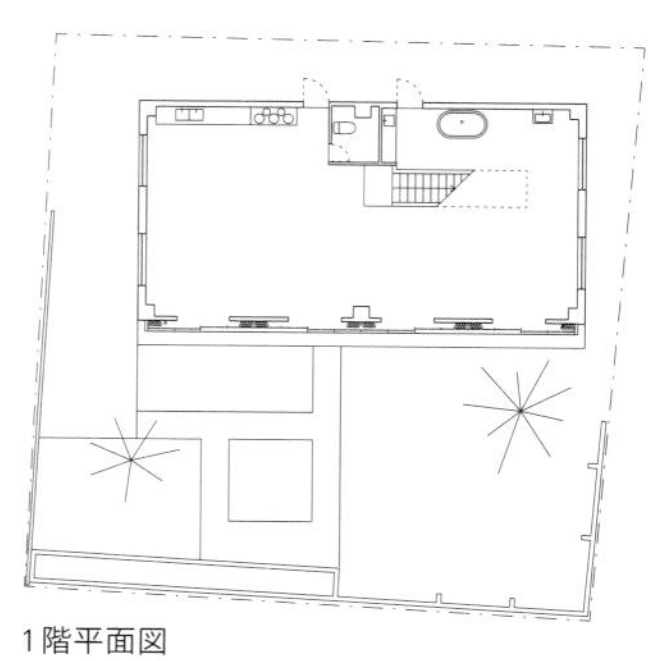
1階平面図

（提供：SHINGO MASUDA+KATSUHISA OTSUBO）

上｜外観（撮影：石山和広）　下｜内観（撮影：永井杏奈）

［DATA］
所在地｜東京都目黒区
竣工年｜2014年
規模｜地上3階
構造｜鉄骨造、一部鉄筋コンクリート造
敷地面積｜139.89m²
建築面積｜97.56m²
延床面積｜261.13m²

図版提供：仲建築設計スタジオ

食堂付きアパート

仲俊治

2014

生業を通じてグラデーショナルに街とつながる

地域社会に開かれた小さな複合建築。老朽化したワンルームアパートの建替えの依頼に対して建築家は、住まいだけでなく個人の生業である仕事や商売による「小さな経済」に着目したプログラムを提案するところから設計を始め、竣工後も運営に関わり続けている。

敷地は商店街と住宅地が共存する街にある。そして周辺にもアパートにも開かれた小さな食堂、5つのSOHO、シェアオフィスというプログラムから、この建築はなる。

一方、複雑化したプログラムに対応する空間構成は、前面道路から続く半屋外の立体路地がシェアオフィスと食堂、SOHOをつなぐという明快なものにみえる。しかし、より詳しくその空間の質を読み解くと、少し違った様相に気づく。食堂が立体路地に対して開いているのではなく、両者は一体的につくられている。つまり、食堂が路地と同じく街と住まいの間として設計されているのだ。

また、SOHOは立体路地との縁に「スタジオ」という境界空間をもつことで、居住空間に「奥」をつくり、生活をグラデーショナルに路地に開くことができるようになっている。ここでも空間がプログラムと同様に間の質をもつように設計されている。

この建築は、プログラムというソフトを複合化することで、建築というハードを多様な空間にしているのではない。境界空間が重なり合ってできているという建築自体の組み立てが、個人の外部への関わり方をカスタマイズできる状態を生み、この建築が多様な様相をまとうことにつながっている。生活の複雑さや多様さを認め他者や地域に対する意識を保つこと、多角的な視点を共存させることを問い続けた建築家が、施主とともに生み、育てている建築の営みがここにある。（**今村水紀**）

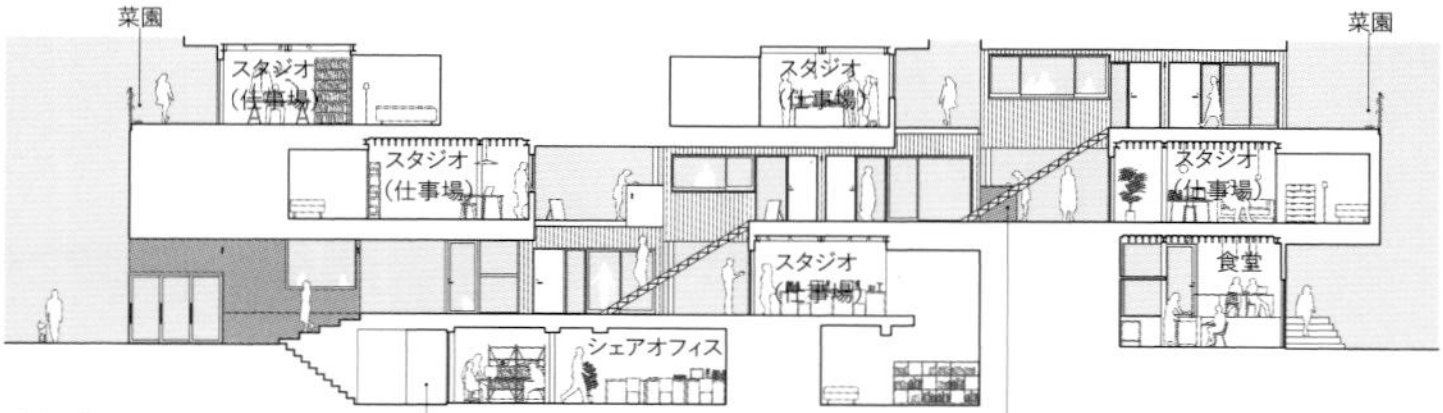

立体路地展開図

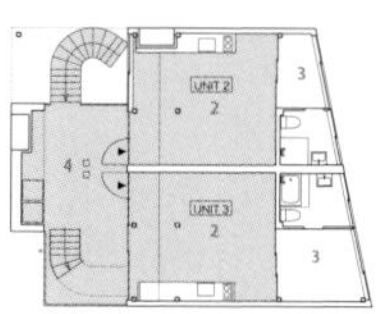

2階

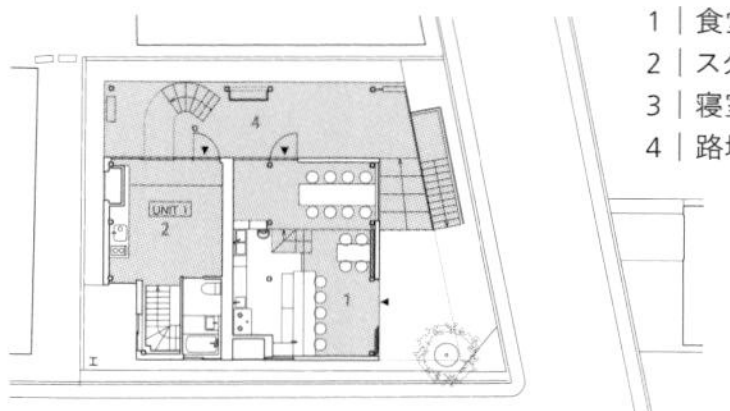

1階

1｜食堂
2｜スタジオ
3｜寝室
4｜路地

外観

内観

［**DATA**］
所在地｜高知県土佐市
竣工年｜2014年
規模｜地上3階
構造｜1階鉄筋コンクリート造、2・3階木造在来軸組工法
敷地面積｜237.81 m^2
建築面積｜84.60 m^2
延床面積｜129.60 m^2

井上邸
井山武司
2014

パッシブハウス先駆者による理想の標準住宅

井山武司は、生涯にわたりパッシブソーラーハウスを実践的に研究し続けた建築家である。パッシブソーラーシステムは、太陽の光と熱を建築的工夫により出し入れすることで快適な温熱環境を得る技術である。井山は自らが手がけるパッシブハウスをSOLARCHIS（ソラキス＝太陽原理の建築）と名付け、1971年から没年の2014年までに51軒実現させた。SOLARCHISでは最小限の機械導入（太陽電池や太陽熱温水器）によりパッシブ技術だけでは賄えないエネルギーを補填する。井山は「母なる地球　父なる太陽」という対句で成り立つ建築を理想とした。太陽と地球の位置関係、地球内座標（緯度）から建築の断面を決め、大地と地域に根付く地域産材や大工技術を活用する。また、都市の高密居住に疑問を感じ、平成初期には東京から故郷の山形庄内に太陽建築研究所を構え、人は田園に帰るべきだと主張した。広々とした大地の上の暮らしを前提とし、パッシブシステムのもっとも基本である、南面大開口から冬季集熱し土間床で蓄熱する方式にこだわった。21世紀以降は、住宅を特注で設計するのではなく、ゼロエネルギーハウス標準型として世に広く活用されることを目指し、S、M、Lの3種の規模の標準型を計画した。1階南面に仕切りのない居間があり、吹抜けを介して上階個室につながり熱伝達の通路とする。この空間が大屋根の下にコンパクトにおさまる。1階をRC造にして蓄熱性を高め、2階以上に木の温もりある空間を導入する。井上邸は標準M型がもっとも純度高く実現した住宅である。平成以降、東北地方にすべての作品があり、井上邸が立地する高知という場所は異色であるが、緑濃い大地の上に燦々と太陽が射す当地でのパッシブハウスは井山が目指した田園住まいを極めてよく示している。

（渡辺菊眞）

断面図
（提供：太陽建築研究所）

2階平面図
（D環境造形システム研究所作成）

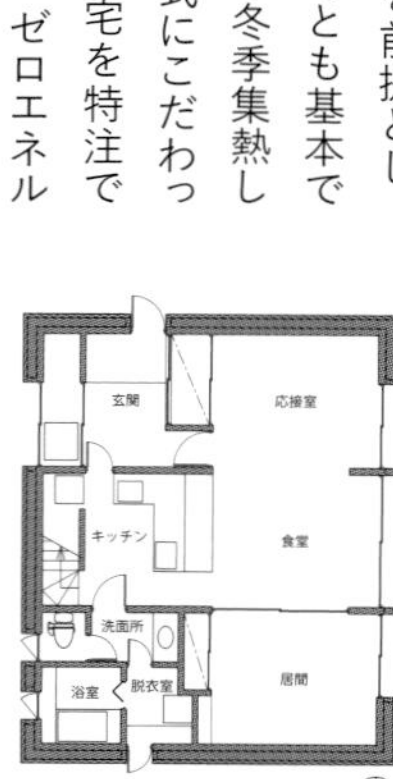

1階平面図

上｜南西全景
下｜居間から南面大開口をのぞむ
（2点とも撮影：斎藤亢）

[DATA]
所在地｜移動中に巡り合う神社、寺、店舗など
（家を置かせてくれる場所）
制作期間｜2014年4月7日−2015年3月9日（第1弾）
構造｜発泡スチロール造
延床面積｜約1.00m²（初代発泡スチロールの家）

図版提供：村上慧

発泡スチロールの家

村上 慧

2014−

1年間に182回引っ越した家

私たちは日常生活のなかで家とは何かを考えることはあまりない。家は多くの人にとって当たり前に必要な居場所だからだろう。もし、土地や人やお金、さまざまなモノとの関係に縛られない家があれば、どんな生活が送れるのだろうか。家を背負って持ち歩き、移住を生活するという新たな住み方を実践するこのプロジェクトは、そんな問いを投げかけてくる。

村上さんの家は移住した先々で人に借りた土地へ置かせてもらって完成する。横になって寝ることができる身長サイズの箱は、白い発泡スチロール造で軽量だ。瓦屋根や軒などリアルなディテールが施された家らしい外観だが、背負って歩いているときは足が見え動いている。今にも「よいしょ」と聞こえてきそうなユーモア溢れる存在感だ。つい「何してるんですか?」と話しかけたくなったり、SNSで話題にしたりと路上の人々の心を摑む。

村上さんは家を置くことを引っ越しと呼ぶ。1年間で北は青森県十和田市、南は宮崎県宮崎市まで計182回の引っ越しを繰り返した。見ず知らずの村上さんを受け入れ、土地を貸してくれる人に出会わなければ引っ越しはできない。快諾してくれる人がいれば不審がって拒絶する人がいる。また、寝る以外の家の機能は公衆のインフラ施設に頼ることにしており、いわばアウトソーシングしている。しかしコンビニも多く、あまり困らないという。

土地や住所はあなたにとってどんな意味があるだろうか。住空間を地面から物理的にも社会的にも切り離すことは、周辺環境と密接なつながりをもって形が決定される建築特有の空間表現だ。

身の回りで当たり前だと思っていることを再考してみよう。当たり前の裏にある自由で快適なものの見方に気がつくかもしれない。

（井上悠紀）

ある日の家
（眠っているところ）

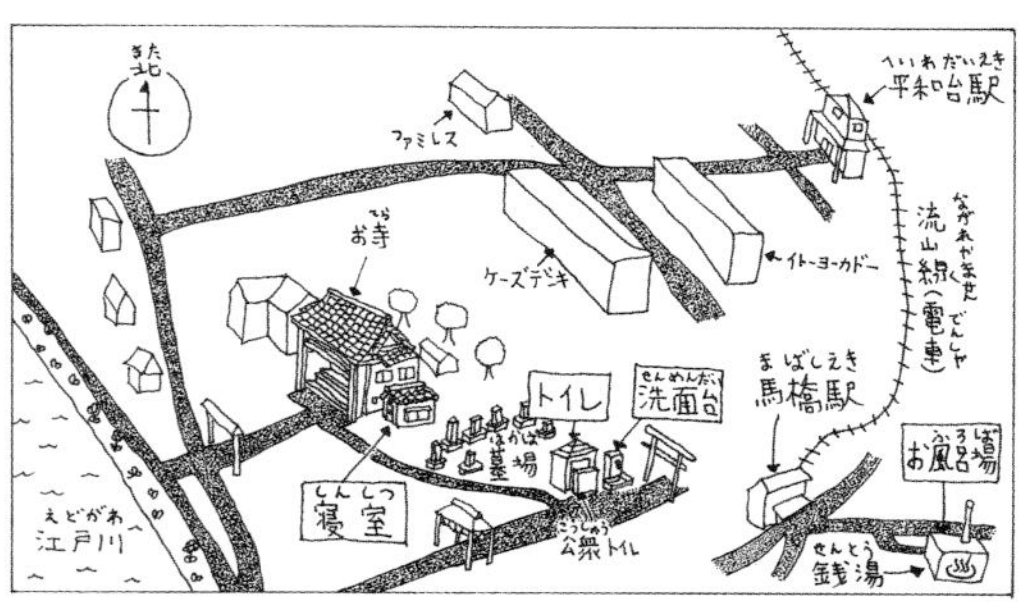

ある日の間取り図

家を背負って歩いているところ

村上慧さんのアトリエにて（筆者撮影）

寝るモードの家

[DATA]
所在地｜奈良県生駒郡平群町
竣工年｜2015年
規模｜地上2階
構造｜木造
敷地面積｜357.41m²
建築面積｜98.87m²
延床面積｜143.97m²

図版提供：D環境造形システム研究所

宙地の間
渡辺菊眞
2015

空と大地をつなぐ日時計

近代建築への批判として生まれたポストモダン建築の目指したことのひとつは、近代建築で失われてしまった地域性や歴史性の回復である。そのなかでも、大きな世界観・宇宙観のなかに建築を位置づけようとするコスモロジー派と呼ばれる流れがある。奇抜な形態に表現が偏重していたため、そうした象徴的な建築表現は今日では影を潜めたが、大きな世界とのつながりの回復は今も切実なテーマであり続けている。

宙地の間は、東側に遠く奈良盆地を望む台地に造成された新興住宅地の一角に建つ建築家の自邸である。南面する立面にはガラスの大開口を設け、冬季は取り入れた太陽熱を基礎コンクリートに蓄熱し、夏期は屋根の軒で屋内への日射を遮ることで、年間を通じて快適な温度環境を少ないエネルギー消費によって得ようとする、パッシブソーラー住宅である。

同時にこの住宅を特徴づけるのは、天空を巡る太陽を感じるための装置として、建築内部に設置された日時計である。敷地のある緯度の勾配に合わせた屋根面に設けられた線形トップライトから円弧状の日時計面に太陽光が落ちることで時間を指し示し、太陽の運行を生活のなかで感じることができる。

東側の玄関から入ると、正面の廊下に沿ってトイレや浴室などの水回りが配置されている。その南側は「陽の間」と呼ばれる太陽の光溢れる空間だが、北側には「影の間」と呼ばれる薄暗いアトリエ空間があり、どちらからも日時計を仰ぎ見ることができる。2階には中央の日時計を挟んで、朝日で目覚める「朝の間」と夕日が差し込む「夕の間」が配置される。

現代のパッシブソーラー住宅を批判的に継承しつつ、日時計という装置によって「畏敬すべき存在としての父なる空（太陽）と母なる大地」との関係を回復しようとする住宅である。**（森田一弥）**

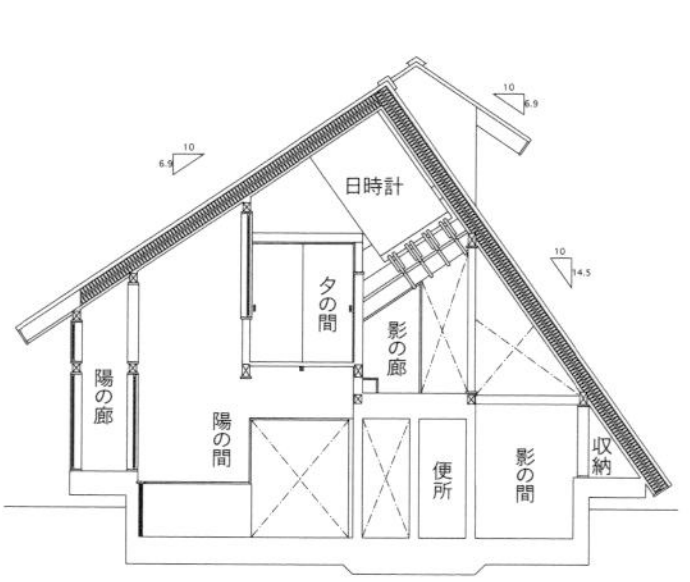

南北軸断面図

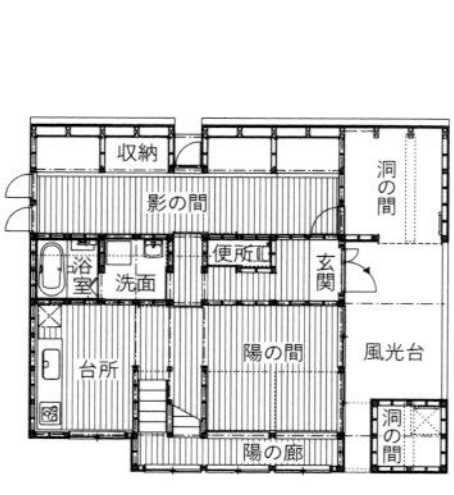

1階平面図

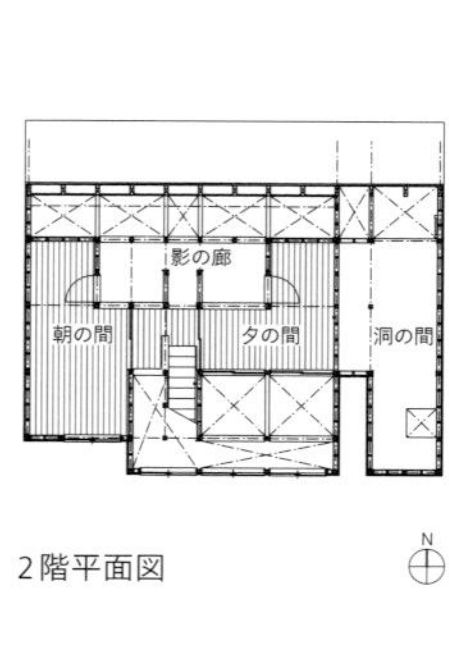

2階平面図

上｜外観（南側）　下｜日時計

[DATA]
所在地｜神奈川県座間市
竣工年｜3号棟：1965／2015年　4号棟：1970／2015年
規模｜地上5階
構造｜鉄筋コンクリート造
敷地面積｜4533.34 m^2
建築面積｜493.20 m^2
延床面積｜2466 m^2（各住戸 37.38 m^2）

図版提供：ブルースタジオ

ホシノタニ団地

ブルースタジオ
2015

人と人をつなぐ、人と街をつなぐ団地リノベーション

高度経済成長期における大都市圏への人口集中に対応するため、都内には公共住宅事業者や民間事業者により開発された住宅団地が数多く存在する。その多くは入居開始から50年以上が経過し、建物の老朽化が進行、同時期に大量に入居した世代が一斉に高齢化し、改修か、建替えかの過度期を迎えている。

神奈川県座間市に位置するこの団地は元は小田急電鉄の社宅だったが築50年が経過した後に活用された事例である。ホシノタニ団地という名前は座間の星谷寺から取られているが、境内の井戸が昼でも星を写しだすという七不思議があるように、星が美しい集落であった。

郊外駅前の余裕ある敷地を生かし、住宅棟の1階と外構を公共空間として積極的に開き、農家カフェや集会所のほか、耐震補強のうえ、3住戸分をつなげて子育て支援センターを設けている。1階の住戸はベランダと腰壁を撤去してウッドデッキを設置。すべて庭付きとし、広場から直接アクセスできるようにしている。広場、農園、ドッグラン、ランドリーカフェ、定期的に開かれるホシノタニマーケットなど、人を中心として公園のような団地として計画されている。

間取りは元は2DKだったが、間仕切りや建具等を取り払い、ガーデニングを楽しむテラス付きの1LDKタイプ、カーテンなどにより1LDKとしても使える、広々としたワンルームタイプとしている。

老朽化した団地や社宅の多くが解体されるなか、駅前の社宅の建物をそのまま利用し、新たに賃貸住宅と公営・民営のコミュニティ施設とした団地活用の先駆的事例である。（**香月真大**）

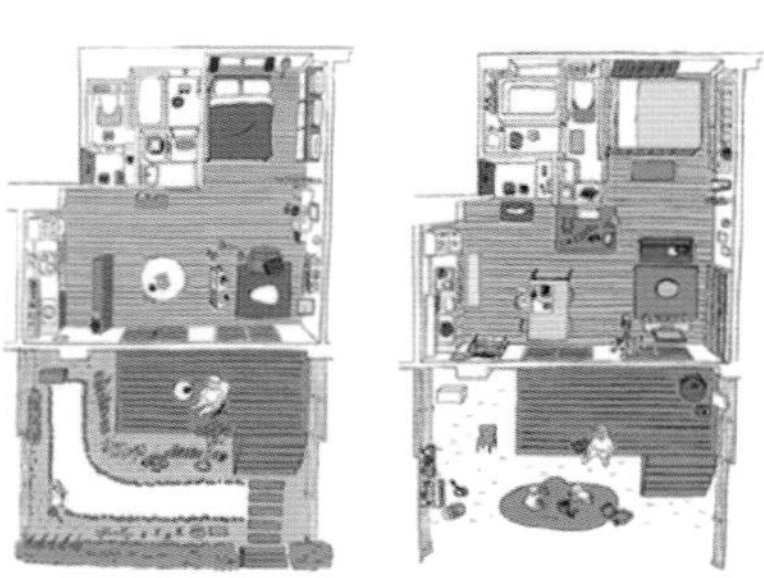

平面図

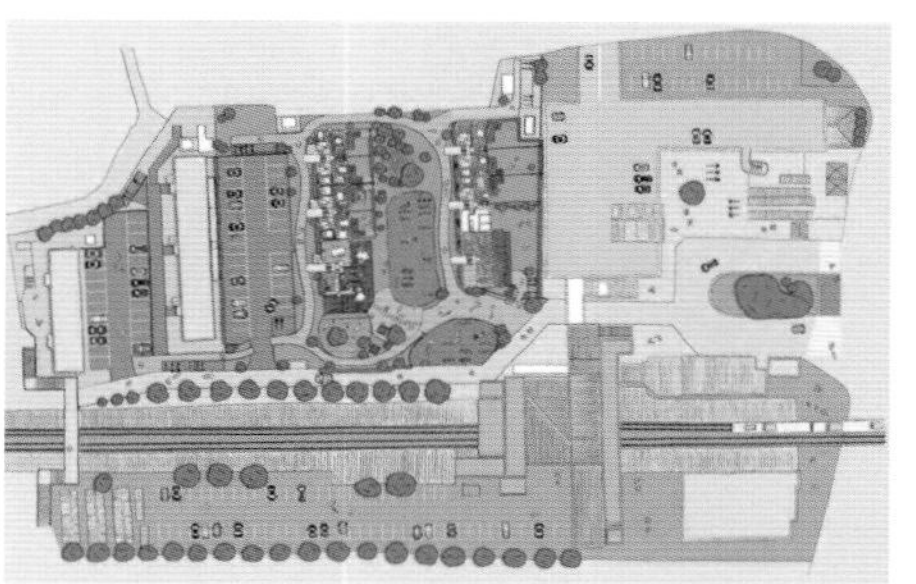

配置図

上｜ホシノタニマーケット+団地外観　下｜農園とドッグラン+団地外観

[DATA]
所在地｜茨城県牛久市
竣工年｜2016年
規模｜地上2階
構造｜木造在来工法
敷地面積｜520.15 m^2
建築面積｜165.52 m^2
延床面積｜228.48 m^2

牛久のおやこ屋根

山道拓人＋千葉元生＋西川日満里／
ツバメアーキテクツ
2016

地域における住宅の公共性と暮らし

住宅は個人のものである。個人の資産で私有地に建てられる以上これは当然である。しかし、住宅が受け継がれたり、街をつくる部分だと考えると、まだ見ぬ誰かや地域のものとみることができる。つまり住宅も私的所有を越え、公共的性質を帯びているといえる。

茨城県南部に建つ歯科医院と一体となったこの住宅は、地域における住宅の公共性について試行がなされている。かつて田畑だった敷地周辺は、1990年代後半から新駅の建設とともに開発が現在も進んでいる。駅に近い立地だが、車が欠かせないライフスタイルの影響は強く、格子状に整理された道に接して駐車場が設けられ、その奥に戸建住宅が建ち並ぶ。駐車場によって道と家が隔てられた街並みは、官民の所有以上に、公と私の境界を明示しているようにみえる。

そのなかでこの住宅では、駐車場を敷地の端に寄せ、代わりに低く大きな寄棟屋根が道に面し、そこから頭を覗かせるように切妻屋根がL字型に連なる。周囲と違う建ち方だが、軒下空間が道と家の連続性を生み、屋根が2つに分かれていることで近隣建物とも大きさが揃い、街に馴染んでいる。

こうした場所同士を結びつける配慮が家の各所でなされているが、なかでも1階の道路側に設けられた気積の大きな和室が特徴的である。こひつじ文庫と名付けられた和室は、診察時の待合としてだけではなく、休日には居間や親子で参加できる教室の会場などさまざまな用途で使うことが想定され、地域と暮らしのつながりをつくる場を担っている。

住宅がもつ公共的な側面に対し、住宅の建ち方で応答するだけはなく、地域の拠点となるような場を内在させることで、暮らしそのものが地域にとって公共的なものになるような試みが行われている。（**彌田徹**）

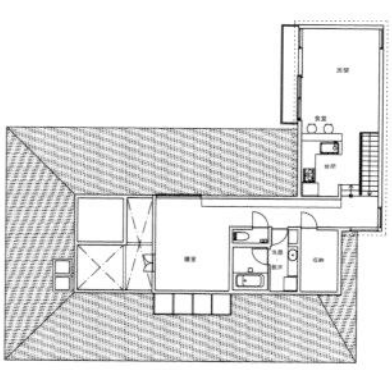
2階

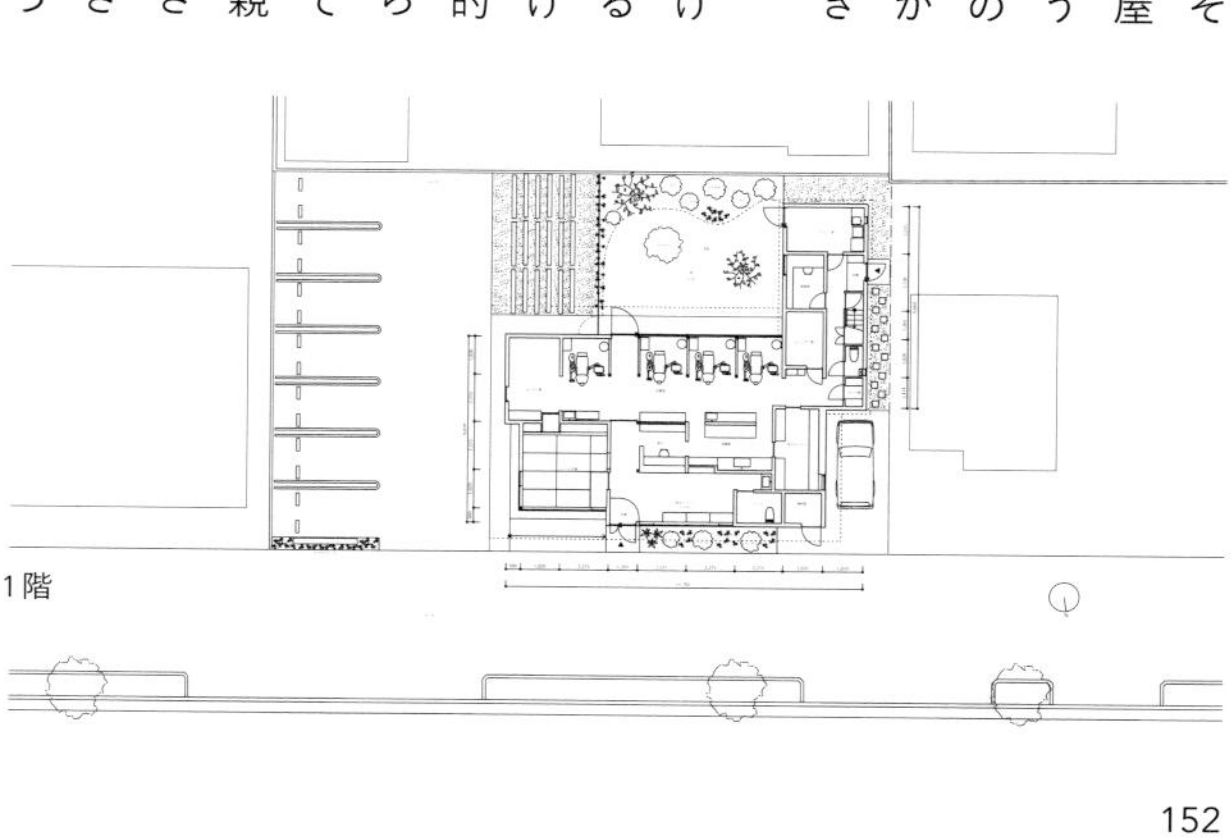
1階

（提供：ツバメアーキテクツ）

上｜道に面した寄棟屋根の向こうに
切妻屋根のヴォリュームが連なる
下｜歯科医院の待合スペースの奥に
和室の「こひつじ文庫」がみえる
（2点とも撮影：長谷川健太）

［**DATA**］
所在地｜東京都豊島区
竣工年｜2017年
規模｜地上5階
構造｜鉄筋コンクリート造
敷地面積｜139.55 m^2
建築面積｜99.68 m^2
延床面積｜331.38 m^2

Tree-ness House

平田晃久
2017

樹木の幹、枝、葉の生成論理

平成の日本住宅を概観すると大きくふたつのフェーズに分けられる。家族のための住宅から家族のためだけでない住宅へと。これは2000年以降の単身者世帯の急増、そしてスマートフォンに代表されるネット環境の充実と関わりがあるが、これによりシェアハウスなど家族以外との住まい、職住一体型など住以外の機能も入った住まい、そして既存の住まいを変化させるリノベーションや他の用途の建物を住まいに変えるコンバージョン、と住宅のテーマは現実社会に押されるように格段に広がった。

Tree-ness Houseは東京都心に建つギャラリーなどを内包した複合住宅。通行者のレベルからはコンクリートの閉じたボックスのように見えるが、目を上方へ移していくにつれてボックスが崩れ出し、中から緑がこぼれているような緑の冠を頭に抱いているような住宅らしからぬ建物だ。しかし生成論理は明快でBOX（活動の場としての箱）、PLEATS（外部にむかって開いたひだ）、そしてPLANTS（ひだにからみつく緑）の3つの要素が、木の幹、枝、そして葉のように階層をもって街路から空に向かって広がっていく。

この住宅には複数の家族が住むが、「家族」という単位よりも「住む」という活動に着目しており、その意味で平成後期の特徴を強くもっている。さらにそのうえで、「住宅」をコルビュジエの言う人間の役に立つための機械と考えるのでなく、人間が心地よくとどまる場所の特質を「木」のような人間のために存在するのではないものになぞらえるところに21世紀的な特質がある。それは自然との関係を現代の方法で新しく紡いでいこうとする、あえていえばアジア的な姿勢であると同時に、住宅のテーマが広がったようでいて、空間の20世紀的な性質にはあまり変化の見られない平成の住宅に対するアンチテーゼといえるかもしれない。（**山本麻子**）

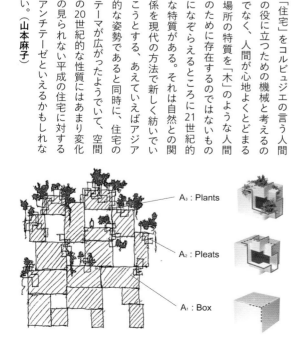

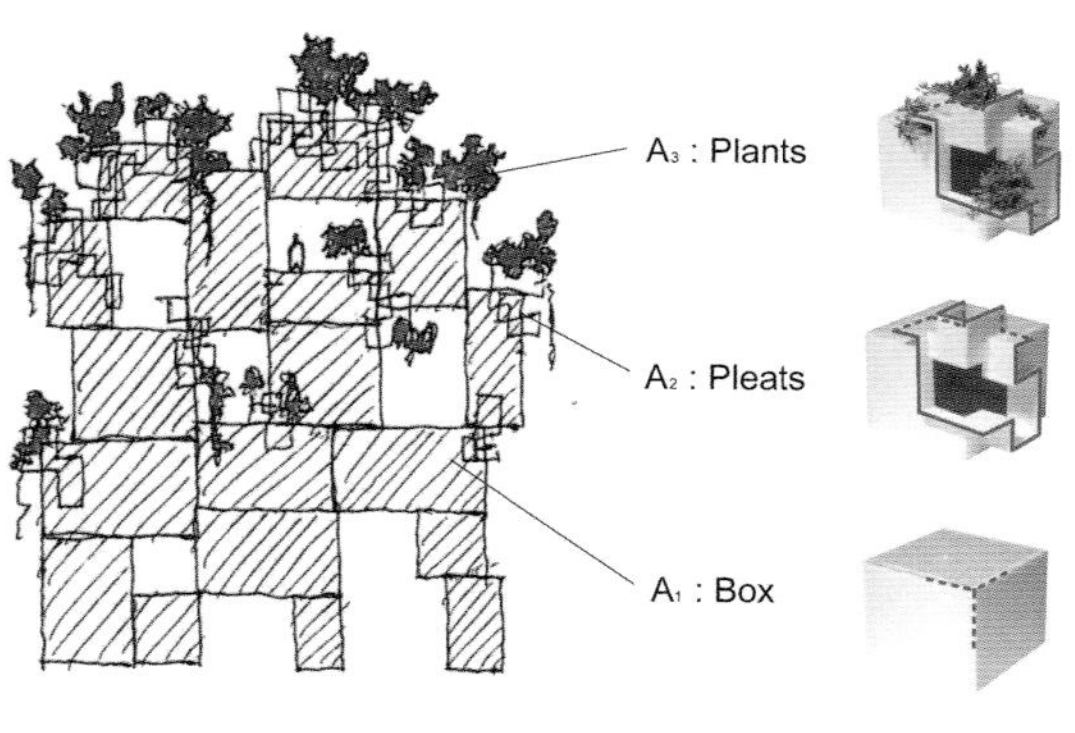

スケッチダイアグラム
（提供：平田晃久建築設計事務所）

上｜外観　下｜内観　©Vincent Hecht

［**DATA**］
所在地｜京都府京都市上京区
竣工年｜2017年
規模｜地上2階
構造｜木造
敷地面積｜141.40 m^2
建築面積｜72.21 m^2
延床面積｜144.42 m^2

―

図版提供：アルファヴィル

庭路地の家

竹口健太郎＋山本麻子／アルファヴィル

2017

友人や居候が出入りする、豊かなひとり住まい

細長い敷地に建つ箱型の建物だ。片側に、奥に進むほど細くなる長さ30mの路地が切り込んでいる。

ここは子育てを終えた女性のひとり住まいだ。オーナーは多趣味で友人が多く、以前の自宅でも近所の子どもたちに算数を教えたり、友人を招いて茶会を催したりしていたという。この空間にはそんなふうに人を招き入れる生活スタイルが、色濃く反映されている。

1階はオーナーを核に公と私が混在するスペースだ。手前のリビングと奥の茶室は日常的に人を招く場だ。その中間に、聖域のごとく隔てられたプライベートスペースがある。2階は全3室の、女子学生向けシェアハウスとなっている。しかし位置づけは独特で、どちらかというと収益よりも、適度な距離感で他人と同居することによる交流や安心感を求めて設けられたという。現在のところ借り手を積極的には募集せず、親戚や友人を不定期で泊めているそうだ。

複合的なこの建物をチューニングしているのが庭路地だ。長さ30mあり、シェアハウス、居間、茶室へのアプローチが無理なく併存できる。路地に面した壁はしっかり断熱され、開口部には性能のよい既製の窓が嵌る。公と私を調整し、光や熱の出入りを媒介する高機能なインターフェイスとなっている。

この家には「シェア」「家開き」といった、平成後期以降の住宅潮流をあらわすキーワードが当てはまる。だがオーナーは先進的な暮らしを求めたわけではない。核にあるのはあくまで「ひとり暮らしを楽しみたい」という思いである。

平成の時代に単身世帯は倍増し、もっとも多い家族類型となった。主人を核に友人や居候が複数の部屋を出入りするこの形は、単身者の住まい＝コンパクトなワンルームという類型を超える、これからの豊かなひとり住まいのプロトタイプにもなりそうだ。**（平塚桂）**

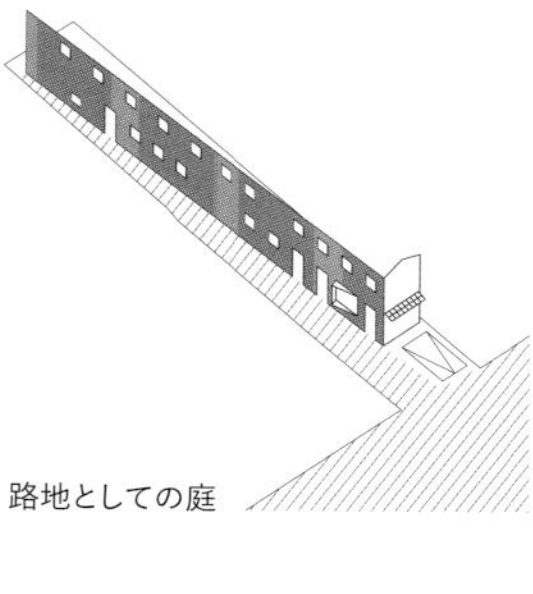

路地としての庭

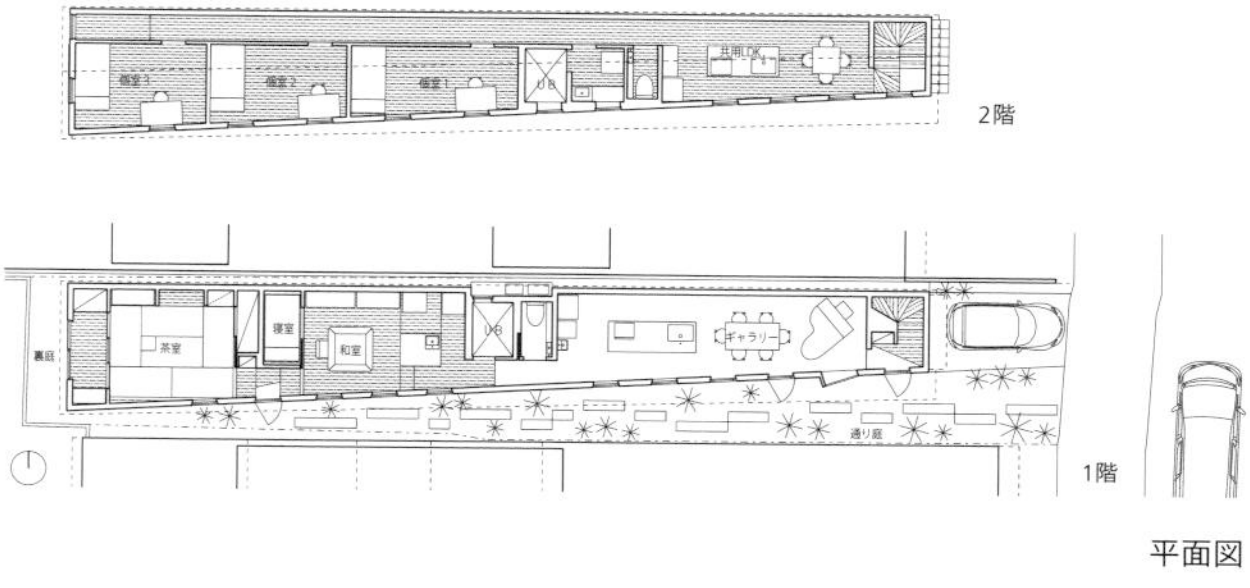

平面図

上｜通りから見た外観　下｜庭路地に開くリビング

ハートフルタウン三鷹

飯田産業

2018

［**DATA**］
所在地｜東京都三鷹市
竣工年｜2018年
規模｜地上2階
構造｜I.D.S工法（木造軸組+パネル工法）
敷地面積｜100.01−113.03㎡
建築面積｜96.39−98.70㎡
延床面積｜177.05−186.52㎡（計12棟）
——
図版提供：株式会社飯田産業

東京ドーム120個分の敷地に年間約4万戸の住宅をつくる

まちづくりは建築家が独自の建築作品をつくることではなく、人々が求める需要や供給から考えなくてはならない。そこでまちの風景をつくるうえで重要なものとして、凡庸ながらも平成でもっともつくられている住宅を取り上げる。

飯田産業ホールディングスはパワービルダーのなかでもっとも多く新築分譲住宅をつくっている会社である。国土交通省によれば2023年度の新築住宅着工数は81万9623戸、そのうち分譲住宅は24万6299戸だが、飯田産業グループ全体での2023年度における戸建分譲住宅着工数は4万826棟で、全国の分譲住宅で16・57%のシェアを占める。

飯田産業は用地の仕入れから造成、企画、設計、施工、販売、アフターサービスまでを自社で行うシステムを確立している。工場でのプレカットパネル生産と徹底した工程管理により実働49日という工期短縮を図り低コストを可能にした。集成材の使用と大工の腕に左右されない均質的な施工で坪単価40−45万円前後という価格を実現。また自社独自のI・D・S工法という、木造軸組工法の設計自由度と構造用合板パネル工法の耐震性の高さを兼ね備えた工法を展開している。

建売住宅は大量に土地を仕入れて、切り売りすることから「ショートケーキ・ハウス」とも言われる。分譲による大規模な住宅街は、供給側が家をつくり続けなければ収益が確保できないシステムになっているせいで住宅供給過多になっている。安く、誰でも家をもてることも大事だが、このビジネスモデルのあり方を今後は現代の住宅供給に合わせてつくり変えていく必要があるだろう。（**香月真大**）

平面図

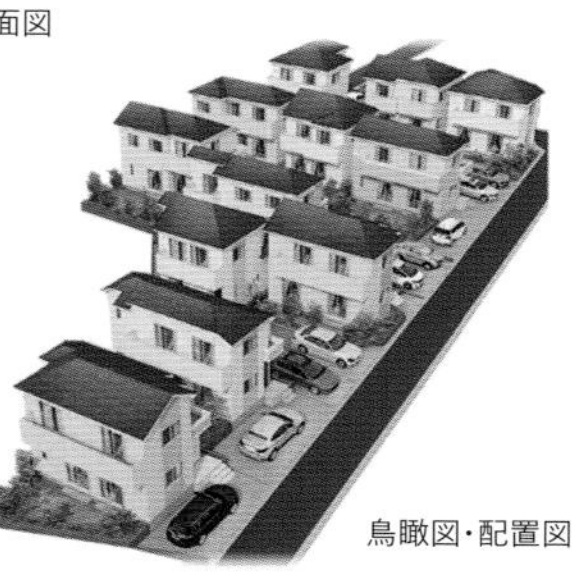
鳥瞰図・配置図

上｜分譲住宅外観　下｜耐震性能実験の様子

1

Habitation

集住

家族と社会

2

3

III

現代住居論考

集まって住むかたち
自治の獲得の場として

仲俊治

自治の場としての集合住宅

集まって住むかたちは、自治の獲得を模索する場となる。戦後建設されてきた集合住宅は、家族をその構成単位としてきたが、この間、家族構成が大きく変化し、どこで、誰と、どのように暮らすか、ということが大きな関心事になってきた。家族構成だけではない。少子高齢社会が到来し、生産人口が減り、ケアの考えも家族単位ではなくなった。自助（家族による扶助も含む）では立ち行かない事態が増えてきたのである。また、エネルギーやインフラの供給や維持について、選択肢が広がった。一箇所に集まって住む、という形態はともかく、「小口を集めてマスとして扱う」ことのできる情報技術の進展も手伝って、エネルギーやインフラの調達・管理は、「公」の専売特許ではなくなった。仕事のあり方も変化し、これもまた情報技術の進展を支えに、「小さな経済」ともいうべき状況が徐々にではあるが広がった。インフラ、空間、なりわい、といった事柄について、各人が自覚的に選択し、実践できる状況になってきたのである。

このような状況において、物理的な「近さ」が解決できることとして、介護や子育てといった分野が着目されたのは自然の流れである。一方、個人や核家族に多大な負荷をかける制度が大きな壁となり続けている。そこで、集まって暮らすことによって、身近な生活支援を行う自治的な空間への期待がこの間高まっていった。つまり、公と私の境界は大きく変化してきたのである。2度の震災をきっかけに顕在化した事柄に基づき、概観してみたいと思う。

家族という単位の変化

1989（平成元）年は、1人世帯が世帯構成類型として最多になった年である。グラフは世帯人員別の世帯数の推移である［図1］。この年を境に4人世帯と入れ替わった。4人世帯はその後も割合を減らし続け、1人世帯や2人世帯は増え続ける。ここで言えることは、介護や育児、教育など、従来は家庭内で賄うとされていた活動が縮小し、社会化されていったということである。

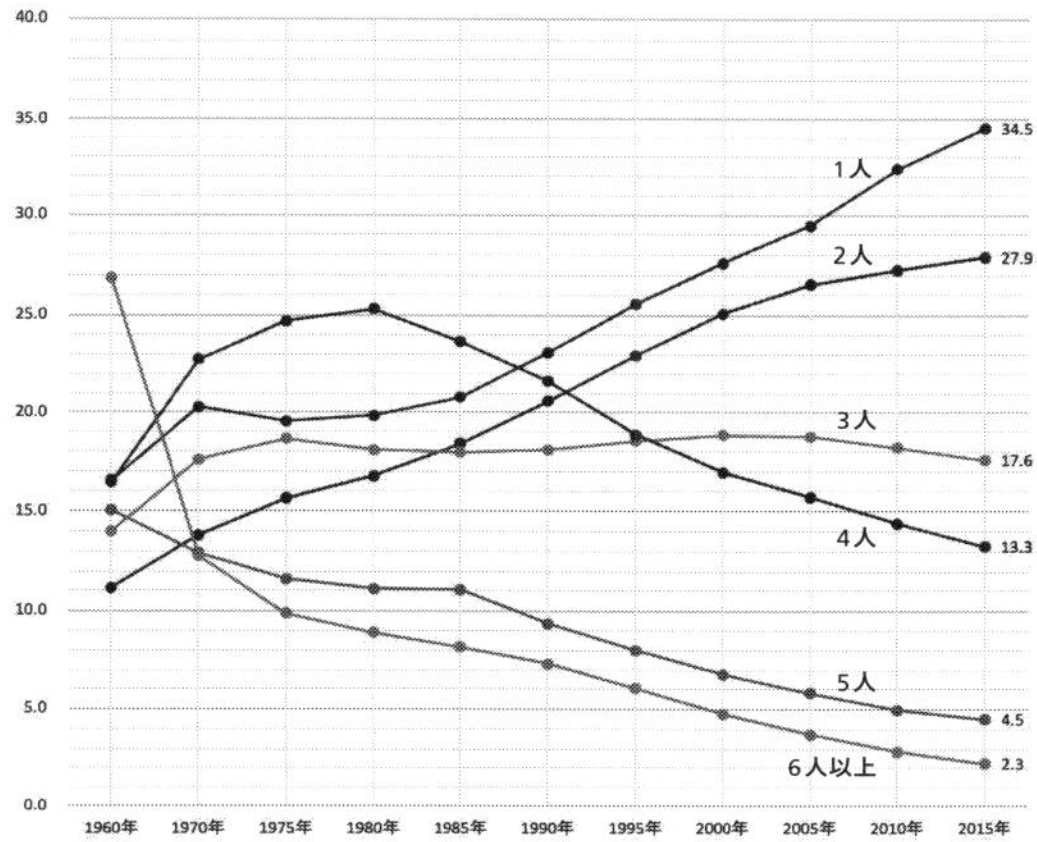

図1｜世帯人員別一般世帯数（全国）（総務省統計より筆者作成）

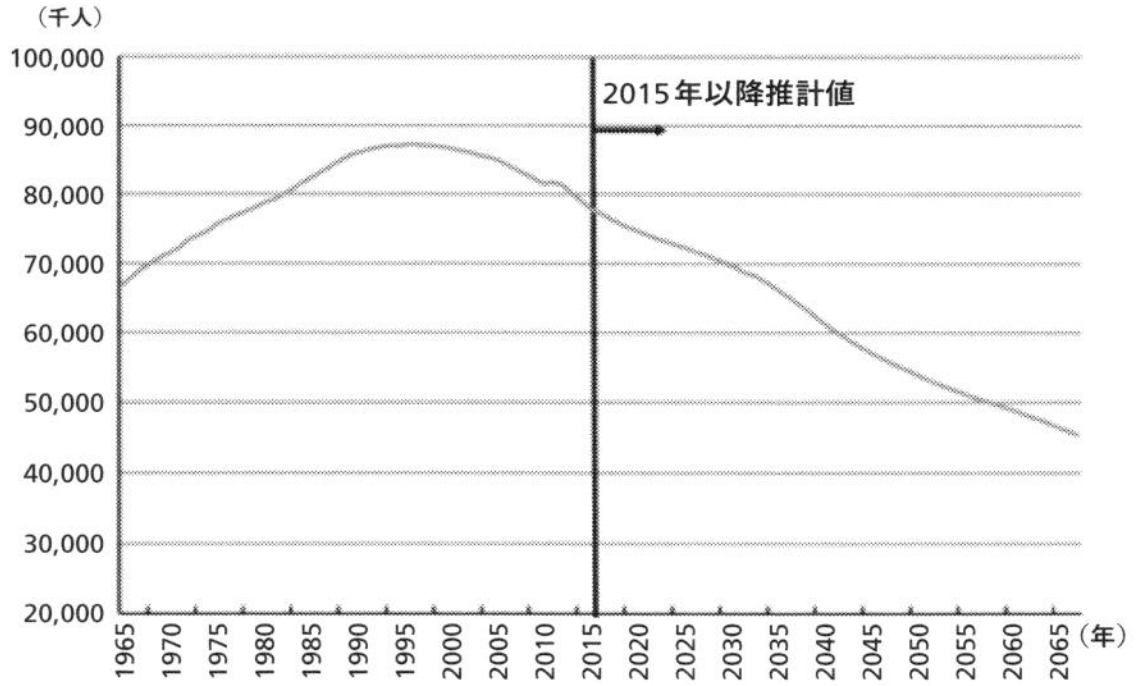

図2｜生産年齢人口の推移 ▶1

1995年頃には本格的な少子高齢社会が到来し、働く世代よりも支援される世代の方が多くなった。この年、生産年齢人口がピークになり、この後は一貫して減少の一途を辿る［図2］。また1997年には65才以上の人口が15才未満の人口を上回る［図3］。財政的にゆとりがなくなり、公共的なサービスを維持するには税や社会保障という負担を増やすしかない。実際に、財政赤字を含む国民負担率は1991年から増え続け、平成の30年で10ポイントも上昇している［図4］。公的負担の上昇と軌を一にするのが共働き世帯の増加である。グラフを見るとわかるように、1991年に共働き世帯数が専業主婦世帯数を逆転し、しばらくほぼ同数であるものの、1996年からは一貫して共働き世帯数が上回る状態である［**図5**］。

家族の人数は減った。共働きのために忙しい――もし、家族が自宅にいる延べ時間を折れ線グラフにできたら、平成の30年で急落していることだろう。家族という単位は、規模だけでなく、その経済的な状況を見ても、社会構成の基礎単位としては頼りないものになっていったのである。

そんな状況のなかで1995年に阪神・淡路大震災が起こる。現代的な都市が巨大地震に襲われた地震

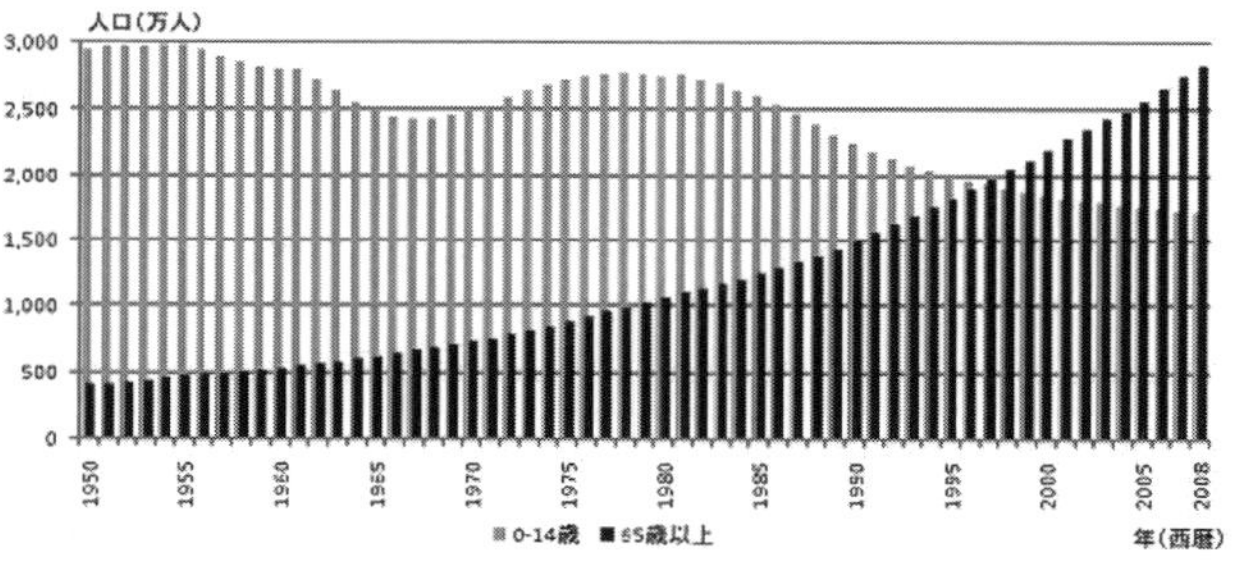

図3｜0−14歳人口と65歳以上人口の推移

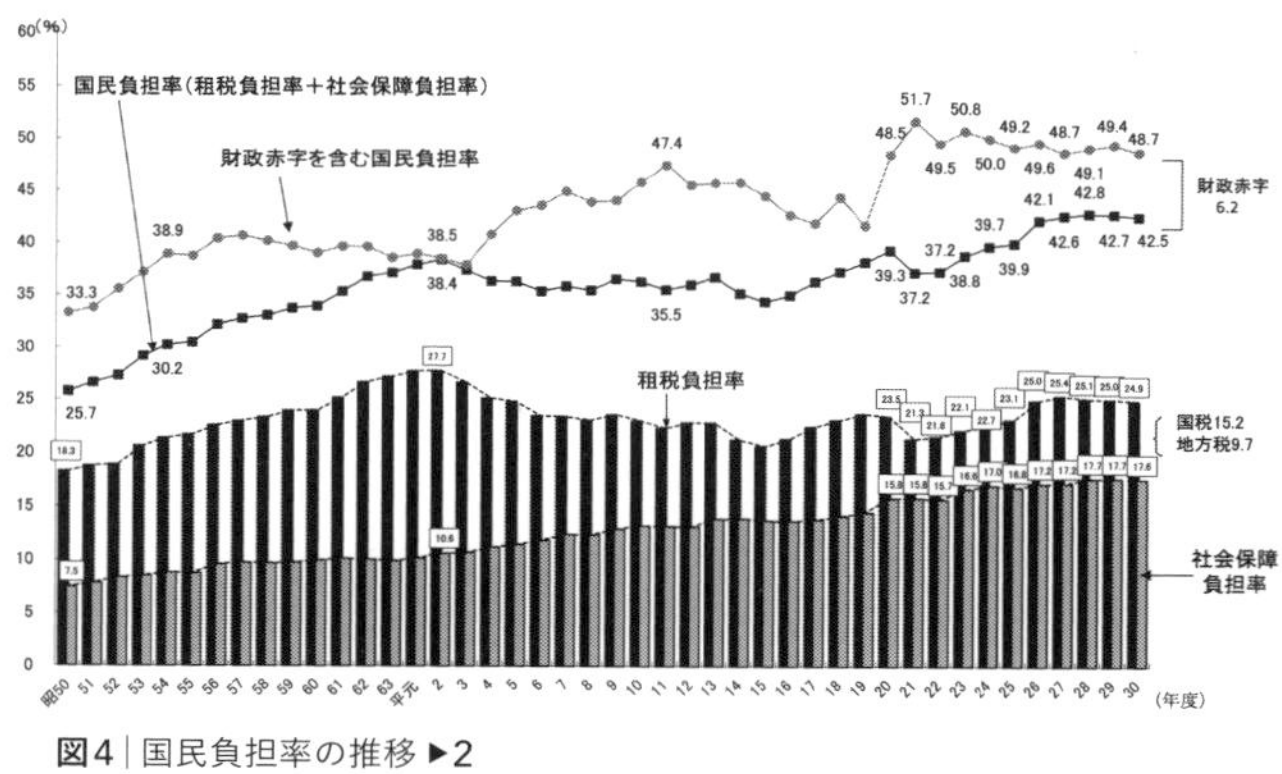

図4｜国民負担率の推移 ▶2

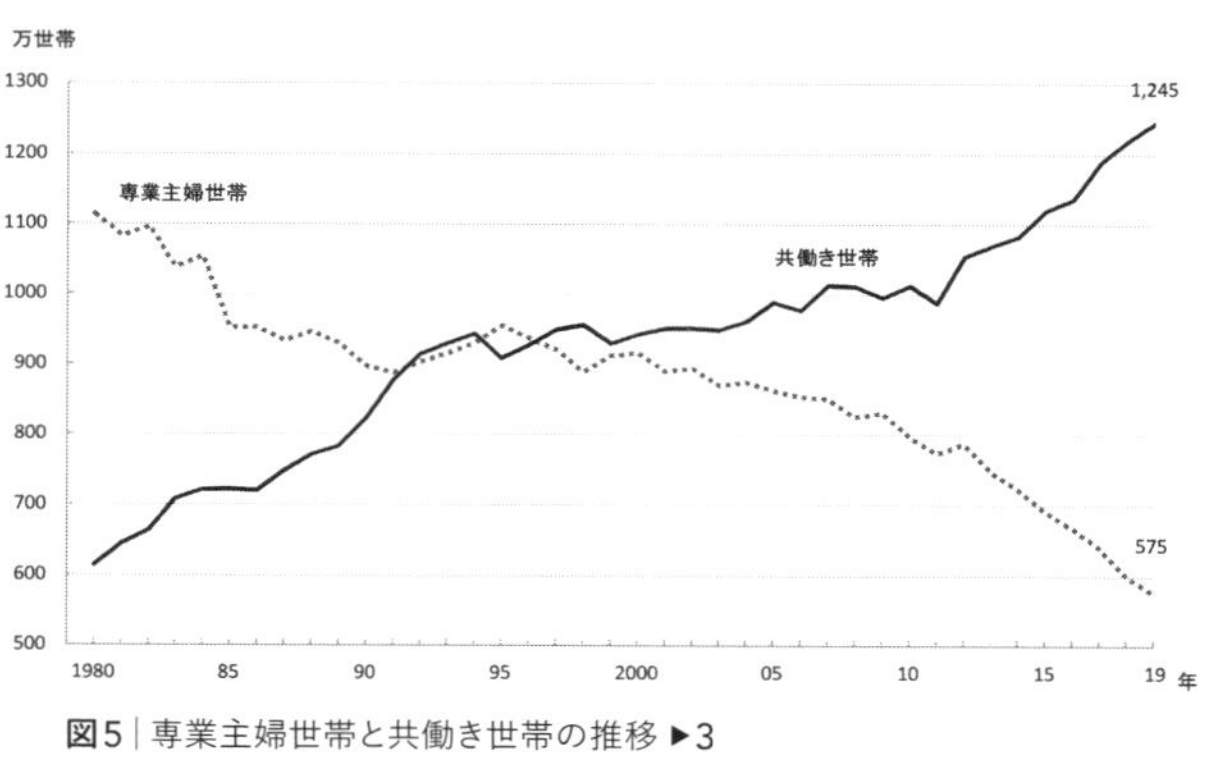

図5｜専業主婦世帯と共働き世帯の推移 ▶3

であり、横倒しになった高速道路を見たときは信じられなかった。生活を支えるインフラは途絶し、おびただしい数の住宅が倒壊したわけであるが、復興の困難さは、上述した社会構造の変化が顕在化したものとして映る。復興とは住宅だけでなく、地域社会における経済活動とセットで語られるべきであることも、私にとっては重要なことに思える。

インフラ＝公ではなく

２０１１年の東日本大震災は悲惨極まるものであったが、地震・津波被害に輪をかけたのが原発事故である。見えない放射線が人体や地域社会を破壊した。放射性廃棄物の問題もあらためて人々の間で共有された。そもそも雨漏りでさえ防ぐことがままならないのに、放射能を封じ込めるなんてどだい無理である。人類が制御できないエネルギー、技術に頼ることは避けたい。その後の再生可能エネルギーの普及は、暮らし方＝ライフスタイルにとってエネルギー供給のあり方が意識化された証左である。

太陽光発電が個人住宅に実装され、家庭用コージェネレーション（熱電併給）もある程度普及した。地域住民が出資して組合を結成し、小水力発電を導入・経営するような事例もある。岐阜県石徹白（いとしろ）の住民たちの手で進められてきた小水力発電事業は、売電によって収入を得ることだけにとどまらず、農業の六次産業化や特徴的な衣料品のデザイン・販売などの経済活動につなげられ、その集落の未来を照らしている。そもそも明治時代以降終戦後しばらくまでは、小水力発電は全国各地で地域の組合によるものが稼動してい

▼1 総務省「平成29年度版情報通信白書」https://www.soumu.go.jp/johotsusintokei/whitepaper/ja/h29/html/nc141110.html
▼2 財務省「負担率に関する資料」https://www.mof.go.jp/tax_policy/summary/condition/019.pdf
▼3 労働政策研究・研修機構「早わかり グラフでみる長期労働統計」https://www.jil.go.jp/kokunai/statistics/timeseries/pdf/g0212.pdf

図6｜地域社会圏、低層高密モデル

右から
図7｜「ドラゴンコートビレッジ」（2014、エウレカ）
図8｜「欅の音terrace」（2018、つばめ舎建築設計）
（撮影：Tuchi photos）

たという。当時、電力供給は都市部にとどまり、送電線敷設のコストが嵩む過疎地は敬遠された。そこで住民らが自家用の小水力発電を行っており、現に1952年には農山漁村電気導入促進法が制定され、支援する仕組みまでつくられている。[4]

インフラは公が独占的に供給するものではないということである。地域の実情に合ったインフラを地域住民の組織が供給することは、地域経済を持続させるうえではむしろ好都合のはずである。

ここで地域社会圏というモデルを紹介したい。これは2011年に刊行された『地域社会圏主義』（山本理顕、末光弘和、松行輝昌、筆者）に収められた低層高密モデルである［図6］。公私の境界の間に、中間組織体として地域社会を提起し、その空間モデルを提案したものである。ここでは地産地消のエネルギーを供給し、道路整備や生活支援サービスも住民らによる共同体が提供する。住民が地域のなかでやれることは行い、安価で持続的、柔軟なサービスを提供する。このような空間・経済モデルを提示し、その有効性を検証した提案である。

居住専用住宅批判

この地域社会圏モデルにおける住宅は、核家族のための居住専用住宅ではない。個人のための住宅であり、仕事場やお店を包含した住宅である。つまり、地域社会圏モデルは小規模の兼用住宅が集積した建築であり、仕事や特技を交換しながらサービスを提供する、「小さな経済」の空間モデルである。仕事やお店は相手があってのことだから、居住者は兼用住宅の前をきちんと掃除し続けるだろうし、内部が美しく見られるように手入れし続けるだろう。つまり、小さな経済のための兼用住宅は、外部や他者への意識をもち続ける。プライバシー保護が最重要の居住専用住宅とは周辺に対する姿勢が異なるわけである。

住宅の多様化の流れのなかで、住宅・都市整備公団（1981―99）において「リビングアクセス」という形式が試みられたことがあった。しかし、外部に開く必然性がない居住専用住宅に対してはうまく適合しなかった[5]。住宅の平面形式は、多様化という程度の意図では容易に変わるものではないことをわれわれは学んだと思う。

一方で、小さな経済のための兼用住宅は、いわば「オフィスアクセス」「お店アクセス」といった構成をもつ。住宅という私的な領域の手前側に仕事場や店舗を、奥に寝室を配置することが多い。内外や職住の境界面のデザインは建築作品によってさまざまであり、建築的な知恵を投入すべきであることが明白である。

一例を挙げよう。「ハウス&アトリエ・ワン」（2005、アトリエ・ワン、102頁）は事務所兼住宅であり、そのエントランスは仕事場と一体化しており、開放的だ。アプローチの路地空間も常に外部に開けたものとして維持されている。内部においては、職と住の空間が重ねられながら、スキップフロアによって撹拌されている。そもそも職住は分けることができず、仕事とは全人的な行為であると物語っているようだ。

自治の場としての集合住宅、その可能性

「ドラゴンコートビレッジ」（2014、エウレカ）[図7]は、愛知県の郊外に建つ、仕事場あるいは店舗を併設した住戸からなる集合住宅である。仕事場や店舗は居住空間の離れとして設けられており、筆者が訪れた際には、八百屋やネイルサロン、デザイン事務所などであった。離れになっていることで見通しが効き、風が通り抜ける。商品や看板が軒下に並ぶが建築空間の示唆のもとに、ほどよく統率が取れている。爽や

▼4 奈良泰史「地域による地域のための再生可能エネ開発と行政の役割」

▼5 葛西クリーンタウン清新北ハイツ4―9号棟（1983、住宅・都市整備公団）

かな共同体といった風情を醸し出していた。

「欅の音terrace」(2018、つばめ舎建築設計)[図8]も同様である。東京郊外に建つこちらは2階建てアパートの改修であり、駐車場を廃止して設けたウッドデッキと玄関まわりの建具が目を引く。改修前後の写真を見比べれば、外部に対する意識の変化は一目瞭然である。店舗の誘致、店舗どうしの協働、デッキ空間の使い方、共用部としてつくられたものづくりスペースの活用法など、居住者らが協議しながら運営していると聞く。住宅そのものは、玄関側に仕事場を、奥に個室を配置したものであり、玄関引戸やその脇に穿たれたショーウィンドウを介して、デッキ空間に仕事の様子が漏れ伝わる。

「食堂付きアパート」(2014、仲建築設計スタジオ、142頁)は小さな経済活動にまつわる用途を集積したものである。5戸の住戸、シェアオフィス、食堂からなり、螺旋状に展開する共用廊下によってそれらがつなげられている。住戸は、私的な領域の手前側に仕事場や店舗を、奥に寝室を配置し、いずれの境界面も引戸としている。住戸前にはテラスがあり、共用廊下と境目を設けず幅広の路地状空間としたが、この空間こそ、仕事や店舗の状況に応じてその都度、どのように使うか話し合わせる場所となっている。

ここまでみてきたことで明らかであろう。経済活動を伴う集合住宅は、外部からどのように見え、外部とどのような関係を維持するかについて、住人らが連帯する。住宅の形式はもはや居住専用住宅のそれではなくなり、それらが集合して形づくられる共有空間を通して、住民の連帯の結果が現れる。つまり、集合住宅は自治の実践の場なのである。「ドラゴンコートビレッジ」は離れとの間の軒下空間、「欅の音terrace」はデッキ空間、「食堂付きアパート」は立体路地が、その舞台である。

障がい者の暮らしの場

障がい者、とりわけ知的障がい者らの暮らしの場についても触れておきたい。平成期は、知的障がい者が集まって住むかたちも大きく変化した時代であった。ノーマライゼーションの理念に（遅ればせながら）基づき、人里離れた大規模な入所施設から、街中のグループホームへの地域移行が進められた。壮絶な苦労がそこにはあったのであろうが、建築設計の観点からみればどうだろうか。グループホームというケアのシステムに変えさえすれば、素晴らしい生活環境が自動的に手に入るわけではなさそうである。お粗末な建築設計がもたらす「ミニ施設化」の弊害が指摘されている。

一方で、とかく批判の対象であった入所施設においては、敷地にゆとりがあることを活かした建築設計が目を引く。個室からなる小舎制の採用や、豊かな外部空間を活かした居住空間、境界領域のデザインを通じての省資源・省エネルギー、さらには制作や販売の場を取り込んだ用途複合などから、ともに暮らすことの豊かな実践を学ぶことができる。厳しい条件のなかで創意工夫を凝らし、自分たちの暮らしの場をつくってきた、このような障がい者施設を評価することは、自治的な空間を考えるためにも有意義であろう。

これからの時代へ

2020年に入って、新型コロナウィルス感染症Covid-19のパンデミックが世界を襲うことになった。しかし、これまでみてきた個人化の傾向、少子高齢化、単身世帯の増加はいっそう進むであろう。居住空間と働く場所の融合は進むであろう。

個人化が進み、家族という組織が弱体化した後に期待されるのは、個と公の境界線に割って入るような、中間組織による自治なのではないか。それは居住専用住宅やその単純和では成し得ない。ここでイメージされるのは、情報空間のネットワークを利用しながら、場所に根ざした自治であり、特徴的な空間を伴う集合住宅である。平成期の集合住宅を自治獲得の実践として捉え直し、新たな展開を始めなければならない。

マイホームの空き家化

マイホーム主義と住宅選択のゆくえ

山本理奈

問題の所在

現在、日本では都市の高齢化に伴い、東京都を中心とする大都市圏において、持ち家を所有する高齢者世帯がかつてない規模で増大している。一般に、男女とも70代半ばから徐々に自立度が低下しはじめるといわれ、介護などの必要性が高まるのは後期高齢期（75歳以降）である。[1] それゆえ、こうした増大する高齢の持ち家世帯層が後期高齢期に入り、施設や身内の元などへ転居してゆくと、持ち家の「空き家」化問題が深刻化すると懸念されている。[2]

高齢人口の増加や高齢者のひとり暮らしの増加といった現象は全国に共通する趨勢といえるが、なかでも東京都を中心とする大都市圏の特徴は、それがきわめて大規模かつ短期間に生じる点にある。その背景には、高度経済成長期を通して地方から大都市圏に大量に流入してきたかつての若い世代が一斉に後期高齢化していくという社会状況が関係しており、なかでも第一次ベビーブーム世代（１９４７―49年生まれ）がすべて75歳以上となる２０２５年以降、厳しい局面を迎えることが予想される。

これまで住宅産業は、若い世代が形成する「夫婦と子供からなる核家族世帯」の増加に照準し、利潤を獲得することに成功してきた。しかしこうした戦略は、少子高齢化のもとで限界を迎えている。同様に、大都市圏に蓄積されてきた膨大な持ち家のストックを血縁による世代間継承のみで維持することも、少子高齢化のもとでは不可能であり、多くの持ち家が「空き家」へと転化する可能性がある。とくに、大都市とその郊外では、「マイホーム」と呼ばれる持ち家が大量かつ持続的に蓄積されてきた。こうした大都市圏において、高齢化にともなう「マイホームの空き家化」問題への対応は、今後きわめて重要な都市・住宅政策上の課題になると考えられる［図1］。

それゆえ本稿では、都市の高齢化と相関する「マイホームの空き家化」問題について、全国で高齢者と空き家の実数がもっとも多い東京都を中心とする大都市圏に焦点を当てながら、問題の背景、問題の構造的条件、今後の課題を、社会学的視点から分析することにしたい。

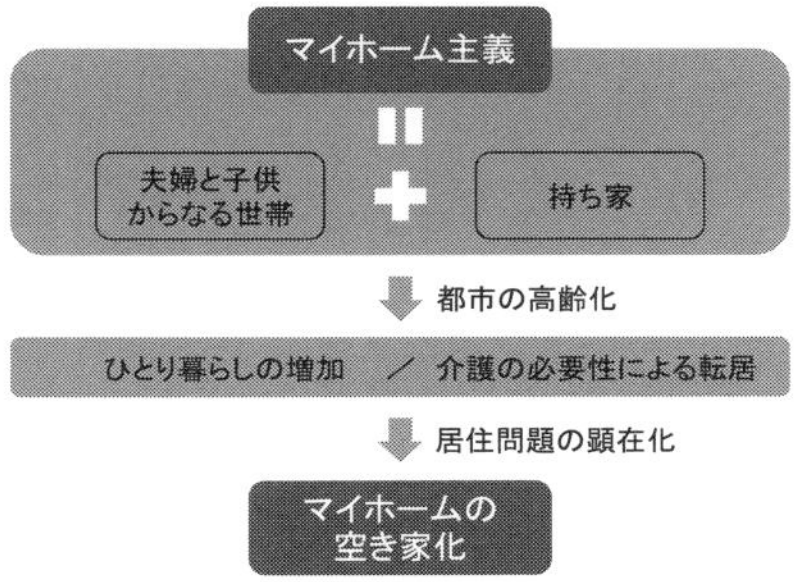

図1｜「マイホームの空き家化問題」の構図

問題の背景 マイホーム主義世代の高齢化

住宅・土地統計調査によれば、東京都内において世帯主が65歳以上の世帯の総数は約197・9万世帯であり、そのうちの約7割が持ち家となっている。さらに、世帯主が65歳以上の単独世帯について住宅の所有形態を見ていくと、持ち家が約44・2万世帯、借家が約36・5万世帯となっており、ひとり暮らしであっても持ち家層の方が多いことがわかる。▼3 以下では、こうした

▼1 秋山弘子「長寿時代の科学と社会の構想」（『科学』第80巻1号、2010年、59－64頁）参照。

▼2 東京都の郊外住宅地を対象とした調査において、園田眞理子は、「60歳以上のシニア世帯は約7割であり、そのうち30年後に居住者がいる割合が仮に3割とすると、転売・転貸がうまくいかない場合、住宅地全体の半分以上が空家・空地になる事態が予想される」と指摘している（園田眞理子「高齢者の転居、死亡・相続と持家の管理・利用——郊外住宅地での応急策と出口戦略」『日本不動産学会誌』第23巻第4号、2010年、48頁）。

▼3 総務省統計局『平成30年住宅・土地統計調査』住宅及び世帯に関する基本集計、全国・都道府県・市区町村、2019年、第54－1表参照。 https://www.e-stat.go.jp/stat-search/files?page=1&toukei=00200522&tstat=000001127155（2024年3月7日取得）

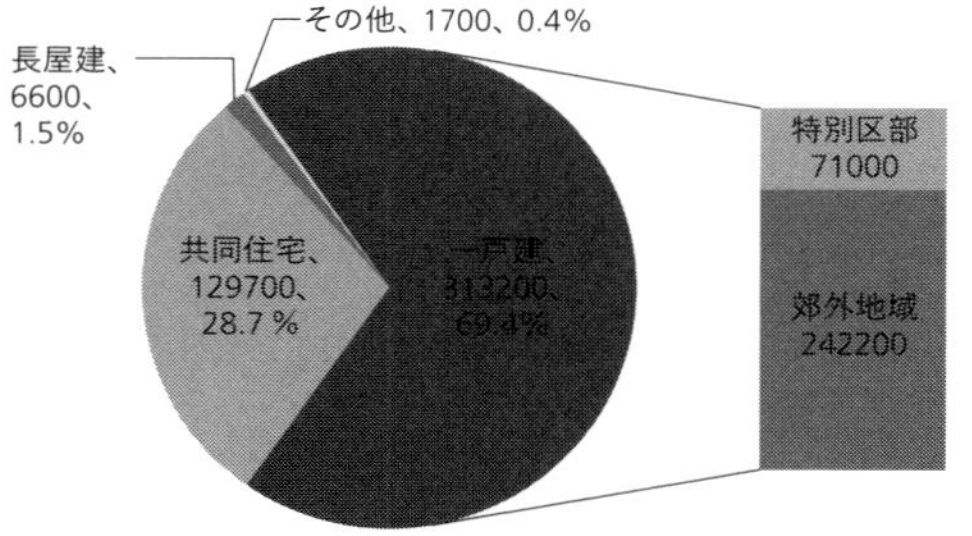

図2｜持ち家の状況：東京圏における後期高齢女性の単独世帯
（注）総務省統計局『平成30年住宅・土地統計調査』
第54-1表より著者作成

現状をふまえ、「マイホームの空き家化」問題の背景を考察していくことにしたい。

まず、東京都内の持ち家を所有する高齢単独世帯（約44・2万世帯）の内訳を男女別に見ていくと、男性が32・7％、女性が67・3％となっており、女性の割合の方が顕著に高いことがわかる。さらに、年齢別（前期＝65歳以上75歳未満、後期＝75歳以上）の内訳を見ていくと、後期高齢女性が42％ともっとも多くなっており、次いで前期高齢女性25・3％、前期高齢男性17・4％、後期高齢男性15・3％の順になっている。特に後期高齢女性の世帯数は、後期高齢男性の2倍をはるかに超えており、約18・6万世帯に達している。[4] 以上から明らかなように、高齢単独世帯に占める女性の割合の高さ、特に75歳以上の後期高齢女性の多さを考慮すると、これからの都市・住宅政策を考えるためには、持ち家を所有する後期高齢女性のひとり暮らしの現状を具体的に把握する必要があるといえよう。

そこで東京都だけではなく、神奈川県、埼玉県、千葉県も含め、東京圏全体における後期高齢単身女性が所有する持ち家の建て方別の内訳を見ていくと、一戸建てが69・4％（約31・3万世帯）と過半数以上を占めており、次いで共同住宅が28・7％、長屋建てが1.5％となっている。さらに、もっとも多い類型である一戸建ての立地を見ていくと、特別区部が約7.1万世帯であるのに対しそれ以外の部外地域が全体で約24・2万世帯となっており、立地は主に郊外に偏っていることがわかる[5]［**図2**］。つまり今後は、後期高齢単身女性の所有する一戸建て住宅が偏在する郊外地域において、「マイホームの空き家化」問題がクリティカルな局面を迎えていくことが懸念される。

ここであらためて考えてみたいのは、都市郊外の一戸建て住宅を所有する後期高齢単身女性のライフスタイルの特徴である。2018年の時点において75歳以上というのは、おおむね昭和ヒトケタ世代（1926–34年生まれ）以降の人々である。この1920年代から30年代にかけて生まれた世代は、戦後における出生行動の大きな転換点を担った世代であり、[6] この世代より前は平均出生児数がおよそ4–5人だっ

たのに対し、この世代より後はおよそ2人の状態が長期にわたり持続することになる。▼7

加えて、1950年代後半から60年代に30代を迎えたこの世代は、戦後日本が高度経済成長を迎えたまさにその時期に、子育てや持ち家取得を行った世代であり、少なく産んで豊かな暮らしを求めた最初の世代である。言い換えれば、この世代は、「夫婦と子供からなる核家族世帯」を形成し、自動車や家電製品などの耐久消費財を揃え、大都市とその通勤圏に持ち家取得を目指す、マイホーム主義と呼ばれるライフスタイルの最初の担い手だった点に留意する必要がある。都市郊外の一戸建て住宅は、こうした人々の生活実践において、家庭の幸福を表現するもっとも重要な基盤として望まれたものであった。▼8

それゆえ、大都市圏における「マイホームの空き家化」問題の背景には、マイホーム主義世代の高齢化という問題が密接に関わっている点を押さえておく必要がある。このことは、マイホーム主義というライフスタイルがたどる最終的な居住形態としての、高齢期の「ひとり暮らし」という現実を示唆しており、都市高齢者の居住問題――高齢期の住まいをどうするか――とも連関している。

問題の構造的条件　新築偏重の住宅産業の発展

ここまで、「マイホームの空き家化」問題の背景を、マイホーム主義という戦後日本社会に広く浸透し

▼4　総務省統計局、前掲調査(2019年)、第54-1表参照。

▼5　総務省統計局、前掲調査(2019年)、第54-1表参照。

▼6　戦後における出生行動の転換については、中川清の「日常生活における戦後性」をめぐる議論を参照されたい(中川清『日本都市の生活変動』勁草書房、2000年)。

▼7　ただし、1965-70年生まれの世代では、平均出生児数が2人を下回っている(国立社会保障・人口問題研究所『人口統計資料集』2023年改訂版、表4-23参照)。https://www.ipss.go.jp/syoushika/tohkei/Popular/P_Detail2023RE.asp?fname=T04-23.htm(2024年3月7日取得)

▼8　山本理奈『マイホーム神話の生成と臨界――住宅社会学の試み』(岩波書店、2014年)第3章および第4章参照。

た社会意識・生活様式に焦点を当てながら考察してきたが、以下ではこの問題が生じる条件となった住宅供給のマクロな構造について、次の視角から検討することにしたい。すなわち、①住宅数と世帯数の関係、②新築市場と中古市場の関係、以上の2点である。

まず、住宅数と世帯数の関係についてであるが、戦後の日本において住宅数が世帯数をはじめて上回るのは全国平均で1968年であり、すべての都道府県で上回るのは1973年である。[9] 東京都も同様に、1968年においてはじめて住宅数（約313・9万戸）が世帯数（約311・6万戸）を上回っている。それ以後、両者の差は徐々に広がり続け、2018年には住宅数約767・2万戸に対し世帯数は約685万戸となっており、住宅数が世帯数をおよそ82・2万戸上回っているのが現状である。[10] なお、東京都の空き家率は現在10・6％であり、全国平均13・6％は下回るものの、[11] 空き家の実数では全国で一番多く、累積した空き家は約81万戸にのぼっている。[12]

こうした空き家増加の背景には、戦後の日本における住宅供給が中古市場よりも新築市場を重視してきたという問題がある。実際、国土交通省によれば、全住宅流通量（新設住宅着工戸数と中古住宅流通戸数の合計）に占める中古住宅流通戸数の割合は、欧米諸国と比べて6分の1程度ときわめて低い水準にある。具体的に数値を比較していくと、日本の割合は「13・5％であるのに対し、アメリカは77・6％、イギリスは88・8％、フランスは66・4％」となっており、いかに日本の住宅市場が新築に偏重しているかがわかるといえよう。[13]

なお、こうした新築市場重視の傾向は持ち家の取得方法にも明瞭に表れている。持ち家の取得方法には、①新築の住宅を購入、②中古住宅の購入、③新築（建て替えを除く）、④建て替え、⑤相続・贈与、⑥その他、以上の6つの方法があるが、[14] とくに関東と関西の2大都市圏において①の「新築の住宅を購入」する割合が高くなっている。具体的には、東京都が56・6％ともっとも高く、次いで千葉県が47・1％、以下は順に、大阪府46・2％、神奈川県44・2％、兵庫県39・7％、埼玉県39・4％、京都府33・3％となっている。[15]

以上から明らかなように、東京都を中心とする大都市圏では多くの人々が新築の住宅（分譲一戸建てや分譲マンションなどの商品住宅）を購入することを通して、持ち家を取得していることが読み取れる。このことは、住宅を商品として流通させる巨大な新築市場が形成されてきたことを示している。言い換えれば、「マイホームの空き家化」問題の構造的条件は、住宅を商品として企画・生産・販売し、多くの人々に向けて供給してきた巨大な新築市場の形成とそれに支えられた住宅産業の発展にある。

今後の課題

日本では、高齢期の住まいをめぐる整備が立ち遅れており、暮らしに支障が生じるようになっても自宅に留まるか（社会的孤立の問題）、あるいは住み慣れた場所から遠く離れた施設に移るか（社会的隔離の問題）、という二者択一を迫られる傾向にある。このような状況の打開を目指し、近年、住み慣れた地域で自分らしい暮らしを人生の最後まで続けることができるよう、「エイジング・イン・プレイス」という考え方に注目が集まり、その実践的な形態として「地域包括ケアシステム」の構築が取り組まれている。高齢期においても、住み慣れた地域で暮らし続けることができるようになれば、「マイホームの空き家化」問題に対して、

▼9 総務省統計局『日本の住宅・土地――平成20年住宅・土地統計調査の解説』（財団法人日本統計協会、2011年）3頁参照。

▼10 東京都総務局統計部『平成30年住宅・土地統計調査』「結果の概要」（2020年）1頁参照。https://www.toukei.metro.tokyo.lg.jp/jyutaku/2018/jt-18index3.htm（2024年3月7日取得）

▼11 東京都総務局統計部、前掲概要（2020年）、17頁参照。

▼12 東京都総務局統計部、前掲概要（2020年）、2頁参照。

▼13 国土交通省「平成23年度土地に関する動向 平成24年度土地に関する基本的施策要旨」2012年、14頁。http://www.mlit.go.jp/common/00021389.pdf（2024年3月7日取得）

▼14 総務省統計局、前掲書（2011年）、s23–s24頁参照。

▼15 総務省統計局『日本の住宅・土地――平成25年住宅・土地統計調査の解説』「結果の解説、第2章住宅の現状、2-6持ち家の購入・新築・建て替え等」（2016年）参照。https://www.stat.go.jp/data/jyutaku/2013/nihon.html（2024年3月7日取得）

一定の抑止力になるといえよう。

ただし、こうした地域コミュニティをベースとする解決の方向性だけでは、「マイホームの空き家化」問題を解決することには限界がある点に注意しなくてはならない。なぜなら、その実現可能性には、地域による差異が大きいという難点があるからである。実際、血縁や地縁による紐帯の弱い大都市圏においては、親族や近隣住民による生活支援を簡単には期待しにくい状況がある。つまり、それぞれの地域に閉じこもるかたちでコミュニティの維持やまちづくりが行われていけば、飛び地で良い場所はあってもそれ以外は荒廃しているという結果を招くことが懸念される。それゆえ、「マイホームの空き家化」問題を検討する際には、「コミュニティをひとつずつ積み上げていけば、都市は良くなるはずだ」という想定に対して、むしろ慎重に距離を取る必要があるといえよう。[16]

都市の高齢化と相関する「マイホームの空き家化」問題を生じさせたマクロな構造的条件は、新築偏重の住宅産業の発展にある。言い換えれば、高度経済成長期以降、人々がマイホームを求めて都市郊外へと向かい、住宅市場のなかで新築住宅が長年にわたり重視されてきたというマクロな住宅供給の構造があることを考慮しなければならない。それゆえ、「マイホームの空き家化」問題に対処するためには、コミュニティ論だけに依拠するのではなく、住宅供給のマクロな供給構造をふまえた社会構造論的視点から対応を行うことが必要である。

具体的には、中古市場の活性化が喫緊の課題になると考えられる。この課題を達成するためには、①リフォーム／リノベーション産業の育成、②減価償却の発想を脱却する新たな住宅評価方法の策定、③固定資産税の改正をはじめとする税制や法制度の整備、これらの問題に早急に取り組む必要がある。加えて、これからの高齢化問題の中心となる層が第一次ベビーブーム世代であることを考慮するならば、住宅の所有形態の相違にも留意する必要があるだろう。

事実、第一次ベビーブーム世代である前期高齢単身女性の所有する持ち家は、後期高齢単身女性に比べ共同住宅の割合が高くなっており、[17] 長期的な展望に立てば、一戸建てだけではなくマンションも射程に含めたトータルな構造的対応を行わなければならない。さらに、今後は男性の高齢単独世帯の割合が徐々に増加していくことが予測されており、[18] この点も視野に入れて検討する必要があるといえよう。

少子高齢化に伴う社会の変容のなかで、これからの住まいには、かつてのマイホーム主義とは異なる、新たなあり方が求められている。膨大なマイホームのストックを前にして、「持ち家の空き家化→スクラップ・アンド・ビルド→まちなみの消失」という、従来のストーリーとは異なるシナリオを描くことができるだろうか。この問いは、住宅産業や行政などの供給側の論理に対してだけではなく、住まい手としての需要側の論理にも、等しく開かれている。

＊本稿は、「マイホーム主義世代と居住地選択のゆくえ――都市人口の高齢化がもたらす居住問題への社会学的アプローチ」(『住宅』68(7)、2019年)を初出の素材とし、新たな問題設定のもとに加筆・修正・文脈の変更を行ったものである。

＊本研究は、JSPS科研費(20K02304)及び成城大学特別研究助成の成果の一部である。

---

16 この点については、八束はじめ・布野修司・山本理奈「マイホーム神話とコミュニティ幻想――建築学と社会学の間」(日本建築学会『建築討論』4号、2015年)での議論も参照されたい。https://www.aij.or.jp/jpn/touron/4gou/tairon2.html (2024年3月7日取得)

17 2018年の時点における持ち家に占める共同住宅の割合は、後期高齢単身女性は29%であるのに対し、前期高齢単身女性は44%となっている(総務省統計局、前掲調査(2019年)、第54-1表参照)。

18 東京都の高齢単独世帯に占める男性の割合は、2015年の時点において35%であるが、2040年には42%まで上昇すると推計されている(国立社会保障・人口問題研究所『日本の世帯数の将来推計(都道府県別推計)』「世帯主の男女・年齢5歳階級別・家族類型別世帯数」(2019年推計)、13. 東京都参照)。http://www.ipss.go.jp/pp-pjsetai/j/hpjp2019/setai/kekka/13.xls (2024年3月7日取得)

ストックとリノベーション

住宅のライフサイクル

魚谷繁礼

これまでの住宅のライフサイクル

近代まで日本の住宅は、何世代にもわたり使用され続けてきた。都市における一般的な住宅である町家でも、農村における一般的な住宅である農家でも、武家屋敷など中世以降の特権階級の住宅においてもそうだった。特に町家においては、建具や畳の寸法が規格された内法(うちのり)制および伝統的軸組工法が何世代にもわたる居住を容易にした。住宅のライフサイクルは、戦乱や地震などの災害と、それらに伴う大規模火災による建替えによるところが大きかった。

第二次世界大戦により日本全土で多くの住宅が焼失した後、新しい建築基準法のもと、経済成長にともなう持ち家取得促進施策により新たな戸建住宅が日本中に建てられるようになった。これと並行して、木造住宅密集地域が団地やマンションなどの集合住宅に次々と更新されていった。持ち家取得促進政策は、安定した終身雇用に基づく住宅ローンと、一世代かぎりでの居住を前提としたものであった。結果、日本では、スクラップ・アンド・ビルドを繰り返しながら、大量の戸建住宅が新築されてきた。▼1 日本における「滅失住宅の平均築後年数」つまり住宅の寿命は約30年で、アメリカの約50年、イギリスの約77年と比べるまでもなく極めて短い。▼2

保存とリフォーム

現在では一般的となっている戸建住宅の改修も1990年代にはまだ数少なかったが、それらは二種類に大別できそうだ。戦前に建てられた古民家や町家をその古さを活かしつつ現代の生活スタイルに合うよう改修したものと、戦後建てられた中古住宅をあらためて快適に生活できるよう改修したものである。前者は古いことを積極的に評価しているのに対し、後者は必ずしもそうではない。信州での降幡廣信による民家改修や京都での木下龍一による町家改修など、古民家再生に関わる一連の仕事が前者の先駆的かつ代表的なものである。ここでは、保存、ときには復元によっていかに原形を残すかが重視され、構造的に傷んだ建物を健全化しつつ、そのときどきのライフスタイルに求められる新しい設備機器などを古い建築にいかに馴染ませるかが大きなテーマとされてきた。1992年には京都で京町家再生研究会が結成され、現在に至るまで町家の保存再生に取り組み続けている。一方、後者では、表面的な材料の経年変化を評価することなく、汚れたものとして扱い、壁床の仕上げを一新し、設備機器を新しいものへと更新するような改修が行われてきた。このような補修やメンテナンス的な意味合いの強い改修行為はリフォームと称される。[3]

▼1 税制から林業まで、日本の社会のあらゆるところで、一世代でのスクラップ・アンド・ビルドによる住宅のライフサイクルが前提とされてきた。

▼2 自由民主党政務調査会「200年住宅ビジョン」(2007)による。

▼3 平成時代には、高額で無用なリフォームを施すリフォーム詐欺も国内各地で多発した。

図1｜「403号室」
（2002、納谷学+納谷新）
（提供：納谷建築設計事務所）

図2｜「ミツモン荘」
（2000、アトリエ・ワン）
©Atelier Bow-Wow

過剰な住宅ストック

ところで、平成に入ってすぐのバブル経済の崩壊を経て、日本の社会状況は一変した。人口は2008年をピークに減少へと転じた。1968年にすでに世帯数を上回っていた住宅ストック数は平成に入っても増え続けた。世帯数に対する住宅ストック数の割合は、1998年には1.1％を越え[4]、日本各地で空き家問題が発生した。

このような空き家問題への対応として、まずは戸建住宅のようには容易にスクラップ・アンド・ビルドができない団地やマンションの一室の更新が求められた。内藤廣は「住居No.15」（1993）において、内装をプラスターボードもろとも剥ぎ取り、施工時に数字が書かれたRC躯体をそのまま現わしてみせた。納谷学＋納谷新は「403号室」（2002）［**図1**］などで凡庸なマンションの一室を個性的な建築家作品へと仕立て上げてみせた。特に外観や内部プランともに無個性な団地の一室に対する個性的なリフォームは流行ともなった。2001年には『団地再生計画／みかんぐみのリノベーションカタログ』（INAX出版）が出版され、一室にとどまらない団地全体を再生するような提案がなされた。都市再生機構UR[5]でも、1955年からの「標準化・量産の時代」、1975年からの「多様性・豊かさの時代」を経て、1995年からを「再生・活用の時代」と位置づけ、既存団地の建替えと同時に、改修によるストック活用にも本格的に取り組んでいる[6]。

ストック活用型社会におけるリノベーション

国内の経済状況に加え、1997年のCOP3[7]などをきっかけに国際的に地球温暖化対策が求められるようになったことも相俟って、昭和後期のスクラップ・アンド・ビルドを繰り返すフロー型社会から、平

成に入るとストック型社会へと政策が急転換される。[▼8] このような社会背景もあってか、戸建住宅に対する改修も少しずつ拡がりをみせ、先に挙げたふたつのどちらとも異なる改修が現れはじめる。青木茂は、歴史的価値のなさそうな建築に対しても新たな価値を付加するようなリファインと名付けられた手法により多くの既存建築に改修を施し、その対象には戸建住宅も少なからず含まれた。2002年にはテレビ番組『大改造!!劇的ビフォーアフター』の放送が開始されたが、そこでは既存の状態からは想像もつかないような仕上がりがいかに実現されるかに焦点が当てられ、戸建住宅の改修の可能性が広く一般に知られることとなった。

「「ゼンカイ」ハウス」(1996、宮本佳明、80頁)は、阪神・淡路大震災により全壊判定された築100年の木造既存家屋に対し、それまではあまり主張することがないように仕込まれることの多かった鉄骨の構造補強部材を突き刺すがのごとく貫入させ、新旧部材を対比的に見せた。「さやどう」(2007、中村勇大)では、寺院などの保存や修復に用いられる手法を築140年の住宅に適用し、新しい外皮で古い伝統木造の軸組を包むことにより両者を対比的に見せている。「ミツモン荘」(2000、アトリエ・ワン)**[図2]**は、三世代にわたって居住した愛着ある住宅が家族の増員により手狭になったための増築であ

▼4 国土交通省「既存住宅流通市場の活性化」(2019)による。

▼5 UR都市機構は1999年に住宅・都市整備公団を引き継いだ都市基盤整備公団(UDC)を経て、2004年に独立行政法人都市再生機構(UR)として誕生した。

▼6 独立行政法人都市再生機構『ING REPORT』(2010)による。

▼7 京都で開催された第3回気候変動枠組条約締約国会議。

▼8 2007年の自由民主党政務調査会による「200年住宅ビジョン」では、スケルトン・インフィルを設計に盛り込むなどした長寿命住宅新築の推進を主としつつ、既存住宅の流通促進についても提言されている。ところで、長寿命住宅新築の推進を否定はしないが、日本の住宅のライフサイクルが短いのは、長寿命に耐えうるストックの不足が原因ではなく、長寿命に耐えうるストックの活用を困難にする制度の問題と、戦後昭和の日本人に刷り込まれた新築信仰にこそ起因するであろう。

右から
図3｜「奥沢の家」(2009、長坂常)
(撮影:太田拓実)
図4｜「リビングプール」
(2014、増田信吾+大坪克亘)

る。築40年の切妻木造住宅の半分にポリカーボネートを覆いかぶせてサンルーム空間を創出し、サンルームの内部に既存建物の外壁を見せている。いずれも古いものを古いままに見せると同時に、新しいものも積極的に見せることで、両者を対比的に表現している。

このような保存ともリフォームともいえないような改修はリノベーションと称されるようになり、平成時代を通じて一種のブームとなる。[9] リノベーションの定義は容易ではないが、加藤耕一はリノベーション(再利用)の魅力が、新築(再開発)の「瞬間の美学」、保存(文化財)の「永遠の美学」に対し、「変化の美学」にあるとしている。[10] また、リノベーション(再利用)は近年に生まれたものではなく古代末期以来続いてきた建築行為であり、[11] 開発か保存かの二項対立的な議論こそが近代的な建築観であることを指摘した。

多様なリノベーション

「奥沢の家」(2009、長坂常)[図3]は、経済的であるという消極的な理由により選ばれることの多かった戦後築造の中古住宅の改修である。既存の天井を剥がし、そこに隠されていたさして歴史的価値も文化的価値もなさそうな既存の鉄骨梁や木の小屋組をあえて現しにして、新たな仕上げとともに混然一体として見せている。それまで多かった新旧の対比とは対照的な手法といえる。「渥美の床」(2011、403architecture [dajiba]、124頁)は、新しく張り替える床材に古材を用いるが、その古材はもともと床ではなく、天井の下地に使用されていたものであり、それを切断して現れた小口を仕上げ面にしている。この小口は新しい表情を帯びており、ここでも何が新しくて何が古いかが混然とする。「リビングプール」(2014、増田信吾+大坪克亘)[図4]では、古いものを物質として見せることはせず、既存の床下空間を屋内に取り込み、既存の布基礎の立ち上がりを新たにモルタルで塗りまわして腰壁のように見せている。

このようなリノベーションの意味を問い直すような事例は他にも枚挙に暇ない。2010年代以降、リノベーションの手法が百花繚乱のごとく咲き乱れた。今後も、現在では思いもよらないようなリノベーションが現れることが期待される。

ストック活用に関わる不動産流通と法制度

ところでリノベーション住宅が普及するには、既存住宅の流通を担う不動産事業の役割が重要になってくる。東京R不動産は、築年数の浅いものが好まれがちな不動産業界において、築年数の古いものをかえって評価するなど、従来とはまったく異なる切り口での不動産評価基準を提示した。R不動産は近年では関東地方にとどまらず、関西各都市や福岡など日本各地でフランチャイズ的に展開している。関東のブルースタジオや関西のアートアンドクラフトは、デザイン性を前面に押し出した中古住宅のリノベーションを中心に、不動産から設計、施工までワンストップで引き受けるビジネスモデルを構築し、リノベーションという言葉を広く一般に広めた。不動産事業とリノベーションとを一体的に扱うような事業は、長野のMY ROOM、京都のハチセ、福岡の吉原住宅など日本各地でみられる。これら取り組みは、空き家活用や、町家保全など、地域特有の問題解決にも寄与してきた。[12] このような不動産事業の手法の刷新が、リノベーション住宅という選択肢の一般

▼9 建築の専門誌に注目してみると、例えば『住宅建築』が2005年に別冊で「住宅の再生──住宅リニューアル・改修」を出版し、『新建築住宅特集』が2009年に「改修・改築」を特集している。そして『新建築住宅特集』は2011年に「リノベーションプランニング」を特集して以降、毎年、リノベーション特集号を出版している。

▼10 加藤耕一「リノベーションの点と線」『新建築住宅特集』2020年6月号による。

▼11 加藤耕一『時がつくる建築──リノベーションの西洋建築史』(東京大学出版会、2017年)による。

への広がりに果たした役割は大きい。

この間国や地方自治体の制度の更新もリノベーション住宅の拡がりを後押しした。国の文化財行政が保存中心から活用重視へと移行するのにともない、地方行政も既存建築の活用を促進する制度を充足させていく。そもそも、繰り返される建築基準法の改正やその他の理由により既存建築の多くは既存不適格または違法の状態にあり、その改修は法的に容易ではなかった。特に建築基準法が制定される1950年より以前築造の建築、特に木造住宅密集地域に建つ建築については、建築基準法においてそれらの改修による更新がそもそも想定されていなかったといえよう。

既存建築の活用を容易にする制度のなかでも、京都市をはじめとしていくつかの自治体で施行されている建築基準法3条その他条例は特に有用である。建築基準法上、改修によりかかる遡及適用に対して、同条例により対象建築物を建築基準法の適用除外とし、建築基準法と同等以上の安全性を確保する計画を建築審査会で認めれることにより改修が実現される。これにより、町家のようにそもそも何世代にもわたって受け継がれてきた住宅を改修により後世へと継承していくことが比較的容易に可能となった。

これからの住宅のライフサイクル

1990年代初頭には10%を切っていた全住宅流通量に占める既存住宅の流通シェアは少しずつ増え続け、2010年代末には15%前後となった。しかしこれはアメリカの83・1%、イギリスの88・1%と比較すると未だ極めて少ない。[13]

2010年代後半にインバウンドが急増するも、2020年代にはコロナ禍となる。そして2024年現在、コロナ禍前を超す勢いで再びインバウンドに見舞われている。昭和後期の安定した成長の時代から、平成の価値観転換の時代、そして令和に入って変動の時代をわれわれは生きている。有り余った国内の住宅ストックは、国内の多拠点居住者や、外国人のセカンドハウスというかたちで、その持ち主も新たに、ライフサイクルの更新が図られている。

▼12 平成時代を通して、地域再生やまちづくりの手段としてもリノベーションが求められるようになるが、対象が住宅から外れるため、本稿ではその考察については省略する。

▼13 国土交通省、前掲資料(2019)による。

災害と仮住まい

定住と移住

牧紀男

災害の時代の幕開けとしての「平成」

1989年から2019年まで続いた「平成」は災害が多い時代であった。しかし、平成の終わりとともに災害の時代が終わるのではなく、南海トラフ地震へと至る西日本での地震活動の活発化、首都圏でのマグニチュード7クラスの地震の発生の懸念、地球温暖化の影響を考えると、平成は災害時代の幕開けであり、令和が本当の意味での災害の時代ということになりそうである。昭和は「戦争の時代」であったが、幸いなことに戦災復興・高度成長期は災害が少なく、戦後の住宅不足が解消されると、住宅問題は束の間の平安を享受した。しかし、平成の災害は、戦後の災害平穏期につくられた「住宅パラダイム」に大きな疑問を投げかけることとなった。「区分所有」という考え方でつくられたマンションは、居住者で補修か再建かについての意向がまとめることが難しく、災害後の再建がままならなかった。また1981年以前の耐震基準で建設された住宅は地震により大きな被害を受ける可能性が残されている。また被災した「持ち家」では、被災＋再建する住宅の2つのローンを抱える「二重ローン」という問題が発生した。

災害時代「平成」の幕開けとなったのが1991年雲仙普賢岳の噴火災害である。火砕流・土石流の危険がある地域が、災害対策基本法に基づく警戒区域に指定され、住民は退去を余儀なくされた。警戒区域に住む人々のために1400戸あまりの応急仮設住宅が建設されたが、その居住性能の低さが問題となった。

図1｜阪神・淡路大震災で全壊した住宅
（以下、特記なき写真図版はすべて筆者撮影）

そして、1993年には北海道南西沖地震が、1995年には阪神・淡路大震災では25万棟・46万世帯が全半壊の被害を受け、住宅の倒壊等により6434人が亡くなり、伊勢湾台風（1959）以来初めて1000人を超える死者が発生した。そして2011年には東日本大震災が発生した。2万人近い死者が発生し、福島第一原子力発電所の事故、さらに復興の過程では安全なまちとして再建された元のまちに半分しか人が戻らないという問題も起きている。

住宅が被災するということ

住宅という観点からすると、住宅が「壊れる」のが災害であるが「壊れる」ということの意味は一様ではない。阪神・淡路大震災では1981年以前の耐震基準で建設された建物が多く「壊れ」［図1］、多くの人命が失われた。その反省を踏まえ、耐震性が低い建物の耐震化を進めるための施策が展開される。しかし「災害」というのは社会的な現象であり、地震や津波といった自然の外力ではなく、社会的要因でも建物は壊される。象徴的なのは構造計算書偽造事件（2005）である。五十嵐太郎が[1]『見えない震災——建築・都市の強度とデザイン』で取り上げたように、構造計算書偽造という社会的な理由で建物が取り壊された。

自然災害の場合、「全壊」「半壊」という基準で「壊れる」ことが定義される。この被害認定基準は、経済的被害（全壊50％以上、半壊20％以上）を示すものであり、修理の可否を示すものではない。阪神・淡路大震災では、全壊建物の約3割が使い続けられている一方、半壊であっても2割程度の住宅が解体された。[2]こういった

▼1　五十嵐太郎編『見えない震災——建築・都市の強度とデザイン』みすず書房、2006年。

▼2　牧紀男、堀江啓、林春男「阪神・淡路大震災の公費解体と災害廃棄物——どのような物理的被害の建物が解体されたのか」『日本建築学会計画系論文集』第81巻、第730号、2016年12月号、2723–2729頁。

(右から)**図3**|阪神・淡路大震災後に建設された応急仮設住宅団地(樫野台周辺)
図4|同上(西神南)
(2点とも出典:神戸市)

図2|雲仙普賢岳の応急仮設住宅

状況についての異議申し立てとして宮本佳明は「「ゼンカイ」ハウス」(１９９７、80頁)を設計した。

また住宅の再建支援にも「全壊」「半壊」という基準が使われる。阪神・淡路大震災後に創設された「生活再建支援法」では「全壊」「再建」した場合には最大で３００万円の住宅再建支援が行われ、現在、応急仮設住宅の入居基準は「半壊」以上の被害を受けていることとなっている。しかし、この基準は元々、災害救助法の適用基準として使われてきたものであった。[3] 阪神・淡路大震災の応急仮設住宅の入居基準は「原則として希望される方々全員に提供する」[4]というもので被害要件は明示されていなかった。しかし、いつの間にか「ゼンカイ」「ハンカイ」が支援の基準として使われるようになった。

災害後の仮住まい

先述のように住宅が「壊れる」「被災する」ということの意味は曖昧であるが、災害により住む場所を失うと仮住まいをせざるを得なくなる。行政が仮住まいを提供する仕組みとして「応急仮設住宅」「応急修理」がある。昭和の後半は災害が少ない時期であったが、終戦直後は南海地震(１９４６)、福井地震(１９４８)といった大きな地震災害があり、被災した人を支援するための仕組み(災害救助法(１９４７年制定))が整備され、この法律の枠組みのなかで「応急仮設住宅」が提供されるようになった。その後、応急仮設住宅も平成の災害のなかで大きな変化をとげる。平成の災害の幕開けとなった雲仙普賢岳の噴火災害で提供された応急仮設住宅[**図2**]は、一戸あたり７００万円以上する現在の応急仮設住宅とは異なり、靴脱ぎスペース、床断熱材なしという簡素なものであった。当時の国基準では風呂の設置も認められておらず、雲仙の応急仮設住宅には設置されたが、2年後に発生した１９９３年鹿児島豪雨災害では風呂なし、トイレ外部設置という当時の基準通りの応急仮設住宅が建設された。[5] また当時の入居基準には、具体例として母子家庭、生活保護世帯等という記述があり、住宅困窮者が入居対象者であった。その後も、奥尻島が津波に襲われた

北海道南西沖地震（１９９３）のような社会の注目を集める災害が続く。すべての被災者に応急仮設住宅が提供されたのは、警戒区域の設定（雲仙）、離島での災害（奥尻）といった理由があったのであるが、マスメディアでも応急仮設住宅についての報道がなされたことから、応急仮設住宅はすべての被災者にという理解（誤解？）が徐々に醸成されていく。このように雲仙普賢岳の災害から阪神・淡路大震災に至る過程のなかで、応急仮設住宅の供給の考え方は大きく変化していったが、基準自体は現在も「住家が全壊、全焼又は流出し、居住する住家がない者であって、自らの資力では住家を得ることができないもの」▼6ということとなっている。

阪神・淡路大震災の応急仮設住宅で新たに問題となったのは団地としての応急仮設住宅【図3・4】のあり方である。避難所での生活が大変な高齢者を優先的に入居させたことから高齢者ばかりの団地が形成される、抽選で入居者を選定したため団地には知らない人ばかり、コミュニティ活動を行うために不可欠な集会所がないといったことが問題となった。こういった反省を踏まえ、集会所の設置が設置基準に記述されるようになり、東日本大震災・熊本地震では「みんなの家」（１２０頁）のような建築家による集会所も建設されるようになる。建物の質の改善も継続して行われ、断熱性能の改善、防湿対策、シックハウス対策、バリアフリー化が行われた結果、設置費用も上昇していく。さらに東日本大震災以降、木造の応急仮設住宅や、坂茂（阪神・淡路大震災では紙管の仮設住宅を提供した、76頁参照）によるコンテナを利用した3階建ての応急仮設住宅【図5】も建設され、近年の災害ではトレーラーハウスも利用されるようになっている。しかし、応急仮設

▼3 牧紀男「災害後の生活再建支援基準をどう考えるのか？――建物の「全壊」・「半壊」調査の変遷」『日本建築学会計画系論文集』第85巻、第７６８号、２０２０年2月号、３５１–３５９頁。

▼4 貝原俊民『大震災１００日の記録――兵庫県知事の手記』ぎょうせい、１９９６年、81頁。

▼5 牧紀男「仮設住宅年表」『建築雑誌』Vol. 115, No. 1450、２０００年、42–43頁。

▼6 内閣府「災害救助法による救助の程度、方法及び期間並びに実費弁償の基準」平成25年10月1日内閣府告示第２２８号。

（右から）**図6**｜東日本大震災後に建設された二子団地（石巻市）
図7｜二子団地の集団移転事業を説明する看板

図5｜坂茂設計によるコンテナを利用した3階建ての応急仮設住宅

住宅の主流は民間の賃貸住宅を利用する賃貸型仮設（みなし仮設とも呼ばれる）へと移行している。

多発する「平成」の災害のなかで、応急仮設住宅の「質」は現代的なものになっている。しかし、災害後の仮住まいはどうあるべきか、という根本的な問いに対する検討は行われていない。現在も、仮住まい支援の対象者は「自らの資力では住宅を確保できない人」であり、被災した人すべてを対象に一戸７００万円以上する応急仮設住宅の提供、もしくは仮住まいの家賃を負担するような、大きな方針転換は行われていない。現在は「特別」に、被災した人すべてを対象に所得制限なく支援を行っているが、その考え方の背景には「被災した人は、特別な人でかわいそうだから」、「自分はそうはならない」という意識が見え隠れする。しかし、それは災害が少なかった「昭和」の考え方であり、本来、災害が多い日本においては、被災することを前提としたレジリエントな住まい方、住宅のあり方を考える必要がある。

定住／移住と常／仮

東日本大震災の復興では、元々住んでいた場所に人が戻ってこないことが問題となっており、石巻市雄勝地区では、復興のプロセスのなかで8割の世帯が地域を離れることとなった。しかし、それは仮住まいに移るときにほぼ決まっていたことである。雄勝地区では、被災した人の仮住まいが、内陸の利便性の高い場所（河北地区）と石巻市中心部で確保され、仮住まいをした場所で最終的な住宅の再建が行われた。[7] 河北地区に大規模な防災集団移転団地（二子団地）［図6・7］が建設されたこともあるが、中心市街地に移動した世帯では自力で住宅を確保している世帯も多く、雄勝地区に人が戻らなかったのは復興事業だけが原因ではない。子どもをもつ若い世帯では、子どもを何度も転校させることは考えられず、仮住まい期の移動が、その後の常の住宅の再建場所となる。これは災害復興の常であり、新潟県中越地震（２００４）の復興でも大きな被害を受けた中山間地の集落には、復興事業完了後も半分の人しか戻っていない。[8]

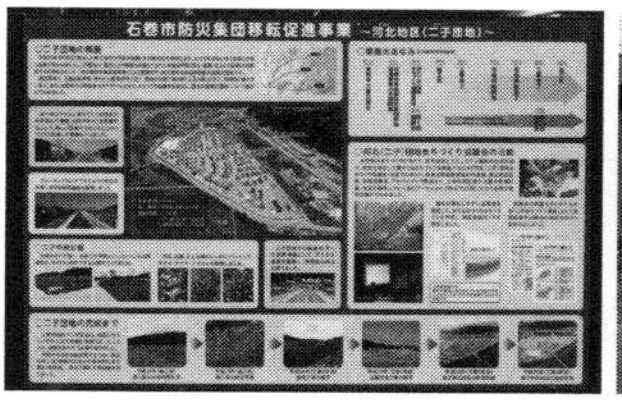

災害前に住んでいた場所では、高台の造成や盛土がなされ、災害に対して安全な住宅地の建設が行われる。戻らない人が多いが、元の場所で住宅を再建する人も少なからず存在する。しかし、復興事業を待たずに自分で新しい場所に住宅を再建する人（「移住」）と比べると復興事業を待って元の場所で住宅を再建する人（「定住」）の復興満足度は低い。▼9 これは、復興事業の影響というよりも、長くかかる復興事業を待たず、若くて元気な人、すなわち移動できる人が自力で住宅を再建していることによると考えられる。「人が戻ってこない」「復興満足度が低い」という現状を踏まえると、元の場所での再建を前提とする、すなわち「定住」ということを前提とした復興のあり方、さらには被災することが常態化するのであれば「定住」を前提とした住まいのあり方についても再検討する必要がある。

このように、一度災害による被害を受けると復興事業にともない居住者が移動することは避けられない。都市を襲った阪神・淡路大震災でも同様で、完成までに長い時間を要する市街地再開発事業による復興を行った地域では、多くの人が地域を離れた（残留率＝六甲61・2％、西宮北口31％ほか）▼10。区画整理や再開発といった行政主体の復興事業が実施されるのは大きな被害を受けた地域であり、そういった地域に住んでいた人々は、住宅が「壊れ」、災害直後から仮住まいを余儀なくされている。元の場所に戻ることを前提とすれば移動先での住宅は「仮住まい」であるが、元の場所に戻らず、移住先で再建するということであれば「仮の住まい」と恒久的な「常の住まい」の境界が曖昧になる。戻ることを前提するのではなく、災害後に移動した住宅に住み続け、恒久的な住宅とすることも考えられる。熊本地震では、木造の応急仮設住宅（仮住ま

▼7 荒木笙子、秋田典子「石巻市雄勝町における災害危険区域内住民の居住地移動の実態」『ランドスケープ研究』82（5）、2019年5月号、611–616頁。

▼8 牧紀男『災害の住宅誌』鹿島出版会、2012年。

▼9 伊藤圭祐、立木茂雄、牧紀男、佐藤翔輔「名取市の復興事業区域における自力再建者の特性に関する研究」『地域安全学会論文報告集』No.30、2017年、137–147頁。

▼10 安藤元夫『阪神・淡路大震災 復興都市計画事業・まちづくり』学芸出版社、2004年。

い)を当初からコンクリート基礎の上に建設し、恒久的な住宅に転用する取り組みが行われている。

これまで述べてきた通り、災害復興においては「定住と移住」「仮と常」の境界は曖昧である。その前提に立って災害と住宅の関係を考えると、耐震性の確保といった被害を出さないための対策のあり方も揺らいでくる。現在進められている耐震改修は「人命が失われない」という最低レベルの耐震性の確保を目指すものであるが、揺れで壁紙がはがれるレベルから倒壊することまで「壊れる」の姿はさまざまであり、一般的には「壊れる」ことと「壊れないこと」のイメージは共有されていない。構造計算書の偽造、杭の施工不良でマンションが取り壊されたように(2006)、社会がイメージする水準は完璧な安全性である。住宅を「恒久」的なものと考えるのであれば、住宅を壊れないようにして使い続けていくのは重要なことである。しかし、地震を経験した住宅は一定のダメージを受けることは避けられない。ストック型社会というのも、案外、災害が少ない地域・時期の考え方なのかもしれない。人命が失われないレベルを確保したうえで、ある一定期間ごとにスクラップ・アンド・ビルドを繰り返して、「仮」の住まいを継続していくというのも災害の多い国での住宅のひとつのあり方かもしれない。

現在、災害との付き合い方を考えるときに「レジリエント」という言葉がキーワードとなっている。「レジリエント」とは、しなやかさという意味で、住宅と災害の関係でいうと住宅が壊れないための「抵抗力」と災害後どのように住宅を確保するのかという「回復力」というふたつの側面に着目した防災の考え方である。昭和の災害平穏期に定着した「新しい住宅のパラダイム」では、住宅が壊れないことを基本として体系が構築されてきた。以前、関東大震災直後の映像を見たときに、道に人が溢れていて不思議な感じをもったが、よく考えるとみんな余震で建物が「壊れる」ので外に出ていたのである。大正時代のレベルで「壊れる」(「倒壊する」)ことを前提にする必要はないが、この間の大地震の教訓を踏まえると、再度、住宅が「壊れる」こと「も」前提とした住宅のあり方を考えていく必要がある。

外国人居住と異文化共生

露木尚文

まちで外国人を見かけることはもはや珍しいことではなく日常の風景となっている。観光客も増えているが、コンビニや飲食店の店員、大学生や語学学校の学生など、外国人は身近な存在になっている。そして、少子高齢化に向かうわが国では、労働力不足を補うために外国人労働者を増やしていく政策をとっている。例えば、２０２０年の入国管理法の改正では新たな在留資格が整備され、就業目的で来日する入口が広がった。

ところで、外国人住民は住まいをうまく見つけられているのだろうか。２０１６年に法務省が実施した「外国人住民調査報告書」によれば、過去5年間に日本で住む家を探した経験のある外国人のうち外国人であることを理由に入居を断られた経験のある人は39・3％となっている。日本人の保証人がいない、外国人お断りと書かれた物件を見たなどの理由であきらめた人も相当数いる。[1] 外国人には住まいを見つけにくい状況であることは確かだ。

住宅政策はどうなっているのだろうか。住生活基本計画（全国計画、２０１６）[2]では、住宅を市場において自

▼1 「外国人住民調査報告書 訂正版」公益財団法人人権教育啓発推進センター、２０１７年6月、http://www.moj.go.jp/content/001226182.pdf

▼2 国土交通省「住生活基本計画」２０１６年3月18日、https://www.mlit.go.jp/common/001123468.pdf

力で確保することが難しい世帯として、低額所得者、高齢者、障がい者と並んで外国人を挙げている。また、改正住宅セーフティネット法（２０１７年10月25日施行）による住宅確保要配慮者として低所得者、高齢者、障がい者等を支援対象に位置づけているが、これには外国人も含まれている。この法律により整備されたセーフティネット住宅登録制度により、住宅確保要配慮者の入居を断ることのできない住宅が登録されているが、外国人を対象とした登録数は全国で７９０棟４４７６戸（２０２０年４月末）となっている。現在約３００万人いる外国人登録者に対し微々たるものではある。外国人を対象とした住宅政策は始まったばかりでもある。

日本における外国人居住というのは書きにくいテーマである。なぜなら、外国人登録者の人数の統計はあるが、家族構成や収入等の生活に係る統計は少なく、各国の住まい方、外国人が多く住む団地や地域についての研究、権利擁護に係る課題などについてはすでに書籍が出版されているのだが、日本での外国人居住の全体像は捉えにくいからである。そもそも、日本に住んでいる外国人はどのような人たちなのか。

在留資格により異なる定住の可能性

外国人住民とは誰のことなのだろうか。観光客は別として日本にいる外国人は、「出入国管理及び難民認定法」（以下「入管法」という）に基づき在留外国人登録をすることが求められる。この法律には在留外国人資格として永住者、高度専門職、特定技能など29種類が定められている。また、「日本国との平和条約に基づき日本の国籍を離脱した者等の出入国管理に関する特例法」により定められた「特別永住者」がある。法律上ではこれらが日本に住んでいる外国人といえよう。

入管法の分類を見ていくと「永住者」と「高度専門職２号」以外は在留期間が定められており、最長でも5年である。そして、更新ができる場合とそうでない場合がある。更新ができない場合は一旦国外に出なければならない。

在留外国人統計（2019年6月）によれば外国人の総数は282万9416人で日本の総人口の2％を占める。ただし、入管法の在留資格のうち「外交」と「公用」はこの数値に含まれない。「永住者」「日本人の配偶者等」「永住者の配偶者等」「定住者」「特別永住者」は在留期限が無期限または更新の制限がない。また、活動に関する制限もない。これらの合計は148万1744人で総数の52％を占める。資格区分にある「永住者」はそのままの意味で、その資格は永住許可のガイドラインによれば「原則として引き続き10年以上本邦に在留していること」が条件とされている。[3]「特別定住者」とは戦前に日本が領有していた朝鮮と台湾の人たちでありオールドカマーといわれる。「定住者」とはブラジルやペルー等南米を中心とした日系人を対象にしており、1989年の入管法改正により設けられた在留資格である。これらが日本に定住できる外国人である。専門的・技術的分野の在留資格としては教授、芸術等15種類あり、[4]38万6170人で総数の14％を占める。技能実習生は36万7709人で13％、留学は33万6847人で12％、家族滞在は19万1017人で7％、その他に文化活動、研修、特定活動がある。そして、スポーツ選手等で日本国籍を取得することが話題になることがあるが、「帰化」については、法務省民事局の統計では平成元年度までの累計56万8242人で最近は年間1万人強の許可申請があり8000人から9000人程度が帰化許可となっている。[5]これらからわかることは、在留資格の種類はとても多く、それにより在留期間や就業などの条件が異なっているということだ。日本に定住できる外国人として、「永住」「定住」とその配偶者に「特

▼3 法務省「永住許可に関するガイドライン」（令和元年5月31日改定）http://www.moj.go.jp/nyuukokukanri/kouhou/nyukan_nyukan50.html

▼4 専門的・技術的分野の在留資格は以下の通り。教授、芸術、宗教、報道、高度専門職、経営・管理、法律・会計業務、医療、研究、教育、技術・人文知識・国際業務、企業内転勤、介護、興行、技能。

▼5 法務省民事局「帰化許可申請者数、帰化許可者数及び帰化不許可者数の推移」http://www.moj.go.jp/content/001180510.pdf

別永住者」を加えた約150万人もいること、専門職・技術職が合わせて約38万人、留学生が約33万人おり、このうちの一部は永住資格を取得する可能性があること、技能実習性は約37万人いて、これは専門職や技術職よりも多いこと、そして、技能実習生は永住資格取得ができないことは気になるところである。彼らは、家族を呼び寄せることもできない。将来的にも定住しないことを前提とした制度になっている。このことにより、住宅を確保しづらくさせている面があるのではないか。筆者は東京都某区の住宅マスタープランの策定作業に委託業者として参加した際、多文化共生について新たな施策ができないか検討したことがあるが、在留期間が1年あるいは6カ月に満たない外国人住民は地域に住み続ける可能性の少ない人たちだということで、具体化しなかった。基礎自治体の住宅施策として、多文化共生を取り上げることは増えているものの、具体的な施策としては、多言語での情報提供や相談窓口にとどまっているのが実情である。では、こうした「定住」の境界線はどのように定められてきたのであろうか。

入国管理制度の変遷と住宅政策との関係

日本で最初の外国人登録制度は、「内地雑居」を認める1899年の日英通商航海条約にまで遡る。1895年の台湾の領有、1910年の韓国併合の頃である。台湾人、朝鮮人を日本国籍にしつつしかも参政権を与えないという制度であった。1931年に満州事変が起こり、1945年に敗戦を迎える。敗戦当時日本には230万人の朝鮮人がおり、そのうち150万人以上が日本を離れたが、約50万人は残った。これらの人は日本の国籍を失い、協定永住許可者として在留資格を得た。これが現在の「特別永住者」になる。

1952年には外国人登録法が制定されたが、この頃は住宅戸数が不足しており、1950年の住宅金融公庫設立、1951年の公営住宅法施行、1955年の日本住宅公団設立が続き、住宅を建設する体制が整備されていった。1966年の東京オリンピックを挟み、1966年に住宅建設5ヵ年計画が策定された。これは、2006年に第8次計画が終了するまで続く。この時期の日本の住宅政策は新規供給をいかに行うかがテーマであった。

1973年のオイルショックで経済が停滞したもののその後復活し、アジア圏において日本は経済的に豊かになっていく。1970年代後半から1980年代にかけては、フィリピン、韓国、台湾、タイからの出稼ぎ外国人が増加している。これは出稼ぎとして来日し、風俗業などに就業することが中心で、在留資格は「興行」であった。またこの時期、国際化の流れのなかで欧米系ビジネスマンも増加している。住宅政策は新規供給を中心としつつも質の確保や多様性の広がりに推移していく。

1982年に日本は難民条約に調印する。▼6 国民年金、児童手当、児童扶養手当等の社会保障制度について外国人が利用できるようになった。1986年には外国籍でも国民健康保険に加入することが可能になる。

1983年、中曽根政権が「留学生10万人受け入れ計画」を発表する。当時日本への留学生は1万人程度に過ぎなかった。住宅政策においては、1983年からのHOPE計画(地域住宅計画)策定など、地域の特性に応じた施策展開がされていく一方、高齢者を対象とした住宅政策も重要になっていく。多様性が広がったのが80年代である。

平成に入ると1990年に入管法が改正され、日系人の入国滞在が自由化された。当時日本はバブル経済に沸き労働者不足が深刻になっていたこともあり、ブラジルをはじめ南米から外国人が大量に流入してくる。1991年にバブル経済が崩壊し経済が低迷すると、「定住者」として日系人の帰国を奨励する制度

▼6 1951年7月28日の難民および無国籍者の地位に関する国際連合全権委員会議で、難民の人権保障と難民問題解決のための国際協力を効果的にするため採択した国際条約。日本は1981年国会承認を得て加入し1982年1月1日から施行している。

が施行された。１９９９年に外国人の指紋押捺が完全に撤廃される。それまではこのような規定があったということに驚くが、入国管理制度が元来外国人を監視する制度であった名残である。21世紀を迎えてはじめて多文化共生が始まったといえる。

留学生は２００３年に10万人をこえ、２００８年には文部科学省が留学生30万人計画を策定する。「アジア、世界の間のヒト・モノ・カネ、情報の流れを拡大する「グローバル戦略」を展開する一環」として２０２０年を目途に30万人の留学生受け入れを目指すとしたが、２０２０年を待たずに達成された。

２０１８年の臨時国会で、新たな在留資格として、「特定技能」が制定された。これは、将来永住する可能性のない在留資格である「技能実習」とは違い、就業を目的として在留可能な資格であり注目された。また、日系四世の受け入れ制度が施行された。１９９０年の入管法改正により始まった日系人の受け入れ制度は、世代がひとつ進んだということである。どちらについても、コロナウィルス感染の広がりによる入国規制もあり停滞した。来日し、就業できず、帰ることもできない外国人がいることはあまり報道されていない。

このように見ていくと、その時々の政治経済の情勢によって入国管理制度は変わってきていることが確認できる。現在目の前の課題もあるが、これまでに積み残されてきた課題もある。

さて、今、日本は人口減少が進んでいる。そのことは、年金の世代間格差、消滅可能性都市、空き家問題などの要因になっている。外国人を受け入れることを加速して、人口減少と人口バランスの歪みの解決を図ることはできないのか。現政権は移民の受け入れはしない方針を明確にしている。一方、労働力不足を解消するため就業者は受け入れていく方向にあり、外国人を生活者として受け入れるのではなく、必要に応じて働く人をローリングする仕組みになっている。

多文化共生の取り組みの最前線

2019年11月9日江戸川区船堀で、筆者が実行委員長を務めた「もうひとつの住まい方推進協議会」主催による多文化共生をテーマとした「もうひとつの住まい方推進フォーラム」[7]が開催された。2部構成の第1部で、多文化共生・多世代交流の住まい方を主題に、4人の実践者に以下のようなタイトルで登壇してもらった。①東京大都市圏の外国人集住団地における多文化共生の地域づくり——UR川口芝園団地における取り組みを中心に、②西葛西インド・ニッポンコミュニティ、③多世代・多文化交流型コーポラティブハウスとシェアハウス——神田地域と西早稲田の取り組み事例から、④ひつじ不動産(多文化共生・多世代共生型シェアハウス)。ディスカッションでは、団地、地域、集合住宅、シェアハウスといった居住集団の規模ごとに、どのような多文化共生の可能性があるのかという切り口で議論が展開された。紙面に限りがあるのでふたつの報告をかいつまんで紹介する。詳細は「もうひとつの住まい方推進協議会」のウェブサイトを参照してほしい。

先ず、川口芝園団地での共生の取り組みである。マスコミにも取り上げられるので知っている人は多いと思う。芝園団地はURの賃貸住宅団地であり、国籍を理由に入居を断られることはなく、賃料を支払える収入があれば入居が可能である。多文化共生の前に、少子高齢化と人口減少という郊外団地にみられる課題もあったが、これは日本全体の縮図ともいえるだろう。そこに入居の容易性と同胞ネットワークがあることにより、この団地の場合は中国人を中心とした外国人居住が進み、今は住民の半数が外国人になっている。そうした状況では、文化・習慣の違い、賃貸借契約の違反などのトラブル、相互不理解、接点不足、住民同士の軋轢などの問題が発生し、さらに既存自治会が弱体化しているという問題もあっ

[7] もうひとつの住まい方推進協議会、http://www.ahla.jp/forum/forum14th.html

た。そこでこうした課題に取り組むため、大学と連携したコミュニティ形成の試みが展開されている。このように団地という特定の地区に外国人コミュニティが形成され、それを第三者が支援することで地域社会と共生していく取り組みは増えている。これを地域に展開できるかが次の課題だと思う。

もうひとつの事例、葛西地域でのインド人コミュニティは、パネリストであるインド生まれのYさんが、K団地に住み自治会に参加するなかで、自ら交流イベントを提案運営することで地域との共生が広がっていった事例である。Yさんは団地の自治会長になり、今は日本に帰化し区議会議員になっている。報告では定住についての課題として、派遣期間、婚姻、子どもの教育、両親を日本に呼ぶこと、職場の風習、キャリア形成、言語の問題などを挙げていた。家族をつくることが課題であり、子どもの教育の支援を充実すべきという指摘は重要だろう。

これらの活動の基本は共生である。ただ、パネリスト同士のディスカッションでは、Yさんから「共生と共存は異なる概念である」との発言があり、興味深い議論があった。大括りにいえば、「共生」は互いに関係をもちながら暮らすこと、「共存」は関係性をもたずに同じ場所で暮らすことである。

２０１９年に発生した新型コロナウィルスCovid–19感染症は外国人の受け入れや在留に大きな影響を及ぼした。２０２０年1月、日本国内で最初の新型コロナウイルス陽性者が報告されると、政府は、感染拡大防止のため、多くの国や地域からの入国を制限し、外国人入居者数は大幅に減少した。２０２２年10月には水際対策が緩和され、観光、留学などで日本を訪れる外国人はだんだんと新型コロナ感染症発生以前に戻りつつある。しかし、一度分断された関係が元に戻るには時間がかかりそうだ。

また、法制度についても動きがあった。技能実習制度の見直しや、２０２３年6月の入管法の改正などである。これらは今後、外国人の居住と多文化共生にどのように作用していくだろうか。

住まいは、人と地域との支え合いにより成り立つ。現在、国際化が進む一方では少子高齢化が進み、世代間の分断や地域のコミュニティの希薄化が広がっている。多文化共生は外国人居住の問題ではなく、われわれ一人ひとりも当事者である。それぞれに異なる住生活感覚を互いに尊重しいかに受け入れていくかが課題になっており、住宅施策の新しいテーマとして、居住者の関係性を育むことが重要になっている。そのノウハウを得るには、今のところ関係づくりの実践を積み重ねていくほかないであろう。

貧困の住まい

渡邊詞男

戦後、日本は高度経済成長を遂げ、1968年には、国民総生産（GNP）が米国に次いで世界第2位の経済大国となり、日本的雇用慣行のもと、多くの労働意欲あふれる勤労者が経済成長を支えていた。しかし、その後の安定経済成長期から、労働力の中核となる人口が減る少子高齢化の時代に突入し、経済成長は期待できなくなった。バブル経済崩壊後、日本経済は低迷し、多くの企業がリストラを行うなど、人員を削減した。その後も、アメリカの投資銀行が経営破綻した2008年のリーマンショックにより、多くの企業が倒産する深刻な不況に陥った。バブル崩壊後から、日本経済は長期にわたって停滞し、日本的経営は行き詰まりをみせている。経済のグローバル化が進んだ今、世界経済の影響を受け、急激に変化する日本の社会は、多くの日本人が生活水準の向上や物質的豊かさを実感できた時代から、社会構造が大きく変化し、経済の浮き沈みから不安定な雇用情勢になり、生活の豊かさを実感できない時代へと移り変わっている。

社会構造の変化

その大きな変化の第一に、雇用形態の変化が挙げられる。国内では1985年に労働者派遣法が成立、翌年施行された。これにより非正規雇用の歴史が始まった。1989年まで続いたバブル経済が1990

年頃に崩壊。1993年には有効求人倍率が1を下回る就職氷河期となり、就職できない若者が増えた。そして、1999年に労働者派遣法の対象業務の原則自由化が始まり、多くの会社が非正規雇用制度を導入、就職氷河期の若者が派遣労働に流れ、非正規社員が本格的に生まれる結果となった。当時のテレビCMや広告などで人材派遣が派手に宣伝され、派遣で働くことはスマートという風潮のなか、「やりがい、自由、高収入」といった聞こえのよい謳い文句に、多くの若者が派遣労働へ希望をもった。しかし、非正規社員は雇用形態が不安定であり、正規社員と同程度の仕事をこなしても収入体系が異なるため、正規社員より低い給料しかもらえない。また、雇用側の都合で、一方的に派遣契約を解除されてしまう「派遣切り」といった、使い捨てのような扱いを受けることもある。長時間就労しているにもかかわらず、生活に困窮している労働者「ワーキングプア」の存在も明らかになった。それを表すかのように、2006年には「格差社会」、2013年には「ブラック企業」が流行語となった。雇用の二極化による格差が一層拡大し、非正規雇用は貧困や格差の象徴となった。

第二に、世帯の多様化が挙げられる。合計特殊出生率が、1989年の1・57から、2005年に過去最低の1・26を記録し、日本の総人口は2008年をピークに減少時代に入った。人口減少に伴い、世帯の構成も変化している。かつての標準的な世帯は、夫婦＋子ども2人の4人世帯であった。そして、この4人世帯は中流世帯の典型として認知され、田の字型間取りの3LDKのマンションに住むと考えられていた。しかし現在では、未婚単身世帯、夫婦2人世帯、ひとり親世帯などの割合が増加し、世帯の構成が多様化した。昔から貧困層には高齢単身者やシングルマザーなどがいたが、そこに非正規社員やフリーターの若者が加わった。高齢単身者やシングルマザーは、抽選ではあるものの所定の条件や審査をクリアして、安価な公営住宅に入居することが可能だ。しかし、生活に困窮する若い単身の非正規社員やフリーターは、従来の住まいのセーフティネットからこぼれ落ちている。薄給で働かざるを得ない若者たちは、家賃や水道光熱費が一定にかかる住まいにお金をかけることができない。そのため、普通の賃貸住宅よりも入居審

（右から）
図1｜非正規雇用や低所得者のためのシェアハウス「自由と生存の家」
（以下、写真図版はすべて筆者撮影）
図2｜老舗ネットカフェが入る商業ビル

査が厳しくなく安価なシェアハウス［**図1**］などを住まいとする若者が増えていった。シェアハウスは、コンパクトな「個室」に、キッチンや風呂等を共用することで、家賃を低く設定している。部屋が多少狭くても、安全でプライバシーの保てる個室になっていれば、住まいとしては十分である。

しかし、シェアハウスさえも借りることができない貧困者も多い。若い貧困者のなかには、人付き合いが苦手で、過去の対人関係から、人と関わることや人に頼ることが困難なタイプの者もいる。それゆえに、生活に困窮し住まいを失う危機にあっても、公的補助の申請や支援団体に助けを求めない傾向があり、問題はより深刻である。家を借りることができなければ路上生活となるが、かつて駅や公園で見かけたホームレスは、現在、自治体のホームレス支援や警察の取り締まり強化により、ほとんど見られなくなった。しかし、ホームレスが消えたわけではない。路上を追い立てられた貧困者は、24時間営業のファーストフードやファミレスなどを渡り歩き、見えないホームレスと化した。特に若年の貧困者は見た目を気にし、自身がホームレスと悟られないよう、一般客と同じように振る舞うため、外からは気づかれにくい。日中は公園や図書館といった公共の場を転々とし、夜になると24時間営業の安価な飲食店へ移動するなど、生活拠点のない不安定な生活を強いられる。ここで登場したのが、年中無休24時間営業のインターネットカフェ（以下ネットカフェ）である［**図2・3**］。パソコンの普及とともにインターネットの利用率が飛躍的に伸びたため、これまでのライフスタイルが劇的に変化した。その変化を敏感に察知し、流れに乗ったのがネットカフェである。

ネットカフェの始まり

1995年以降、パソコンとインターネットが普及してきたことが、ライフスタイルの転換となったのは間違いない。ネットカフェは、1991年に米国で始まったといわれている。そして1994年、ネッ

図3｜ネットカフェ入り口

トにアクセスすることを目的としたカフェが英国でオープンし、その後ネットカフェは世界中に普及していくが、日本で広まる際に独自の進化を遂げた。それが個室化である。ネットカフェの個室化は日本独自のものである。海外のネットカフェは、オープンな空間に高性能パソコンが置かれた場所として認識されており、利用方法も友達同士で会話をしながらオンラインゲームに興じるといった賑やかな様子である。またノートパソコンを持参し、店のWi-Fiを利用しながら、メールを書いたりするシェアオフィス的な場所であったりもする。日本では１９９５年にWindows 95が発売され、パソコンとインターネットが一般家庭に普及しはじめた。同じ頃にネットカフェがオープンしはじめ、パソコンやインターネットの「導入」の役割を担っていた。その後、パソコンの急速な普及とともに１９９９年頃までには、次第に「心置きなく好きなことができる」場所という役割になり、個別ブースが導入され、人の目を気にしなくてもよいように個室が提供された。また、24時間営業というスタイルは、飲み会で終電を逃した、残業で家に帰れなかった等、24時間型の日本人のライフスタイルにうまく合っていたこともあり、何かをするための積極的な価値のある場所でなく、自室のような当然あるべき便利な場所として認識されはじめた。

その結果、２００５年頃から住居を喪失した貧困者が住まいとして利用する、新たな使われ方が見られるようになった。２００７年には「ネットカフェ難民」という言葉が登場し、貧困者のネットカフェの利用の実態が浮き彫りになった。

貧困の住まいの事例

海外とは異なり日本では、ネットカフェで貧困者が寝泊りすることが常態化している。ネットカフェを1カ月間利用した場合の生活費は、合算すると決して安くはない。一般賃貸住宅並みにかかる場合もある。しかし、初期費用が用意できず、定期的に家賃を支払っていける収入がない場合は、時間といった細かい

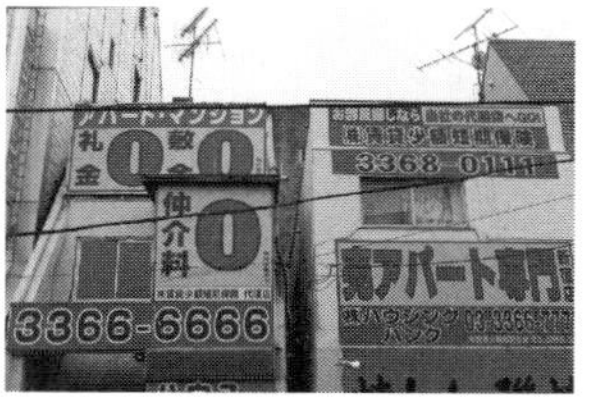

図4｜ゼロゼロ物件の看板広告

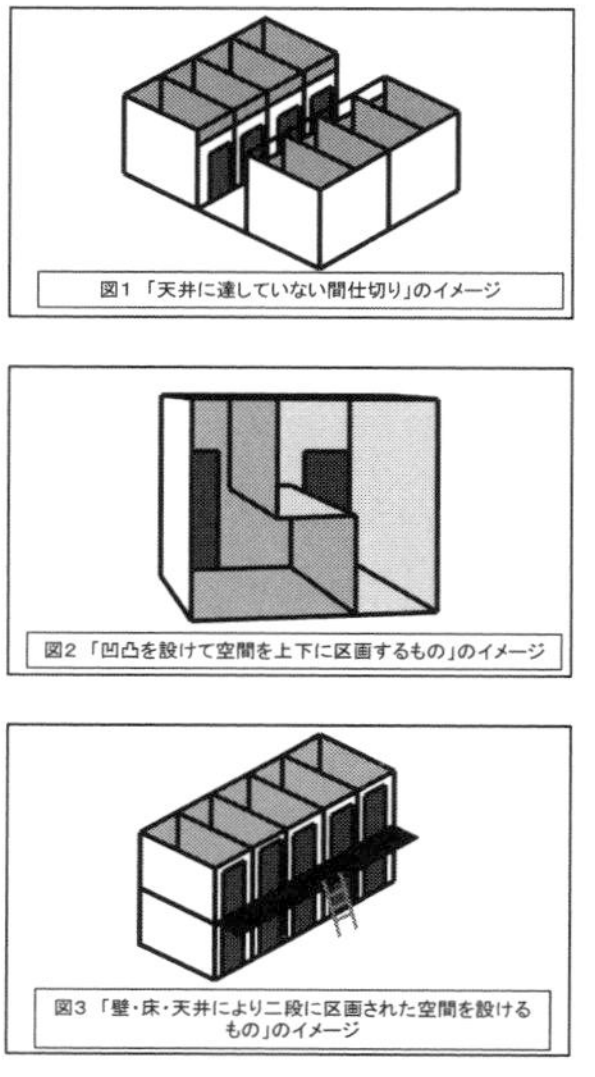

図1「天井に達していない間仕切り」のイメージ
図2「凹凸を設けて空間を上下に区画するもの」のイメージ
図3「壁・床・天井により二段に区画された空間を設けるもの」のイメージ

図5｜違法貸しルームのイメージ
（出典：国土交通省）

単位で場所を貸してくれるネットカフェに頼らざるを得ないのが現状だ。なぜなら、多様化する貧困に対する住宅政策がほとんど機能していないため、若年貧困者の受け入れ先がないからだ。また、生活困窮者がなんとか払えそうな金額で賃貸住宅があったとしても、部屋は極端に狭かったり、個室ではなく複数人で利用するドミトリー形式だったりと、個人のプライバシーが守られる安全な住居ではなかったりする。そうしたなか、年々増え続ける住所喪失の危機にある不安定雇用の若者をターゲットに、運営側の営利を追求した住まいも増えた。敷金、礼金0円と初期費用がかからない賃貸「ゼロゼロ物件」［図4］も、若者の貧困層が積極的に入居した物件だが、劣悪な居住空間であったり、違約金や退去時の修繕費が過剰に請求される事例があったりした。

また、窓がなく1–2畳ほどの小さなスペースに仕切られた、「脱法ハウス」といった違法な賃貸物件も貧困の住まいとして世間を騒がした。

2013年に、国が違法貸しルーム対策通知を出してから行政の是正指導が行われているが、今も未是正の物件数が多い状態が続いている［図5］。裏を返せば、それだけ多くの需要＝生活困窮者がいるということだ。

（右から）
図6｜東京山谷の街並み
図7｜簡易宿泊所の入り口

貧困の住まいの変化

戦後復興期の日本の住宅政策では、家族をもつ低所得者に対して公営住宅が、中所得者には公団住宅（現UR賃貸住宅）が供給された。そして、そのどちらにも当てはまらない単身低所得者の住まいは、当時大量に供給された木賃アパートであった。さらにその下の収入の不安定な層は、廉価な料金で宿泊できる簡易宿所が多く集まる、通称ドヤ街と呼ばれる場所に集住していた。日本では、東京の山谷［図6］、横浜の寿町、大阪のあいりん地区が有名である。

簡易宿所［図7］、通称「ドヤ」は、3畳程度の個室にTVとエアコンと冷蔵庫が標準装備である。早朝に日雇い労働に出かけ、稼いだ日銭はドヤの宿泊費と酒やギャンブルに消えていくため、仕事がなく収入が得られなければ野宿となる。しかし、当時の境遇の似た単身男性は、酒を交えた付き合いなどで顔なじみになり、ドヤの利用者同士助けあっていた。今では利用者は高齢となり、生活保護を受けながら簡易宿所を住まいとして、長期にわたり生活をしている。

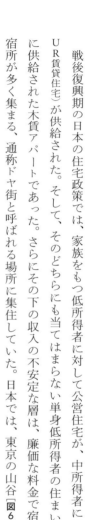

一方、近年の若い貧困者は、安宿があるといっても山谷などのドヤ街には向かわない。1泊1700円から2200円程度の簡易宿所ではなく、駅近にあるネットカフェに向かう。多くの簡易宿所は駅に近接していないうえ、ネット環境がなく利用料もそれほど安くない。おまけに、古くからの顔なじみ的なコミュニティのある山谷などのドヤ街は居心地が悪いという。多くのネットカフェでは、通常料金よりも割安なナイトパックを用意している。安いエリアの相場は、8–10時間で1400–1800円程度、最安値で12時間1000円というところもあり、多くの不安定就労の若者はナイトパックが適用される時間になると入店し、夜の間だけネットカフェで過ごす。共用のシャワーやフリードリンク、漫画、パソコンなどが利用でき、駅から近いロケーションが好まれている。日当が安いうえ、交通費が支給されない日雇い労働者にとって、職場までの交通費の捻出は困難である。それゆえ、日雇い労働現場の多いエリアにある駅

図8｜街中の100円コインロッカーの入り口

近の格安ネットカフェは、夜になると個室はすぐ満室になってしまうという。また、ネットカフェでは荷物を置くことができないため、そういったエリアには、街中に安価な月極コインロッカーや１００円コインロッカー[図8]などが置かれている。

そして、ネットカフェではさまざまな目的をもった客が利用しているため、利用客間のコミュニケーションは皆無だ。気になるのは隣のブースの利用者がたてる生活音ぐらいだろう。多くの利用者は他人との付き合いは不要と考えているようだ。簡易宿所は３畳の個室、ネットカフェは約１×２ｍの個室ブースと、個室面積は小さくなった。しかし、駅近で安価なネットカフェの個室が、若い貧困者のニーズに合ったのである。ネットカフェは宿泊施設ではないため、個室ブースに鍵をつけることができない。しかし、近年セキュリティを重視したネットルームと呼ばれる部屋が登場し[図9]、漫画やドリンクなどのサービスはない代わりに、鍵付きのネットカフェのような個室が提供され、割高であるが女性などにも配慮した部屋となっている。また、ネットカフェを住まいにすると住所不定となるが、郵便物を受け取ったり、住民票を置いたりすることができるところもある。

貧困の住まいの未来

貧困の住まいとしてのネットカフェは、実は貧困に限定されない自由な住まい方のひとつであるのではないだろうか。歴史的にもその時代にあった住まい方があり、想定外のものから住まいが派生することもよくある。例えば、米国のお金のないアーティストがアトリエとして倉庫を借り、そこに住むアーティスト・イン・レジデンスという住まい方が、新しい「ロフト住宅」として、富裕層にも支持され大流行した。同様に、「ネットカフェ難民」として悲観的に認知された住み方は、新たなライフスタイルになろうとしている。例えば、２０１８年あたりに注目されはじめた「アドレスホッパー」というライフスタイル。彼らは新

図9｜ネットカフェの進化版
ネットルーム

しい出会いや変化を求めて、一カ所に定住せず、ホテル、ゲストハウス、民泊等さまざまな種類の宿泊施設を利用して、日々移動しながら生活をしている。彼らは、それなりの収入があり税金も納めているため、経済的には困窮していない。「住むところがないから仕方なくネットカフェに住む」ではなく、「ネットカフェは数ある選択肢のなかのひとつ」といった考え方である。固定した場所に住めないライフスタイルから、固定した場所に住まないライフスタイルへと進化しているように見える。

貧困の住まいというとネガティブなイメージになりがちであるが、貧困の象徴であった簡易宿所をネットカフェと連続して捉えたとき、個室面積が小さくなったネットカフェの利用者は多様である。かつては、山谷のドヤの利用者といえば見た目にも貧困とわかる人々であったが、ネットカフェという空間にはさまざまな層の人々が出入りし、そこに利用者間の違いは見えにくい。そして、特定の場所に住まないという近年の貧困層のライフスタイルは、他の所得層にも見受けられ、さらにその「特定の場所に住まない」という部分が、「アドレスホッパー」のようなライフスタイルと連続していると捉えることができる。

貧困ではあるが、合理的と自分で判断した住まいがネットカフェであった。ライフスタイルが多様化し、住まいに対しての価値観も多様化する今の時代、「これが理想の住まい」といった住まいの既成概念はもう通用しないのかもしれない。

現在は、多様化した世帯がそれぞれのニーズに合った場所に住むようになっており、住まいの価値はその人自身の判断基準による。格差社会が進み、貧困が特別ではなくなった今、貧困の住まいは、形式や慣習にとらわれない自由な住まい方として認識されていくだろう。

＊参考文献
平田知久『ネットカフェの社会学──日本の個別性をアジアから開く』慶応義塾大学出版会、２０１９年

映画にみる家族崩壊／成立のかたち

種田元晴

強靭な家族／脆弱な家族

1969年に放送開始された国民的アニメ「サザエさん」の磯野家は、戦後復興期までの日本の住宅街には普通にあった、余裕のある敷地に床座の間が続く平屋に暮らす大家族である。そのような家庭も住居も、今や普通ではなくなった。それが普通だった頃を知らない私たちは、今、「サザエさん」を観て、郷愁と錯覚される幻想を抱き、むしろそこに新しささすら感じているのではないか。「サザエさん」の魅力のひとつは、半世紀前の家族像を今に伝える点にある。

しかしなによりも、「サザエさん」の魅力の最たるものは、磯野家が、決して崩壊するおそれのない強靱な家族であるという前提そのものにある。離婚、家出、不倫、育児放棄、虐待、ひきこもり、逮捕、死別などによって磯野家が機能不全を起こすことは、絶対にない。

この崩壊しない家族像を、つい、ありたい姿よりもあるべき姿を求めがちな私たちは、どこかで常に規範としようとしているのかもしれない。そのために、ありそうでない磯野家に魅了され、番組が終わるや理想と異なる現実に引き戻され、そして憂鬱な月曜日を迎えることになる。現実の家族は、もはや磯野家とは似ても似つかない、多様で複雑なものなのである。

住宅は、家族を容れるハコであるばかりでなく、家族を崩壊させる現場でもある。現実の家族は、崩壊しない磯野家とは異なり、常に崩壊の危険をはらんだ脆いものである。その脆弱さを、映画は誇張して描く。映画には、建築家が理想の空間として提供した現実の構築物の、その使われ方に潜む危うさを浮き彫りにする力がある。本稿では、家族を描いた映画に着目して、家族を家族たらしめる住居の要素について考察してみたい。

大家族の解体・核家族の限界

建築を志すものが日本の家族問題を考えるために観るべき映画としてしばしば挙げられるものに、小津安二郎監督による『東京物語』（1953）と森田芳光監督による『家族ゲーム』（1983）がある。前者は、大家族が核家族に解体された当初を描き、後者は核家族が一般化したことで露わとなった限界を描く。

『東京物語』は、戦後まもなくの東京・足立区周辺を主な舞台とした親子3代11人にまつわる物語である。地方の大家族が戦後復興の景気に誘われてか都心に進出し、それぞれに独立した所帯をもって複数の核家族へと解体された後の、「サザエさん」の磯野家のような大家族ならではの絆が消失してしまった状況を、子の家族らを訪れてはたらいまわしにされる父母と、未亡人となった所在なき義娘の諦念によって描いたものである。

主な舞台となる東京の長男宅など、外部に開いていて、内部の仕切りもあいまいな、「サザエさん」の磯野家のような居住空間が多く登場する点は、住宅史の教材としても楽しい。

興味深いのは、診療所を併設する長男宅や、理髪店を1階に構える次女宅など、店舗併用住宅が物語に色を添えているところである。そういえば、1950年代後半の東京を描いた『ALWAYS 三丁目の夕日』にしても、1960年代後半の東京を描いた『男はつらいよ』にしても、物語の舞台は店舗併用住宅であった。店舗併用住宅は、戦後復興を遂げて商工業が隆盛した時期の、賑わいのある都会の家族を象徴する空

図1｜『家族ゲーム』の食事シーン（1:30:16）

間だったのではないか。

『家族ゲーム』は、『東京物語』から30年が経ち、高度成長期を脱した頃の都市化が著しい東京の湾岸地区に住む親子4人の核家族を描く。舞台となるのは、1977年に竣工した14階建ての公営住宅「都営勝どき六丁目アパート」の3DK（51㎡）の住戸である。

いまだ絶対的な権威をもちながらも、浪人生が両親を殴り殺すという1980年に神奈川県で実際に起きた「バット殺人」を恐れて家庭に積極参加しない父親、父に逆らわず家事をすべてこなしながらも中高生の子育てに困惑する母親、そして親の期待に対照的なかたちで暗に反発する兄弟らの、潜在的に崩壊した家族関係の脆さが、家庭教師という他人の介入によって暴かれてゆくさまを誇張的に描いている。

家族と食事

食事というのは、家族という最小単位の共同体の、その構成員が一堂に会する理由の最たるものであると思う。食事をともにしなければ、家族はそれぞれにコミュニケーションをとることも少なく、ひとつ屋根の下の空間をシェアすることになるだろう。共食しない家族など、さまざまなかたちはあるものの、食事というのは家族を家族たらしめる住居内部の重大な儀式なのではないか。

先に挙げた『東京物語』には、実は食事のシーンがほとんどない。個別に何かを食すシーンはあっても、家族が集まって家で食事をするシーンはひとつもない。唯一、全員で食事をするのは、母の葬儀の後、実家のある尾道の料亭でのシーンのみである。家族を失ってはじめて、家族らしい儀式をするのだった。大家族が核家族に解体されたときの、家族とは何だろうか、との問いかけが物語を通じてなされていたのだとしたら、その答えの一端は、この集まって食べるシーンのなさに表れているのではないか。

なお、この『東京物語』は、平成になって、小津を敬愛する山田洋次により『東京家族』（2012）としてリ

図2｜『トウキョウソナタ』食事シーン（0:30:29）

メイクされた。時代性を考慮した改変のほかは、大筋はほぼ踏襲されている。当然ながら、主な舞台となる長男宅の様相は変わっている。『東京物語』が床座の住まいに合わせて低い視点で描かれていたのに対して、『東京家族』は椅子座を基本とする2階建ての建売風の住宅となっている。しかし、カメラの視点は小津の手法にオマージュして床座の高さのままとしたために、食卓の全体が見えて存在感を強めている点は興味深い。

『家族ゲーム』は、ダイニングに長机を置いて、家族が横一列に並んで音を立てながら食事をするシーン［図1］とともに人々に記憶されている。家族のほころびが顕在化するのも、この食卓でのシーンである。横一列で食事を摂るシーンを繰り返しつつ、終盤になるにつれて食べ方に狂気が滲んでくる。家族のほころびが進行してゆくエピソードをまとめるかのように、定期的にこの食事シーンが挟み込まれることで、家族がだんだんと限界を迎えてゆくさまが確認されるのである。

ちなみに、強靭な絆で結ばれた家族を描く「サザエさん」には言わずもがな、必ずといってよいほど各話に家族全員が集まった食卓のシーンが挿入されている。

核家族の末路

さて、１９５０年代・80年代の東京を代表する『東京物語』、『家族ゲーム』に続く、２０００−10年代の東京を代表する家族映画として、『トウキョウソナタ』（２００８、黒沢清）と『万引き家族』（２０１８、是枝裕和）のふたつをまずは挙げたい。前者は、いまだ理想的な核家族像に囚われた家族がその幻想から解き放たれるという、限界の露呈した核家族を描いた『家族ゲーム』の次の局面を取り沙汰する。後者は、良くも悪くも多様化した時代のあり得べき家族のかたちとは何かを問いかけている。

『トウキョウソナタ』は、『家族ゲーム』のさらに25年後の、ストックの飽和した２０００年代の東京の庭付き一戸建住宅に住まう4人核家族にスポットがあてられている。舞台は、東京・目黒区の井の頭線沿線の住宅地である。この映画では、「親の権威」を第一に考えるべきという強迫観念に苦しむリストラされた父親と、平等で自由な関係を求める母子らとのギャップが、それぞれ抱える秘密の望みを叶えるための家庭外での活動を通して主体的に描かれている。

この映画は、自宅内を描いたシーンと外部でのシーンとがほぼ同数なところが、先の2作品とは異なっている。自宅内を映したものでは、やはり食事シーンが印象深い［図2］。食事を重ねるたびに、家族の崩壊度が増してゆくことが確認される構成は、『家族ゲーム』と同様である。

ただし、家族の秩序を重んじる父親と、個人の自由を求める母子という構図はむしろ、『家族ゲーム』の翌年に公開された『逆噴射家族』（1984、石井聰亙）に通ずる。

『逆噴射家族』は、個性の強い妻・息子・娘に振り回される気弱な夫が、団地から一軒家へ引っ越すことで家族を正気に戻そうと奮闘する、戸建住まい4人核家族のギャグ映画。舞台は千葉県浦安市である。新居の部屋数が夫婦、息子、娘の分しかないところに突如、祖父が転がりこんでくる。家は過密状態となり、ついには父まで正気を失い、家に穴を掘って部屋を増やそうとするも、シロアリの巣を発見して発狂、家族も付き合いきれなくなって家庭内でのバトルロワイアルに発展するという荒唐無稽な展開である。

その家族の狂気の端緒となる祖父の登場シーンが、これまた食卓を囲む場面であった。集まって食べるスペースがここでも事件現場として働いている。父から家族への宣戦布告も食卓でのティータイムのシーンに行われ、戦争終結のシーンも食卓である。

『トウキョウソナタ』や『家族ゲーム』、『逆噴射家族』などはいずれも、父、母、子2人という典型的な核家族を描いている。それぞれに異なる時代背景をもちながらも、サラリーマンの父、専業主婦の母、受験を控えた子、夢に悩む子、その家族を引っ掻き回す第三者の介入という家族構成が共通する点も興味深い。

『空中庭園』（2005、豊田利晃）もまた、これら3つと同じような家族構成の物語である。舞台は『家族ゲー

図3｜『空中庭園』の食事シーン（1:14:51）

ム』と同じく団地であるが、こちらは横浜・港北ニュータウンに2006年に建った港北センタープレイスという10階建て高級民間分譲マンションの、占有ルーフバルコニー付き住戸である。床面積も『家族ゲーム』の公営住宅の1.5倍以上はあるし、3DKであったあちらにはなかった大きなリビングもあるなど、20年の間に建築はずいぶんと進化したものだと思わされる。

秘密をもたないとしているこの家族の虚栄を暴くのは、『家族ゲーム』と同じく、やはり家庭教師。その引き金となるシーンもまた、家庭教師を招いての晩餐のシーンである［**図3**］。やはり食卓は家族を崩壊させる現場となっている。ダイニングキッチンしかなかった『家族ゲーム』の住戸が、その細長く狭い空間を逆手にとって横並びの食事シーンを実現した一方で、広く面的なリビングダイニングキッチンをもつ『空中庭園』の住戸では、上空から円卓をぐるりと回すアングルで、狂気の契機となる食卓シーンを撮っている。

1990年代初頭の映画『お引越し』（1993、相米慎二）では、離婚を前提とした夫婦とその子の親子3人が三角形の食卓を静かに囲む怪しげな冒頭の場面で、娘が「食卓で　会話の弾む　明るい家庭」とのセリフを吐く。これを希望とみるか皮肉とみるか、いずれにしても、家庭の主役は食卓であるとの認識が垣間見える。

非核家族の食卓

『万引き家族』は、一見、仲睦まじい家族に見えて実は他人という3世代6人による、一周まわって新しい大家族像が提示された映画である。監督の是枝裕和は、特異な家族の生き様を描くことを得意とする。『万引き家族』の以前には、育児放棄を扱った『誰も知らない』（2004）、子どもの取り違えを扱った『そして父になる』（2013）、腹違いの姉妹の絆を描いた『海街diary』（2015）などを撮った。

困窮する彼らが寄生する老婆のぼろ家は、足立区の中高層マンションに囲まれた中にぽつんと取り残さ

図4｜『万引き家族』の食事シーン（0:04:32）

れた、バージニア・リー・バートンの絵本を彷彿とさせる「ちいさいおうち」である。ちなみに、同じく足立区をロケ地とする『東京物語』は、荒川の南側を主な舞台としていた。『万引き家族』では荒川の北側を舞台としている。両者から、60年の時を隔てた荒川周辺の街並みを見比べるのも面白い。

冒頭、スーパーで一仕事終えた父と息子がベランダに出された女児に出会い、彼女までをも万引きした直後の、はじめて家族全員が集合する場面もまた食卓のシーンである［図4］。ここではむしろ、食卓の存在が、共住者たちを家族としてつなぎとめているかのようである。カップ麺にコロッケを突っ込んで食べるラストの食卓シーンもまた、家族が解体されて他人に戻ることが暗示された、物語を締めくくる重要な場面であった。

『しゃぼん玉』（2016、東伸児）もまた、血のつながらない家族の物語である。親に捨てられたことで自暴自棄になり窃盗を繰り返す「坊」と、彼に命を助けられることになった老婆が、祖母と孫に勘違いされて絆を深めてゆく。舞台は宮崎県の椎葉村。風光明媚なロケーションに心が洗われる。この映画でも、食卓シーンが物語を進展させる重要なシーンとして機能している。老婆やその仲間の村人たち、仕事を教えてくれる爺、恋心を抱く若い娘と「坊」とがともに食事をするシーンが重なるにつれて、「坊」が改心するきっかけが与えられてゆく。同時に、食卓を囲むにつれて、「坊」と老婆は家族になってゆく。

『間宮兄弟』（2006）は、『家族ゲーム』を撮った森田芳光監督による、未婚の仲良し兄弟の二人暮らしを描いた物語。舞台はまたもや荒川の流域、葛飾区の京成立石駅周辺である。物語の半数近くのシーンが、兄弟がともに暮らすマンションの一室を映したもの。普通の2LDKのような間取りであるが、室内にプライバシーの領域はほぼなく、その扉のほとんどが開け放たれたままとなっている。

この映画には家での食事シーンが少なく、兄弟は終始仲睦まじい。食卓が舞台となるのは、女性2人を招いてのカレーパーティーのシーンと、騙されて意気消沈した弟が兄のつくる塩にぎりを頬張るシーンのみである。ふたつの食卓シーンはともに、他者と関わる苦悩が露わとなり、兄弟の絆が深まる様子を描いている。

なお、この映画はヘリの音から始まるのだが、これは、開け放たれた明るく風通しのよい住まいを暗示しているかのようである。限界が露呈した後に再生を目指す核家族の行方を暗示するかのようにヘリの音で終わる『家族ゲーム』とは好対照をなしている。

究極の家族形態である「おひとりさま」の哀楽を描いた映画であり、建築家の作品をドラマの主な舞台とした印象的な作品『蝶の眠り』(2017、チョン・ジェウン)にも触れておきたい。この映画は、阿部勤の自邸「中心のある家」(1974)を主たるロケ地としたドラマである。まさに、その家の魅力を伝えんとすることが目的なのではないかと思しきほどに家の中のシーンが多い。「中心のある家」の実際の所在地は埼玉県所沢市であるが、近所の風景として新宿中央公園や都庁がランドマークとして映るため、郊外の緑豊かな雑木林に囲まれた南国調の家という本来の姿とは異なり、まるで都心の公園に至近な超高級な住宅街の一角を舞台としているかのようなイメージが観るものに刷り込まれる点も映画のなせる業である。

物語は、遺伝性アルツハイマーの初期症状に冒された女流作家が最期の仕事として大学講師を務め、これをきっかけに出会う留学生と恋をして家に通わせるというもの。ストーリーとしても「中心のある家」へといざない、そして家の中のさまざまな表情をみせようとしていることがわかる。ただし、この映画には自宅での食事シーンがない。「中心のある家」は、阿部によって考案された、客人をもてなしながら料理をする半島型のペニンシュラキッチンが空間の見どころのひとつ。さすがに監督もその見どころは見逃さず、劇中に登場させはするものの、しかし、使われることはない。食事を契機とした事件は起こるのだが、それは外食シーンに委ねられている。自宅のシーンではもっぱら、本を書くか読むかに終始する。これ以上分解しようのない家族形態である「おひとりさま」の住まいでは、食卓は平穏な場所だった。

これらの映画では、かつての大家族でも、その解体後の核家族でもない、非核家族とでも呼べる新たな家族像が描かれている。そして、非核家族の食卓は、家族を崩壊させる現場ではなく、家族を成立させる磁場として働いているのである。

家族を露わにする食卓

少子高齢化が進み、性の多様化が進み、民族の多様化が進み、貧富の格差が拡大し、テレワークが推奨されるなか、かつて、黒沢隆が異議を唱えるべく定義した「近代住居」のように、父が母の分まで外で働き、母が父の分まで家事をして、そして父と母はともに寝るという、「単婚家族」による「夫婦の一体的性格」を保った「私生活の場」としての住居像が消え失せる日も近い。

しかし、おそらく、いくらソーシャルディスタンスが叫ばれようとも、近しい者同士が集まって食べるためのスペースだけは、住居から排除できないのではないか。黒沢が1960年代より提唱し実践した「個室群住居」、すなわち、一家団らんの場である居間や、夫婦の性愛の場である主寝室ではなく、誰にも侵されることのない「個人の影」としての個室を主体とする住居の、その初期の代表作である「武田先生の個室群住居」(1970)ですら、集まって食べるためのスペースが用意されていた。

家族とは何だろうか、と問われて、ひとつの答えを提示できるほど、もはや家族は単純ではなくなった。「サザエさん」の磯野家のようなほころびのない大家族などもともとどこにもないし、父と母と子2人などという、『家族ゲーム』から『トウキョウソナタ』までのようなかつての一般的な核家族像でさえ、やがて普通でなくなるだろう。

シェアハウスに住んでいる他人の集団は脆弱な家族だろうか。顔を合わせることもなくただ同じ家に住んでいるだけの血族は強靱な家族だろうか。家族のあり得べき姿はますます拡張してゆくにちがいない。

映画はこれからも、食卓を重要な舞台装置に据えながら家族の崩壊/成立を描くことで、ありうべき多様な家族のかたちを、私たちに示し続けてくれることだろう。

1

2

Technology

テクノロジー

供給と生産

3

公共住宅の建設・動向・理念の変遷

山岸輝樹

公共住宅政策の分水嶺

２０１１年以降わが国の総人口は減少基調に入った。１８７２年に３４８1万人だった総人口は大正・昭和と増加を続け、２００８年に1億２８０８万人でピークを迎える。その後は減少が続き、１００年後の２１２０年頃には約５０００万人まで減ると予測されている。平成のはじめと終わりでは、家族のかたちも大きく変わった。国勢調査によれば１９９０年の人口のボリュームゾーンは10歳代と40歳代で、社会のマジョリティは「子育て」をする世帯であった。夫婦と子どもからなる標準世帯は37・3%を占め、対して単独世帯は23・1%であった。これが２０１５年には単独世帯は34・5%と標準世帯26・8%を逆転する。

ちょうど同じ頃、戦後の住宅政策の３本柱であった公営住宅、日本住宅公団、住宅金融公庫について、バブル経済の崩壊以降の日本の低成長に対応するために方向転換が行われている。１９９６年には公営住宅法の一部改正が行われ、一種・二種の区別が廃止されるとともに、収入基準が25%にまで引き下げられる。過疎対策や新婚世帯等への安価な住宅供給の役割も担っていた公営住宅は福祉的な役割へと限定され、新築による供給が停滞した。公団住宅については１９９９年に住宅・都市整備公団から都市基盤整備公団へ、２００４年には独立行政法人都市再生機構へと改変され、分譲住宅、新規賃貸住宅の供給から相次いで撤退、新規住宅供給の役割から身を引くことになる。住宅金融公庫も２００７年に廃止され、独立行政

図1｜「タウンハウス諏訪」(1979)
(以下、写真図版はすべて筆者撮影)

法人住宅金融支援機構へ再編された。高度成長期に不足する住宅を提供する役割を担ってきた公共住宅事業は平成の間に徐々に縮小され、住宅の新規供給の役割は民間にシフトし、同時に高度成長期に建設されたストックの建替えや改修へと中心的な課題が移っていく。

平成の前半と後半では供給する側、される側の双方が大きく変わった。人口が増える時代から、減る時代へ、家族住居から独居へ、取り壊して新しく建てる時代から、壊さずに使い続ける時代へ、有り体にいってしまえばそんな変化なのだが、分水嶺を超えると気候も植生も、そして文化も異なるように、時代の纏う空気感も大きく異なっていることに気づかされる。

量から質へ、多様化へ

1970年代末から80年代の初頭にかけて、公団住宅では「タウンハウス諏訪」(1979)[図1]や「木場公園三好住宅」(1982)[図2]、公営住宅では「茨城県営六番池団地」(1976)や「石川県営諸江団地」(1980)[図3]など、優れた公共住宅が多数建設された。いわゆる「高・遠・狭」住宅として郊外の新規開発団地に大量の空き家が生じ社会問題となったことを踏まえ、標準設計に基づく住宅供給から一団地、一住戸ごとに立地や需要に対応した設計・価格設定へと転換が進んだ時期である。「量」の時代から「質」の時代への転換が叫ばれ、住棟・住戸計画においてさまざまな提案が行われた。新しく建てることで「量」を満たす時代は終わり、「質」の悪いものを壊し、新しく建てることで「質」の向上を図る。1990年代の最初の頃はその延長線上にあった。

元号が切り替わる前後の1988年と1991年に、雑誌『建築文化』で2回にわたり「集住の計画学」の特集[図4・5]が組まれている。特集はどちらの回も見開き2ページごとに計画的テーマがまとめられていた。第1回目の1988年の特集では生活領域の構成やコモンアクセス、リビングアクセスなど領域構

右から
図2｜「木場公園三好住宅」(1982)
図3｜「石川県営諸江団地」(1980)

成論的な集合住宅計画の記事に多くの誌面が割かれていた。領域構成論的な建築計画とは、空間認識や愛着・帰属感、近隣集団の形成が、日常生活が繰り返し行われる空間領域のあり方に基づくとする計画論である。加えて二公室型住宅やフリープラン、順応型住宅といったこれまでの型別の住戸供給ではない、カスタマイズや使いこなしによって多様な住生活を包容しうる住戸計画についても複数掲載されており、昭和の終わり頃に標準設計を乗り越えるための計画論が追求されていた様子が窺える。

これが1991年の第2回目の特集では多少趣が異なる。超高層居住や外国人居住、キャラクタープランといった、より個別のニーズに向けた商品企画としての集合住宅計画とでもいう内容に多くの誌面が割かれている。典型的な核家族に対して型を定めて住宅を提供するという方法論から、より市場を意識した多様で多彩な価値観に対応する住宅が模索されるようになるのである。ただし市場においては商品を差別化する意味での「多様性」にこそ意味があったが、より本質的な意味での住生活の質の中身については狂乱地価の前では蔑ろにされたままであった。

平成の最初の頃、地方ではアトリエ建築家による公営住宅が各地で建設されていた。ここでもそれまでの規範的で標準的な住宅のあり方ではないものが求められ、新しく個性的な建築を生み出すアトリエ建築家に期待が寄せられたのだろう。個性的なデザインによって公営住宅入居者層とミスマッチが生じたり、維持管理上の問題を抱えたりすることもあったが、一方で集まって住むことの意味をより積極的に考えた囲み型配置や空中回廊、リビングアクセスなどの提案も行われ、例えば大野秀敏による「茨城県営松代アパート」(1991–93)[**図6**]、丹田悦雄・阿部勤・遠藤剛生による「岡山県営中庄団地」(1993–98)のように評価の高いものも少なくない。

平成に入った頃から、住戸プランの標準となっていたnLDKに対する批判・提案が複数の建築家・社会学者などによって行われている。脱nLDK論と呼ばれたこれらの動きを、公営住宅の課題としてみれば、法律により住戸面積が限定され、かつ独立した部屋数の確保が求められることから、どうしても凝

右から
図4｜『建築文化』1988年3月号
「特集＝集住の計画学」
図5｜『建築文化』1991年3月号
「特集＝新都市居住の時代
──集住の計画学II」
図6｜「茨城県営松代アパート」
（1991–93、大野秀敏）

り固まった住戸プランとなってしまうことを突き崩そうとした動きと理解できる。「岐阜県営住宅ハイタウン北方」(1998/2000、86頁)では脱nLDKが明確な目標となり、4人の女性建築家(高橋晶子、クリスティン・ホーリー、エリザベス・ディラー、妹島和世)の手により核家族の人数に対応して定式化された住戸の形から逸脱した多様な平面の住戸が提供された。山本理顕による「熊本県営保田窪第一団地」(1991、60頁)は従来からいわれているコミュニティ/家族の空間序列である公-共-私を、公-私-共という順番に置き換え、空間を共有すること自体を再設定するような実験的な集合住宅として論争の中心となった。

同時期に重要なテーマとされたのは、都市景観の形成である。ニュータウン等の大規模開発では建物ごとには多様性を有しながら統一感のある街並みを形成することが課題となり、マスターアーキテクト方式、デザイン会議、デザインガイドラインなどが採用された。

〝イタリアの山岳都市〟をコンセプトとした「ベルコリーヌ南大沢」(1989-92)では、全体のマスタープランやデザイン・コードの作成をマスターアーキテクトである内井昭蔵が担い、各街区のブロックアーキテクトが街区ごとの基本・実施設計を進め、マスターアーキテクトとブロックアーキテクトの協議によりディテール等の調整が行われるという進め方で設計が行われた。他にも「六甲アイランド」(1990)、「ネクサスワールド」(1991、62頁)**[図7]**などがマスターアーキテクト方式で建設された。

沿道型配置による街区型集合住宅という特徴をもつ「幕張ベイタウン」(1995-2015)**[図8・9]**は「都市デザインガイドライン」に加え、「計画デザイン会議」によって設計の調整が行われる方式によって進められた。デザインガイドラインでは壁面線や壁面率の設定、三層構成による壁面構成など、ルールが細かく設定されている。各街区ではブロックアーキテクトに加え、合計で3者以上の設計者が関わるように求められ、さらに開発事業者ごとに計画設計調整者となるアーキテクトが関わり、複層的、多角的に都市デザインにかかわる仕組み

右から
図7｜「ネクサスワールド」
マーク・マック棟(1991)
図8｜「幕張ベイタウン」(1995–2015)
図9｜「幕張ベイタウン」スティーブン・ホール棟「パティオス11番街」(1996)

が取られた。

こうして「量」から「質」へ、「多様性」への流れが花開いたように思われたが、バブル経済崩壊後の景気後退のなかで、公共住宅は民業圧迫であるとの議論までも起こり、全体的には徐々に事業の停止や中止が進み先細っていったのである。

都心居住の追求

バブル経済の崩壊後10年近く経つと、地価の下落によって値頃感が出てきて都心回帰が始まり、都心3区に居住人口の増加が見られるようになる。高度成長からの慣性力が弱まるなかで、都心部で塩漬けされていた事業が動き出す。時代の変わり目のなかで最後の花火のように、これまでにない都心居住団地がつくられる。

江東区の工場跡地に、ニューヨークと同等の400%という超高密の住環境を、という挑戦的課題に取り組んだのは「東雲キャナルコートCODAN」（2003–05、94頁）である。それまで息苦しく居住性能も良くないとされてきた中廊下形式やツインコリドール形式といった集合形式を、所々に2層吹抜けのヴォイドを設けることにより応用し、開放的で明るい空間をつくり出した。加えてSOHOが積極的に導入され、各住戸もシースルーエントランス等とすることで廊下側に生活の表情が表れるように工夫されている。高密でありながら開かれた住戸集合という、矛盾していると考えられてきた要求に対してひとつの答えを示している。景観については「東雲デザイン会議」によって誘導型のデザインガイドラインを策定しながら、全体がコントロールされた。ちょうど都市基盤整備公団から都市機構へと移行する直前で、後工区の街区が民間による供給に変更されたりもしたが、ともかく公団による最後の都心部における賃貸住宅供給として大いに注目を集めた。

この時期は団地の建替えが本格化する時期でもあった。建替えの対象となる昭和30年代に建設された団地は、都心やその周辺の立地の良い団地であった。公団の団地では１９８６年に関東は「小杉御殿団地」、関西では「臨港第二団地」を皮切りに、約10万戸が建替えられた。名作団地として知られる「高根台団地」「前原団地」「三鷹台団地」などが次々と建替えられ、その多くは１９８０–90年代の郊外でよく見られるような高層板状住棟による団地景観へと変化したが、赤羽台団地・荻窪団地の建替えではそのような団地とは一線を画す、新しい都市的な団地の可能性を感じさせる設計が行われた。

赤羽台団地の建替えである「ヌーベル赤羽台」（２００６–18）[図10]では、東雲と同様に都市機構および設計事務所が一堂に介する「デザイン会議」を実施し、設計組織ＡＤＨの渡辺真理がデザインディレクターとなって、景観に影響のある部分の調整が行われた。設計者の独創性と景観への連続性に配慮をした設計が行われ、従前団地のもっていたゆるやかな囲み配置の心地よさを継承しながら、高層高密化した都市的な団地が実現している。

荻窪団地の建替えである「シャレール荻窪」（２０１１）[図11]の周辺地域は戸建住宅や小規模マンション等により建て詰まり、団地のオープンスペースは周辺地域の資産となっていた。一方で保全型地区計画による高さ制限がかかっていたため高層化できず、４階建てとすることが求められた。南北軸住棟も採用され密度感が高まるはずのところを、環境も考慮した抜けを効果的につくることで、建て詰まった民間分譲マンションとは異なる新しい風景の団地へと建替えられている。

この後、公共住宅は基本的に新築されない時代に入る。この頃の都心団地では住戸ユニットにＳＯＨＯも計画されるなど、用途純化された郊外の団地の姿とは異なった新しい都心型集合住宅の形として可能性も感じられた。この頃の都心居住団地はオイルショックの頃に盛んに検討されていたタウンハウスのように、時代の転換点に立つあだ花のような存在なのかもしれない。

右から
図10｜「ヌーベル赤羽台」（2006–18）
図11｜「シャレール荻窪」（2011）

「もの」から「こと」へ

平成の中頃には、都市機構が所有する1960年代までの住宅団地の建替えは一巡したが、郊外に大量のストックとして保持されている1970年代の団地については基本的に建替えずに使い続ける方針が示された。郊外団地は相対的に利便性の低い立地が多く、それまでも畳をフローリングにする等の住戸リフォームは続けられてきたが、それでも需要の喚起は難しかった。加えて独居老人や貧困家庭の増加、買い物弱者や雇用機会喪失などのさまざまな問題が進行していて、すでに社会的課題の先進地となっていた。陳腐化する建物を建替えずに使い続けるための取り組みとして、積極的なリノベーション技術を開発する試みが、都市機構では「ひばりが丘団地」や「向ヶ丘団地」で、東京都住宅公社では「烏山住宅」で行われ、バリアフリー化や廊下・EVの設置、一部減築、メゾネット化などが試みられている。

しかし建物の管理以上に団地全体をいかにマネージメントしていくかが重要な課題として認識されるようになっている。「多摩平団地」では古い5階建て階段室型の住棟を民間事業者に貸し出し、事業者が高齢者施設や大学生シェア居住などへのコンバージョンと事業運営を行うといった、民間のアイデアを取り入れた再生方法が試みられている。需要が見込めず地域の不動産のフローが停滞している多くの団地では、住戸の原状回復義務のハードルを下げたDIY可能な住宅とするなど、需要喚起が行われている。都市機構では、ブランドイメージのある良品計画やイケアとのタイアップによる住宅リノベーションを需要の低い地域で展開し、地域のイメージ向上のため利用している。「洋光台中央団地」では、隈研吾や佐藤可士和により団地のブランディングが行われ、建物外装のリニューアルや中央広場の大規模改修等により地域イメージの創出を試みている。

さらには複雑に絡み合う地域の社会課題や生活再生に、多層的かつ包括的、継続的に取り組むことが求められている。そのために住まいを管理する立場の都市機構や自治体だけでなく、住民、事業者、そして

NPOなどさまざまな主体が、それぞれ知恵を絞りながらできることに取り組んでおり、特にNPOのように継続的に関わり続ける主体の活動が重要になっている。

例えば千葉市美浜区の海浜ニュータウンでは、地元の大学発のNPOである「ちば地域再生リサーチ」が地域に入り込み、住まいのリペア・リフォーム、暮らしのサポートなどによって直接居住者に対する住まいのサポート活動を行っている。一方で生活再生の活動として、例えば生涯学習の場や学童保育の場を提供したり、高齢者の孤立や買い物施設の衰退に対して宅配サービスを行ったりしている。その裏側で都市機構や県、市、分譲住宅管理組合、地域の事業者や住民などの多様な地域主体と連携して、地域課題を共有して戦略をつくり、住まいと街の再生を推進するなど、多層的で包括的な活動を行っている。

多くの団地で、コミュニティを再生する象徴的な拠点としてコミュニティカフェなどの人々が集まれる空間をつくっている。それは、集会所などの抽象的な機能のハコではなく、そこに誰かが何かのためにいて、また誰でもアクセスできるような、運営も含むハコづくりである。誰が課題に取り組んでいるのか住民に見える必要がある。平成の終わり頃から「もの」消費から「こと」消費への移行が指摘されているが、建物をつくるだけでは問題は解決せず、マネージメントを含む「こと」を持続的に起こすような空間づくりが求められ、団地再生のなかでテーマとなっている。

大災害が明らかにしたこと

阪神・淡路大震災以降、新潟県中越地震、東日本大震災、熊本地震などさまざまな災害がわが国を襲った。大災害は高齢化など社会課題を加速するといわれている。つまり、被災地が抱える課題は明日のわれらの課題である。

超高齢社会に突入しているわが国では、多くの高齢者が被災者となる。災害によってこれまでの人間関係が切断され、かつ各地の被災者が寄せ集められるかたちで供給される仮設住宅や復興住宅では孤独死が多発した。現在一般的な集合住宅はプライバシーが重視される形式で、人間関係やコミュニティを形成しにくいものであるため、孤独死が頻発するといわれる。

高齢者の孤独に対して、神戸では居住者ニーズを踏まえ「真野ふれあい住宅」(1997)などのコレクティブハウジングがはじめて公営住宅として整備された。東日本大震災では多くの災害復興住宅でリビングアクセスが試みられた。東日本、熊本地震で整備された、地域住民や現地で活動するNPOなどと話し合いながらつくられる「みんなの家」(120頁)も人と人がつながるための施設といえ、世帯人数が極小化した現在、団らんの機能を外部化した空間にもみえる。

これは明日のわが国の姿である。孤独に生きるわれわれをどうするか、というのは度重なる自然災害が突きつける課題である。

木造住宅の変貌
性能の果てに

権藤智之

平成までに

この30年ほどの間、耐震性、断熱性など、木造住宅において性能の向上を目指した技術開発が進められ、性能による評価も一般化している。ストックまで含めれば日本の戸建住宅の大半は工務店が供給する木造軸組構法住宅であるため、本稿ではそれに関係した事柄を中心に述べてみたい。

住宅を性能から見る視点は新しいものではない。戦前、同潤会の頃から衛生や防火、耐震を目的として住宅の性能を評価する動きはあった。戦後に始まった内田祥哉らによる構法研究も「構法論」と「性能論」の二本立てで進む。片方に屋根や壁の構法のリストがあり、もう一方には求める性能のリストがある。これを付き合わせれば最適な構法が決まる。現在流行りの最適化である。[1] しかし、この枠組みは1970年頃には行き詰まる。ひとつには構法が増え続け入力に終わりがないためであり、もうひとつは部位ごとの性能を建築全体の性能に統合できなかったためである。「性能論の限界」で建築計画学の鈴木成文は、住宅という属人的な評価がなされるものにおいて総合的評価は「ナンセンス」であると批判した。[2] 独立したさ

▼1 住宅総合研究財団『現代住宅研究の変遷と展望』丸善、2009年。

▼2 鈴木成文「性能論の限界」、『建築雑誌』1971年5月号。

まざまな用件からなる性能について、それをどのように統合すれば建築を適切に評価できるか。この問いはつまるところ良い建築とは何かに行き着き、容易に答えは出せない。こうした困難は認識されていたものの、1970年頃までの日本では住宅不足解消や住宅の大量生産は社会的な問題であった。それに向けた住宅生産の工業化が進められるなかで、部分的であっても性能を明確にする意義は大きかった。

1968年に日本全国の住戸数が世帯数を上回り、統計の上で住宅不足は解消された。1973年にはこれが全都道府県で達成され、住宅生産のテーマは大量生産から多様化や性能向上へ展開する。建設省による住宅建設5カ年計画のテーマも1世帯1住宅から1人1室へ、最低居住水準や平均居住水準へと徐々に要求が引き上げられる。1970年代には欠陥住宅問題が国会でも取り上げられるなど品質管理が厳しく問われはじめ、TQC（Total Quality Control）と呼ばれる品質管理の手法が製造業から住宅産業にももち込まれた。そして1980年には住宅の省エネ基準が、1981年には新耐震（建築基準法施行令の改正、木造在来構法住宅では壁量規定の見直し）ができ、現在の住宅にも通じる耐震、断熱の基準が登場した。さらに1983年に「いえづくり'85コンペ」が開催され、長らく工業化住宅一辺倒だった合理化のまなざしが、木造住宅にも向くようになった。このように住宅の性能を数字に置き換える基準ができ、住宅をより性能の高いものに変えていく仕組みは整えられた。そして平成が始まった。

工務店の図面調査と断熱・気密

筆者は、工務店が1970、80年代から2010年頃までに建設した木造在来構法住宅の図面や図書を調査してきた（修士・博士の研究として）。工務店数十社が建てた住宅について、何年に基礎の寸法が変わった、梁の樹種が変わったといった変化を調べ続けたなかから、印象に残ったものをひとつ挙げろといわれれば断熱である。

1980年代から90年代にかけて、新住協、FP工法、OMソーラーなど[3]、現在の主要な断熱構法グループの多くが設立された。北海道をはじめ寒冷地では、1970年代のナミダダケ事件[4]をはじめとして、寒さ、結露等による問題が頻発し、北方型住宅に代表される産官学の取り組みが続けられてきた。北海道の工務店に行ってこの頃の話を聞けば、有名なナミダダケで床が落ちた話に加えて、押し入れに入れたカバンを取り出すと毛皮かと思ったらカビが生えていたといった話が聞ける。新潟県のH工務店が自社の高気密高断熱構法住宅につけた名前は「はるめんと」である。工務店は春のように暖かい家を何とかつくりたいし、住まい手は何としても暖かい家がほしい。このように暖かい家をつくることにおいて、居住者と工務店は価値観を共有していた。

こうした取り組みの成果が見えるかたちになってきたのが平成のはじめである。先述のようにいくつかのグループができ、研究者や工務店が自主的に北米や北欧を何度も視察で訪れ、首都圏でもそれらのグループに加入する工務店が見られるようになった。こうした工務店同士や外部の組織との連携は、技術研究所や研究開発部門を内部に備える大手ハウスメーカーとは異なる。工務店は小規模である。しかし、全国に数万社存在し、年間数十万戸の木造在来構法住宅を供給する。こうした小規模散在型だが巨大な市場に対してオープンな技術開発が進められた。当時、室蘭工業大学の鎌田紀彦が主導した新住協はその代表例だろう。鎌田や建材メーカーが新しい構法を提案し、工務店は実現場からの情報をグループにフィードバックする。新たにグループに加わった工務店は先輩工務店の住宅や施工現場を見学し、新たな技術を取

▼3 新住協：1988年設立。当初は新在来木造構法普及研究協議会、現在の新木造住宅技術研究協議会。FP工法：松本建工株式会社が1985年販売開始。OMソーラー：OMソーラー協会が1987年に設立。

▼4 オイルショック後、北海道で断熱材の厚さを増した際、壁体や床下への防湿性が不十分であったため、断熱材部分で結露が発生し、ナミダダケと呼ばれる腐朽菌が繁殖、新築後数年の住宅で床が落ちるなどの深刻な被害が発生した。ナミダダケの名の由来は、水滴を涙のように落とすことから。

り入れることができる。

このような小規模かつ多数の工務店を対象としたボトムアップ的な性能向上の取り組みは新しいものではない。例えば、1950年に設立された住宅金融公庫の仕様書も同様の役割を果たした。公庫の仕様書に従った住宅を建てることは、建築基準法を満たしたうえで、さらに少し上の水準を満たすことになり、木造住宅の性能を引き上げる役割を果たした。ただし、公庫仕様書とは異なり、断熱構法では工務店がいくつかある構法のなかから選択することとなる。さらに工務店にとって、同じ地域で活動する工務店やビルダーは同業他社である。他社との差別化には、なるべく異なる構法を導入した方がよい。こうした傾向は地縁血縁の影響が薄い首都圏など都市部でより顕著であろう。結果的に数多くの断熱構法グループが生まれた。

改良へ、そして性能の競争へ

新しく断熱構法を導入した後にも、工務店ごとにさまざまな改良が加えられた。新住協に関していえば、先張りシートや気流止めといわれる構法がある。これは胴差に梁を差し込む前に防湿シートを貼ったり、間柱に壁体内気流を止めるための横材を取り付けるため、高所作業や従来にはなかった作業が必要で手間がかかる。初期に新住協の会員だった工務店10社を見ると、社員大工を雇用するある工務店はオリジナルのままの構法を使っていた。継続的な雇用関係のある社員大工であれば、手間がかかっても大工に教え込ませることができるからだ。一方、ある工務店は規模が大きく、多くの協力大工のチームに施工を依頼していた。そのためこの工務店では、品質を一定にするために壁の防湿シートを2階でも桁まで延長し（天井裏にも張り）、上部の気流止めを省略していた。防湿シートは少し余分に必要になるが、作業としてはわかりやすい。さらに進むと、札幌のY工務店のように、梁、桁の上に合板を貼って構面をつくりその上に防湿シート、断熱材を施工する構法（通称、桁上断熱）も見られる。当然材料費は高くなるが、Y工務店社長の新住協への報告によれば坪単価の上昇は２０００円弱で、施工性や性能によってカバーできると判断したとのことである。

工務店は小規模であるため経営者や一部の人間がコスト、材料、職人、構法、意匠など自社の住宅生産プロセス全体を勘案して構法を決定する。そのため、迅速・柔軟かつ多様な構法の選択や改良がありえる。平成期の大きな特徴として継手仕口のプレカットの普及［**図1**］があげられるが、これも当初は工務店やビルダーが自社で小規模な工場を所有する場合が多く見られた。こうした先進的な工務店によって、新しい構法が導入、改良され、それがグループやメディアを通じて広がり、全体として木造在来構法の性能は向上した。

こうした改良では性能の競争も見られた。Q値（熱損失係数。現在は外皮平均熱貫流率＝UA値が一般的である）やC値（相当隙間面積）といった数値が家の暖かさや気密性を示す数値として一般化した。北海道ではQ１住宅という言葉が２０００年代、盛んに聞かれた。C値を０に近づけるために、首都圏の工務店でも気密測定と、気密欠損を見つけては塞ぐことを繰り返した。定量化が可能な指標がもち込まれ、元々技術指向で専門的な知識を身につけた工務店がこの競争に加わった。現在から見れば不必要なまでに気密性を高めるような動きもあった。気密性が高すぎて、換気扇をつけると子どもが玄関のドアを開けられないといった現象も起きるようになった。ここまでくるとヴェーバーのいう数字のロマンティシズムやミュラーのいう測りすぎに近いだろう。

断熱以外にも、差別化や「性能」向上を実現するための競争が行われた。木材も町の木材屋から買うのではなく、産地を指定した木材を使い産直住宅にする。耐震面材は、構造金物も何を使うか、プレカット工場はどこか等々、住宅のさまざまな側面で競争が行われ、居住者にとって住宅はわかりにくいものになった。１９８０年頃の木造住宅調査結果を見てみると、木造住宅には松竹梅のグレードがあって、「松」の

図1｜プレカット機を備えた工務店の加工場
（1982年にプレカット加工機を設置）

和室はヒノキ、「梅」はスギといった単純な使い分けがなされている[図2]。しかしその後、話は単純ではなくなり居住者も工務店も考える内容が多くなる。さらにインターネット等の普及によって居住者が知識をつけると、工務店がそれに応えるために知識を増やすようになる。2000年には住宅性能表示制度のように住宅全体を評価する仕組みも生まれたが、さまざまな性能が並列に提示され、同じ性能の構法が複数ある状況では、どれかひとつに選べと言われてもなかなか難しい。

　耐震や断熱といった性能についての競争が最終的に辿り着いたのは長寿命化だった。長寿命化は本来、新築時には確認できない幻の性能である。2008年度に行われた長期優良住宅先導的モデル事業では「200年住宅」がひとつのコンセプトであったが、採択された1社が2009年1月に倒産するといった事態も発生した。住宅が200年もつと本気で思って買う住まい手がどの程度いるだろうか。ここに至って、かつての暖かい家のような居住者とつくり手の価値観の共有は揺らいできた。首都圏のある工務店社長は「耐震だ、次は断熱だって方向があっちこっち変わってきただけで積み上がっていかないんだよね」と言っていた。次々に競争の軸が変わり疲弊しただけの印象すらある。

　工務店やハウスメーカーによる性能競争によって住宅の価格が上がるなかで、販売サイクルを早め土地付きの戸建を安く販売するパワービルダーが2000年頃から台頭した。気がつけば、性能競争のなかで、一定の性能の新築住宅をできるだけ安く手に入れたい多くの層が取り残されていたともいえる。パワービルダーはプレカット工場をはじめとするオープンなリソースや性能表示制度を使って求められる性能を忠実に実現した住宅を供給する。

　いずれにせよ日本の住宅の性能は向上したといえるだろう。2000年代以降に度々襲った大地震においても、近年建てられた住宅は地盤や揺れの繰り返し等の問題を除けばほとんど壊

地域名	ローコスト住宅				標準住宅				高級住宅			
	土台	梁	柱 見えがかり	柱 見えがくれ	土台	梁	柱 見えがかり	柱 見えがくれ	土台	梁	柱 見えがかり	柱 見えがくれ
熊谷	PG	米松	ツガ 杉	ツガ	PG ツガ	米松 地松	ヒノキ 杉	杉	ヒノキ	地松 米松	ヒノキ	ヒノキ
勝田	カラ松	地松、米松	杉	杉 ツガ	カラ松ヒノキ	米松 地松	杉	杉 ツガ	ヒノキ	地松	杉	杉
佐倉	ツガ	米松	杉 ツガ	杉 ツガ	ツガ	地松 米松	杉	杉	ヒノキ	地松	ヒノキ 杉	杉 ヒノキ
上越	カラ松 PG	カラ松 米松	杉	杉 ツガ	カラ松 ツガ	カラ松 米松	杉	杉	カラ松 PG	地松 カラ松	杉	杉
高岡	カラ松	カラ松 米松	ツガ 杉	ツガ	ヒバ	カラ松	杉	ツガ 杉	ヒバ	カラ松	米ヒバ	ツガ 杉
彦根	カラ松	米松	ツガ 杉	ツガ	カラ松ヒノキ	米松	杉	杉 ツガ	栗 ヒノキ	地松 米松	ヒノキ 杉	ヒノキ 杉
亀岡	カラ松 ツガ	地松、米松	ヒノキ ツガ	ヒノキ ツガ	ヒノキ カラ松	地松 米松	ヒノキ	ヒノキ	ヒノキ	地松	ヒノキ	ヒノキ
富田林	ヒノキ ツガ	米松、ツガ	集成 ツガ	ツガ	ヒノキ	地松 米松	ヒノキ	ヒノキ ツガ	ヒノキ	米松 地松	ヒノキ 杉	ヒノキ
都城	ヒノキ 杉	杉	杉	杉	ヒノキ 杉	杉	杉	杉	ヒノキ	杉	杉	杉
鹿屋	杉	杉	杉	杉	杉	杉	杉	杉	ヒノキ 杉	杉	杉	杉

図2｜グレード別使用樹種（安藤正雄ほか「地域型木造住宅研究——10地域調査その3材木店の特性と木造住宅・工務店との関係性」、『日本建築学会大会学術講演梗概集（東北）』1982年10月、1455–1456頁より転載）

れていない。また、北海道においては次世代省エネ基準に適合した住宅の割合が２００８年に７割に達した（北海道建設部建築指導課の推計）。新築すべてが地震で倒れない家、暖かい家であるとは言い切れないが、こうした性能面での差別化がこの30年で難しくなったのは確かであろう。そこで、はたと次は何の性能で競争すれば良いのだろうかとなったのが、平成の終わりである。さらにまったく新しい状況が出現した。住宅市場の縮小である。

縮小市場とオープンな技術

「日本では年間１００万戸の家が建つ」。これは２０１０年頃まで住宅関係者に共有されていた規模感である。その半数が戸建住宅で、その７、８割が在来木造である。この巨大な市場に向けて、先述のようなオープンでボトムアップ的な技術開発が行われてきた。ひっくり返していえば、オープンな技術開発が成立するのは、大きな市場があるからである。例えば、ハウスメーカーの工場のように工務店が自社で投資しなくても、プレカット工場にはこれまで設備投資が繰り返されてきた。ピークには９００近いプレカット工場が建ち、全国的な供給網ができた。現在、プレカット工場数は減少に向かっている［**図3**］。これから特に地方都市で新築の需要が減ればこうしたインフラは維持が困難になると思われる。木造在来構法戸建住宅の着工棟数は平成元年度の46・7万棟から平成28年度は33・0万棟に減少した。

日本の住宅市場では、大工もオープンな資源として存在していた。全国に腕のある大工がいて、工務店は自社で雇用しなくてもこの人的リソースを使って家を建てることができた。しかし、市場縮小と相まって高齢化等の理由により急激に大工は減っている。

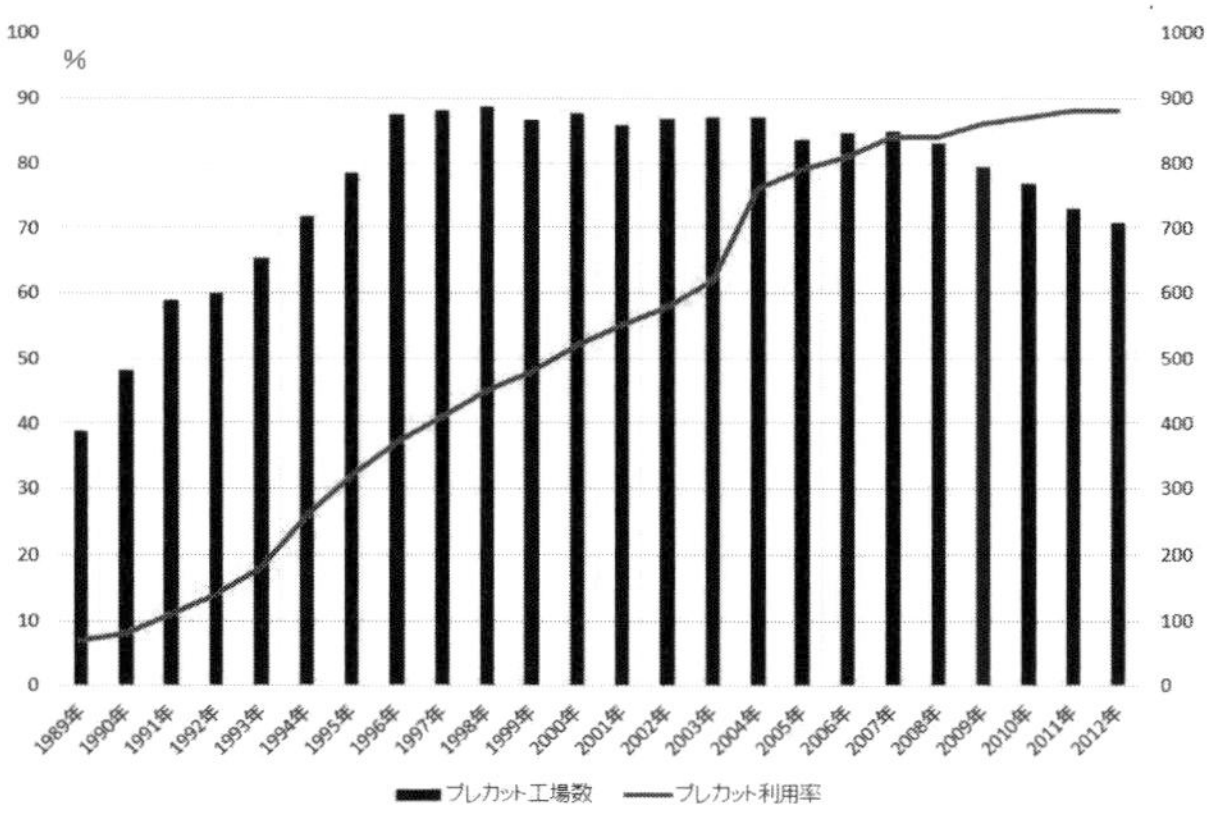

図3｜プレカット工場数・利用率推移（一般社団法人全国木造住宅機械プレカット協会資料による）

最大で1980年に約90万人いた大工は2020年には約30万人まで減り高齢化している［**図4**］。20%程度だった50代以上の割合は半数を超えた。労働環境や待遇の問題に加えて、縮小局面に入った住宅市場で新たに働こうとする若者は少ない。

こうしたオープンな資源の衰退は工務店にとって死活問題である。ビルダーやハウスメーカーはその地域での活動が難しくなれば撤退すれば良い。しかし、小規模な工務店はそうはいかない。工務店は町場のネットワークを使う。ある地域の新築住宅が減れば、あるいは職人や材料流通のネットワークがなくなれば、当然こうしたネットワークは維持できなくなる。1980年代後半に地域型木造住宅の調査をした地域の追跡調査に2010年頃ついて行ったことがある。20年前は施工中の木造住宅約20棟をすべて調べるために研究室の学生総出で村中をまわったという話を聞きながら新幹線とレンタカーで現地に行くと、新築の工事は1棟しかなかった。工務店に聞くと、多くの工務店は仕事がないので廃業したり、近くの市まで仕事に出ているという。今まで仕事をしてきた地域だけでは仕事の絶対量が足りなくなるし、いざ建てようにも左官はじめ専門工事業者もいない。

住民にとってみても、工務店がいなくなるとその地域で家を建てたり、改修するハードルは上がる。考えてみれば工務店自体オープンソースだったのだ。日本全体に工務店がいて、頼めば家を建ててくれる。ハウスメーカーの住宅も下請けで内装工事全般を行うのは工務店である。ハウスメーカーも住民もオープンソースとしての工務店を当然のものと見なしてきた。そうした状態がもはや成り立たなくなっている。大学院で調査をしていた2000年代、木造建築工事業の業者は8、9万事業所で、元請けでやっているのは推計で2、3万事業所というのが一般的な理解だった（2004年で約8万7000社）。この原稿を書くにあたって統計を確認して驚いた。2016年には木造建築業の事業所数は4万8000事業所程度に約半減している（経済センサスによる）。

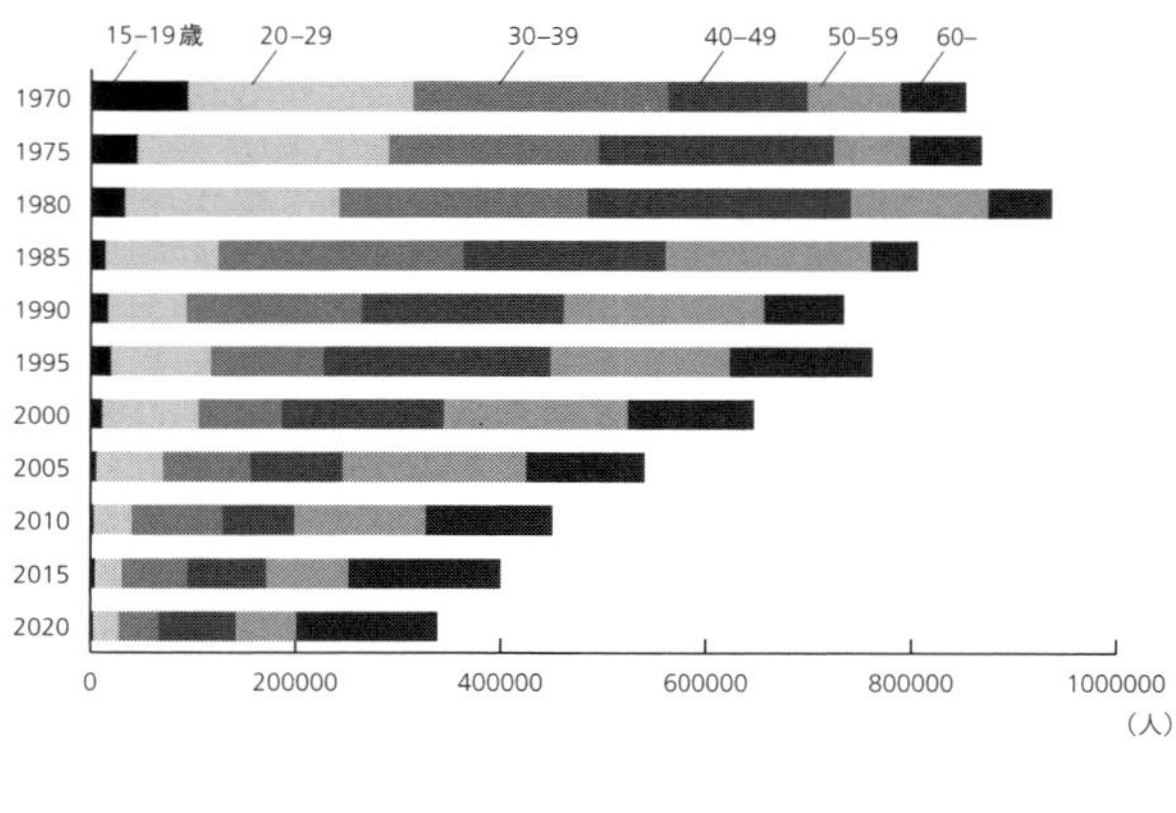

図4｜大工数推移
（国勢調査より、型枠大工含む）

生産の再構築へ

性能を追求するなかで、限界を迎えたのは単一の評価軸での競争と、量を前提としたオープンなリソースへの依存である。オープンなリソースを組み合わせ、競争によって次々に良い住宅に改良していく時代は終わったのかもしれない。平成を通じて築き上げた耐震や断熱といった性能を前提に、工務店やハウスメーカー、ビルダーごとにつくりたい家をじっくりつくりあげていく時代がようやく来たとも言えよう。大工の雇用など、これまで外部に依存してきたリソースを見直し生産体制を再構築する必要もあろう。これは木造軸組構法住宅に限らずツーバイフォーやプレファブにも通じるテーマである。

冒頭の性能に関する問題意識に戻れば、別個の性能や技術、生産システムをひとつの住宅に統合する必要がある。こうして生み出される住宅を総合的に評価するのは、住民でもあるし、工務店はじめ個々の住宅供給主体でもある。細分化した評価を再び統合するのは、小規模で一部の人間に知識やノウハウが集約している工務店の得意分野のはずである。設計施工一貫で請け負える工務店がまだ数千、数万社規模で存在している状況は木造軸組構法住宅にとって強みになりうる。平成を通じて耐震も、断熱も、長寿命化もやった。性能競争の果てに、さあこれからそれぞれの良い住宅をつくろうかというのがこれからの住宅生産のあるべき姿だろう。

＊参考文献
『日本の近代・現代を支えた建築——建築技術１００選』日本建築センター／建築技術教育普及センター、２０１９年。

エコハウスの登場とその展開
ゼロカーボン時代へ

松元良枝

エコハウスとは？

エコハウスとは、エコロジー・ハウスの略称とされているが、広く認識されているイメージは、「なんだか環境によさそうな住宅だ」、といったぼんやりとしたものではないだろうか。本来の意味合いは、自然エネルギー、再生可能エネルギーを地域の気候風土や敷地の条件、住まい方に合わせて最大限に活かしながら、身近な地域で得られる無垢材や、珪藻土といった自然素材を建材として利用することで、エネルギーだけでなく資源循環も含めて環境への負荷を減らした住宅で、パッシブデザインなど多様な要素を含んでいる。このように、非常に広い概念を含んでいることもあり、エコハウスの呼称は、基本的概念を継承しながらも時代の要請を付加しさまざまに変化していった。特に、気候変動に関する政府間パネルＩＰＣＣが設立された１９８８年以降、省エネ基準の改正など、環境的な時代の変化に呼応するかのように、パッシブハウス、インテリジェントハウス、環境共生住宅、スマートハウス、ゼロエミッションハウス、省CO_2住宅、ＬＣＣＭ住宅、ゼロエネルギー住宅、スマートウェルネス住宅、と新しい要素を取り込んでいる。住宅に求められる環境と取り巻く状況が大きく変化した１９８９年からの30年［表1］、自然エネルギー活用の手法は多様化し、壁や窓に代表される屋外との境界である外皮性能の向上によって建築の基本性能は進展した。設備技術、IoT等の技術によって、建築空間が変わることも期待されている［図1］。これらの関係はこの30年のエコハウスを考えるうえで重要となっている。エコハウスの視点からどのような時代だったのか、次の時代には何が変わるのか、そして私たちに求められることは何かを考えてみたい。

年（和暦）	出来事、国際条約等、日本国内の法制度、性能評価・認証制度、補助事業等
1953 (S28)	北海道防寒住宅建設等促進法（寒住法）の制定
1972 (S47)	国連人間環境会議／ストックホルム宣言
1973 (S48)	第1次オイルショック
1979 (S54)	第2次オイルショック、エネルギーの使用の合理化に関する法律（省エネ法）の制定
1980 (S55)	住宅・建築省エネルギー機構（IBEC）の設立、省エネ基準（旧省エネ）の制定
1985 (S60)	オゾン層の保護のためのウィーン条約
1987 (S62)	モントリオール議定書
1988 (S63)	オゾン層保護法の制定、IPCC（気候変動に関する政府間パネル）の設立
1990 (H2)	地球温暖化防止計画／環境共生住宅研究会の発足
1991 (H3)	リサイクル法施行
1992 (H4)	地球サミット／気候変動枠組条約、省エネ基準改正（新省エネ）
1993 (H5)	環境基本法制定
1994 (H6)	太陽光発電補助金制度（住宅用太陽光発電システムモニター事業）
1995 (H7)	阪神・淡路大震災
1997 (H9)	COP3／京都議定書、AIJ地球環境行動計画
1998 (H10)	環境共生住宅認定制度、トップランナー制度
1999 (H11)	省エネ基準改正（次世代省エネ）
2000 (H12)	地球環境・建築憲章（建築関連5団体）、循環型社会形成推進基本法、品確法／住宅性能表示制度、ミレニアム開発目標（MDGs）、第1回JIA環境建築賞
2001 (H13)	中央省庁再編／環境省発足、家電リサイクル法施行、自立循環型住宅の開発プロジェクト開始
2002 (H14)	CASBEE（建築物総合環境性能評価システム）運用開始
2003 (H15)	建築基準法改正（シックハウス対策）
2005 (H17)	サスティナブル建築世界会議SB2005Tokyo開催、第1回サスティナブル建築・住宅賞、自立循環型住宅ガイドライン
2007 (H19)	CASBEE-戸建（新築）、フラット35S（住宅ローン金利優遇）
2008 (H20)	窓の断熱性能表示制度の施行、住宅・建築物省CO2先導事業
2009 (H21)	環境省エコハウスモデル事業、LCCM住宅の研究・開発開始、住宅事業主判断基準／住宅省エネラベル、長期優良住宅促進法／長期優良住宅認定制度、家電エコポイント、太陽光発電の余剰電力買取制度開始、2020年を見据えた住宅の高断熱化技術開発委員会HEAT20が発足
2010 (H22)	住宅版エコポイント制度、既存住宅の省エネ改修ガイドライン
2011 (H23)	東日本大震災／原発事故、LCCM住宅認定制度の開始、窓の断熱性能表示制度の改正、CASBEE-戸建（既存）
2012 (H24)	再生可能エネルギーの固定価格買取制度（FIT）、エコまち法／低炭素建築物認定制度、住宅のゼロエネ化推進事業、ZEH支援事業、地域型住宅グリーン化事業、HEMS導入事業
2013 (H25)	省エネ法改正（改正省エネ）、建材トップランナー制度（断熱材）の施行
2014 (H26)	長期優良住宅化リフォーム推進事業、建材トップランナー制度（窓）の追加、建築物省エネルギー性能表示制度（BELS）開始、スマートウェルネス等住宅推進事業
2015 (H27)	省エネ住宅ポイント、持続可能な開発目標（SDGs）、COP21／パリ協定
2016 (H28)	熊本地震、モントリオール議定書キガリ改正、建築物省エネ法（H28年基準）、住宅トップランナー制度対象事業者の拡大、住宅版BELSの開始
2019 (R1)	建築物省エネ法改正（5月）、次世代住宅ポイント制度（6月）

表1｜法制度・施策からみたエコハウス

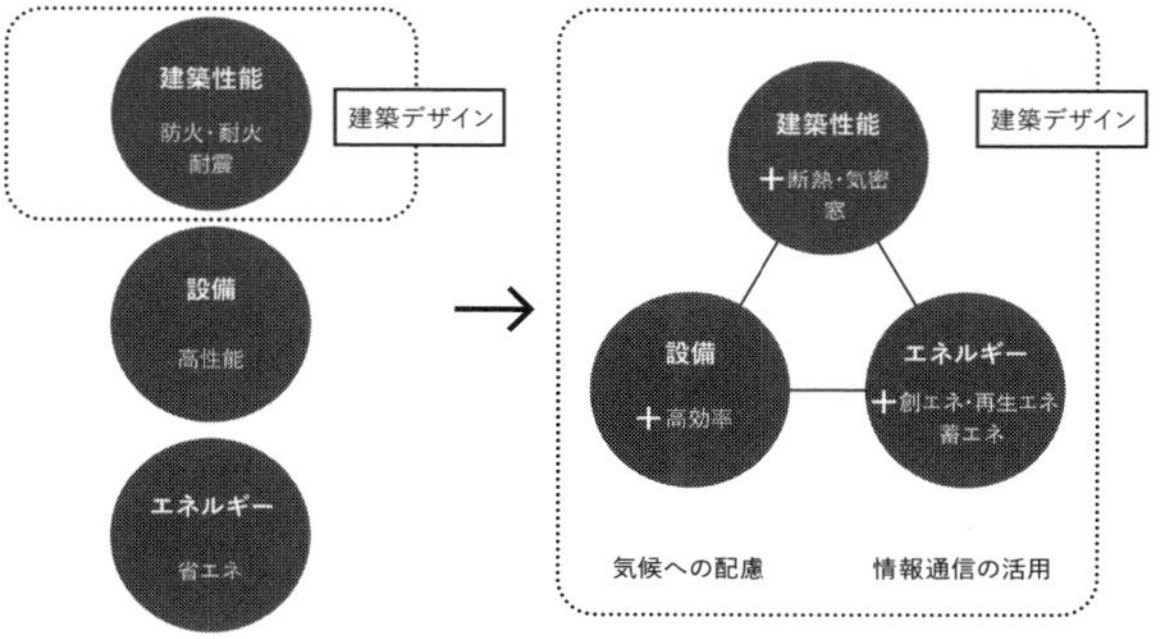

図1｜1989年以降のエコハウス

エコハウスと外皮性能

建物の外皮を構成する断熱と窓の性能は、室内の温熱環境をつくるとともにエネルギー性能に大きく関わり、エコハウスの根幹をなしている。断熱は、戦後まもなくから寒冷地で先進的に問題とされてきた。北海道では1953年、北海道防寒住宅建設等促進法(寒住法)が制定され、1955年頃からグラスウール等による断熱化が試みられていた。オイルショックを機にエネルギー問題への関心が高まりさらに高断熱化が進んだが、気密性能の不足から床や壁に内部結露が発生するといった問題が生じ、その後の断熱は気密とともに考えることが必須となった。温暖地では1980年の省エネ基準で初めて断熱性の目安が示されている。通気層や防湿層の設置といった断熱構法も見直され、従来からの充填断熱のほか、外張断熱、充填と外張を組み合わせた付加断熱等が普及し、技術的には高断熱化が可能となった。しかし、その都度改正された省エネ基準の底上げが十分でなかったことから、地球環境負荷低減の視点から求められる性能との差は大きかった。このような背景から、2009年には有識者、住宅・建材生産者団体の有志によって「2020年を見据えた住宅の高断熱化技術開発委員会(HEAT20)」が発足、2013年の省エネ基準を超える新たな外皮性能の基準として、2015年、G1・G2グレードが提示された。現在、このグレードを参照するハウスメーカーや設計者が増えている。このG1・G2グレードで日本の住宅の断熱性能はようやく欧州諸国の水準に近づいた。

窓についても、北海道等の寒冷地を除いて、平成に入っても新築戸建住宅の複層ガラスの普及率は6割を下回る状況だった。1999年の省エネ基準改正で、ようやく寒冷地以外でも複層ガラス以上の性能が要求されるようになった。その後、基準策定時におけるもっとも優れた製品の性能を目標年度までにさらに上回るよう求めた「トップランナー制度」が、建材の分野にも広がり、断熱材に続き、2014年、サッシ・ガラスも対象となった。こうして、新築戸建住宅の複層ガラス普及率は、2018年に9割を超え、複層ガラスよりも断熱性・遮熱性に優れる高性能なLow-E複層ガラスの普及率も8割を超えた(板硝子協会調査)。新築住宅の性能強化が進む一方で、2007年時点における既存の戸建住宅の複層ガラス普及率は1割にも満たず(板硝子協会推定)、住宅の多くを占める既存住宅の高性能化が課題となっている。改修で利用可能な内窓の普及や真空ガラスの量産等による性能の向上が期待されている。また、ガラスだけでなく窓のフレームであるサッシにおいても、アルミサッシから断熱性能の高いアルミ樹脂複合および樹脂サッシが、2018年には7割を超える普及率となっている(日本サッシ協会、住宅用建材使用状況調査)。

設備機器は高効率化へ

照明や暖冷房等の設備機器においても、家庭全体のエネルギー消費量削減のため、それまでの高性能化から高効率化へと目標が変わってきた。この点がこの30年の特徴といえるだろう。照明では、白熱球から蛍光灯が多く使われるようになり、発光効率の改良などで高効率化が進んだ。その後、青色・白色LEDの開発によって、大幅に省エネ性が高く長寿命なLED照明が実現した。LED照明の普及は、省エネだけでなく、省資源の点でも環境への負荷削減につながっている。さらに、小型化、薄型化は、住宅の光環境のデザインにも少なからず影響を与えた。暖冷房ではエアコンが大きく変化した。オゾン層保護、温暖化防止、家電リサイクル法等、規制への対応とともにトップランナー制度の導入もあり、高機能化とともに高効率化が図られてきた。人の検知といったセンシング技術を導入した省エネ機器もみられる。その一方で、一世帯当たりのエアコンの保有台数は1・86台(1990)から3・22台(2018)と1.7倍に増加した(内閣府消費動向調査)。エアコンの高効率化が大きく進んだものの、室単位で利用することによる保有台数の増加は、結果的に暖冷房のエネルギー消費量の削減を妨げる要因のひとつとなっている。住宅において設備は付加する要素という思考は、依然として変わらないままであることを端的に示している。給湯は年間を通して毎日利用されることから、家庭におけるエネルギー使用割合の約3割を占める。そのため、家庭全体のエネルギー消費量の削減を考えるうえで、給湯のエネルギー削減は効果が大きく、光熱費削減効果がわかりやすいこともあり、高効率な給湯製品が開発・普及してきた。電気給湯機のエコキュート（自然冷媒ヒートポンプ給湯機、2001）、ガス給湯器のエコジョーズ（潜熱回収型高効率給湯器、2002）のほか、2009年には、ガスで発電し発電時の排熱を給湯等に利用する家庭用燃料電池エネファームも登場した。

再生可能エネルギー・蓄エネルギーの時代

エコハウスにおける再生可能エネルギーの活用といえば、太陽光、太陽熱であったが、技術の進化、さらなるエネルギーの活用拡大を図るため、バイオマスエネルギー、地熱エネルギーなども導入されている。太陽光発電は、1990年代には、コスト面等から一般家庭での利用はハードルの高いものであったが、2000年代以降、導入の低価格化と余剰電力買取制度の開始（2009）、再生可能エネルギーの固定価格買取制度（FIT、2012）によって一気に普及した。2019年以降は、FITの買取期間満了を迎える住宅も出現している。今後は、売電によるメリットを享受するのではなく、いかに住宅内で効率よく消費するかが住まい方などとともに重要になってくるだろう。オイルショックを機に設置数が増大し、かつては多くの住宅の屋根に見られた太陽熱温水器は、石油価格の低下等により、1997年をピークに設置台数が減少に転じた。近年では、太陽熱温水器は、太陽の熱エネルギーを水を温めるための熱として使うことから、太陽光発電と比べて変換効率の高い高効率な再生可能エネルギーの活用として見直されている。また、2010年、エコジョーズを併用した太陽熱温水システム（SOLAMO）が発売され床暖房に活用されるなど、給湯以外の機能を組み合わせた複合的な利用を可能とする機器も登場している。

エネルギーを蓄える技術はこの30年で進化したもののひとつである。1990年代前半、日本は蓄電池

（二次電池、充電池）の分野で、ニッケル水素電池の実用化（１９９０）、リチウムイオン電池の世界初の量産化（１９９１）を果たしている。ニッケル水素電池のエネループ（２００５）は、これまでは使い捨てだった乾電池を、充電して繰り返し使うことを身近にした商品のひとつである。現代の生活になくてはならないスマートフォンをはじめとする多くの電子機器は、リチウムイオン電池によってバッテリーの性能が向上し、今や蓄電池は、生活において不可欠なエネルギー源となっている。さらに、リチウムイオン電池の高容量化、高出力化、長寿命化は進み、住宅用蓄電池としての利用が可能となった。２０１１年の東日本大震災以降、停電時の電源確保が重要であることが顕在化し、バックアップ機能はもとより、日中に太陽光で発電したエネルギーを蓄電し、家庭で使用する自家消費を目的に住宅用蓄電池を設置する住宅が増えている。このほか、電気自動車（ＥＶ）、プラグインハイブリッド車（ＰＨＶ）をスマートハウスに接続することで、自動車を住宅用蓄電池として利用するVehicle to Home（Ｖ２Ｈ）も可能となっている。ＥＶ・ＰＨＶの蓄電容量は、一般の住宅用蓄電池の数倍あり、車としての移動手段を兼ねている点で、一台で二役こなせることから普及が期待されている。このように、エネルギーを蓄える技術やその使い方は、私たちの生活に大きく浸透してきている。

エコハウスと情報通信

現代の生活には情報通信技術が欠かせない。大きな情報を高速で伝達できることが快適とされ日常的となっているが、１９９０年代はアナログ回線であり現在では想像もつかないほど低速であった。２００３年頃から光回線等のブロードバンド化が進み、インターネットサービスも広く普及した。ブラウジングといった一方通行から、双方向のコミュニケーションツールとして、ＳＮＳを含むさまざまなサービスが展開されている。２０００年頃からWi-Fi、Bluetoothといった無線通信の利用が始まり、２０１２年には、通信機能を備えたスマートメーター（電力量計）、家電や創エネなどの機器、エネルギーの流れを管理するHome Energy Management System（ＨＥＭＳ：ヘムス）のコントローラーをつなぐ共通の通信規格ECHONET Liteが標準化され、住宅と通信技術の連携が実現されている。こうした情報通信技術の活用は、エコハウスにおいて、天気予報を利用し、窓の開閉と連動したエアコンの制御を行ったり、空気清浄機の先読み運転により花粉・ＰＭ2.5の除去のための風量調整をしたり、また、時間に応じた照明の調光・調色など、エネルギー削減だけでなく快適な室内環境を実現する試みとして行われている。そうした結果、高い外皮性能と、省エネ・創エネ・蓄エネ性能をもった住宅に、ＨＥＭＳを搭載することで、エネルギー消費量の「見える化」や、使用するエネルギーの制御が可能となっている。現在は、年間のエネルギー消費量（一次エネルギー）の収支ゼロを目指したネット・ゼロ・エネルギー・ハウス（ＺＥＨ：ゼッチ）がハウスメーカー等によって商品化されている。当初の目的はCO_2排出量を削減し、地球温暖化を防止することにあったが、近年の多発する自然災害に備えることも可能であることから、エネルギーを自給自足できるといった機能が注目を集めている。このように、それぞれの要素は大きく進展しているが、今後は、通信環境の快適さ、住環境の快適さ、エネルギーの削減を総合的に考える仕組みが必要となるだろう。

住宅作品からみるエコハウス

住宅の性能向上の視点では、上述のように１９９０年代に先進的な事例が見られるようになった。北海道では早くから高断熱化に取り組んでおり、それ以前の住宅作品の事例として、１９７９年の「旧荒谷邸」（荒谷登）が挙げられる。２５０㎜の外断熱と自作のトリプルの木製サッシ等、際立って断熱性能の高い住宅が実現されている。同年に東京では屋根を集熱装置として使う空気集熱式ソーラーを利用した「大泉学園の家」（奥村昭雄）がある。１９８４年には季節に合わせて建物の利用を切り替えるといったモードの変化をパッシブデザインで実践した「つくばの家」(小玉祐一郎)が完成している。これらは、1990年代のエコハウスにつながる重要な事例といえるだろう。図1に示すように、エコハウスは建築、設備、エネルギーの要素が統合に向かっていくことになる。以下、エコハウス創生期、環境資源活用期、性能・シミュレーション活用期、エネルギー数値偏重期の4つの時期に分けて、エコハウスの変遷をみていこう。

エコハウス創生期 1989–1993年

1980年頃から整備がなされてきた断熱性能であるが、1992年、省エネ基準が改正され、断熱性能に注目が集まるようになった。エコハウスの基本性能となる断熱性の整備・向上がのちの時代の性能に大きく貢献した。また雑誌上でも、環境と建築の関係性を住宅において実践していた小玉祐一郎が「建築・環境・エネルギー」(『住宅特集』1989年11月号)を発表し、加藤義夫が建築における「持続可能の思想」(『住宅特集』1992年3月号)を示すなど、環境や持続可能といったキーワードは来るべき時代の予告だっただろう。バブル経済の影響を残した1989年、「TRON電脳住宅」(坂村健)[図2]が建設された。南側の外壁に取り付けられた100枚ものガラスは、センサーによって窓の開閉が自動制御される。この機械的な仕掛けは、ある意味でこの時代を象徴している。このようなセンシング技術の試みは、IT技術を使いエネルギーを最適に制御する現在のスマートハウスに通じる実験的試みだったのではないだろうか。このとき、10年後の住宅はすべてセンサーが制御するだろうという予測も聞かれたが、その後の住宅の進展をみると高度なハイテク化は実現されていないことから、現実的には、住宅はローテクな住むための機械であるということなのかもしれない。エコハウスによって未来の住まい方を提示した先進的事例に「NEXT21」(1990、大阪ガス、68頁)がある。エネルギーインフラの企業が、近未来の都市での環境・エネルギー・暮らしについて考えるというコンセプトが特徴的で、エネルギーを供給する企業が省エネに取り組むことで、環

図2|「TRON電脳住宅」(1989、坂村健)
(出典:『住宅特集』1990年2月号)

境の時代を大きく印象づけたきっかけといえる。その後も実験用集合住宅として30年以上にわたりさまざまな取り組みを続けている。

環境資源の活用期　1994−2002年

1995年、「箱の家001」(難波和彦＋界工作舎、72頁)が登場する。ローコストで高気密高断熱、環境への負荷低減を実現した箱の家シリーズは、現在170作品にのぼる[図3]。箱の家では、初期の作品から環境とデザインの関係を示す図として、断面図に自然環境要素の熱・光・風を記す環境断面ダイアグラムが描かれている。現在では一般的になった図であるが、のちの時代の環境に配慮した住宅の見せ方、考え方への大きな端緒を開いたといえる。地域の環境資源を活用したエコハウスの初期の例として、1997年の世田谷区の「深沢環境共生住宅」(岩村和夫)、2000年、コーポラティブハウスの「経堂の杜」(甲斐徹郎)、2001年の「宮崎台桜坂」(ミサワホーム)がある。いずれも周辺の緑を資源として活用すると同時に、集合することで周辺環境と住環境の高度な調和をみせた。この頃から環境をテーマにする若手建築家が登場してくる。北海道では、断熱と採光の統合によって空間が特徴づけられている「矩形の森」(2000、五十嵐淳)、山口県では、内部と外部との間に空気を制御する室を設けることで、その空間が多様なアクティビティを許容する「エアー・ハウス」(2001、三分一博志)等、環境とデザインを統合した作品を提示した。

図3｜「箱の家010」(1997)
(提供：難波和彦＋界工作舎)

性能の明確化・シミュレーション活用期　2003−2010年

2000年代前半に入ると、性能だけでなくデザインと統合された事例が多く見受けられるようになる。

時代に先駆け、科学的アプローチによって温熱シミュレーションを設計の初期段階から導入し、性能と形を多数検討することで、独自のパッシブデザインの手法を提示してきた小玉祐一郎による「高知・本山町の家」（２００２）、都市部でのトップライトの活用として、固定式ルーバーによって採光を最適化する検討に光シミュレーションを用いた「西麻布の家」（２００５、安田幸一）がある。「アシタノイエ」（２００４、小泉雅生＋メジロスタジオ）［**図4**］は、真空ガラスや潜熱蓄熱材等、新素材による外皮の高性能化とアクティビティを高度に統合した事例である。また、建物性能を具体的な値で示した、「Q＝0.64臥龍山の家」（２００８、西方里見）は、高断熱化のほか、地域産材の積極的な活用を行い、エネルギーだけではない環境への配慮の視点をもって素材を選んでいる。「我孫子の住宅Kokage」（２００４、SUEP.）は、再生可能エネルギーの活用手法として、年間を通して安定した温度が得られる井水を用いている。樹木の形状を模した壁に輻射冷房パネルを設け、井水を熱源とした冷輻射によって涼しさを得る工夫は、木陰の環境をデザインとともに表現した事例である。この後２００８年頃から、各省が揃ってエコハウス関連の施策を始めた。ゼロエミッションハウス（経産省）、省CO_2先導事業（国交省）、エコハウス事業（環境省）が施策や具体的目標値とともに提示され、これらに続くように民間でも取り組みが活発になっていった。最新設備と豊かな暮らしを提案した「SUMIKA Project」（２００８、東京ガス）、人を中心に住まいとエネルギー機器のあり方を模索した「ENEOS創エネハウス」（２００９、小泉アトリエほか）、ホームICTを駆使した「スマートハウス観環居」（２０１０、積水ハウス）等が建設された。これらの施策やパイロット的住宅によってエコハウスの概念はますます多様化する一方で、わかりやすさから性能を数値で求める数値偏重の時代へ転換していくことになる。

エネルギー数値偏重期　2011–2019年

エネルギーだけでなく、建築資材が排出するCO_2をゼロにする住宅の先導的事例である「LCCM住

図4｜「アシタノイエ」内観（2004）
（提供：小泉アトリエ）

宅デモンストレーション棟」（２０１１、小泉雅生＋ＬＣＣＭ住宅設計部会）［図5］が注目を集めた。しかし、完成直後におきた東日本大震災に端を発するエネルギーの逼迫を機に、低炭素よりもエネルギーゼロというわかりやすいＺＥＨがエコハウスの最先端となる。本来、デザインと性能のさらなる向上への技術として使われるべき性能の明確化・シミュレーションの活用において、エネルギー消費の最小化が偏重されるようになり、エネルギーの数値化はわかりやすくさまざまなかたちで展開していく。２０１４年には、大学と民間企業共同のエネマネハウスというプロジェクトが始まった。これは太陽光利用の住宅の普及・啓発、教育を目的に行われる国際大会ソーラー・デカスロンのいわば日本版であり、新しい技術や住まい方を提案するＺＥＨモデル住宅を実際に建築し、実測や実証、展示を行い、測定結果の数値も競う対象となる。「パッシブタウン黒部」（２０１６、エステック計画研究所ほか）［図6］では、地域がもつ水、緑や季節風等の地域ポテンシャルを活かし、街を含めたパッシブデザインの集合住宅によって、次世代の集合のあり方を示している。居住後もエネルギー消費量等を実測し、性能の検証を継続している貴重な事例である。数値を明確にしながらも地域性を大きなコンセプトにした計画とともに、エコハウスにおいて事業者が担うべき役割を提起しているのではないだろうか。

これからのエコハウス

地球環境問題は、１９７０年代から世界的に議論されてきたが、日本ではようやく１９９０年以降、多くの法制度、施策が展開されるようになった。２０１５年、国連サミットで採択された２０３０アジェンダの持続可能な開発目標（ＳＤＧｓ）は、パリ協定ＣＯＰ21とも関連し、両者の相乗効果によって気候変動対策に寄与することがさらに期待されている。そして２０２０年、日本は２０５０年カーボンニュートラルを目指すと宣言した。２０５０年の未来から振り返ってみると、この30年はエコハウスの大きな役割を

図5｜「LCCM住宅」(2011)
(提供：金子尚志)

図6｜
「パッシブタウン黒部」(2016)
(提供：金子尚志)

果たした転換期と認識されているだろう。

また、エネルギー問題、地球環境問題への対策等によって、この間エコハウスは建築、設備、エネルギーの関係性を強くしてきたといってよいだろう。度重なる省エネ法の改正や、環境配慮の施策の実施により、住宅の基本性能は向上し、技術の進歩によって設備機器の省エネ性、効率化も大きく向上した。また、シミュレーション等のツールの普及、地域の気候特性の把握に必要な気象データの整備も進んでいる。一方で、エネルギーに偏重した指標や技術の進展は、住まい手の快適性や、どう感じるのかといった身体感覚が置き去りにされ、住まい手の住まいを住みこなす力が失われているようにみえる。建物は生活の器であり、そこに住まい手の生活があってこそ住まいといえる。これまでは住まいの器を整える時代だったとするならば、これからは、健康や快適性といった生活の質を考える時代となることが求められるだろう。世界的感染症を機に、私たちは新しいライフスタイルへの転換を求められている。情報通信技術が高度に活用される一方で、身体感覚や直接的なコミュニケーションなど失われるものもある。だからこそ、これからのエコハウスは、省エネや地球環境はもちろんのこと、人の感覚・身体感覚から考えることで、快適で健康といった豊かさを実現する器となりうるのではないだろうか［**図7**］。

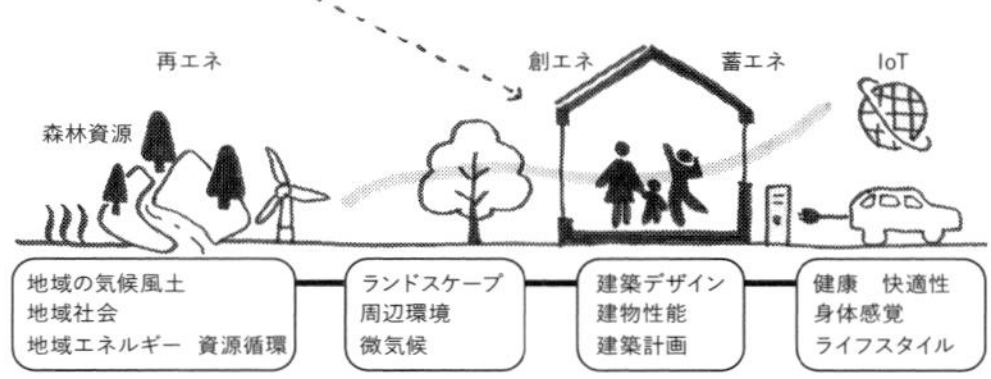

図7｜これからのエコハウスのイメージ

コーポラティブハウスの展開

織山和久

コーポラティブハウスは、都市再生の有力な手段になるのではなかろうか？　この問いに対し、都市居住のあり方をめぐる１９９０年代以降の試みを概観したうえで、近年の建築家主導の計画方式が、都市防災、生活様式、持続性、都市像にもたらす意義を示したい。

１９９０年代以降のコーポラティブハウス

１９９０年代以降のコーポラティブハウスは計画の方式として、参加者主導、業者主導、建築家主導の三類型が交代するように展開していった。

参加者主導のコーポラティブハウスは個々の参加者の要望に応じて、当初案から構造躯体まで改変する方式である。都住創がこの代表で、主に大阪・谷町周辺に１９９９年までに累計22棟、約２５０戸ものプロジェクトを実現させている。職住近接を目指して、用地は都心部の１００坪前後、容積率５００％ほどの整形地が基本で、建築類型としては複雑な共同住宅になる。

この活動の中心となったのが建築事務所ヘキサであるが、その代表の中筋修によると、「いわゆる２ＤＫとか３ＬＤＫとかいう言い方のお粗末な集合住宅ではなく、むしろ建築家が設計する一戸建ての住宅を縦にいっぱい積んだようなものができへんやろか」という発想が原点である。▼1 そして「全部の入居者と1対1で話をするわけです。それでこんな家にしたい、打ちっ放しがいいとか、あるいは民家風がいいとか、勝手なことを言うてくれるわけです。それに「はい、はい」と言って、おつき合いするわけです」。たとえば「中はメゾネットで、くちゃくちゃにつながっている」「2階建ての家は結構ある」「窓の位置なんかも勝手につけている」「実は3階建てで［……］役所に届けたときは平屋で届けたわけです。全部検査が終わってから、床を2枚つくるという離れわざをやりました」といった設計であった［図1］。

ただ一般化は難しい。組合員相互の意見調整には、「会合は常に夜にやります。しかも、アフター5でやるわけです。［……］ちょいとお酒が入ると、許せないものも許せるようなことがあるじゃないですか。だから、我々の会合は全部酒が入ります」といったように建築家に尋常ではない労力がかかる。さらに、こうした都心部の土地は賃貸ビル用なども競合して高騰し、バブル崩壊も受けて活動はいったん1994年に休止した。

業者主導のコーポラティブハウスは「自由設計マンション」と呼ばれる建築類型で、都心周辺の100坪単位の整形地に、マンションタイプの構造躯体を設計し、入居希望者は住戸内の内装が自由にできるという方式である。都市デザインシステムがこの代表で、この方式によって1993–2007年に65棟、956戸の実績を残した［図2］。

図1｜都住創内淡路町（1986、ヘキサ）。住宅とオフィスといった用途が混在し、外観にも反映されている▶2

▼1 中筋修「コーポラティブ・ハウジングの新たな展開にむけて」第166回都市経営フォーラム、『NSRIフォーラム』日建グループ、1997年8月27日、https://www.nikken-ri.com/forum/116.html（2024年3月12日閲覧）。以下、中筋の発言は同資料より引用。

▼2 「Catalyst（カタリスト）第6回 塗装について教えてもらう「澤村産業」」日本建築家協会近畿支部ウェブサイト、2021年2月19日、https://www.jia.or.jp/kinki/pickup/13305.html（2024年3月12日閲覧）。

業者が対象用地を探し、手付金500万円で契約しておおむね半年以内に参加者を募集する。2階以上はフラット、地階・1階はメゾネット、といった分譲マンションに準じたプランは、主に業者のインハウスの設計部門で計画される。募集時には各住戸の参考間取りや予算が示され、各住戸について抽選で参加者が確定される。組合が発足次第、業者主導のもとで「みんなで土地を買って設計して工事を発注します。みんながマンション建設を目的にした組合の組合員となり、一緒になって事業を進めていくイメージです」▼4。

しかしながら対象用地が駅徒歩圏の接道条件のよい100坪単位の整形地だったため、ワンルームマンションや賃貸アパートを計画するディベロッパーと用地取得で競合する。コーポラティブハウスでは売買が確定せず、決済することになっても半年以上先なので、契約・決済の早いディベロッパーに対して不利で「2000年から01年ごろは、年間10数棟のペースでプロジェクトをスタートすることができた。当時は20戸程度の小規模な土地を取得するのにディベロッパーと競合することはなかったが、近年は競争が厳しくなっている。最近は年3–5棟スタートする程度だ」▼5。

こうした用地の競合から、自由設計マンションタイプは成立しづらくなった。

建築家主導のコーポラティブハウスは、都心周辺の100坪ほどの旗竿状敷地を主な対象用地として、建築家によって長屋の構造躯体を提案し、参加組合員を募る方式である。旗竿状敷地は、戸建て用に区割りもできず、共同住宅も認められないため、当初は整形地の半分ほどの土地代であり、コンクリートの厚みのある壁式構造でもコスト合理性がある。

東京都安全条例により「長屋の各戸の主要な出入口は、道路又は道路に通ずる幅員2m以上の敷地内の通路に面して設けなければならない」という条件から、各戸に接地性とともに通風・採光などの居住性を備

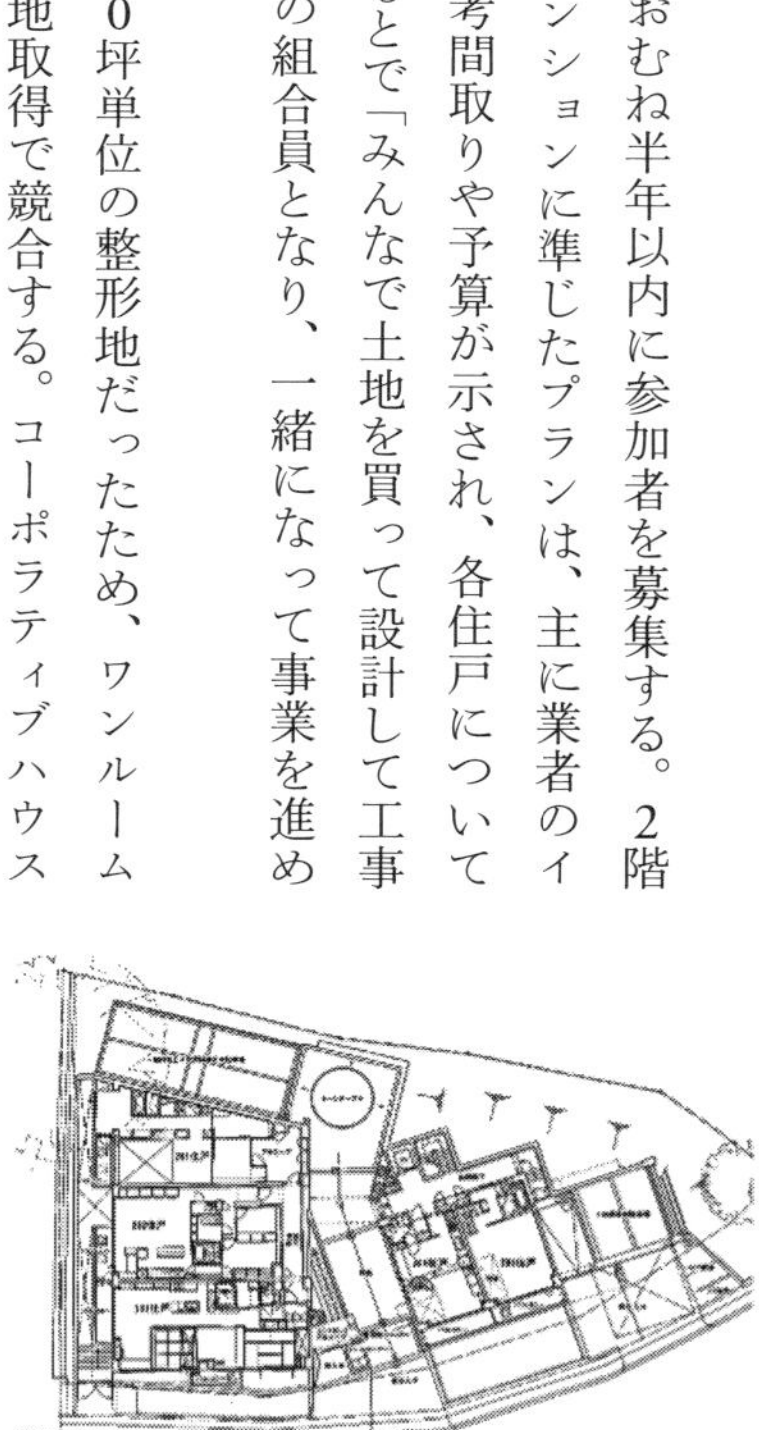

図2｜SETAHAUS（2001、都市デザインシステム）。自由設計マンションのひとつの類型で、2棟構成の共同住宅。東棟はフラット住戸、西棟はメゾネット住戸主体で構成している▶3

えるために、建築家ならではの立体パズルのような三次元的解法が求められる。

この類型のプロデュースではアーキネットが知られ、1999年から現在まで累計で130棟、1073戸の実績がある。

土地が手当でき次第、人口動態や地域特性にふさわしい世帯像や暮らし方をプロデュース会社が想定する。この要求定義を叶えるように、建築家が空間構成力を駆使して基本構想を策定する。あらかじめコーポラティブハウスに関心があって会員登録された方に計画概要をネットで配信し、希望者には個別で計画や進め方を説明する。

三次元の構成だけに、希望者が住まいのイメージを掴むのには模型や竣工事例が重要になる。先着順に組合参加者が決まり、事業主体として組合が発足して、プロデュース会社の支援のもとで設計・施工を直接に契約することになる。内装も、建築家が組織した設計チームによって、各組合員と対話を重ねて潜在的な要望を解釈しながら実現される[図3]。

2014年の調査結果▼6では、実際に住まいを探している人1855人を対象に、「住まいに関連するトレンド用語」について知っているかどうか尋ねたところ、コーポラ

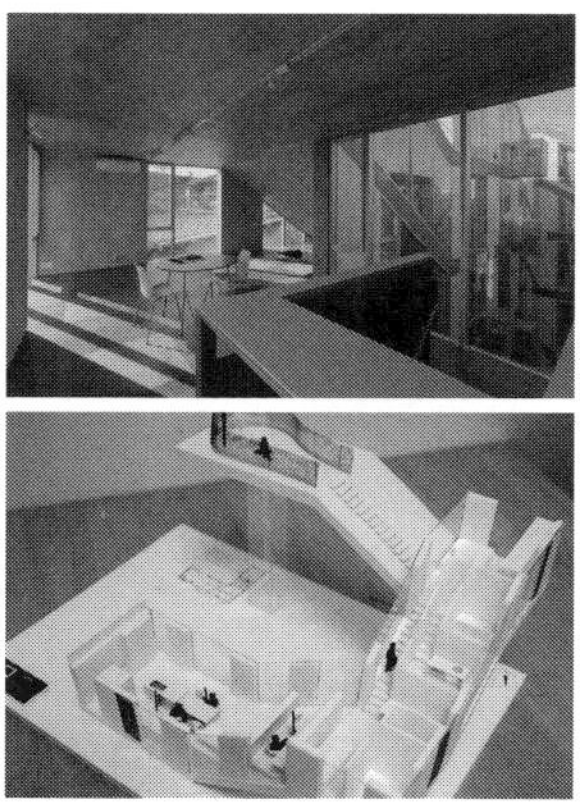

図3|SLIDE西荻(2009、駒田建築設計事務所)の一住戸の模型と竣工写真。中庭を囲む階段状のトリプレット。入居者には「歩くと景色が変わるのが嬉しい」と好評(撮影:傍島利浩/punctum)

▼3 建築思潮研究所編『建築設計資料096 コーポラティブハウス』建築資料研究社、2004年。

▼4 「インタビュー UDS代表取締役会長梶原文生氏」『やまとごころ.jp』2015年12月24日、https://yamatogokoro.jp/inbound_interview/758/(2024年3月12日閲覧)。

▼5 「経営破たんした都市デザインシステムとセボンの共通点」『日経不動産マーケット情報』2008年9月1日、https://nfm.nikkeibp.co.jp/atcl/fb/column/20080901/525749/(2024年3月12日閲覧)。

▼6 「意外と知られていない不動産トレンド用語ランキング」『Lifull Home's Press』2014年12月1日、https://www.homes.co.jp/cont/press/report/report_00049/(2024年3月12日閲覧)。

ティブハウスについては69・9%の人が「何のことかよくわからない」と回答した。この調査から10年ほど経過したが、「知人宅のコーポラティブハウスに招かれて、はじめて知った」という方も多く、コーポラティブハウスの認知度の向上が課題である。

コーポラティブハウスの意義

都市防災

都市防災、特に木造密集地における大規模な地震火災を抑えるうえで、長屋形式のコーポラティブハウスは決定的な役割を果たしうる。延焼を及ぼしうる建物同士を線で結んだネットワーク内では、どこかが出火すると全体に延焼が広がる。都区部では、天沼一帯で8988棟、次が西新井6988棟、西荻6785棟、大泉6508棟といったネットワーク規模である。出火率を0・075%とすると、いずれも焼失確率は99%以上。延焼速度は一時間で600-700棟、消火活動も間に合わない。

このネットワークは、出入りの線が特に多い少数の木造建物を介して全体がつながっている。こうした延焼危険建物の3割ほどは、接道不良で単独建替えは難しい。そこで、この少数の延焼危険建物の区画を含めた接道を満たすように区画を統合し、長屋方式の耐火造のコーポラティブハウスとして共同建替えすれば、延焼は効率的に抑えられる。

都区部の延焼リスクの高い46地区で分析すると、最大5区画を統合すれば98・5%の建物は接道条件を満たし、その資産効果によってどの地権者も資金負担なく元の実質的な居住空間を確保できることがわかった。そしてネットワーク内の木造建物の2-3割を不燃化すれば延焼は止まる。都区部で焼失確率が50%(棟数927棟以上)を超える地域が192カ所・計38万4000棟、その2割として8万棟を共同建替えすれば、地震火災を避けられる[図4]。

多様性

２０２０年の国勢調査によれば、東京都７２２万７０００世帯のうち、いわゆるファミリー世帯と呼ばれる夫婦と子どもから成る世帯は22・０％にすぎない。それ以外の単独世帯50・３％、夫婦のみの世帯16・４％、ひとり親と子どもからなる世帯7.3％、核家族以外の世帯2.9％といった構成比になる。

世帯構成が多様化しても、分譲マンションメーカーの大半は、もっぱらファミリータイプとして世帯人数に応じたｎＬＤＫプランを供給している。住宅土地統計調査（２０１８）によれば特別区の持ち家・共同建ての一住宅当たりの平均を見ると、延べ面積71・66m^2、居室数は３・55室になる。このプランは、単身世帯には広すぎる、夫婦のみ世帯は間仕切りはいらない、とそれぞれの要望に応えたものではない。

これに対してコーポラティブハウスでは、立地ごとに世帯動向から深夜営業の店舗の充実度、夜道の明るさ、保育園の距離などを考慮して、その場所にふさわしい世帯向けにプランを提案する。間取りや内装は、居住希望者の要望に応じてつくられる。直近一年のプロジェクトを調べると、参加組合員は単身14％、夫婦のみ42％、夫婦と子ども42％といった割合で、これまで同性カップル、シングルマザー、シニアなども参画するなど多様化に対応している。

用途も専用住宅に限らない。メゾネットタイプで上階を仕事に、下階を生活に、と区分けして、デザイン事務所、ヨガスタジオ、鞄工房などの仕事場として住居兼用の例も少なくない。コロナ禍のときには、広々したＬＤにてオンライン会議や書類作成などを行うのも一般的であった。その間、子どもたちはコーポラティブハウス内で集まって、順番に各戸に遊びに行く。

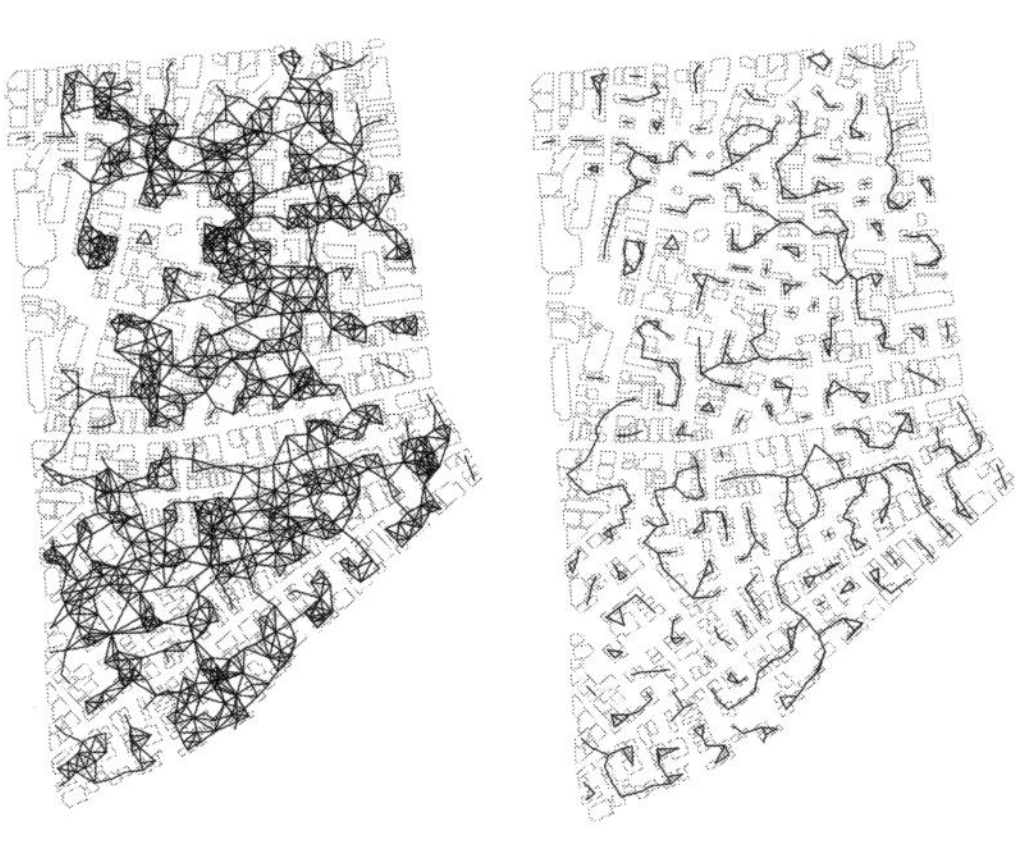

図4｜M地区における延焼過程ネットワーク（左）と延焼危険建物を不燃化した後の延焼過程ネットワーク（右）。1310棟のうち259棟の延焼危険建物を耐火造に建替えることで、ネットワークは細断される

コミュニティ

より顕著なのは、生活様式として相互扶助のコミュニティが形成される点である。もともとはお互いに見ず知らずで、共通点はコーポラティブ方式でこの場所、このプランを選択した、という関係である。こうした人々が、二年ほどの期間に住まいづくりの過程をともにして何度も集まるうちに、お互いの信頼関係が醸成される。

入居後のインタビューでは、以下のようなコメントが寄せられる。「暮らしはじめると、自然なふるまいとして立ち話を楽しみ、お互いに助け合う」「鍵を忘れて玄関にうずくまる子どもを、お隣さんが預かる」「休日出勤のシングルマザーのお子さんを、お隣さんが息子と一緒に公園に連れていく」「長期海外出張のときに、ご近所に鍵を預けて毎週換気をしてもらう」「大地震の際に、ひとりで不安に駆られるのではなく、皆であるお宅のリビングに集まって過ごした」「毎年、一同で棟内の草むしり大会を開き、その後は宴会を楽しむ」。そんな気の置けない間柄が自然に形づくられている。

国際比較(レガタム豊かさ指数、2023)によると、167カ国中で日本は相互の信頼感116位、社会的つながり165位、と世界的にみてコミュニティ意識が希薄だと見なされている。しかしこれは元々の心理的特性というよりも、一緒に住まいをつくるというプロセス、コミュニティを育む空間、の有無で変わるものだと思われる。

人間尺度の都市像

建築家たちが、長屋の各戸の空間性を豊かにする設計を創意工夫するなかで、暗黙のデザインコードが形成される。その延長に人間本位の都市像が浮かび上がる。

そのひとつが、軒高10m。住居専用地域では絶対高さ制限になるが、中高層住居専用地域でも高さ10m以内であれば日影規制は除外される。そのため、多くのコーポラティブハウスで軒高を10mに抑えているが、これは形態率とアスペクト比から算出される圧迫感を感じさせない水準を達成している。

また敷地面積が100坪ほどなので、建物も間口・奥行の一辺がせいぜい15mほどの規模に収まる。各住戸の通風・採光を重視し、3面以上の開口を設けようとすると一辺10m内で、建築物の粒度が人間尺度に分節化される。

さらに避難路として、幅員2m以上の敷地内通路が義務づけられるが、この幅員はパーソナルスペースの観点からすると、相手と近づいて話をしはじめる近接域（幅員1.5–2.1m）と、すれ違いが安心で快適な距離感（2.1m以上）を備えた路地空間を構成することになる。槇文彦の「奥」性も備えている。

そしてこの敷地内通路から各住戸の玄関に分岐する結節点に、中庭が設けられる。この中庭は、立ち話のたまり場、子どもたちの遊び場、さらに草木が植栽される憩いの場というコモンスペースとして機能する。結婚披露宴の会場として、入居者同士で夜通しお祝いした事例もある。

外壁も保全性を考慮し、コンクリート打ち放しに撥水剤を塗布する例が多い。これは明度8のときに反射率が58％に及ぶように、反射光が露地や室内、周囲に広がり、暗い雨天時でも3000–5000ルクスもの明るさがもたらされる［図5］。

このように居心地良さを追求して設計することで、和やかなヒューマンスケールの都市建築類型が形成される。この建築類型が道沿いや街区単位に連続していけば、「代官山ヒルサイドテラス」のような群造形として都市を再生できるだろう。人間中心の都市像としては、町屋と長屋から成る職住一体の江戸の都市構造、一辺113mの区画を高さ16mで2側面のみ建設された中庭を擁するバルセロナの都市計画、都市機能の集中と自動車を避け、低層で緑豊かな生活圏を保つように5本のバスライン沿いに高層を束ねた高原都市クリティバなどが知られるが、これらに匹敵する都市像が浮かぶ。

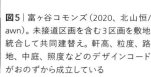

図5｜富ヶ谷コモンズ（2020、北山恒/awn）。未接道区画を含む3区画を敷地統合して共同建替え。軒高、粒度、路地、中庭、照度などのデザインコードがおのずから成立している

コーポラティブハウスによる都市再生

木造密集地の更新をはじめ、コーポラティブハウスは人間本位の都市再生における基本方式となりうる。この点ではドイツの試みが参考になる。フライブルク市郊外では、フランス駐留軍跡地38haを市が買い取り、都市内の若いファミリーが参画する住宅組合を事業主体とする環境モデル団地が成立している。運営はNPOが担い、そこにEUから1億円の資金が提供される。さらにハンブルグ市では、多様な社会層の定住と所有を可能にするコーポラティブハウス(Baugemeinschaft)を持続可能な都市発展の担い手とし、市有地の20%をこれに提供する目標値を定めた。こうして2–30世帯のコーポラティブハウスを中心に、1990–2012年まで79の組合により1735戸が供給されている。

対照的に東京都では、五輪選手村用地の中央区晴海5の都有地13・4haを大手不動産会社11社の企業連合に129億6000万円(坪単価32万円弱)で譲渡した。不動産会社などはこの五輪選手村用地に5632戸の超大型マンションと商業施設を含めた24棟を建設・分譲している。もしこれがドイツの流儀であれば、この都有地に都市計画としてグリッドや建物外形線などを設けたうえで、入居希望者による住宅組合が発足次第、順次提供することになったであろう。

前節でも触れたが、組合方式による共同建替えは木造密集地の更新・不燃化に著しい効果がある。その目安は都区部で8万棟、建築家ならではの三次元的構成が都市を再生させる方式であり、多くの俊英たちの活躍が期待される。そして、この方法は建築規制の緩和も特段の助成金も必要ではない。公的に要請されるのは、延焼危険建物への建替え勧告、土地価格の査定、を制度化することで済む。この方法論と都市像を広く共有し、数十年後に楽しく暮らせて、安全な都市が実現されることを願っている。

＊参考文献

・小林秀樹ほか『日本における集合住宅の定着過程――安定成長期から20世紀末まで』財団法人日本住宅総合センター、2001年。
・『日経アーキテクチュア』2007年12月10日号。
・織山和久、小滝晃「延焼過程ネットワークのフリースケール性に着目した木造密集地域における延焼危険建物の選択的除去効果の実証」『日本建築学会環境系論文集』80巻771号、2015年5月、389–396頁。
・小滝晃、織山和久「木造密集地域の共同建替えに係る委託型組合方式の事業性に関する研究」『日本建築学会計画系論文集』80巻718号、2015年12月、2743–2752頁。
・槇文彦、若月幸敏、大野秀敏、高谷時彦『見えがくれする都市――江戸から東京へ』（SD選書）、鹿島出版会、1980年。
・鮫島和夫「住宅組合法による住宅供給の実際と教訓」『都市住宅学』23号、1998年。
・中口毅博、熊崎美佳『SDGs先進都市フライブルク――市民主体の持続可能なまちづくり』学芸出版社、2019年。
・太田尚孝、エルファディング・ズザンネ、大村謙二郎「ドイツのコーポラティブハウスを用いた都市再生の実態と課題に関する研究――ハンブルグ市を事例に」『都市住宅学』84号、2014年。
・織山和久、小滝晃「木造密集地域における共同建替えへの合意形成の阻害要因と促進施策」『日本建築学会環境系論文集』82巻735号、2017年、395–405頁。

ファブリケーションの民主化

秋吉浩気

プレファブからデジファブへ

平成の30年間をファブリケーションの観点から振り返ると、前半は在来工法における機械化の成熟期であり、後半は住宅生産におけるデジタル化の萌芽期であったと整理できる。昭和の工業化住宅と平成のプレファブの違いは、対象とする構造材の種類だろう。前者が鉄骨・ＲＣに代表される近代的な材料による住宅の工業化を推進したのに対し、後者では日本の在来工法が再注目され、木造軸組工法の機械化が進んだ。

１９８９年には7％だったプレカット（工場における事前加工）普及率も今では90％を超え、かつては手刻みが当たり前だった在来工法も、機械加工が主流となった。一方、２００３年に誕生した木工デジタルファブリケーション機器ShopBotも世界で導入台数1万台を超え、類似機種も含め、安価で高性能なＣＮＣミリングマシン（コンピュータ数値制御の切削機械）は普及フェーズに入りつつある。本稿では、２００８年前後で平成を区切り、工業化時代のプレカットから情報化時代のデジファブへと至る道筋を提示した上で、各国におけるデジタルファブリケーションの住宅への応用事例について紹介したい。

産業資本主義の限界とプレカット成熟期　1989―2008年

初期のプレカット加工機が出現した1970年代は、ローマクラブの『成長の限界』や、シューマッハーの『スモール イズ ビューティフル』など、地球の有限性や持続可能性を論じる議論が登場した時期である。これらは、産業資本主義の限界を論じるものであり、地産地消の重要性や環境共生型の素材として木材や地方に注目が再評価される契機となった。

このような時代の空気感と、国庫仕様書や助成金などによる参入障壁の緩和によって、プレカット率は徐々に増加し、1993年にはキャズム（サービスを普及させるために超えなければならない溝）である16%を超えることになった。また、1995年の阪神・淡路大震災の影響による接合金物の登場が追い風となり、建築基準法改正の年である2000年には50%の普及率を突破した。2003年にはCEDXMという、意匠設計用のCADとプレカット加工機のCAMをつなぐ中間ファイルフォーマットが登場し、スムーズなデータ連携が行えるようになった。これは、現在のBIMで目指されているような、構造解析や接合部生成や加工データ出力などをシステマチックにシームレスに行うことを可能とし、さらなる参入障壁をなくす起爆剤となった。

結果として、2013年にはプレカット普及率が90%を超え、在来軸組工法の「加工の自動化」と「設計のシステム化」が体系化され、成熟期を迎えることになった。今では、住宅領域で完成されたこれらCAD／CAM連動のシステムを、非住宅の領域に拡張するための模索が始まっている。

金融資本主義の限界とデジファブ黎明期　2008―2019年

筆者は、2008年がデジタルファブリケーション浸透のターニングポイントであると考えてい

図1｜ShopBot。コンピュータ数値制御により木材を正確かつスピーディに加工するCNCルーター。高速回転するビット（刃物）をXYZ軸方向に動かすことでさまざまな加工が可能となる（撮影：武市真拓）

る。ご存知の通り、金融資本主義の限界が露呈したリーマンショックの起きた年であるが、この時代の変化もさることながら、同年にＭｏＭＡで開催された「Home Delivery」展は注目に値する。「Home Delivery」展は、持続可能性や地球規模の人口増加に関心が高まるなかで、これらの有効なソリューションとして、現代のプレファブリケーション技術たるデジタルファブリケーションに着目した。加工のデジタル化は不足する労働力の代替手段となり、また部品化までの資材調達と製造後の物流を最適化すれば、CO_2排出量が抑えられるからだ。

デジタルファブリケーションでは、デジタル設計とデジタル製造がシームレスに行われるため、これまでのアナログなＣＡＤ／ＣＡＭ連動とは製造可能性と複雑さの度合いが異なる。これまでの、プレファブリケーションでは、大量の住宅供給に応えるべくラインを整備し、すべて同形状かつ大型部品による製造をベースとしていた。そのため、個々のニーズに対応し細やかな製造を行うのは製造体系上不可能であり、また製造ラインの大型化によって、製造拠点を起点に目的地に長距離輸送するしかない。一方、デジタルファブリケーションでは、ガレージ程度の空間と高級車１台分程度の予算があれば生産拠点を整備することができるため、小回り良く多品種少量生産が可能になる。

なおかつ、データによる製造を前提としているため、遠隔地で建設を行う際には、データを近場の工場に送付し、現地の材料で出力することが可能になる。したがって、物の流通ではなくデータの流通に力点が置かれ、一極集中型のプレファブと真逆の分散型となる製造手法なのである。このことは、オープンなデータと身近な材料さえあれば、家がまるごと出力できてしまうということであり、民主的で社会的な思想と相性が良い。前年の２００７年、同じニューヨークで開催された「Design for the other 90%」展では、一部の都市部に住む富裕層向けのデザインではなく、地球規模の広範な視点と社会性が提起された。

このような姿勢は、初期のデジタルファブリケーション住宅に挑戦した世界中の人々に共通する思想であり、皆同じくして「情報化時代のセルフビルド」という夢をデジタルファブリケーションに託したのだろう。

ニューヨークのHome Delivery

「Home Delivery」展でもっとも興味深いのが、ラリー・サスが展示した《Digitally Fabricated Housing for New Orleans》である。これは合板をデジタルファブリケーションで加工した部品からなる住宅作品で、CNCを用いた住宅生産の原型となる手法が展開されている。その原型を要約すると、①分散加工②小型部品③参画性の3つである。具体的には、複数台のShopBotで分散加工し、人の手で持ち運び可能な小さな部品を、素人の手によってつくり上げるという構想である。

マサチューセッツ工科大学（MIT）の建築学科で教鞭をとるラリー・サスは、同大学発祥のFabLab同様に、全世界的に必要なものを必要な人が必要な時に手にすることのできる住宅生産を目指して、開放性を是とした。

実物の内部にはスケールダウンした模型が置かれ、パーツの組み合わせがわかるようになっている。それはまるで、レゴブロックのキットのように、子どもでも組立図さえ読めば建設ができてしまう理想郷を示していた。ここで示されたのは、模型と実物を単なるデータ上の縮尺の違いとし、模型と実物の境目をなくすという視点である。

この背景には彼が建築家のフランク・ゲーリーと協働した経験が関係している。2004年に竣工した「MIT Stata Center」の建設プロセスにおいて、フランク・ゲーリーの建築を模型から実物の製造工程に落としこむ、デジタル化のプロセスを彼が担当していた。この過程では、模型と実物のつくられ方が乖離しており、この二元論の世界を統一すべく始めた研究成果が《Digitaly Fabricated Housing for New Orleans》であったのだ。

ロンドンのOn-Site Fabrication

時を同じくして、セルフビルドが浸透するロンドンでは、CNCを活用した住宅生産を行うふたつのグループ、Facit HomesとWikiHouseが台頭した。両者のアプローチは対照的である。前者がトレーラーに加工機を設置し現地で部品加工を行うのに対し、後者は部品データをオープンソースにして全世界で出力できる仕組みを構築しようとした。つまり、前者がデジタル工務店を目指す垂直統合型の志向であるのに対し、後者はウィキ的な改変を歓迎する水平分散型な志向性をもつ。

また構法も大きく異なり、前者がボックス構法を後者がフレーム構法を採用している。Facit Homesの建築手法は、CNCから切り出された部材をボックス型のモジュールに組んでいくところから始まる。箱同士を接続していくだけで、建設が終わり、組積造のように家が組み上がるのだ。現場にCNCを持ち込んでから、切り出しと、モジュール化と組み立てまでを2人で進めることができ、サッシや手すりなどの工程は専門の職人が担当する。モジュール内部には断熱材を入れることがこの工法の味噌であり、それ以降の複雑な部品はセントラル工場から輸送する。同じロンドンの建築ユニットStudio Barkの提案する、CNCを用いた住宅システムU-BUILDも同様のシステムであり、違いはFacit Homesが吹き付けの断熱を採用するに対し、U-BUILDはウレタンフォームを採用している。

他方、WikiHouseは4×8板から切り出されたパーツを家形に組み、家形のフレーム間に貫材と面材を挟んでいくことで家が組み上がる。ディテールには日本の継手仕口が応用されており、込栓やそれを打ち込むハンマーも同じ板から切り出される。このような単純なルールのもと、各国で改変と出力が展開され、ハウスインハウスとして利用されたものや、逆に大型化し2階建てがつくられた例もある。筆者は、2014年の夏に開催されたロンドン・デザイン・フェスティバルで展示された「WikiHouse 4.0」を見学したが、そこにはバルセロナのFabLabと共同開発したIoTデバイスが搭載されていた。このデバイスで、室内の空調や照明をコントロールし、自分好みの空間にカスタマイズできる。ハードウェアとしての家のみならず、ソフトウェアとしての設備すらもオープンソースとして、デジタルファブリケーションによってセルフビルド可能な世界を展開しようとしているのだ。

バルセロナのSelf-Sufficiency

FabLabバルセロナのある建築系大学院ＩＡＡＣは、デジタルファブリケーションの先端的研究機関であると同時に、Self-Sufficient Cityという研究主題を標榜している。この都市レベルで自給自足を目指すというコンセプトは、バルセロナの地政学的側面と経済的状況に紐づいている。カタルーニャ州の独立を狙い、かつ失業率が高いのがバルセロナの現状であるが、この状況を打破すべく見出した活路が「自給自足」というテーマなのである。食料も電気も住居も、生活に必要なものすべてが自給自足できれば、職がなくとも大国に頼らずとも生きていけるという発想だ。

さんさんと太陽光が注ぐ気候風土を活かし、ＩＡＡＣではいくつかのオフグリッド住居が実践されてきた。２０１０年の「Solar FabHouse」では、「形態はエネルギーに従う」として、太陽軌道に最適化された屋根形態を生成し、その曲面上にソーラーパネルを搭載した住居が建築された。続く２０１２年の「Endesa Pavilion」では、曲面形状ではなく屋根の傾きによって形態が制御され、蓄電池によって貯められた電力は電気自動車の充電に用いられている。ＩＡＡＣでは、ＣＮＣだけでなくロボットアームを積極的に用い、先端に射出部を付けることで、豊富な建築材料である土を利用した３Ｄプリンティング住居の開発も行っている。

日本のデジタルヴァナキュラー

これまで紹介してきたように、どの国の展開も、グローバルな物流ではなくローカルな現場周辺にフォーカスを当てているのがわかるだろう。これこそが、ファブリケーションのデジタル化がもたらすデジタルトランスフォーメーションであり、生産のあり方が流通と産業構造を変えてしまう可能性を示唆している。ただし、ニューヨークとロンドンの例では、合板という工場生産のマテリアルが採用されており、資材調達レベルでのローカライズは実現できていない。一方、最後に紹介したバルセロナが土に着目したように、工業化されていない真に身近でとれる素材によって生産が完結したならば、本当の意味でのオンサイト・ファブリケーションが実現できるだろう。

この観点に立つと、近場のありあわせの材料でブリコラージュ的に創作が行われていた時代の民家こそ最先端であり、デジタル技術によってヴァナキュラーな特性が現代の住居に再獲得されうるのだ。筆者はこのような仮説を「デジタルヴァナキュラー」と呼び、仮説検証として建築した「まれびとの家」という現代民家を、合掌造りの里である富山県南砺市に2019年に竣工させた。「まれびとの家」で挑戦したのは、敷地周辺に育つ木材の伐採から着手することによって、上述した真のオンサイト・ファブリケーションを実現することである。また、伐採された無垢材をデジタルファブリケーションで建築するための構法を開発することである。

構法を説明するにあたって、プレファブ時代とデジファブ時代が対象とする木

図2｜人口約500人の富山県南砺市利賀村に建つ宿泊施設「まれびとの家」(撮影：太田拓実)

図3｜すべて30mmの杉材を伝統工法とCNC技術を組み合わせてジョイントによって形成されている(撮影：太田拓実)

材の違いについて紹介したい。前者が105角に代表される小径木による線材構法を模索してきたのに対して、後者はCLTや合板など面材を対象としている。この材料の違いによって、小口方向にのみ刃物が付けられたプレカット機か、刃物がXY軸を滑らかに移動するCNCかという機械の違いも生じている。本作で用いた木材は、中山間地では豊富にみられる大径木であるが、この幅方向を活かすために丸太をスライスして板とした。

無垢材を扱うことの難しさとして、合板と違い純粋な繊維方向を意識して加工を行わなければならないことと、乾燥収縮による反りやバラつきに対応しなければならない点がある。筆者らは、板材で取り合うことのできる仕口を考案し、現地の大工たちと反りやバラつきを回収する「遊び」を決定することで、これらの難点を乗り越えた。最終的に、1000ヵ所以上の仕口によって構成された建築物を、約1日で上棟まで行うことができた。

振り返れば、短期間で1000ヵ所以上の仕口を狂いなく刻むのは機械にしかできなかっただろうし、加工のための雛形は現地の経験からでないと導き出せなかっただろう。この平成最後を締めくくる日本のデジファブ住居が示唆しているのは、伝統的な職人の経験知とデジタルファブリケーション技術のハイブリッドの可能性である。「まれびとの家」での経験を活かして、現在筆者らはセルフビルドの可能性を模索して「NESTING」という住宅サービスを展開中である。

図4｜半径10km圏内で、伐採から施工までの生産流通を完結させた（撮影：黒部駿人）

図5｜素人も村の棟梁も参加型で建設を行った（提供：VUILD株式会社）

建築家とハウスメーカーの応答関係にみる商品化住宅

山道拓人

住宅建築といえば、現在、ハウスメーカーによる商品化住宅と、個別の建築家（設計事務所）によりひとつずつ設計され工務店がつくる住宅、が対比されることが多い。

しかし歴史的にみれば、特に戦後すぐの頃は、商品化住宅という産業があったわけではなかった。個人住宅に関して、企業も建築家も日本の復興や成長のために住まいを確保するべく互いに知恵を出してきた。その過程において両者は明確に対比関係にあるというよりは、互いに影響し合いながら、ときに協働し、現在の商品化住宅のフィールドを形づくってきた。

戦後から高度経済成長、バブル期、平成不況を経て、住宅に対する価値観が変わってきている。本稿では、日本における建築家とハウスメーカーの応答関係にみる商品化住宅をめぐるテーマの変遷や課題について振り返りたい。

最小限につくる　戦後復興期

まず日本における戦後初の量産化住宅は「プレモス」（1946、前川國男）である［図1］。PRE（プレファブ）、M（設計＝前川）、O（構造設計＝小野薫）、S（製作＝山陰工業）からPREMOS（プレモス）と名付けられた、外壁パネル工法を採用した組み立て式の住宅である。興味深いのは、戦時中につくられた工法が展開して用いられたことだ。パネル製作を担当したのは戦時中に木製の軍用機を製造していた、山陰工業だ。技術力も高く、終戦時に木材の在庫を多く保有していた。プレモスは、柱梁で軸組をつくる在来工法と異なり、工場でパネルなどのパーツをつくり、現場で組み立てる。炭鉱等の基幹産業に従事する労働者のための住宅を中心に、バージョンアップをしながら約1000棟建てられた。プレファブ住宅を切り拓いたが、一般の消費者には届かず商品化には至らなかった。

そのあと戦後まもなく、一般の消費者の家づくりを支援する「住宅金融公庫」(1950)ができたが、住宅規模は「臨時建築等制限令」(1946)で15坪に制限されていた(翌年12坪に引き下げ)。「最小限住居」というテーマは、1929年のCIAM(近代建築国際会議)では平面の計画、つまり集合住宅を主目的に検討されていたが、日本の戦後の状況においては、それぞれの地域で個人が大工と建てていくことが求められた。いわばできる人が自分でやる復興だ。隣

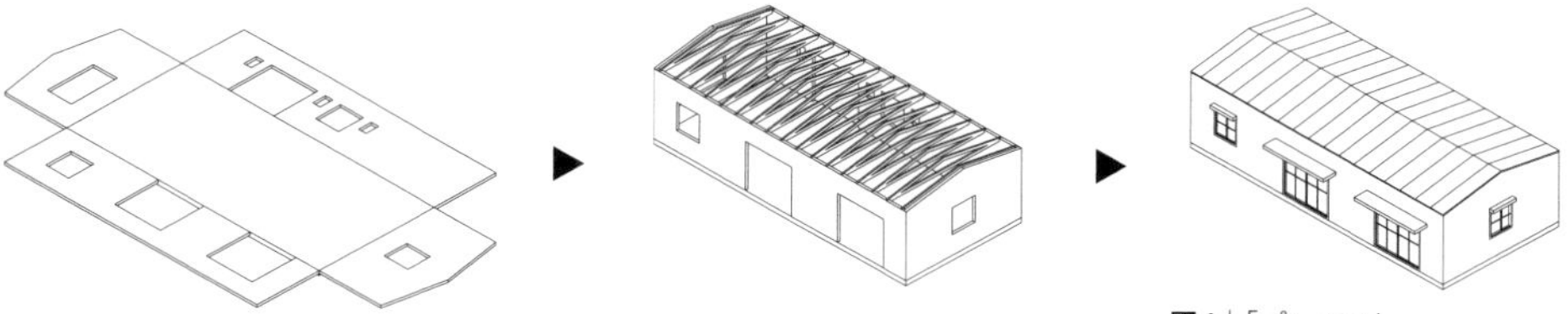

図1｜「プレモス」(1946、前川國男)ダイアグラム(以下図10まですべて、drawing by Tsubame Architects)

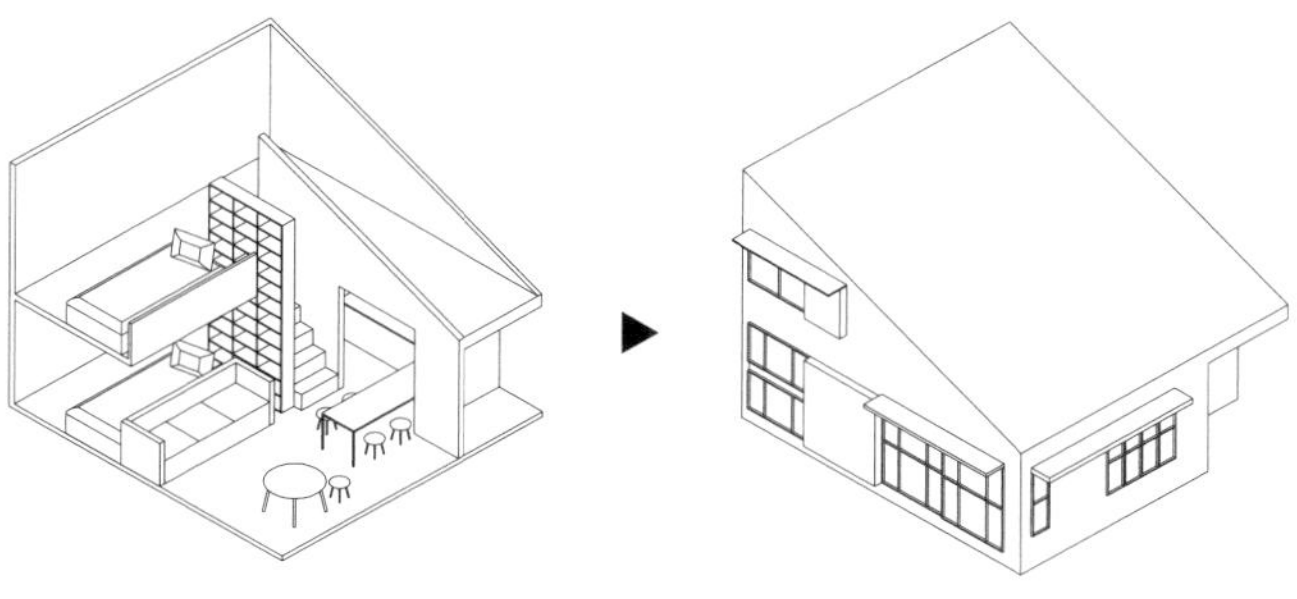

図2｜「立体最小限住宅No.3」(1950、池辺陽)ダイアグラム

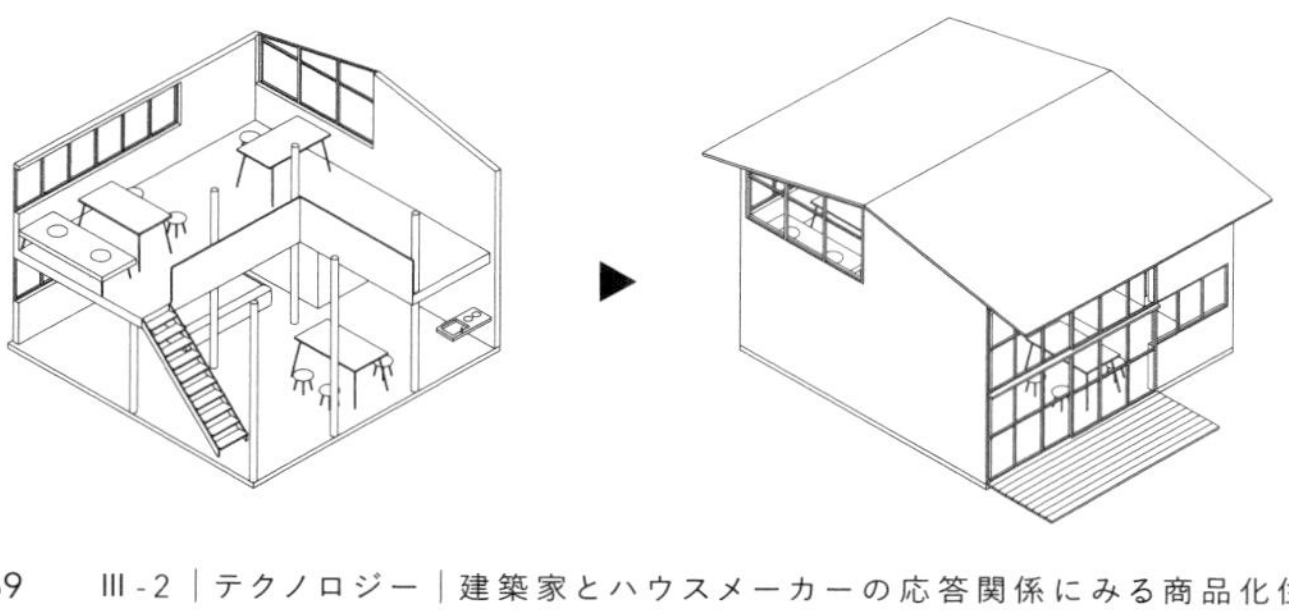

図3｜「最小限住居」(1952、増沢洵)ダイアグラム

家から独立した2階建ての個人住宅、すなわち立体としての「最小限」が必然的にテーマとなっていった。

このタイミングで発表された「立体最小限住宅No.3」（1950、池辺陽）［図2］、「最小限住居」（1952、増沢洵）［図3］はともに、15坪である。双方とも吹抜けがあり、2階に寝室、近代的な設備を導入しつつも、施工費をそれまでの住宅に近づけた。量産型ではないが、限られた予算と床面積のなかで、畳から椅子へと生活様式を転換するための、プロトタイプの提案といえる。

プレファブの実装　高度経済成長期前期

多くの国民に対して、土地を所有し家をもつことを国が推奨し、それに見合う金融政策が練られた結果、住宅は商品化され、多くの中間層が家を所有することが可能になっていった。前川が一般消費者を相手にできなかったプレファブという方法が、1960年ごろから社会実装されていくことになる。

大和ハウスによる「ミゼットハウス」（1959）［図4］はプレファブ住宅の原点といわれている。戦後のベビーブームに合わせ庭に子ども室を建てるための小屋的なプレファブ建築として開発された。さらに大和ハウスは「ダイワハウスA型」（1962）［図5］を発売。住宅金融公庫融資対象住宅となった。断熱・遮音性能を向上させ、水回りもすべてプレファブ化して新規に開発された。

また、同時期のプレファブ住宅に積水化学工業によるセキスイハウスA型がある。戦後、日本窒素肥料の財閥解体により積水化学工業ができ、ミゼットハウスと同じタイミングで、セキスイハウスA型（1960）を発売。8月には積水ハウス産業（1963年に積水ハウスに社名変更）が設立され、積水化学工業とは別会社となった。ちなみに、のちにヘーベルハウスを手がける旭化成工業などもこの頃にできている。

『箱の産業』▼1によればセキスイハウスA型は、1957年に同社の奈良工場の敷地に建設された「ポンプ小屋」に起源があるそうだ。工場のポンプ小屋を建替えたものだが、構造からボルトに至るまですべてが

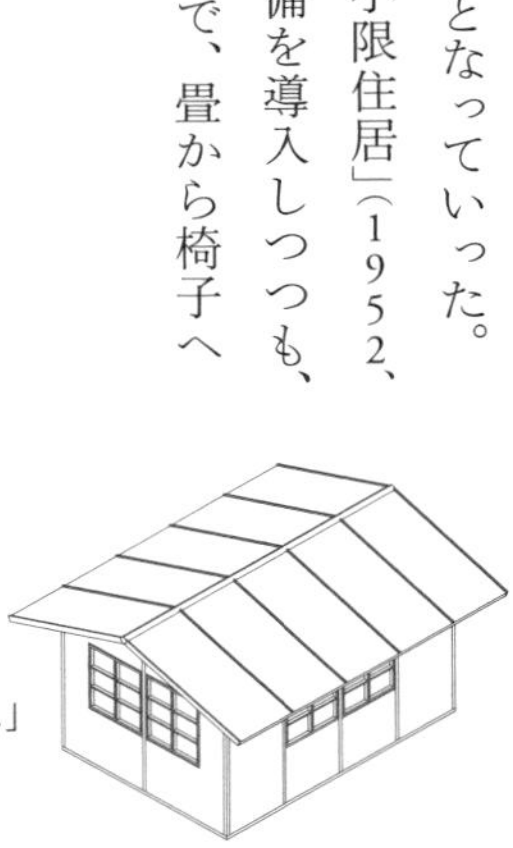

図4｜「ミゼットハウス」（1959、大和ハウス）ダイアグラム

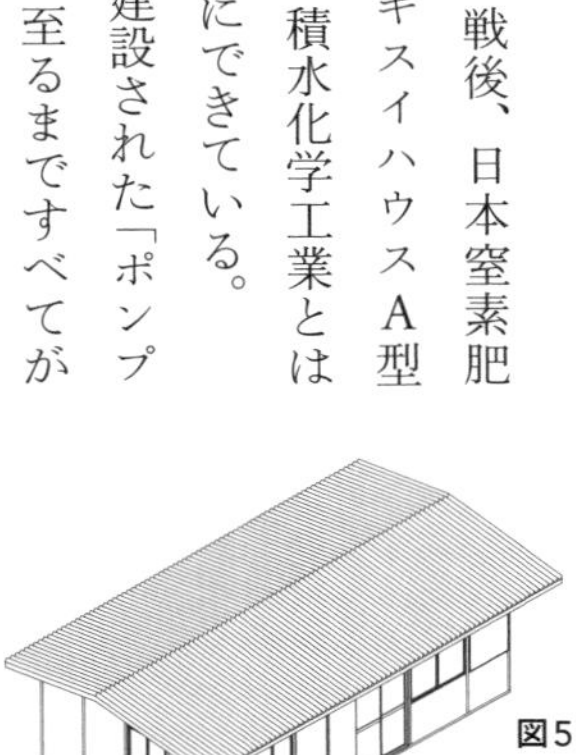

図5｜「ダイワハウスA型」（1962、大和ハウス）ダイアグラム

積水化学工業の主力製品であった塩ビを用いたプラスチック製だったという。プラスチックの家の商品化を目指して開発が始まったが、最終的には軽量鉄骨造となった。単純な断面をもつかまぼこ兵舎などが参照され、C形の軽量鉄骨による屋根と壁一体のフレームをもち外装をアルミ板やスチールサッシとしたA型、屋根のトラスと壁のパーツを分け内外の仕上げパネルを取り付けるB型と進化していった。積水ハウス50年史によると、B型は創立50周年の2010年に累積建築戸数が200万戸を超えたとある。まさに社会実装されたといって良い数字だろう。

ユニットのヴィジョン　高度経済成長期後期

さらに、高度経済成長期においては、新しいイメージをもった住宅が提案されはじめる。カプセルのような部屋を無限につなげて展開していけるような、ある種の未来的なイメージをもったユニット型の方法だ。

池辺陽による「住宅No.76」（1965）［**図6**］は6角形のスペース・ユニットと呼ばれるモジュールを、どの方向にいくつでも接続できる。異なる機能をもったユニットが連なることで住宅ができあがる。まさに高度経済成長期の工業化のなかで生み出されたプロトタイプといえる。

ユニット型住宅のなかでも一際、異彩を放つプロジェクトがある。東京の都心にある「中銀カプセルタワー」（1972、黒川紀章）［**図7**］。1960年代に展開した、新陳代謝を意味する「メタボリズム」という建築思想をストレートに表現した作品といえる。エレベーターや階段などの垂直動線や上下水道などの設備をもつコアに対し、カプセルが取り付く。老朽化したカプセルは必要に応じ交換でき、建築が新陳代謝して

▼1 松村秀一＋佐藤考一＋森田芳朗＋江口亨＋権藤智之編著『箱の産業——プレハブ住宅技術者たちの証言』彰国社、2013年。

図6｜「住宅NO.76」（1965、池辺陽）ダイアグラム

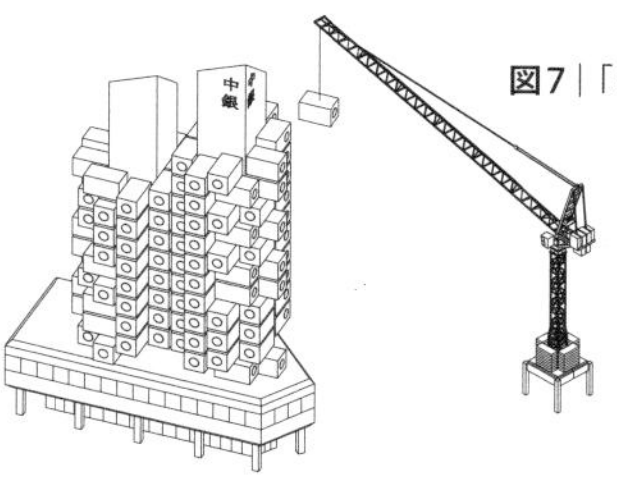

図7｜「中銀カプセルタワー」（1972、黒川紀章）ダイアグラム

いく。ひとつのカプセルで生活のすべてが完結するような都会的なライフスタイルが提案された。ただ、実際にはカプセルは一度も交換されず、コア自体も老朽化。根強いファンも多く、保存運動なども起こったが解体されることとなった。

こういったユニット型の住宅をビジネスとして本格的に展開したのが積水化学工業によるセキスイハイムM1（1971）［図8］といえる。積水化学工業は、60年代後半に再び住宅産業に参入する際に、上述した積水ハウスとはまったく異なるアイデアをもつユニット型の住宅を開発した。「部品化建築論」をテーマにしていた建築家の大野勝彦と協働している。

工場で施工のほとんどが完了し、現場にクレーンで運び込まれる。ユニットを組み合わせることにより、さまざまな敷地条件、家族構成に対応する。家具のバリエーションも、壁面のオプションとして用意されていた。1971年2月、東京に「セキスイハイム」の第1号モデルハウスをオープンし、翌年度には目標として設定されていた3000戸以上の販売実績を達成。現在も、まちを歩いていると見かけることがあるが、約1万世帯残っているらしい。ちなみに、セキスイハイムが近年始めた「再築システムの家」という事業は、既存の住宅をいったんユニット単位に分解し、再利用する。全国のM1がまた再びトラックで流動し、次世代に受け渡されるかもしれない。

話は戻り、同じ頃、ミサワホームは100万円で建てられる住宅として「ホームコア」（1969）［図9］を販売している。平均的国民年収程度で入手できる価格、すなわち100万円のプレファブ住宅である。ウェブサイト[2]によれば7万人におよぶ入居者へのヒアリングからフィードバックを行うプロセスで開発されたとある。今でいうマーケットリサーチをベースに、当時の平均的国民所得（月5万円）で入手できる価格（100万円）であり、3DKという与条件を設定し開発されている。これもそれまでの大工や工務店、建築家、とは違ったハウスメーカーならではの開発プロセスといえる。

またセキスイハイムM1を開発した積水化学工業だけでなく、同時期にトヨタホーム（トヨタ自動車）

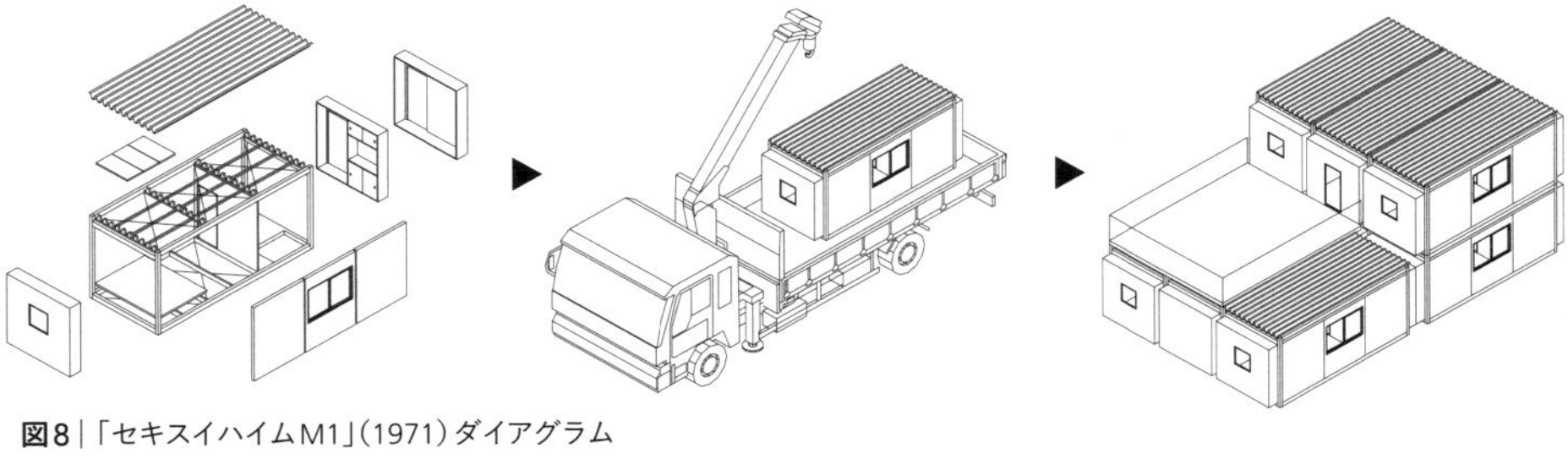

図8｜「セキスイハイムM1」（1971）ダイアグラム

など後発のハウスメーカーも出現し、バブル期にかけて、住宅をつくることが一気に産業化した。一見ハウスメーカーと縁がなさそうな建築家・篠原一男もトヨタホームにアドバイスをしたことがあったようだ。[▼3] この時代は特に、ハウスメーカーと建築家がさまざまなかたちで応答関係にあり（商品開発のブレストの場に建築家も招かれていたのだろう）、時代のうねりを想像する。

エコ／カスタマイズ　ポストバブル期

次に、高度経済成長期やバブル期が過ぎたポストバブル期には、テーマが移行していく。ミサワホームが１９７０年代からエコ住宅の研究を開始し、１９９０年代に世界に先駆けて発売したゼロエネルギー住宅（商品名は「エコ・エネルギー住宅」、１９９２）［**図10**］も、現在ＺＥＨ（ネット・ゼロ・エネルギー・ハウス、通称ゼッチ）と呼ばれ広まった。「ＺＥＨ」とは、年間の一次エネルギー消費量が正味（ネット）でゼロとなる住宅のことである。

資源エネルギー庁のＺＥＨロードマップ検討委員会が公開した資料[▼4]によると、２０２０年度までに新築戸建住宅の過半数をＺＥＨ化、２０３０年度までに新築戸建住宅におけるＺＥＨの自立普及／新築住宅の平均でＺＥＨを実現とあり、メーカーにとってＺＥＨは現在当たり前のテーマになりつつある。ＺＥＨロードマップに基づくＺＥＨの普及を加速させることを目標として、ＺＥＨの新築時に補助金を交付するＺＥＨ普及加速事業費補助金というものも用意されている。

▼2　ミサワホーム　https://www.misawa.co.jp/ownersclub/50th/kurashi.html
▼3　『箱の産業』、前掲書。
▼4　資源エネルギー庁公開資料　https://www.enecho.meti.go.jp/category/saving_and_new/saving/zeh/pdf/roadmap-fu_report2018.pdf

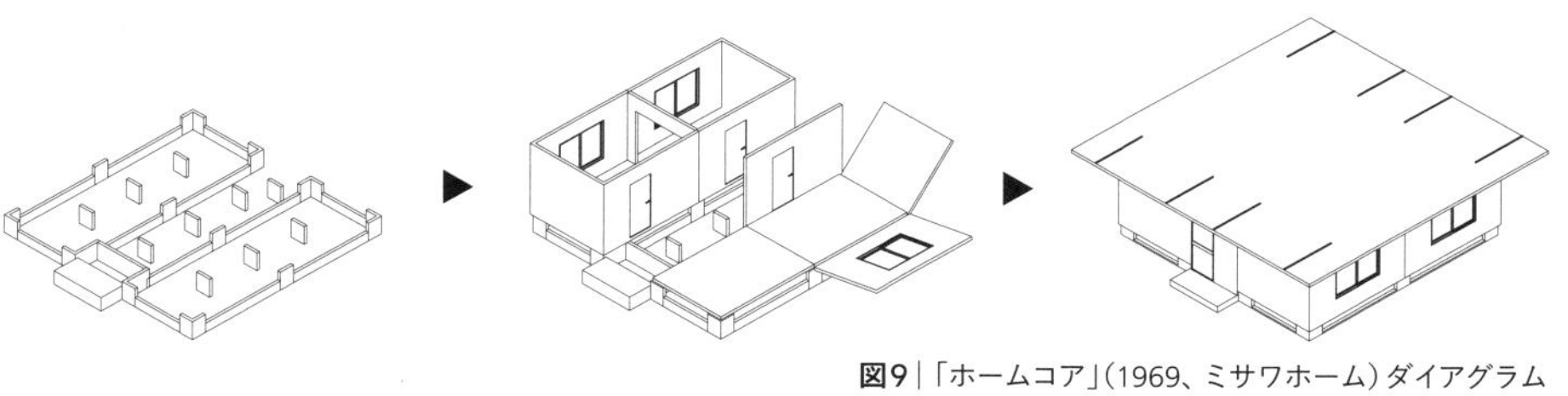

図9｜「ホームコア」（1969、ミサワホーム）ダイアグラム

一方、池辺陽の弟子である難波和彦は、池辺を参照しながら、1995年から「箱の家」という住宅のシリーズを展開してきた。都市住宅に求められる機能を最小限の物質によって達成することを目指している。寸法や部材は標準化され、内部は間仕切りを減らした吹抜けのあるワンルームであり、外部に対して大きな窓が開いている。箱の家は進化を遂げながら、現在までに170軒も生み出されてきた。それは、技術の開発だけでなく、ライフスタイルや新しい家族像の提案でもあった。そして限られた資源で豊かな暮らしを、という戦後の建築家の眼差しにも重なるところがある。

さらに2004年、難波の箱の家のコンセプトを発展させて、無印良品が「木の家」［図11］を発表。箱の家をよりシステム化し、部品化。無印良品の5000点にもおよぶ商品とぴったり合うようにモジュール調整がなされている。無印良品は、その後、「窓の家」(隈研吾)、「縦の家」(みかんぐみ)、「陽の家」(原研哉)など、さまざまな監修者によるラインナップを増やしながら事業を展開している。無印は、建築を、生活雑貨の延長にあるものとして位置づける。メーカーがパッケージとして完璧なものを提供するというよりは、家電や家具を買い換えるようにユーザーがカジュアルに空間をカスタマイズできる状況が模索されている。

高度経済成長期やバブル期が終わり、メーカーによる大量生産品を買うのではない価値観として、エコであることとカスタマイズできることが追求されはじめたタイミングであったといえよう。

平成から令和へ

どこにでも同じ商品化住宅を提供するのではなく、

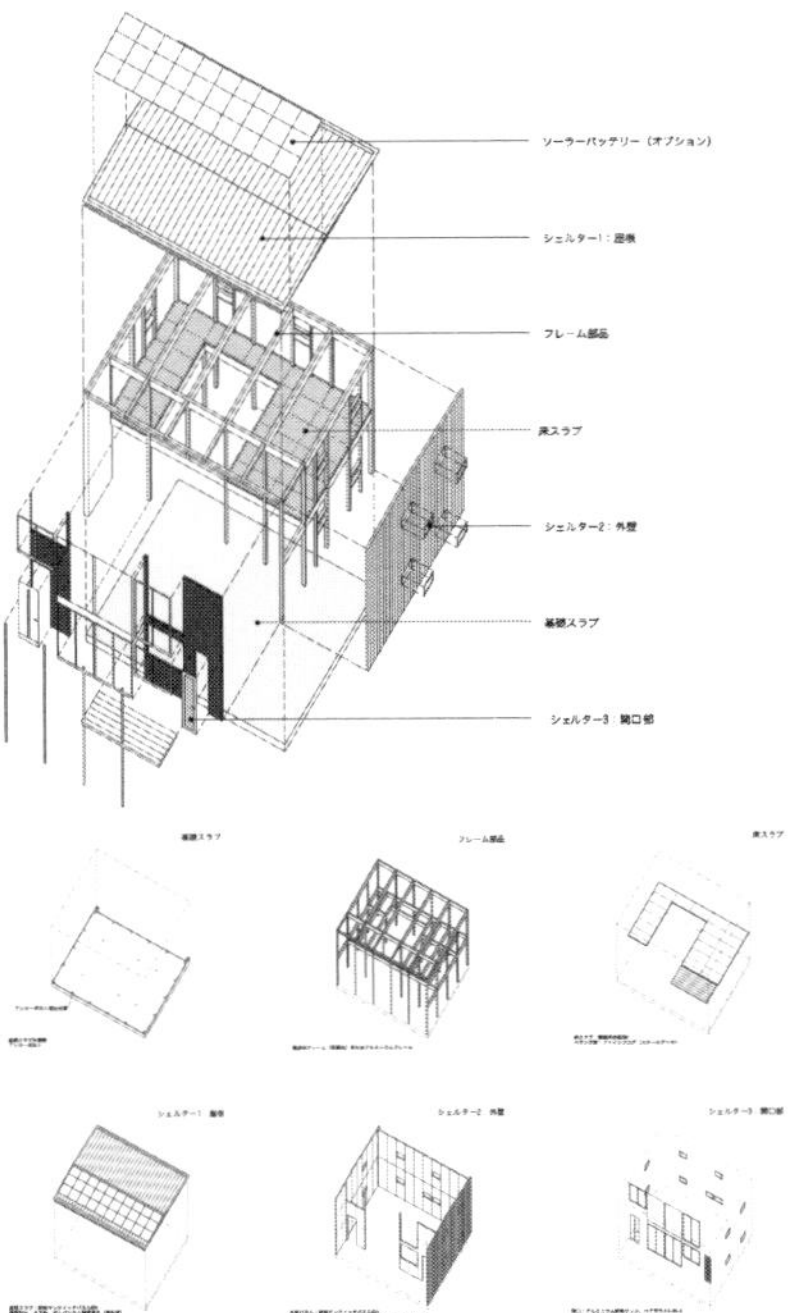

図11｜無印良品「MUJIHOUSE」プロトタイプ開発(2002)におけるサポート部品組立図(上)とサポート部品リスト(下)(提供：難波和彦+界工作舎)

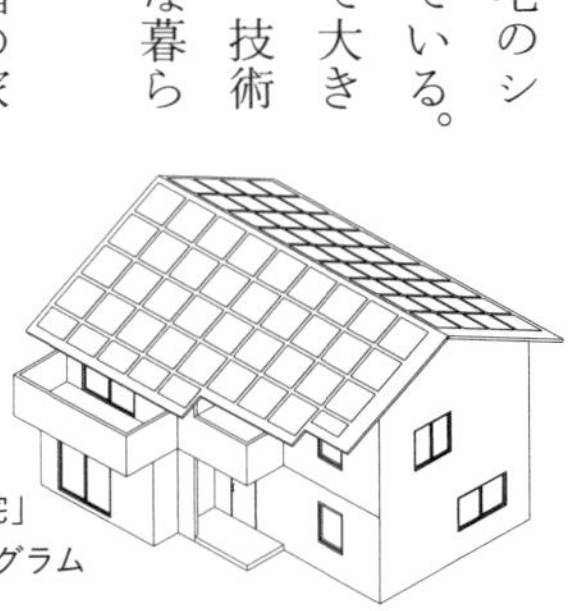
図10｜「エコ・エネルギー住宅」(1992、ミサワホーム)ダイアグラム

その地域のテーマに特化した（ようにみえる）商品化住宅が登場しはじめる。2012年に、東京都墨田区に多層階住宅の住宅展示場ができた。いわゆる一般的な住宅展示場のような戸建が並ぶのではなく、数階建てのビルサイズの商品化住宅が並ぶ風景には最初衝撃を覚えた。そのなかでも特に目を引くのがパナソニック ホームズの多層階住宅ビューノ（2011—）［図12］だ。現在商品化住宅としてはもっとも高い9階建てを実現している。展示場の立地からして、下町の商業エリアにおける古い長屋型の木造店舗付き住宅を、耐火かつ高層に建替えるニーズを狙いにきているように感じる。下町の狭小地向けに足場なしで施工する無足場工法を売りにしており、隣地側に足場を組まずに建物を寄せた建築を可能としている。用途も住宅のほかに店舗や賃貸に加え、宿泊施設にも対応するようなラインナップが出ている。パナソニック ホームズの多層階住宅の歴史を紐解くと、初めての多層階住宅（3階建て以上）の発売は1977年。全国の市街地に展開していた「ナショナルのお店」の建替え話に端を発した店舗付きの3階建て住宅だったというのが興味深い。▼5

筆者らの共同主宰するツバメアーキテクツは、パナソニック ホームズと協働するかたちでビューノの構法を使った職住近接の建築をつくったことがある。▼6 シェアオフィス・シェアキッチン・賃貸住戸・オーナー住戸が一体となった5階建てのビルである［図13］。下町の結節点となるシェア空間をつくりたいという施主の要望があり、建築に「ハウス」以外の用途が混ざることになった。

nLDKという不動産的な見栄えをよくするために部屋数を増やすというよりは、水回りを集約

▼5 パナホーム多層階住宅開発の歴史 https://homes.panasonic.com/tasoukai/about/history.html

▼6 『新建築』2021年2月号。

図12｜「多層階住宅ビューノ」
（提供：パナソニック ホームズ（株））

し、それ以外の領域は自由度を上げ、そこから連続させたバルコニーはテーブルセットが置けるように大きく取ったり、シェアスペースは窓を大きくして換気性能を上げるなど、コロナ禍の住まい方を体現している。地域のユーチューバーが撮影スタジオとしてシェアキッチンを使うなど、さまざまな使い方が日々発見されている。

また、メンテナンスフリーが前提となる商品化住宅は外観がいかにもプロダクトらしい無機質な表情になる。そこで職住をハイブリッドさせた立面や間取りから自由に配置したリズミカルな窓は、メーカーのタイル施工ルールのなかで「ハリ分け」や「目地」を駆使することで窓枠の表情をつくり、バルコニーの手すりは責任区分を分けオリジナルでつくり、各所に植物や飾りを付けられるようにした。

メーカーの鍛錬された汎用性の高い構法をスタートポイントとして、建築家による応用、そして文字通り建築を立体的に使いこなす施主の実践が連なるという、三つ巴の新たな協働の可能性が見出されたプロジェクトとなった。

別の事例として、LPガスの販売を中心とするインフラ企業であるTOKAIが手がけるOTSハウス（2020、株式会社TOKAI、デザイン監修＝ツバメアーキテクツ）［図14］は、ZEHは当たり前として、震災時などインフラが遮断されたときにも自立できる、水や電気の完全なオフグリッドを実現している。将来的に各地で大きな自然災害が予測される日本においては、災害に備えた家づくりは必須であり、震災対策というのは喫緊の課題となっている。OTSハウスでは、公共水道や電力会社等から提供される電気に頼らず、雨水や太陽光などの自然の力のみを利用して暮らすことができる。ツバメアーキテクツでは、商品化住宅がどんどん機械・プロダクトのようになっていきスペック重視になっていくことを危惧し、OTSハウスにおいては、機械設備が集中する1階と、自然換気などがしやすい廊のめぐる2階という、機械と自然をハイブリッドさせたような構成を提案した。断熱性や密閉性が追求されがちな昨今の商品化住宅のフィールドにおいても、コロナ禍以降は、やはり手で開けられる窓の存在価値が、公衆衛生上だけでなく

図13｜ビューノの構法を使ったプロジェクト「押上のビル PLAT295」（2020、ツバメアーキテクツ＋バルーン＋パナソニック ホームズ）（撮影：長谷川健太、ドローイング：ツバメアーキテクツ）

精神衛生上においても、再浮上していくだろう。

商品化住宅の行く末

駆け足で系譜を追ってみたが、建築家とハウスメーカーの応答関係のなかで商品化住宅が育まれてきたことが見てとれただろう。今後も建築家やハウスメーカーは時代の要求に対応しながらこの応答を続けていくと思われる。

商品化住宅の行く末の予感としては、新しい仕組みとともに次なるデザインが発明されるのではないかと考えている。あるいはそういったものを開発したい。例えば、商品として売り切るモデルではなく、サブスクリプションビジネス的なユーザー・インターフェイスをもった住環境サービスが本格的に実装されつつある。現時点でも、毎月好きな家具をレンタル・入れ替えできるというサービスなどはすでに世に登場している。家具・設えだけでなく、電気や水からも家が自由になると可能性は広がる（オフグリッドの手洗いスタンドはよく見かけるようになったし、福祉用のトイレなどは配管がホースでできていて右麻痺左麻痺用に切り替えるためにある程度自由に動かせるプロダクトとしてすでに存在はしている。空中を介したワイヤレス給電が一般化すればコンセントなんかもいらなくなるかもしれない）。

さらに、「家族」のかたちが変わる今、ハウスメーカーの商品化住宅は用途的にも柔軟な形式に変わっていくだろう。子どもが増えたら部屋を増やし、子どもが家を出たら老後に店を開いたり、人に貸したり、減築したり、といったことをあらかじめ想定することはできないだろうか。

他には、賃貸と購入を行き来するような商品化住宅があってもいい。お試し賃貸をして、気に入ったら購入に切り替えられる住宅地開発はありえないだろうか。さらに、同じブランドの住宅地が各地にあり、他の地域へ移動するときにも権利を継承できる、といったことは想像しやすい。

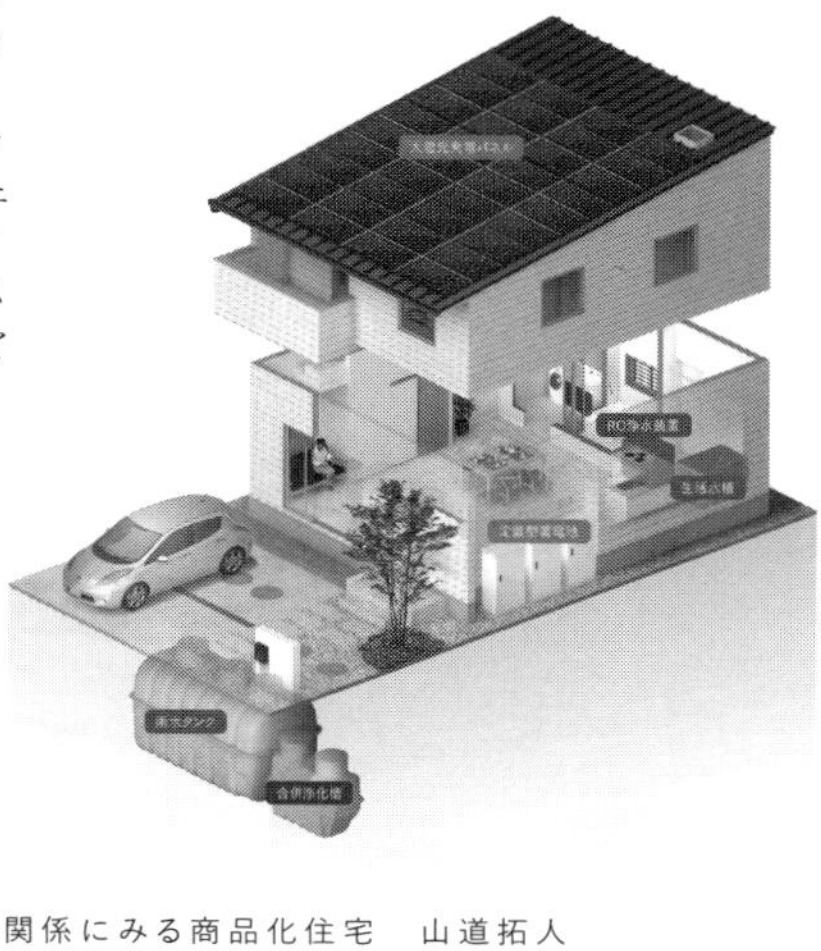

図14｜OTSハウス
（2020、株式会社TOKAI、
デザイン監修：ツバメアーキテクツ）
OTSハウスは2022年12月に
「GQハウス」（https://gq-system.jp/）へと
ブランド名を変更し、さらなる発展を
遂げている

さらに、テクノロジーと組み合わせることで、住宅地をつくっておしまい、買っておしまいという売り切りモデルを変えられるかもしれない。コロナ禍に南米のディベロッパーによる事例▼7を実際に視察してきたが、住宅地開発をした土地に関して開発後にアプリを使って$1m^2$単位で手軽に売り買いでき、上家の賃料を分配し続けるプラットフォームを提案していた。同様のビジネスモデルは昔からみられるが、南米の事例は通り抜けのような空間的な工夫やそこに地域の人も参加可能なプログラムが重なっていくことがポイントである。住む、借りるだけではない家や土地への関わり方が地域で重層的になっていくことを、メーカーやディベロッパーは下支えし、当事者意識をもって持続的に運営管理をしていけるとよい。

コア自体の老朽化という障壁により黒川が実践できなかった新陳代謝するような住宅のあり方が、「商品」の枠を超え、仕組みからアプローチできれば社会実装できるだろう。そうすれば同じものの反復を前提にした商品化住宅・住宅地の限界を突破し、まちをもっとアクティブにできるだろう。妄想は膨らむばかりである。

▼7 Urvita https://urvita.mx

＊参考文献

『日本の家――1945年以降の建築と暮らし』新建築社、2017年。

セキスイハイムM1　http://www.sekisuiheimm1.com

ダイワハウスの歴史　https://www.daiwahouse.co.jp/jutaku/background/history.html

無印良品　https://www.muji.net/ie/kouzou/10_zeh.html

TOKAI OTSハウス　https://ots.tokai.jp

1

2

3

Architect

建築家

作品と表現

それでも私たちは「作品」を鉤括弧でくくる

伊東豊雄の「みんなの家」から考える

市川紘司

作品ぎらい？

本稿に与えられたテーマは「作品としての住宅」である。しかしあらためて考えてみると、いま「作品」という言葉を使って設計した建築を積極的に語ろうとする建築家は、あまりいないのではないだろうか。「作品」という日本語には独特の響きがある。英語でいえば〝work〟。人のした仕事、その成果、すなわち作品。明快である。しかし日本語の「作品」にはもう少しどこか高尚な響きがつきまとう。「作家先生」の想像力（コンセプト）と技術がいかんなく発揮された末に産み出される事物——そのような、ある種の「特別なもの」というニュアンスが、この日本語には含まれている。

私たちが「作品」という言葉を意識的であれ無意識的であれ避けているとしたら、それはまさにこの特別さを醸すニュアンスゆえだろう。逆にいえば、私たちは建築をそのように特別なものとして、それ以外のさまざま事物・事象と積極的には切断したくない。クライアントの要望や敷地の形状、あるいは敷地周辺に広がる社会的・建築的・自然的文脈と緊密かつ滑らかに接続されていること。それこそを重視したい。それは、建築をデザインする建築家の側にも、その建築を鑑賞し体験し、ときに評する評論家や編集者の側にもおそらく通底する、時代の平準的な感性だろう。もちろん空間的な接続性だけではない。私たちは建築や住宅の完成を「竣工」の瞬間だと見なすことにも懐疑的になっている。そしてむしろ、竣工後の住まわれ方や使われ方への設計者の積極的な介入、あるいは竣工以前の作り方に対する住民や使用者の積極的な介入を志向するようになっている。

このような建築や住宅に対する感性は、日本では２０１１年に起こった東日本大震災以後に顕著に現れてきたものとひとまずはいえるだろう。だが、それ以前の日本建築にも見られる特徴でもあるはずだ。

建築評論家の五十嵐太郎は、バブル経済崩壊後の１９９０年代に活躍を始めた若手建築家のグループ展である「空間から状況へ」展（ギャラリー・間、２００１）において、その全体的傾向を「建築を「空間」的な造形に還元し、オブジェクト化するのではなく、建築の外部に注目し、周辺の「状況」との関係を含めて再定義すること」[1]と述べている。ここでいわれる「建築の外部」としての「状況」こそ、私たちがいま、積極的に興味を向けるスタンドアローンな「作品」の外側を取りまく時空間にほかならないだろう。

ゆえに私たちは「作品」という言葉を使いたがらない。それは建築を「状況」や「文脈」から断ち切られた存在、ある時点にきちんと「完成」される存在だと見なす思考形式とセットになっている日本語であるからだ。こうした「作品ぎらい」の反面で好まれるのは「プロジェクト」や「実践（プラクティス）」といった表現だろうか。なるほど、これらの言葉には「作品」にはない他者との協同性や竣工前後の一連のプロセスを包含する響きがある。

みんなの家

「作品」への忌避感。近年におけるそのような感覚をもっとも直截的に示した建築家のひとりとして、本

▼1　ギャラリー・間編『空間から状況へ　10 Ciry Profiles from 10 Young Architects』ＴＯＴＯ出版、２００１年。

稿では伊東豊雄に注目したい。
平成は自然災害の多かった時代だといわれる。2018年、筆者は学部学生が主導する日本建築学会での平成建築を考えるワークショップに参加したのだが、平成の終わりを生きた彼／彼女たちの多くが（必ずしも直接的には体験していない）災害と復興に関心を向けていたことが興味深かった。自分の生の大半を平成に過ごした筆者個人の感覚でも、当時宮城県仙台市で大学院生をしていたこともあって、東日本大震災（2011）の経験がどうしても大きい。伊東豊雄がその災害復興のために、被災者の集会所である「みんなの家」の建設活動を起こしたことはよく知られている。さまざまな建築家とタッグを組み、またさまざまな企業組織からの出資を受けながら、伊東は釜石や陸前高田、東松島や気仙沼などの被災地各地にいくつもの「みんなの家」を展開していった。伊東はさらに同様のアクションを熊本地震（2016）でも実行している。これはくまもとアートポリス事業の一環だった。2013年に伊東はプリツカー賞を受賞しているが、その審査コメントでは、伊東のコンセプチュアルで革新的な建築作品譜を讃えながら、そのなかでも「社会的責任感の直接的な現れ」として「みんなの家」の活動が評価されている。[2]

「新浜 みんなの家」（筆者撮影）。
東日本大震災後につくられた
「宮城野区のみんなの家」（120頁）が
2017年に移築されたもの。
設計は伊東豊雄、桂英昭和、
末廣香織、曽我部昌史

震災直後、伊東は復興活動に際して建築家には以下のような態度が求められるはずだと言明した。まず「批判をしないこと」。次いで「身近なところから行動を起こすこと」。最後に「建築家として「私」を超えたところで何ができるかを考えること」。そしてこのように続けた。「建築家は皆、社会のためにと考えながら建築をつくっているのに、所詮は作品という個人的表現に行き着いてしまう。つまり近代的自我を捨てることができない。これはものをつくる人間にとっては大問題ですが、そのあたりを徹底的に洗い直さないと建築家の先行きはないと思うからです▼3［強調点：引用者］」。

伊東の思考のなかで、「作品」と「社会」が明快に分かれ、さらに対立する二項として位置づけられていることがわかる。「作品」は所詮「近代的自我」にもとづく「個人的表現」。これを徹底的に乗り越えなければならない、そうでなくては「社会のため」の建築を実践できないのだから……。伊東がここで表明した態度とはそのようなものである。

ポスト・カウンター

「作品／社会」を二項対立化する伊東の思考は、震災直後に突如として現れたものでは決してない。1970年代のデビュー当時から一貫して見られるものであり、伊東豊雄という建築家を特徴づけるコアのひとつだといってよい。デビューからしばらく住宅建築を主たる仕事にしていた伊東は、自身がつくる住宅は「社会」の外側にあり、むしろその「社会」を「批評」する存在であると定位した。「作品／社会」という対立構図のなかで、「批評」という振る舞いがその接続の回路になることが目指されていたのである。

▼2 The Pritzker Architecture Prize 2013 website (https://www.pritzkerprize.com/laureates/2013)

▼3 伊東豊雄『あの日からの建築』集英社、2012年。

「みんなの家」ではこの「批評」(批判)という回路に対する期待が棄却されるとともに、かつて隔絶され批評する対象だった「社会」そのものに建築家が溶け込むことが目指されたわけだ。

「作品」として住宅をつくること。それを創造する主体すなわち「作家」として建築家を想定すること。篠原一男はそのような考え方を先鋭的に示した建築家のひとりだろう。篠原が「住宅は藝術である」と言い切ったことはよく知られている(『住宅論』1970)。そして建主の要望や敷地の条件からは自律し、環境的文脈としての都市とは対峙する存在として住宅を位置づけ、これを設計し続けた。ゆえに篠原は、建築家が住宅を設計する際には「手法」こそが必要であると説く。住宅設計の与条件として通常考えられる諸々を捨象した建築家にとっては、それが唯一残された拠り所であるからだ。

伊東は篠原の直系の弟子筋ではないが、その思想に薫陶を受けた篠原スクールのひとりである。それゆえ、住宅を「社会」の外側から「批評」するものとして捉えるその態度には、篠原からの影響が色濃く確認できる。初期の代表作「中野本町の家」(1976)は、都市に対して閉鎖的で自律的なU字形を設定し、そのなかに抽象的かつ流動的な空間を創出するという、正しく「手法」的で「作品」的な住宅だった。住宅の外側に広がる文脈に対する閉鎖性と自律性の志向、その裏返しとしての住宅内部に小宇宙ともいうべき豊穣で完結された世界を構築しようとする志向は、同時代の若手建築家たちによる住宅——たとえば毛綱毅曠「反住器」や安藤忠雄「住吉の長屋」など——にも通奏低音として流れている。

彼らのなかにある種のカウンター・カルチャーの思考を見出すことはたやすい。主流となる「社会」というものがまずあり、自身はその外部にいる。そしてそれに抗する。別の世界を構築する。そのような考え方が底に流れている。

翻って、私たちはすでに、そのような外部的ポジションがこの世界には存在しないことを痛いほどよく知っている。カウンターは単なる「差異」として商品化され、消費されるだけだ。私たちはそのような資本主義がグローバルに覆い尽くす世界を生きている。そうした「ポスト・カウンター」というべき冷めた意識こそ、ポスト冷戦・ポストバブルとしての平成以後の建築家が共有する感性かもしれない。「状況」の外側ではなく内側に身を置きながら、なおクリティカルである道筋を探すこと。そのような姿勢のみが可能性として残されている。ただし、注意しなければ、すぐに社会的・政治的正しさだけが前景化されるだろう。

「不機嫌」な住宅

ともあれ、1970年代の建築家における疎外や隔絶の認識には切実なリアリティがあったことは間違いない。東京五輪と大阪万博を経て、とりわけ若年世代の建築家の仕事は、国家プロジェクトや産業構造、都市開発からは離れた場所へと散り散りになっていく。先行する丹下健三や磯崎新あるいは戦前の先輩建築家たちとはそもそもの条件が異なった。マススケールの仕事は大手組織設計事務所やゼネコン、あるいは新興する住宅メーカーが担うようになる。それらが生み出す高度経済成長、その剰余というべき奇特なクライアントの計画する小さな戸建住宅や商業建築を、若い建築家たちはテリトリーとするほかなかった。

明治時代に西洋からその職能が輸入されて以来、国家との関係性のなかで仕事を果たしてきた近代日本の「アーキテクト」にとっては、それはほとんどアイデンティティ・クライシスといってよい状況である。槇文彦が「主をもたない野武士」と命名した建築家世代は、こうした状況を背景にデビューした1940年代生まれの若手たちにほかならない。「主」とは師匠となる建築家であり、また彼らが関わってきた国や都市だった。それが喪失された。「作品」と「社会」を二項対立化して「批評」で結ぶ、という世界観が形成されるのは当然の成り行きだった。

「社会」なるものからの疎外の意識、あるいはそれへの対抗の意識が強く現れるこの時代の住宅建築にはある種の不健康さ、そして「不機嫌」の気分を見出だすことも可能だ。劇作家で評論家の山崎正和は『不機嫌の時代』(1976)という文芸評論において、明治末期〜大正初期の小説に共通して立ち現れている気分を「不機嫌」と名指している。それは、明治維新以降人々の「公」的生活を国家に一元的に集約することで目指されていた富国強兵という目標が、日清・日露戦争の勝利により達成されると同時に失われたことで、もはや「私」に閉じこもることも「公」にアクセスすることもできないという、当時の文学者たちの実存的不安を指した言葉であった。1970年代に展開された多様な住宅建築にも、同様の気分があったといえないだろうか。日本社会や都市の大勢とは無関係に独自の思考と実験にふける建築家たち、そればかりを取り上げる建築メディア。これを指して「歪んでいる」と痛烈に批判したのは、開発まっただなかの都市建築の設計のほうに身を置いていた日建設計の林昌二である。[4] 建築メディアが構成するサークルの外に視点を置けば、なるほどその通りに見えただろう。

しかし繰り返せば、時代が建築家に不機嫌であることを強いたこともまた事実である。彼らが大学で教わった明治以来の「アーキテクト」の職能像、すなわち国家や社会のなかで建築を設計していくことがそもそも困難な状況が存在していた。私的な小住宅から仕事を始めざるを得ない。そこからなんとか国家、社会、都市あるいは「建築」へのアクセスの回路を探るしかない。そのようなアンビバレントな気持ちがあったはずであり、「批評」として、あるいは「作品」としての住宅とは、そのような回路をつくり出すための構え方にほかならなかった。そうした構えは逆に目の前にいる建主とのコミュニケーションには——それがいわゆる「社会」と建築家を結ぶほぼ唯一の具体的接点であるにも関わらず——齟齬を生じさせるだろう。建築家と建主のあいだに横たわる絶望的な断絶を伊東が率直に書いたのは早くもデビュー作の時点である（伊東豊雄「設計行為とは歪められてゆく自己の思考過程を追跡する作業にほかならない」1971年）。

「みんなの家」で目指されたのはこうした「不機嫌」から抜け出すことにほかならない。まず目の前にいる被災者との対話から考える（「身近から始める」）。外側から「批評」することは厳禁。むしろその内側に積極的に溶け込もうとする。実際のところ「みんなの家」の活動を通じて伊東が度々強調していたのは「ポジティブであること」だった。

「不機嫌」から「ポジティブ」へ。あるいは「作品」から「行動」へ。伊東のそのような旋回も、やはり東日本大震災以後に急に発露されたものではなく、1970年代の終焉とともに始まっていたものではある。1984年の「シルバーハット」は伊東の「閉鎖から開放へ」の変身を象徴する住宅であるが、その初期スケッチのなかにはすでに「批評を排する」ことがメモ書きされていることが興味深い（『群居』第14号掲載）。

そして、まさに平成が始まった1989年、伊東は消費社会という「海」の外に佇むのではなくそのなかへと積極的に浸っていくことを宣言した。建築がファッショナブルな商品として消費されることを指し、「嘆こうが嘆くまいが建築はもはやそうした存在なのだし、建築が社会的な存在であるという事実を断ち切れない以上、それは建築にとって不可避な道なのである▼5［強調点：原文］」と論じる平成元年の伊東の視座は、「社会」の外側で「作品」をつくろうとした1970年代とは大きく転回されているといってよい。本稿冒頭で参照した五十嵐も指摘する通り、消費社会という海へと積極的に向かう伊東のスタンスは、「状況」を重視するポストバブル時代の建築家たちと近しいものがある。▼6

二項対立的世界観の揺さぶり

「作品」と「社会」を二項対立化させるような思考形式は、多かれ少なかれ、1970年代以降の日本建築を規定してきたと考えられる。そんな単純な思考形式はすでに捨て去られていると一笑に付せれば話は楽

▼4 林昌二「歪められた建築の時代——1970年代を顧みて」『新建築』1979年12月号。他方で、篠原一男の薫陶を受けた建築家の奥山信一は住宅の実験的表現が花開いた1970年代を「住宅の黄金時代」と呼ぶ（奥山信一「フォルマリズム、内向的な「箱」の意匠と1970年代」『新建築臨時増刊 現代建築の軌跡』1995年）。同じ状況を異なる視点から見た評価として興味深い。

▼5 伊東豊雄「消費の海に浸らずして新しい建築はない」『新建築』1989年11月号。

▼6 五十嵐太郎「「状況」と「適用」」、ギャラリー・間編、前掲書。

なのだが、根強く残っていると考えたほうが妥当だろう。たとえば、私たちはしばしば慣習的に少人数のアトリエ事務所を「アトリエ派」と呼び、組織設計事務所やゼネコン設計部を「組織派」と呼ぶが、このような建築設計者を選り分ける思考は「作品／社会」の対立化思考と多くの部分で重なっている。「アトリエ派／組織派」という選り分けが形成されたのも、経済成長のなかで都市建築が巨大化・複合化した1970年代だと考えられるから、時期としても符合する。1970年代的状況に適合したのが「組織派」であり、適合しなかった（／できなかった）のが「アトリエ派」だとひとまずは考えられる。

本稿で見てきた伊東豊雄からは、このような思考形式を前提としたふたつの実践の型が確認された。「批評」という回路を仮想して「作品」を「社会」に接続しようと試みるか、あるいは「作品」を捨て「社会」へと溶け込むか。1970年代的伊東は前者であり、消費社会という「海」へと乗り出すことを宣言し、「みんなの家」へと至った平成的伊東は後者だといえよう。

しかし繰り返しになるが、私たちは「社会」の外側で「作品」をつくることなど不可能である。そのような世界設定は、1970年代というカウンター的位置取りにまだリアリティのあった時代に産み出された歴史的産物に過ぎないと、よく理解しておく必要がある。[7] 私たちは、住宅に限らず、あらゆる建築を「社会」の内側で実践するだけだ。それだけが可能性として残されている。

「作品」という言葉に対する確かな忌避の感覚は、そのようなモチベーションの表出としてある。実際のところ、「作品ぎらい」の感性を研ぎ澄まして実践に応用するためのヒントは、思想的にすでに多く現れている。たとえば、國分功一郎の哲学書によって広く知られることになった中動態なる概念は、「作者」の絶対的な能動性と、その主体から受動的に産み出される「作品」という二項関係を揺さぶるものである。あるいは、ブリュノ・ラトゥールの提唱するアクター・ネットワーク・セオリー（ANT）は、「作者」や「作品」を世界を構成する種々雑多なアクターのひとつとして認識することを迫る。その認識のもとでは、建築家は建築が産み出されるプロセスのなかで作用するアクターのひとつであり、産み出された建築も環境を構成するアクターのひとつに過ぎない。そこでは建築という「作品」とその「文脈」としての周辺環境、といった考え方そのものがひっくり返されることになる。

儀礼としての鉤括弧

しかし筆者が重要だと考えるのは、それでも建築にとって「作品」という次元は容易には消え去らないだろうし、また捨て去る必要もない、ということである。

震災後の伊東豊雄が「みんなの家」をあくまでも主体的に語り、実践していたことを思い出したい。それは敷地や利用者も異なれば、タッグを組む建築家も異なり、さらに出資元も異なるという意味で、本質的に異質なプロジェクトの集合に過ぎない。だが、伊東はそれらを個別的に分けることなく、「みんなの家」という集会所建築のバリエーションとしてひとくくりにした。こうしてプロジェクトは、被災各地で被災者と建築家が共同した個別具体の「みんな」の家ではなく、伊東という建築家による「みんなの家」となった。このような振る舞いに対する批判も当然あり得るだろう。伊東は結局、「私」による「作品」の次元を捨て切れていないと。しかしそれは多種多様なプロジェクト群の責任を一括して引き受けるのだという、ある種の儀礼的な振る舞いとしても捉えられる。

建築史家の青井哲人は、あらゆる芸術の制作実践において「作品」は「作者」の意図やコンセプトを超え出ることを前提としながら、建築家はなお「社会的機関」として、自身が諸種のアクターと連鎖しながら生

▼7 編集者の和田隆介は1970年代建築をフォルマリズムとリアリズムの二極分化として捉えながら、「社会から自立する建築」というアプローチが成立したこの時代を「戦後社会における特異点」として位置づけている。和田隆介「1970年代から現在と未来を考える——フォルマリズムとリアリズムのあいだで」『JIA MAGAZINE』第361号。

み出した建築に「作品」として事後的に署名する必要性について論じている――それはちょうど、画家の頭や手やメディウムやカンバス等々が複雑に連携しながら生まれたはずの絵に対して、画家という「作者」が最後にそうするように。そしてその署名行為を「制作実践の超過分を引き受けること」であるとする。▼8

卑近に言い換えてみれば、私たちは「みんなの家」に肯定的であれ否定的であれ言及するとき、それらのプロジェクトが一元化できない複雑かつ異質なものであると一方ではわかりつつも、やはり伊東にフォーカスを当てて論じてしまう。それは伊東が、人も時間も資金も違う建築プロジェクトが備える「制作実践の超過分」を、自らの「作品」である「みんなの家」として鉤括弧でくくる（署名する）ことで引き受けてくれているからにほかならない。

文章表記における約もののひとつである鉤括弧は、ある言葉や節を地の文（コンテクスト）から統語論的・意味論的に切断するために用いられる（木村大法『括弧の意味論』）。それゆえ私たちは、「書かれたもの」や「つくられたもの」を「作品」と見なすとき、しばしばその名称を鉤括弧でくくる。建築を「作品」と見なすこととは、この鉤括弧的切断を実行することである。伊東がこの切断をしたから、私たちは「みんなの家」を震災後における建築家のプロジェクトとして独立的に認識することができるし、積極的に語り、ときに批判も反省もすることもできる。断ち切ることが広範な語りの場への接続を生む。その意味と意義を軽く見積もるべきではない。

私たちは複雑な現実をその複雑さのままに認識することはできない。結局、誰かや何かに代理表象させながら複雑性を縮減させることでしか、現実を捉えることはできない。このような現実的な条件からすれば、「作品」や「作家」という概念は、どう足掻いたところで社会的に発生してしまうものだと考えるべきだろう。ゆえにそれを引き受けるか引き受けないかという問いは、可能性の次元よりも、職能倫理の次元に存在していると考えるべきだ。

頭を切り替える必要がある。「社会」の外側で「作品」が安住しているのではない。そのような抽象的な概念としての「社会」、そして「作品」に煩わされる必要はもうない。どこまでも個別具体的なアクターの群れの動きのなかで建築は（それ自体が新しいひとつのアクターとして）産出される。建築家はその無数のアクターのひとつでしかないが、しかし自らが預かり知らない「制作実践の超過分」をも引き受け、その産出された事物を「作品」として鉤括弧でくくる（署名する）。

こうして「作品」は「社会」という文脈から断ち切られ、事後的に浮上してくるのである。それはあくまでもフィクショナルで儀礼的な振る舞いではあるが、建築の産出過程のなかにその儀礼的段階が埋め込まれていなければ、建築や建築家は朧朧たる「みんな」や「状況」の海へと溶解するのみだろう。

一方では「近代的自我」をナイーブに否定し、他方ではその責任を引き受けようとする「みんなの家」における伊東豊雄の相矛盾する振る舞いには、このような「作品」をめぐる思考の変容の萌芽がはっきりと見出される。それは容易には調停できない思考の変容ではあるだろう。しかしその取り組みを延長させていくことでしか、私たちは「作品／社会」というあの単純化された世界観を乗り越えることはできない。

▼8 青井哲人「「中動態」——実践は作者をこえる」『建築討論』2019年7月号。

住宅とその周辺について
「接ぎ木」建築へ

橋本健史

住宅を開く・閉じる

われわれは住宅に何を求めているのだろうか。例えば、部屋をあたためるやわらかな陽射し、肌に当たり通り抜けていく風、窓の向こうで移ろっていく景色、にぎやかであったり静まり返ったりする界隈の雰囲気、そうしたものに多少なりとも期待しているのであれば、それは物質としての住宅そのものではなく、その周辺に由来する価値である。特に住宅のような規模の小さい建築においては、周辺を含めた環境にどう貢献できるかというよりも、周辺から受ける恩恵の方がずっと大きいだろう。本稿は、住宅がその周辺に対して、どのような関係性を取り結んできたのかについて、特にこの50年ほどのあいだに建築家が手がけたものを中心に考えることを目的としている。

ネットカフェ難民や中高年にまで広がっているひきこもり、ゴミ屋敷、そして孤独死といった、社会的・経済的に困難な状況にある人々の生活環境は、想像を絶する自閉的・分断的な状況にある。また、一般的な戸建住宅や集合住宅もセキュリティが強化され、高気密高断熱を是として壁は厚く窓は小さくする傾向にある。そうしたマイノリティにとってもマジョリティにとっても閉ざされた住環境が広がっている一方で、日本の建築家と呼ばれる人々がつくってきた住宅は、どうにかそれらに抗って、周辺との関係をつくろうとしてきたようにみえる。

図1｜「住吉の長屋」（1976、安藤忠雄）

図2｜「シルバーハット」(1984、伊東豊雄)
©伊東豊雄建築設計事務所

戦後の住宅の供給に関わる制度や土地の税制上の仕組みから、海外に比べ日本の住宅は比較的小さな敷地に建てられることが多い。また経済成長の手段としての持ち家政策の推進により、そのような住宅を大量につくってきたという背景もあって、日本では建築家が小住宅を設計する機会が突出して多くあった。そのような小ささと多さが、開く・閉じるという手法や、それにまつわる感性について、並々ならぬ蓄積をもたらしてきたといっていい。

日本の建築家がつくった住宅の流れとして、しばしば閉鎖的な70年代から開放的な80年代という見方がなされる。閉鎖的と評される70年代の代表的な住宅が、安藤忠雄の「住吉の長屋」(1976)[**図1**]である。コンクリート打ち放しの壁面に窓はなく、アプローチの黒い窪みだけがあるファサードは、なるほど閉鎖的である。ただし、入り口が小さく閉鎖的に見えたとしても、その建物全体が閉鎖的なものだとは限らない。実際「住吉の長屋」の最大の特徴は、内部空間が中庭によってふたつに分断されている点にある。「傘をささなくてはトイレにも行けない」といわれるように、生活動線の中継として屋根のない外部空間に出なくてはならないため、空に対しては避けようがないほど開かれているのである。

対して開放的と評される80年代の象徴的な住宅が、伊東豊雄の「シルバーハット」(1984)[**図2**]である。コンクリートの独立柱にスパンの異なる薄いスチールフレームのヴォールトが飛び交う様は、たしかに明るく開放的に映る。ところがよくよく配置図を見てみると、イメージとは異なる実態がある。敷地は南北に長く、南側に住宅がもう一軒入るほどの庭があり、建物自体は極端に北側に寄せられている。透明感のあるパンチングメタルのスクリーンは建物の南側にあり、この道路からの引きを前提にしていることがわかる。対して隣地に接するリビング・ダイニングの北側は、それなりに開口部はあるものの、一定の高さまでは視線を遮るための型ガラスのルーバー窓となっている。また、隣地の近い東西面には収納が集約されており、窓はほとんどない。

建物が微妙に角度を振った配置であるため、敷地境界までは絶妙な幅ののこぎり状の隙間があるが、あまりその存在に注意は払われていないようにみえる。住居としてのプライバシーを守るために、ごく常識的な設計的対処がなされているわけであるが、こうしてみると「シルバーハット」は周辺環境に対しては閉鎖的とまではいわないまでも、決して飛び抜けて開放的なつくりにはなっていない。

このように実際にはまったく閉じていない「住吉の長屋」と、思ったほど開いていない「シルバーハット」について、そういった側面を無視して閉鎖的、開放的だという見方がなされてきたように、単純なかたちの問題だけで開いているか閉じているかが判断されるというわけではないのだ。

安藤は先行するテキスト「都市ゲリラ住居」（1972）において、当時の都市環境の悪化に対し「拒絶の意思表示」としてファサードを捨象し、内部空間の充実化を目指すと宣言している。また、毛綱毅曠「反住器」（1972）や原広司「原邸」（1974）あるいは石山修武「幻庵」（1975）、そして伊東豊雄「中野本町の家」（1976）といった同時代の住宅が、それぞれ内面世界と向き合うことや、「個」の充足、ミクロコスモスを内包するといったコンセプトをもっており、そうした時代の空気感全体が「閉鎖的」と評されたのである。

「住吉の長屋」の竣工当時のファサードをあらためて眺めてみると、両隣の長屋に外壁を限界まで近づけ、軒高はおおむね揃っており、隣家の庇とコンクリートの打ち継ぎ目地を合わせるなど、脈々と流れる長屋の佇まいこそが、「住吉の長屋」の確信めいたファサードを可能にしているように映る。強いコントラストを感じさせこそするが、周辺と完全に分断しているというよりは、連続する長屋の町並みにコンクリートの塊を「接ぎ木」したようである。ところが近年撮影された写真を見ると、建替わった両隣はどちらも長屋だった面影を残しておらず、「住吉の長屋」より高さがあり、また50cmほどの隙間を空けてよそよそしく建っている。変わらず長屋のプロポーションを示し続ける「住吉の長屋」は、両隣が建替わってやっと、周囲と切り離された閉鎖的な住宅として、その堂々たる姿を見せているように思われる。

「シルバーハット」に関しても興味深い「その後」がある。2011年に愛媛県今治市、瀬戸内海に浮かぶ

図3｜再建された「シルバーハット」
（今治市伊東豊雄建築ミュージアム）。
開放的な空間でのコンサート「島風」（2019）の様子
（撮影：吉野かぁこ）

大三島に完成した伊東豊雄建築ミュージアムとして、「シルバーハット」は再建された［**図3**］。オリジナルと構造体はほぼ同じであるが、建物としては明確な違いがある。リビングにあたる内部空間はなくなっており、先述した型ガラスのルーバー窓のあった比較的閉じられた北面の壁は、南面にあったような開放的なパンチングメタルのスクリーンに置き換えられている。対して南側のパンチングメタルのスクリーンは、フレームだけ残してこれも取り払われ、より開放的なつくりとなっている。方位もオリジナルが南向きだったのに対し、90度回転させた西向きとなっており、住宅一軒分の前庭は、瀬戸内海を見下ろす雄大な風景へと置き換えられている。諸々の変更はすべて、オリジナルよりもさらに開放的な建物とすることを意図したものだといえるだろう。伊東は「シルバーハット」ののちに「消費の海に浸らずして新しい建築はない」（1989）と宣言し、建築を都市へと浮かべていくことを肯定した。それから平成の20年を経て、「理想的なシルバーハット」は消費の海どころか、現実の海を渡り、ワークショップやアーカイブのためのスペースとして、日々人々に開かれている。生活の中心的な場所を消去し、方位を変え、住宅でなくなっても、その本質的な価値が損なわれない（と、少なくとも設計者自身が考えている）軽やかさが、「シルバーハット」の開放性なのだろう。

先の伊東の宣言が発表されたのは、バブル景気が最高潮に高まるなか、ベルリンの壁崩壊、冷戦終結、天安門事件という歴史上のエポックが重なり合った1989年、平成元年のことである。社会主義経済圏の崩壊と資本主義経済がスタンダードとなることがいよいよ確定的になったときに、消費の海を肯定することは、もはや不可避であったといえる。70年代のオイルショックや経済成長が足踏みしている閉鎖的な状況から、境界が崩れ、人、もの、金が急速に流動化していく変化が開放的だと捉えられ、それを先取っていたシルバーハットが、時代の象徴となったのだ。

図4｜「アニ・ハウス」(1997、アトリエ・ワン)
©Atelier Bow-Wow

「建ち方」と「風景」

このようにみていくと、建築が開いているか閉じているかという問題は、単純に開口が大きいとか誰でもアクセスができるといった、視覚的・物理的なことだけではなく、社会背景や複雑な様相の上に成り立っていることがわかる。すなわちこうして論を進めるにあたり、開く・閉じるという表現の問題性も明らかになってきたのではないだろうか。ひとつは、開く・閉じるというのが比喩ではなく、具体的なかたちの問題として捉えられがちなこと。もうひとつはそれと関連して、建築が開いているか・閉じているかという問題意識が、結局建物の内外境界の領域に引き寄せられがちであるということだ。内部空間が外部空間とどういう接点をもっているかという思考は、言い換えれば単体の住宅を中心に据えた視点である。この視点にとどまっていたことが、90年代に入ってからの住宅の逡巡(有り体に言ってしまえば、住宅作品のぱっとしない印象。無論例外はある)の原因だったのではないか。バブル崩壊ののちも、その残滓である巨大建築物が建ち続ける一方で、阪神・淡路大震災と地下鉄サリン事件、インターネットの普及や、空前の勢いで更新されていく都市空間の変化に対して、住宅が単純に開いたところで活路を見出せなかったのは、無理もないことである(一方で、91年に「再春館製薬女子寮」、「熊本県営保田窪第一団地」(60頁)、「ネクサスワールド」(62頁)、92年に「コモンシティ星田」(64頁)、「代官山ヒルサイドテラス」、93年に「六甲の集合住宅II」、「NEXT21」(68頁)といった集合住宅等の傑出したプロジェクトが集中していることは無関係ではないはずだ)。

そこに一石を投じたのがアトリエ・ワンによる「アニ・ハウス」(1997)[**図4**]である。敷地の中央にあっけらかんと据えられたその住宅では、建物そのものだけではなく、その周囲の隙間をどのように扱うかを主題としている。住宅と住宅のあいだに隙間が存在し、それが広域につながっていることを手がかりとして、建物の「建ち方」を問題にすることで、急速に移り変わっていく90年代の日本の都市を捉えようとしたわけである。続く「ミニ・ハウス」(1999)では、敷地中央に据えたヴォリュームから設備ヴォリュームを突き出すことで、建物と周辺環境とが隙間を取り合うような、手法の展開がみられる。同時期の西沢大良「大田のハウス」(1998、84頁)、妹島和世「小さな家」(2000)、青木淳「c」(2000)、西沢立衛「鎌倉の住宅」(2001)といった住宅も敷地の中での建物の配置の問題である「建ち方」が設計上の重要なポイントになっている。また、五十嵐淳「矩形の森」(2000)、三分一博志「エアー・ハウス」(2001)、手塚貴晴+手塚由比「屋根の家」(2001、88頁)といった住宅も、それぞれが独自の方法で、周辺環境との射程の長い回路をもつことを試みているといえる。これらの住宅では、個別の建物を中心として、それが閉じているか開いているかといった視点を超えて、周辺も含めた広がりのある領域のなかで、どのように建つべきかが問われたのだ。

こうした視点が、平成の折返しに西沢立衛の「森山邸」(2005、96頁)を達成した。比較的大きな敷地に立つオーナー住戸付き賃貸住宅が、敷地全体にバラバラに配置された多数のボックスによって展開されている。小さなヴォリュームに比して大きな窓が、繊細にコントロールされながらも多数設けられていることで、「建ち方」としての隙間の扱いというよりは、建物と庭とが同じ水準で検討されているといえる。またそうした内外問わず投げ出された生活のあり方は、周辺の昔ながらの住宅地の、生活感の溢れる環境と連続しているという点で、「風景」の問題なのである。「風景」とは、言葉から狭義にイメージされるような、窓によって切り取られた外部環境の視覚的な情報ではなく、むしろ人々の活動や営みを含んだ、必ずしも時間的な同時性を前提としない、一定の領域での連続性であり、その場の様子、とでもいうべきものである。「建ち方」が俯瞰的な視点を前提にしていたことに対して、「風景」は複数の解像度をもった多視点的な捉え方である。

この「風景」の一部として住宅を考えるということは、日本の都市で特徴的な旗竿敷地において、隣の建物の外壁をインテリアの一部とし、その独特な隙間に投げ出されたようなアトリエ・ワンの「ハウス&アトリエ・ワン」(2005、102頁)にも見出すことができる。その後、中山英之「2004」(2006、108頁)、長谷川豪「五反田の住宅」(2006)、西沢立衛「House A」(2006)、乾久美子「アパートメントI」(2007)、藤本壮介「House N」(2008)、西田司＋中川エリカ「ヨコハマアパートメント」(2009、114頁)、中山英之「O邸」(2009)といった住宅にも、周辺環境へ生活が投げ出され、その領域の「風景」の一部となるような意識がみられる。90年代の「建ち方」が問われた住宅よりも、具体的な体験として外に溢れ出し、界隈の状況と混ざり合っていくことが図られている。

こうした取り組みは、長谷川豪「経堂の住宅」(2011、122頁)、島田陽「六甲の住居」(2011)、藤本壮介「House NA」(2011)といった住宅において、手法としてより研ぎ澄まされていく。しかしその2011年に、日本の状況は大きく変わることになった。

「接ぎ木」建築へ

世界情勢では2007年のサブプライム問題から2008年のリーマンショックが起こり、深刻な経済危機が訪れた。国内では2009年に、停滞を続ける状況に対してともかく変化を起こすことが期待され、民主党による政権交代が果たされた。2011年の年明けには名目GDPで日本が中国に抜かれ、日本という国が衰退しつつあるという認識が明確になった。そして2011年3月11日、東日本大震災が起こった。

そこでわれわれが気づいたのは、日本という国はすでに相当に衰退しているということだった。1995年に宮台真司が言った「終わりなき日常」はいつのまにか終わっていた。停滞を打開するために変化が必要なのではなく、すでに未曾有の変化の最中にあったのだ。社会全体に自粛ムードが蔓延し、住宅作品を発表するということ自体が、なにか世の中からずれ、上ずっているようでさえあったかもしれない。

そうした空気を引き受けるように、震災直後から東北での活動を開始し、建築界への協働の呼びかけを通して、あらためて建築に何が可能なのかを問うていたのが伊東豊雄であった。伊東を中心としながら、乾久美子、平田晃久、藤本壮介らの共同設計でつくられたのが陸前高田の「みんなの家」(2012、120頁)である。被災地で暮らす人々のための集会所であるが、あえて「家」という名前が付けられ、津波による塩害で立ち枯れした杉丸太が林立した姿は、地域のシンボルとして機能することが目指された。こうした取り組みが同年にヴェネチア・ビエンナーレ日本館にて展示され、金獅子賞を受賞した。これ自体は多くの困難と努力のうえに成し遂げられた成果ではあるが、直接的な被災地ではなく、また個人が暮らす住宅においても、震災以後のかたちが必要とされていた。

震災以後、建築から周辺に投げ出すことができる「風景」がある、という前提が崩れた。都市は疲弊し、傷つき、衰えていっている。しかしそれでも、新たに建築をつくる必要はなくなりはしない。既存の状況も新たな建築も相互に分かちがたく結びつき、双方が生かされるような、野心的な構築が模索されていた。

そうしたなか現れたのが増田信吾＋大坪克亘による「躯体の窓」(2014、140頁)である。まず、これまで挙げた住宅はすべて新築であったが、「躯体の窓」はリノベーションである。さらに、設計対象は建築の部位である「窓」に絞り込まれている。既存のサッシが取り払われ、躯体よりも外にあらたな「窓」が据えられている。「窓」は建物よりも高く、光を反射することで南側の庭を明るくすることが意図されている。

そしてもうひとつ、中川エリカによる「桃山ハウス」(2016)は、古い造成地ゆえに、敷地が擁壁や高い塀で囲まれているという状況を拠り所としている。建物としては、不規則に並んだ高さ4.5mのコンクリート柱の上に、不整形だがフラットなスチール天井が乗っている構成で、その下には内外境界とは連動しないボックス状のヴォリュームがいくつか配置されている。雑多な外構計画や、内外に渡ってさまざまなテクスチャーが入れ乱れており、全体として既存の塀を含めた環境と、渾然一体となっている。

これらの住宅を、ここで仮に「接ぎ木」建築と呼んでみたい。「接ぎ木」とは、種類の異なる植物を、人為的な切断面で接ぎ合わせる農園芸上の手法である。根を張っている側を台木といい、接ぎ足す側を穂木と

	1970–80年代	1990年代	2000年代	2010年代
手法	開閉	建ち方	風景	接ぎ木
視点	中心	俯瞰	複数	観察
操作	開口	配置	投げ出し	切り貼り

表1｜建築とその周辺に対する手法について

いう。目的としては、台木から穂木に水分や栄養を供給できることから、成長を促進したり病虫害抵抗性を向上させることができ、細胞間での遺伝物質の交換が行われることもあるという。これを上記の住宅に置き換えれば、「躯体の窓」における躯体、「桃山ハウス」における塀が「台木」であり、それぞれ新規に付け加えた部分が「穂木」である。どちらの住宅も「穂木」である新たな建築の性質が、「台木」から並々ならぬ影響を受けて、しかし同化せずに異物としてつくられている。「風景」の一部としてつくられた震災以前の住宅が、その界隈に投げ出されたような環境をつくっていたのに対し、「接ぎ木」建築は、それ自身もまわりの環境も切り貼りされるなかで生き、生かされているような、単純な自律とも単純な他律ともつかないバランスを保っている。また、「風景」の一部としての建築を考える視点が複層的・多視点であったのに対し、「接ぎ木」建築は、過去から現在に至る状況を捉える時間的なスパンを備えていると同時に、より繊細で近視眼的な、観察的視点である。

その後の住宅にもそうしたその場の環境と複雑な接続面をもちながら、新しい建築を接ぐようにデザインされたものがみられる。住宅に不釣り合いないびつなコンクリートの構造体によって斜面と住宅を結んだ西澤徹夫「西宮の場合」（2016）、切り貼りによる再構成をラディカルに示した能作文徳＋能作淳平「高岡のゲストハウス」（2016）、がらんどうの倉庫の一角だけを改修した長坂常「延岡の家」（2017）、看板建築や周囲の雑然とした状況をアドホックに組み合わせた門脇耕三「門脇邸」（2018）、とりとめのない温室や工場の架構・素材をアッセンブルした板坂留五＋西澤徹夫「半麦ハット」（2019）、町に呼応した山車小屋のようなヴォリュームのなかに町家の形式を積み上げた高橋一平「河谷家の住宅」（2019）といった住宅である。

これまでの内容を簡単な表にすると、上のようになる。

あらためて流れを整理しよう。1970年代から80年代にかけては、あくまで建物を中心とした視点によって、周辺に対して開くか閉じるかという、開口の操作によってこれに対峙することが試みられた。周辺は漠然と劣悪なものと捉えられたり、開くにしても具体的な周辺環境に期待してというよりは、内部の空間体験としての開放感に重きが置かれた。1990年代になり都市の変化が加速していくと、建物を敷地の中でどのように配置するかという、俯瞰的な視点から周辺環境の価値を捉え直す取り組みが増えた。日本の小さな敷地の中での配置の問題が、より広域の都市構造に対して応える戦略となった。2000年代に入ってからは、建物の中だけではなく周辺の外部環境を、具体的な生活を投げ出すことができる領域として見なすようになる。伝統的な庭と建物の関係よりも、内部と外部が曖昧で、複数の視点からイメージとして構築される風景のように建築が考えられた。2010年代の震災以後は、衰退と疲弊が明確になった周辺環境に対し、より具体的で時間的な経過を重視した、観察的な視点から捉え直すようになる。すでにそこにあるものを前提にしながら、それらを巧みに切り貼りし、さまざまな技術と手法を駆使して、接ぎ木するように新しい建築が考えられた。

ところで先に「接ぎ木」という比喩を、「住吉の長屋」にも使った。台木である長屋が建替わっても、穂木である「住吉の長屋」は堂々と建ち続けている。接木雑種（台木と穂木との遺伝子交換で生まれた新種）のように、特殊なかたちで種が交わり、周辺の変化も超えて生き残ることはありうる。また、「接ぎ木」の英訳はgraftであり、医療用語で皮膚や骨の移植片も意味する。「接ぎ木」建築は自らの生存だけではなく、その周辺の治癒すら射程に入れることができないだろうか。

もうひとつ、90年代の逡巡していた住宅作品のなかでの重要な「例外」として「「ゼンカイ」ハウス」（1997、宮本佳明、80頁）がある。阪神・淡路大震災によって「全壊」判定を受けた長屋に、鉄骨を複雑に移植することでその修復を行ったものである。白く抽象的な鉄骨が、築100年を超える木造の隙間で錯綜し、ねじれ、縫い合わされている。まさに治療を目的とした接ぎ木（グラフティング＝骨移植）である一方で、鉄骨は後に高層化することを見据えて、規模に比して巨大なサイズが採用された。現在は住宅としては使用されておらず、設計者の事務所となっており、長屋であるため共有する壁の一部を取り壊し、隣家の一部に事務所スペースが入り込んでいる。このように侵食するような拡張は、元々の構造を残している「接ぎ木」だからこそ可能なことだ。また、周辺は開発によってすっかり様変わりしており、高層マンションが多く建ち並んでいる。かつての周辺の「風景」はかなりの部分が失われてしまっているが、「「ゼンカイ」ハウス」の構造そのものは高層化を否定せず、しかしかつての長屋の姿をつなぎとめている。震災の傷跡は、むしろそれが復興というかたちで再整備されたのちに、かつての風景(＝記憶)の喪失というかたちで顕在化した。すべてをつくり変えるのではなく、なんらかを接ぎながら建築をつくることは、その場所に生きる人たちを救うかもしれない。

大きな災害や、経済的な開発圧力がなくとも、静かに弱っていく日本の都市において、その傷を癒やし、周辺を含めて回復させる建築のあり方が、元号が変わり、世界的なパンデミックの後にも、途方もない課題として横たわっている。平成の住宅は家族像のあり方や生活の仕方そのものを、基本的にはあまり変えなかった。しかし、なんらかを接ぐことの可能性は、単に再生産ではなく、周辺と相互に依存しながら、根本的に違った暮らしを実現する余地を生むはずだ。その萌芽を、平成の住宅にみている。

動き出す住宅

部分・流転・ネットワーク

辻 琢磨

この論考は、私が考える1990年以降の住宅史の見取り図のようなもので、その概略をひとことでいえば、住宅は動き出した、ということになる。「動き出す」とは、どういうことか。端的にいえば、住宅が①部分的、②流転的、③ネットワーク的にその組成を変化させるということである［図1］。ここでは、その萌芽を半世紀前、稀代のエンジニアである川合健二に求め、彼を師と仰ぐ石山修武がその理念を開拓し、そのバトンを引き継いだ馬場正尊が石山の理念を一般社会に埋め込む土台をつくり、2010年代以降の若手建築家の取り組みによってついに実装される、という系譜を示したい。まずはその背景として、資本主義の成熟、大きな物語の消失と島宇宙化、住宅産業の変遷、社会の急速な情報化、の4つのトピックを挙げながら、この時代に動き出した住宅の軌跡を追ってみたい。

動き出す住宅をめぐる社会背景

ローマクラブは1972年に、『成長の限界』というレポートを世界に発信し、環境問題への警鐘と地球規模の経済成長の抑制を訴えた。「われわれは、多くの議論を重ねた後、［……］人口と資本が一定の状態を「均衡」という言葉で呼ぶことを決めた。」[▼1]とあるように、少なくとも半世紀前の時点で成長から均衡へという社会は予言されていた。また日本においても、人口減少や高齢化、情報化社会の到来といった成長か

図1｜動き出す住宅のコンセプトドローイング（画：篠崎理一郎）

ら均衡へのロードマップは、1984年に四全総長期展望としてまとめられた『日本 21世紀への展望』ですでに提言がなされている。このような資本主義の限界を高度経済成長の後からずっと感じながら、私たちは失われた30年を生き延びてきたことになるのだが、その危機感は2011年からいよいよ始まった人口減少によって目に見える現実となって眼前に立ち現れた。成長には限界があることが身をもって体感されはじめ、経済発展を前提にした成長の価値観はようやく時代遅れとなったのである。

「均衡」とは、「停滞」とも似ている言葉であるが、どちらかというと「成熟」や「定常」という言葉に近く、これ以上発展が見込めないほど、豊かさがその社会に浸透した状態を指し示す言葉として以降では使用している。また、「経済成長」という誰もが信じられる目標を共有していた社会像ではなく、定常社会とも呼ばれる脱成長型の社会像や個々人の多様性を前提にした価値観をここでは「均衡の価値観」と呼ぶ。このような「均衡の価値観」は社会科学だけでなく、社会学においても表現されてきた。いわゆる大きな物語の消失である。冷戦が終わるのが1989年である。1990年代には、成長神話だけでなくわかりやすい二項対立も世界から消え、拠り所は個人に委ねられるという価値観の横滑り＝島宇宙化が始まる。[2]評論家の大澤聡は「90年代はひとつの完成形を出し」[3]、「テレビも再放送ばかり。構造的な必然として、終わりなき定番がひたすら反復される時代になった」[4]と価値観の完成とその後の横滑りを指摘し、90年代の文化を

▼1 ドネラ・H・メドウズ他『成長の限界――ローマ・クラブ「人類の危機」レポート』大来佐武郎監訳、ダイアモンド社、1972年、154頁。

▼2 社会学者の宮台真司の言葉を借りれば、「〈島宇宙化〉つまり蛸壺化が進み、全体を参照できなくなった」ということになる。宮台真司インタビュー「共通前提が崩壊した時代に」、大澤聡編著『1990年代論』河出書房新社、2017年、291頁。

▼3 東浩紀×速水健朗×大澤聡「一九九〇年代日本の諸問題」、同前、49頁。

▼4 同前、52頁。

総括する。また、建築の分野においても、槇文彦が著書『漂うモダニズム』において、建築をつくるうえで大きな拠り所が消え、個人個人の価値観が大海原に投げ出される現代の建築家をめぐる状況を言い当てている。[5] 成長の限界が露呈し、大きな物語が消え、価値観が横滑りし細切れになって並立する、そうした状況が1990年代以降に始まったのである。

日本の住宅政策は、夫が賃労働給与によってローンを払い妻が家事を行うという生活像と家族像を前提にして進められてきた。[6] それは核家族という家族形態と対応させながら住宅をある種完結した商品として大量に売るための口実となったし、事実、高度経済成長以降住宅産業は急激に成長した。その結果、1980年代から2010年代にかけて日本の住宅数は3000万戸から6000万戸とほぼ倍増した。[7] しかし2011年以降は人口減少も始まり、空き家率も年々上昇している。その結果、右肩上がりの成長神話は変更を余儀なくされ、住宅政策においてもストック活用という均衡の価値観にシフトしはじめている。

2002年に放映が開始された『大改造!!劇的ビフォーアフター』はその象徴であろう。匠と呼ばれる設計者が問題が山積みの古家をリフォームし、新たに生まれ変わるプロセスをまとめたテレビ番組として人気を博し、2019年4月末までに157人の匠によって312軒の家がリフォームされた。[8] この番組の取り組みで特筆すべきは単なるリフォームとしてのストック活用にとどまらず、ガラス戸をテーブルに再利用するなど、既存の家にあったさまざまな思い出の品を新たに転用しエンターテインメントとして成立させたことだ。このような部分の設計、転用の設計は、のちに紹介する若手建築家の取り組みとも連動する。

1990年代以降の社会の変化を語るうえで欠かせないのが急速な情報化である。Windows 95が発売された1995年が日本におけるインターネット元年と呼ばれるが、当時はまだ課金制のダイアルアップ接続で、本格的に一般家庭にインターネットが普及するのは定額制のADSLが導入された2000年以降といわれている。その後はSNSの台頭やGAFAの席巻、スマートフォンの登場によって情報化がほぼ完全に実装された。情報化による新しいサービスは、情報収集やコミュニケーションツールという機能を超え、ブラウザを飛び出し、確実に現実世界に多大な影響を及ぼすようになった。例えば、メルカリやヤフオクといったフリマアプリは、2018年の時点で利用者数1000万人を超えており▼9、先の均衡の価値観にフィットし、モノのリユースという価値観を広く普及させた。すなわち、情報化が進むことによって、経済成長が空転することで生まれる余剰ストックの情報（商品、空き家、スキル等）がネットワーク化され、新たな生産＝成長を前提とせずとも既存社会がうまくまわる環境が整備されはじめたということだと私自身は理解している。

以上に挙げたような変化が生み出した新たな価値観は、新しいものをつくり続ける成長型のものではなく、今あるモノを使い、編集し、ネットワーク化させるような「均衡の価値観」と呼べるだろう。こうした考え方を背景にして、既存の枠組みを解きほぐす新しい建築家の動きが生まれていく。

▼5 「五十年前のモダニズムは、誰もが乗っている大きな船であったといえる。そして現在のモダニズムは最早船ではない。大海原なのだ」。槇文彦『漂うモダニズム』左右社、2013年、21頁。

▼6 住宅政策に明るい神戸大学教授の平山洋介は、「自民党と政府は七〇年代末頃から家族による相互扶助の重要性を強調し始め、社会保障の公的責任を減じる意図を示唆し」、且つ「持家社会の形成は、福祉国家の家族主義から無縁ではありえない」として、家族主義が福祉国家の代理として機能してきたことを指摘している。平山洋介『住宅政策のどこが問題か――〈持家社会〉の次を展望する』光文社、2009年、45頁、47頁。

▼7 野村総合研究所ニュースリリース、2017年6月20日。

▼8 Wikipedia「大改造!!劇的ビフォーアフター」、https://ja.wikipedia.org/wiki/大改造!!劇的ビフォーアフター

▼9 Nielsen Mobile NetView、2017年5月号。

川合健二と石山修武

川合健二という稀代のエンジニアが愛知県豊橋に鉄の塊の自邸を転がしたのは1965年、今から半世紀以上前のことだ。この自邸には基礎がなく、コルゲートパイプをクルッと丸めて地面に置き、砂利で押さえているだけの構造で、土地に定着することを建築の定義とする建築基準法では扱うことができない。川合によるこのやわらかな建築の考え方は、その後川合を師と仰ぐ建築家の石山修武に受け継がれ、石山は物流と生産を建築の主題に据え創作と執筆を精力的に行うことになる。

その石山は、川合について、著書『秋葉原感覚で住宅を考える』の中でこう言及している。

川合は自然の一部として洞穴をつくった。だが、新しいものを発明したのではない。すでに商品として大量に市場に流通している部品を、そこで予定されている使用法をずらしながら新種のものへ、制度の枠外のものへとつくり代えたのである。[10]

このテキストからは石山が流通と転用の可能性を川合から学んだことが伺える。さらに石山は、沼津の「乞食城」、三河老津の「伴野一六さんの家」といった数々のセルフビルド住宅のリサーチ[11]でモノの転用の視点を、D-D（Direct Dealing）方式の一連の取り組みによってモノの流通の視点[12]を研ぎ澄ませ、建築にその新しい価値観を投入した。また、石山が当時から、今ある世界に対して豊かな可能性を見ていたことも次の力強い言葉でおわかりいただけるだろう。

ものの集積としての建築や住宅というのは、まさに「世界」と同義なのである。地球上のありとあらゆる場所で切り倒され、掘られ、削り出され、加工されて別のものへ生まれ変わってゆく、その目もくらむほどの膨大な背景がものに凝縮しているのだ。[13]

リサイクルからリノベーションへ

「平成バブル」の崩壊以降、多くの建築家の仕事のメインストリームは東京の狭小住宅となった。そのなかで、石山の生産と物流に起点を置く取り組みは（先駆的すぎて）オルタナティブな位置づけであったように筆者には思えるのだが、確実に次の世代にも引き継がれた。その影響力、一般の建築家による受容を以下では確認していく。

ひとつは、リサイクルブームだ。1994年に生まれた有力な建築都市批評誌である『10＋1』は、2000年にアトリエ・ワンの二人を編集に迎え、「トーキョーリサイクル計画」を特集した。塚本によれば「リサイクルというのは96年くらいから爆発的に言われてきている」[14]とのことで、「新たに大きなものを作らなくても、すでに存在するモノの量や関係をうまく使いこなせないかと考えた」[15]とし、東京をまるごとリサイクルするという都市ビジョンを示した。もうひとつが既製品の転用である。建築家の北山恒は、代表作である「F3 HOUSE」（1995）において、農業用の既製品である温室を小さなコンテナ程度の内部

[10] 石山修武『「秋葉原」感覚で住宅を考える』晶文社、1984年、144頁。
[11] 同前、28頁参照。
[12] 石山によれば「四〇フィートのコンテナに住宅用部品を満載すると、三〇坪程度の住宅三軒分の基本的構造材を積むことができる。その運賃がアメリカ西海岸の、たとえばオークランドから、日本の東海岸の、たとえば東京まで、およそ八〇〇ドルほどである。」とのことで、それ自体を建築のプロジェクトの核心に据え、D-D（Direct Dealing）方式によるダムダン空間工作所を立ち上げた。同前、13頁。
[13] 同前、70頁。
[14] 「特集 トーキョーリサイクル計画——作る都市から使う都市へ」、『10＋1』No.21、INAX出版、2000年、57頁。
[15] 同前、56頁。

（上から）**図2・3**｜「untitled」（2003）の改修前（上）と改修後（下）（撮影：阿野太一）。1階が駐車場、2階が食品倉庫だったスペースを馬場が代表を務める建築設計事務所オープン・エーの事務所として改修、現在はギャラリー等として使用されている。改修のプロセスが東京R不動産立ち上げのきっかけとなった
図4｜東京R不動産の初期ウェブサイト

空間に被せることで住宅に転用した。既製品について北山は、「素材と部品の制度から逸脱するもうひとつの方法として、工場や倉庫そして農業用などの施設に用いる素材や部品から建築を組み立てることがある」[16]とし、在来工法を前提にした、カタログから商品を寄せ集め市場原理だけでつくられる建築を痛烈に批判した。建築生産と物流のシステムをハッキングすることによって新たな建築創造を生み出そうとしたのである。

このような石山的取り組みをさらに展開させ、一般に広まる土壌をつくったのが石山に師事した馬場正尊である。馬場は、早稲田大学を卒業後、広告会社に勤務し、雑誌『A』の編集長を務めた後に独立するという異例の経歴をもつ。そして、広告とメディアの世界に身を置いたことによって、石山の理念が広く一般にインストールされはじめるきっかけをつくることになる。馬場は独立直前の2002年に編集した『R the transformers』という書籍で、Recreate、Renovate、RevitalizeというRを頭文字にもつ3つの単語を理念として、主にアメリカの先進的なコンバージョンの事例を取り上げている。ここで馬場は「20世紀は、モノをつくり、モノを破壊する世紀だった。絶え間ない物質の代謝の結果として現在の風景が存在する」[17]と述

べ、「均衡の価値観」への転換を明確に宣言した。のちのインタビューでは「言葉によって社会を動かせると思い、「リノベーション」を言葉としてしっかり定義しようとして書いたのが『R the transformers』です」[18]と話しているように、明確にブームを仕掛けたといってよい。その馬場が満を持して立ち上げたのが東京R不動産である[図2・3・4]。ウェブサイト上でコンバージョン、つまり空間の転用を喚起するような面白い物件を紹介し、実際に賃貸借契約まで行う、時代に先駆けて始められた不動産事業だ。インターネットというツールがRの理念に結びついたことで実現した、時代の価値観をかたちにしたプロジェクトである。また2010年には馬場を中心にしてTOOLBOXという「自分の空間を編集する道具箱」[19]事業も立ち上げ、内装建材や家具パーツ・住宅設備の販売をオンラインストアと実店舗の双方で展開し、部分の設計とネットワークサービスによるボトムアップの住空間システムを実装した。この馬場が時代のヒンジとなって、「均衡の価値観」が2010年代に大きく花開くことになる。

「動き出す」住宅の実装

川合、石山によって耕され、馬場によって花開いた建築における「均衡の価値観」の実践は、後続する1980年代に生まれた世代によってさらに展開していく。これまでの住宅のイメージが溶解し、動き出

▼16 「北山恒 空間の組成システム」、『建築文化』Vol. 54、彰国社、1999年、67頁。

▼17 「時代の新しい美学」、馬場正尊・原田幸子編『R the transformers』R-book 製作委員会、2002年、9頁。

▼18 馬場正尊「作品づくりとネットワークを連動する「工作的建築」——未来のパブリック空間を模索する」、『パブリック・トイレ×パブリックキッチンを創造する 3』聞き手=浅子佳英、LIXILビジネス情報、2019年2月27日、https://www.biz-lixil.com/column/urban_development/pk_interview003/

▼19 TOOLBOXのウェブサイトより、https://www.r-toolbox.jp/about/

す。その様を①部分的、②流転的、③ネットワーク的という3つの変化に置き換え、それぞれに建築家の実践を当てながら説明していこう。

①部分的

増田信吾＋大坪克亘は、それぞれ1982年、83年生まれの建築家によるユニットで、建築プロジェクトにおいて自分たちが手を付ける「部分」が「全体」に与える影響に大変意識的な建築家だ。例えば、「始めの屋根」（2016）というプロジェクトでは、「屋根」だけを設計した（ように見せているというべきかもしれない）。敷地内の戸建住宅と小屋の間に高さ6m、幅2m、長さ17mの屋根を浮かべることで、2棟の新しい関係が敷地全体を超えて新しい生活のイメージをつくり出している。主に手を加えたのはこの屋根の増築だが、この部分がもたらす影響は敷地全体に対してもたらされるよう明確に意識されている。全体をクリアランスすることなく所与としてまず受け入れ、その全体を変換する部分を見極め、最小限の手数でプロジェクトを構築する。その姿勢は建築の漸次的な変化を可能にする。住宅は彼らの

図5｜「真鶴出版2号店」
（2018、tomito architecture）
（撮影：小川重雄）

手によって生まれ変わるのではなく、ゆっくりと動き出すのだ。

②流転的

建築を流転的に捉えるのはtomito architectureだ。主宰するのは１９８８年生まれの冨永美保、87年生まれの伊藤孝仁の二人（２０２０年に伊藤は脱退しＡＭＰ／ＰＡＭを設立、以降は冨永により主宰されている）で、２０１４年に事務所を構えている。彼らが設計に取り組んだ「真鶴出版２号店」（２０１８）［図5］は、木造住宅を改修して計画された、真鶴の地域に根ざすゲストハウスで、設計は膨大な周辺のリサーチから始まった。このリサーチのなかで浮かび上がる地域性をもつ素材に彼らは積極的にアクセスし、真鶴の漁師が使っていたという錨を玄関ドアの持ち手に転用したり、解体予定だった近所の郵便局のサッシを譲り受け開口に用いたり、地域全体の素材を物語とともに編集し、この敷地に集めることを設計行為に翻訳した。彼らにとってはリサーチはすでに設計であり、同時に設計がリサーチとしても機能する。あるいは、この敷地境界はもはや手続き上の線でしかなく、真鶴半島全体における素材の流転自体を設計したと表現した方が正確かもしれない。

③ネットワーク的

モクチン企画（２０２１年にCHArに改称）は「戦後、大量に建てられた木造賃貸アパートを重要な社会資源と捉え、再生のためのさまざまなプロジェクトを実践しているＮＰＯ法人」[20]である。代表理事を務める連勇太朗も１９８７年生まれで、同法人は２０１１年から活動を始めている。その特徴には、まず設計対象を木造賃貸アパートに限定し、モクチンレシピ（１３２頁）と呼ばれる簡易なアイデアツールを設計手法に据え、クライアントには地域の不動産会社を設定しレシピの使用権と引き換えに会員制を敷いている点が挙げられる。連によれば、東京の木造の民営借家は２０１０年代後半の時点で20万戸近くあり[21]、その数字を相手にする意識があるという。会員となる地域の不動産会社のネットワークを使うことで対象の物件にスムーズにアクセスすることが可能になり、またレシピはインターネット上で公開されている(会員のみ詳細閲覧可)。このようなネットワーク自体を設計する意識がモクチン企画の特徴である。

以上のような若い建築家による実践は、まったく新しい世界を生み出すのではなく今あるものを少しずつ動かしながら世界を変えていくという理念によって支えられている。その一つひとつの取り組みは小さな規模かもしれないが、全体の一部としてネットワーク化され、流転していくと考えれば、そのうねりは大きな流れになって世界を変える可能性をもつ。すでにある世界に照準を合わせ、その世界をいかに動かすか。住宅が物理的にも観念的にも動き出し、これから皆がもっと伸び伸びと住宅をつくり、そして使えるようになるはずだ。21世紀はその始まりの時代であったとすでに私には思えるのだ。というかそもそも住宅は動いていて、たまたま止まっているくらいに考えた方がむしろ自然なのかもしれない。

▼20 モクチン企画(2020年時点)としての自己紹介文。CHArに改称後のビジョンは「孤立化・分断化する人/時間/空間を再び繋ぎ合わせ、新たな価値観と想像力によって、21世紀の社会に求められるネットワークを創造します」として、木造賃貸アパートにとどまらず、より広い範囲の都市資源に目を向けて活動を展開する(CHArウェブサイト、https://www.studiochar.jp/)。

▼21『都市を変える? 都市でつくる?・』、10+1website、https://www.10plus1.jp/monthly/2017/12/pickup-02php-2.php

家の「個性」について
これからの表現論ノート

佐藤研吾

暗がりの家

横浜の小学校に通っていた子どもの頃、通学路の途中にある印象深い家があった。[1]その町の中で一番大きなお寺の境内にある墓地の裏、道路から少し奥まったところに、背の高い万年塀に囲まれ影になった、けれどもとてつもなく巨大な家があった。その家は2階建ての木造で、周囲の万年塀に壁と屋根がへばり付くように建っていた。屋根はトタンの波板だったと思う。錆びついていた。そして道に対しては、玄関扉はおろか壁もない、すべてが開け放たれていた。しかし家の内奥は、黒々とした影、暗がりが広がっていて、道からはよく覗き見られない。巨大な闇が現前していた。その家の前の道を私は毎朝通って学校へ行っていた。

その家にはお父さんお母さん、そして2人の子どもが住んでいた。もうひとり小さい子どもがいたかもしれない。いつもいくつかのおもちゃがその黒々とした影の中から数個、道の手前まで溢れ出していた。道と家の間の地面は土のままで、おそらく黒々とした影の奥まで土の床が続いていたと思う。暗がりから

[1] この小論考は表題の通り、これからの表現論を描くためのスケッチである。筆者自身のわずかながらの経験から論を始めるのは、1989年に生まれた筆者自身の小史を相対させるのが有効だろうと考えたゆえでもある。

（右から）
図1・2｜内奥の暗がり、といえば最近筆者は建築設計の仕事の合間に木製ピンホールカメラを作っている。ただしこれはカメラであると同時に、内側に真っ暗な空間を備えた建築模型でもある（Photo:comuramai）

出て、青空の下で4人がご飯を食べていたこともあった。朝ごはんだった。火元がコンロだったか、焚き火だったかはわからない。けれども彼らが手にしていた茶碗から湯気が立っていたのを羨ましく見た記憶がある。

子どもたちはいつも裸だった。彼らのお腹とヘソの感じを今も何故か覚えている。小学2年生だったか、その頃の私は身長が低く、クラスでの背の順はいつも決まって前から2番目だったが、彼らはそんな私より少しだけ背の低い子どもだったと思う。年が上か下かはわからない。同じ学区だったが、彼らが私と同じ学校に通っていたのかもわからない。毎日彼らがその家で生活する光景を眺めていた。

周りの住宅群と見比べたら、家は明らかに壊れていた。道に対する、外の世界に対する構えとして何かが足りなかった。あるいは構えすぎているくらいに家の内奥を見せつけていた。おそらくだが、家の正面は火事か何かで燃えてなくなっていたのだろうと思う。けれども彼らはその開け放たれた家に住んでいた。バラックと呼ぶべきモノであったのかもしれない。あばら屋だったのかもしれない。住み暮らすのにはなかなかに困難な家だったのかもしれない。けれども、彼らの家が抱え込んでいた圧倒的な暗がりは、当時の私にはなぜかとてつもなく魅力的だった。魅力的であると同時に、不気味で恐ろしいものだった。道とその家の間には一切の塀や障害物はなかったが、道から足を踏み入れて、その暗がりを訪れようとすることなど到底できなかった。何か濃密に、圧縮されたモノを感じたのである。

空間の工夫に熱心な建築家ならば、道路に対して大きな開口をもった建物は開放的なものと考えるだろう。昨今の建築家お決まりの図式である。けれどもその家は、とても、大きすぎるほどにボッカリ開口を開けてしまったことで、かえって内奥の暗がりが外まではみ出していた。図式ではまるで表すことのできない、闇、暗がり、光をも飲み込もうかというとてつもない吸引力がその建物の中核には確かにあったのだ。それは家の闇であるとともに、家に住まう生活者らの内奥に潜む暗がりだったのだろうか。

個性的ね

ある日突然、その暗がりの家に大型重機が入った。私は学校の帰りにそれを目撃した。家の物はそのまま残され、家族はもういなくなっていた。次の日の朝には家はもう瓦礫の山と化していた。万年塀で取り囲まれた土地はとても広く、奥行きで30mはあったと思う。あの暗がりは空間としても深遠巨大だったのだ。しばらくして瓦礫はなくなり、その土地と道の境界には万年塀が建てられて塞がられ、道からは中を見ることができなくなった。家族がどこに行ってしまったのかはわからない。瞬く間にあの生活風景、暗がりは姿を消したのだった。同時に、私の通学路からも暗がりは消え去り、ポッカリとした虚無が残った。

悲しいことに、年を重ねるにつれていわゆる〝常識〟を身につけていった私は、その大きな暗がりをもった家のことを、特殊な、奇妙な家であったと考えるようになった。私はそんな家とそんな家に暮らす者に以来出会ったことがない。これから先も遭遇することはさらに難しくなるに違いない。常識によって私の観察眼は腐敗し、常識が行き渡った世界では非常識は隠蔽され、消えていく。けれどもあの家がもっていた暗がりの記憶は、私にとっては到達することのできない(=果てなき)魅力、憧憬として外在し続けている。もしかするとそれは、山口昌男が『文化と両義性』で論じた、村落がその共同体をセルフ・メンテナンスしていくために、村の周縁に混沌たる存在として象徴化された荒神さまへの畏敬のような感覚に近いかもしれない。

日本の住宅風景はますます均質に向かっている、とよく言われる。土地は細切れになり、購買層をほぼ特定した同じような趣向と価格帯で、ある程度の環境性能を担保した流通建材で仕上げられた住宅群とマンションが乱立する風景が茫々と広がっている。かつて持ち家政策によって根付いたマイホーム幻想が住宅市場の飽和とともに消えていき、分譲マンションを購入したり、賃貸住宅に住むことを選んだり、あるいは古い家をリノベーションしたり、休日にDIYで自分なりの部屋をつくってみたりと、家のあり方は多様になったとされてもいる。けれども、それは家のあり方の選択肢が増えただけであって、営まれている生活の内実は大差がないように思える。おおよそどんな種類の家にもエアコンやテレビやパソコンがあり、携帯電話を持ってインターネットで情報を入手し、周囲にはコンビニエンスストアやスーパーが全国どこに行っても夜遅くまで明かりをつけて営業している。私たちの周りの世界は、ほとんど同じである。そんな世界のなかで均質を乱すには、確かな意志をもつか、均質を乱さざるをえない必然で切迫した事情が必要なのかもしれない。そうでもなければ均質化の外側に位置することはない。

均質のなかに安住する、それが「常識をもつ」、あるいは「常識的に振る舞う」ということなのだろう。常識なんて捨ててしまえ、と言い放ちたいところだが、現実は周囲に溶け込み、従い、右に倣えをやっておく。その方が楽なのだ。そして、均質のなかで安心感と充足感を得つつ、枠内から間違っても逸脱しないような差異化、個性の顕示に勤しんでいる。そう考えると個性の顕示、あるいは自己表現というのはとても疑わしい行為である。松山巖は「個性は人をコセコセに」という一見可愛らしいタイトルのエッセーで、高度経済成長期における一億総中流の意識と、「個性が大事」という考え方の裏腹な関係を痛烈に指摘する。

しかし、事実はそうではない。だれもが中流で同じ暮らしをするというのは幻想である。むしろ中流意識とは、同じような家電製品を持っていなければ、自分たちは下流の暮らしに甘んじなければならないという不安感を生み出した。このごろようやく格差社会という言葉が定着したが、一億中流といわれた時期こそ、それぞれの人が他人とはすこしでも変わりたいと願い、競争に精を出す、格差社会のはじまりだったのだ。

［……］個性とは他人との関係や時代の流れのなかでいろいろと変化する。いまや個性的な人間はエリートとかセレブとかイヤミな言葉で表現される。それだけじつは格差社会が強まって、個性は金銭で算定されてしまっている。しかしこれこそ幻想というほかはない。あるいは合理化といえる。本来、

合理化されないはずの個性が合理化されることこそ幻想なのだ。▼2

「あなた、個性的ね」

突然、相手からこんな風に言われたとき、どう感じるだろうか。他人よりも抜きん出たい、他人と同じは好ましくないと考え、「個性的」という指摘を嬉しがるのか。それとも、仲間はずれにされたくない、周りの人たちと同じがいいと思い、嫌な気持ちになるのか。両極の感情が入り混じって、思わずどちらともつかない微妙な表情を浮かべてしまうかもしれない。ツマラナイ人間と思われたくないが、異端者とも見なされたくはない。そんなアンビバレントな気持ちで、だいたいの人々は社会のなかを生きている。

ここでいう個性とは、英語ではindividualityだろう。他者との差異、比較によって生まれる外在的特徴である。それぞれ個性をもった人々がただ並存し、同居していられるのが理想であるが、多くの場合、個性と個性の間になんらかの序列が生まれてしまう。松山が指摘するように「金銭で算定」されることで格差社会が生まれることがあれば、数多の因子の絡まりあいによって社会に序列が発生することもある。たとえば学校の教室という小規模の集団の中で発生する〝スクールカースト〟▼3ように、容姿や趣味、部活、コミュ

▼2 松山巌『ちょっと怠けるヒント』幻戯書房、2010年、242-243頁

▼3 ちなみにカーストの本家である、インドのカーストについて少しばかり補足しておきたい。サブハードラ・チャンナによれば、インドにおいてカーストがつくり出されたのは実はイギリスによる植民地支配後期頃だという。当時、インドの手工業や自給自足的に小規模で成り立っていた経済は、イギリスの要求に従うかたちで機械産業や換金作物の生産へと転換させていった。同時に、かつての婚姻や社会的な相互交渉、職業、地域社会の生活を規定した「ジャーティ」などと呼ばれる社会的区分が、帝国主義支配による一元的な統治構造に援用され、カースト体系として再構築された。ジャーティはある種の運用原則にすぎず、社会的区分間の関係はしばしば流動的なものであり、カースト体系のような固定的な不平等や構造ではなかったという。（サブハードラ・チャンナ「インドにおけるカースト・人種・植民地主義」工藤正子、門田健一訳、『人種概念の普遍性を問う——西洋的パラダイムを超えて』竹沢泰子編、人文書院、2005年2月、322頁）

ニケーション能力（空気が読めるか否か）といったいくつかの要素が影響して教室内のヒエラルキーが確立されていく。そして、自分の地位を相対的に保持しようと他の人間を陥れ、しばしばイジメ、つまり捏造された階層に基づいた不平等と差別をつくり出す。

残酷について

不当な不平等や差別の発生は、差別する側の人間自身がどういう人間でありたいか、どのような世界にいることを望むのかを逆照射してしまう。私たちは何かに意味やカタチを与えるとき、常にその行為を鏡として自らの姿に注意を払わなければならない。たとえば「残酷」という言葉がそうだ。残酷という言葉を聞き、また発話したとき、いったいどんな風景をイメージするだろうか。目も当てられないような、関わりたくもない、自分とは別の世界なのだろうか。その風景のなかには自分自身はいないのだろうか。もちろんそうではないだろう。世界はどこまでも地続きにつながっているはずだ。私たちは想像力の射程を試されている。

岡本［太郎］　民衆生活というと、すぐひしがれた暗い生活を想像しちゃうんだけれど、間違いですね、人間って、もっとずっとたのもしいものですね。

［……］

岡本　僕が残酷というのは、いまおっしゃったようなナマな現実ですね、ギリギリの現実そのものということ、それを残酷という表現で表さなくてはまちがっている気がする。だから、悲しいとか、くやしいとか、みじめだとかいう考えを抜きにしてほしい。センチメンタルでない、本当に生きているままの現実というものが残酷である。［……］確かに悲劇にちがいないけれども、かわいそうなんてものじゃないと思うんだ。

それがギリギリの生き方である。現実にそうした、ずうっと昔から生きつづけてきた人間の姿、その率直さというか自然さというもの、あまりにも、すばらしい、停滞のない生き方にぼくは残酷さを感じるわけですよ。

[……]近代人は、かわいそうだとか残酷だとか、社会悪だとか考えるかもしらないけれども、ぼくには実に強烈な、美しいイメージにみえてしかたない。[4]

日本中を駆け巡った自身の経験や宮本常一の精緻なフィールドワークを受け、岡本太郎はナマな現実、ギリギリの生き方こそが「残酷」であるべきだと主張する。岡本が言っているのはまさに彼自身が構想し、実践しようとする芸術の始原についてだ。「ギリギリ」と、深淵な音がひしめくように内外からの圧力によって濃縮された生活者への憧れと畏敬の念であり、その風景を、自身が探究する芸術創作と同一の地平に据える。私はこの感覚を倣いたい。そして、創作を試みたいと思う。

▼4 岡本太郎、深沢七郎、宮本常一「残酷ということ——『日本残酷物語』を中心に」『記憶の島——岡本太郎と宮本常一が撮った日本』川崎市岡本太郎美術館編集、川崎市岡本太郎美術館、2012年7月、111頁。『民話』第18号(未来社、1960年)に掲載された鼎談。収録日は同年1月29日。また この鼎談で岡本太郎と宮本常一は初めて会ったとされている。なお、この鼎談録については以前、筆者の師である石山修武氏から教示を受けた。表現論を構想する上で、筆者にとっては氏の存在を避けることはできない。氏が現在もなお更新を続けている「開放系技術論」の射程は広大で、セルフビルド=自力建設論、考古的風景論、デザイン論などの主題を含む。特に本論考の最後に記した福島での技術の問題について、開放系技術は大きな示唆を与えてくれるに違いない。備忘録として、氏のセルフビルド=自力建設論として読むべき論考をふたつほど挙げておく。
•「自力建設試論」『群居』第2号、群居観光委員会、1983年7月、54–62頁
•「はじめに」『セルフビルド SELF-BUILD——じぶんで家を建てるということ』石山修武・中里和人、交通新聞社、2008年4月、1–6頁

（右から）**図3**｜筆者の福島の家。住みながら手を加えているが、まだまだ完成しない。完成しないどころか住んでいるうちにどんどん不具合も出てきて追いかけっこのように家の各所を修理して回っている
図4｜家に併設している木工所
（2点ともPhoto:comuramai）

「小さな技術」報告

２０１１年3月の東日本大震災で起こった福島第一原発の事故は、周辺地域に多大な不安を生み出した。建屋が吹っ飛び上空に放射性物質が飛散して雨とともに大地に降り積もった。震災から10年以上が経ったいま、大部分の市街地、農地においてはすでに除染がなされ、震災前の生活風景を取り戻しつつある地域も多い。放射能の測定、数値化の仕組みや調査研究は事故以来急速に進展した。けれども、どんなに数値が客観的に出ていようとも、一度生まれた不安はなかなか消えない。食の安全について、被災者への賠償や復興に対するカネの行方について。デマゴギーや偏向報道が広がり、さまざまなことをめぐって福島内外で人々の考えや行動は分化されたように思える。

見えない不安は放射能の問題ばかりではない。震災直後、大きな被害のなかった東京ではガスや電気といった生活インフラが止まり、電車も動かなくなり大量の帰宅困難者が発生した。また福島第一原発を含む多くの発電所が停止し、電力不足の懸念と大規模停電の恐れがしばらく継続した。それは都市という人間の高度に発達した文明技術は完全ではなかったということを示した。また将来災害が起これば同じように都市は機能を停止するだろう、危機は常に隣にあるという意識を私たちに根付かせた。人間は発達した技術を手に入れることでより豊かで快適な生活を得ることができる。しかし、技術というものが私たちの手から離れた現況を露呈させたのが原発事故であった。技術は理性によってコントロールできるに違いないという考えが虚妄であったことを私たちは思い知った。

私が問題にしたいのは、技術は人間が、あるいは人間の理性がつくり出したものだから、結局は人間が理性によってコントロールできるにちがいないという安易な、と言うよりも倨傲な考え方である。どうやら技術は理性などというものとは違った根源をもち、理性などよりももっと古い由来をもつも

のらしいのだから、理性などの手に負えるものではないと考えるべきなのである。[5]

私は震災をきっかけに福島を訪れるようになった。東京で暮らしていて被災地の現況の内実が見えず、原発のような大きなシステム、技術の問題の本質を捉えることができない自分自身の感覚の曇りにこそ不安を覚えたからだ。仲間とともに福島のその地で畑仕事を始め、やったことのない藍染めの活動を手探りで始めた。木工や鉄工といった諸工作にも手を延ばした。２０１０年代の終わりになると、今度はコロナ禍によって世界の動きが止まったあたりで、私は福島で家をつくりはじめた。自分と家族がその地で生活するための家づくりである。10年かそれ以上前に人が住まなくなったボロボロの空き家を借り、できるところから修理をやり出した。確かな設計、制作の思想や構想があるわけではない（描けるわけもない）。自分ができることをコツコツとやっている。日々の生活に工夫を加え続ける。やる事はそれだけだ。そのときの自分の考え、あるいは実験と工夫の成果としての状況報告が、その家のカタチであり、表現である。それ以上でも以下でもない。けれども、コツコツと積み重なるようにつくられていくその家の表現こそが、自分では描くことはできないが間違いなく存在するだろう世界の風景を照らし出してくれるのかもしれない。

▼5 木田元『対訳 技術の正体 The True Nature of Technology』マイケル・エメリック訳、デコ、２０１３年11月。

年表
日本の住居
1989—

- 1989年以降の日本の住居について、「住宅／集合住宅」「住宅関連商品／分譲住宅／住宅生産・技術」「建築関連法制度／出来事／建築作品」の主なものをまとめた。
- 住宅、集合住宅については、本書の「II 1989–2019の住居50選」を選定する際、執筆者が候補に挙げていたものを中心に、主要な建築賞の受賞作品も参考に記載した。
- *を付した作品はアンビルトである。

参考文献｜毎日新聞出版平成史編集室編『平成史全記録Chronicle 1989–2019』(毎日新聞出版、2019年)、小熊英二編『平成史【完全版】』(河出書房新社、2019年)、保阪正康『平成史』(平凡社新書、2019年)、日本近代建築法制100年始編集委員会編『日本近代建築法制の百年』(日本建築センター、2019年)、日本の近代・現代を支えた建築—建築技術100選—委員会編『日本の近代・現代を支えた建築——建築技術100選』(日本建築センター／建築技術教育普及センター、2019年)、内藤廣+日経アーキテクチュア『検証｜平成建築史』(日経BP、2019年)

1989
平成元

住宅・集合住宅
- メトロサ（北河原温）
- TRON電脳住宅 パイロットハウス（坂村健）
- 若槻邸（山本理顕）
- 数寄屋邑（石井和紘）
- 百道浜の集合住宅（マイケル・グレイブス）
- ベルコリーヌ南大沢（マスターアーキテクト内井昭蔵ほか、−92）

住宅関連商品／分譲住宅／住宅生産・技術
- 鉄骨戸建住宅「グルニエGX」「ローラ」、3階建て鉄骨住宅「ビー・アティック」、賃貸住宅「アド・ザックス」（積水ハウス）
- 「シルバーエイジ研究所」発足、鉄骨構造の無溶接構法（DNS）開発（大和ハウス）
- 共働き家族研究所設立（旭化成ホームズ）
- 免震住宅開発（三井ホーム）
- 大川端リバーシティ21リバーポイントタワー（132m、40階）
- 「住まいの図書館」（大分・別府）開設（積水ハウス）
- ■住宅着工戸数167万戸／持家82万戸（分譲住宅32万戸）・借家85万戸

建築関連法制度／出来事／建築作品
- 土地基本法施行
- 宅地・鉄道一本化法施行
- 三菱地所が米ロックフェラーセンター買収
- 立体道路制度創設
- 横浜ベイブリッジ開通
- 光の教会（安藤忠雄）
- 幕張メッセ（槇文彦）
- 海の博物館・収蔵庫（内藤廣）
- 葛西臨海水族園（谷口吉生）
- アサヒビール吾妻橋ホール（フィリップ・スタルク）
- ホテル・イル・パラッツォ（アルド・ロッシ）
- 東京武道館（六角鬼丈）

世界の中の日本
- ブッシュ米大統領就任
- 中国天安門事件
- ベルリンの壁崩壊
- 米ソ両首脳冷戦終結宣言
- 昭和天皇死去、平成改元
- 消費税（3%）導入
- リクルート事件
- 東京・埼玉連続幼女誘拐殺人事件
- 東証一部上場企業の時価総額500兆円超
- 合計特殊出生率が1.57、1966年（ひのえうま）1.58下回る
- 日経平均株価史上最高値記録更新（〜2024年2月26日）

1990
平成2

住宅・集合住宅
- キュビストの家（小川晋一）
- 桜台アパートメント（シーラカンス）
- JELLY FISH＊（渡辺誠）
- 狐ヶ城の家（古谷誠章）
- 阿品の家（村上徹）
- PLATFORM II（妹島和世）
- 好日居（齊藤裕）

住宅関連商品／分譲住宅／住宅生産・技術
- ツーバイフォー住宅「ONE'S ONE 711」、鉄骨戸建住宅「ビー・フリー ライヴ」「セントレージOR」、賃貸住宅「アクレール」（積水ハウス）
- 総合住宅研究所（京都府）体験学習施設「納得工房」開設（積水ハウス）
- 地下室新構法発表（積水ハウス）
- ライオンズマンション累積3000棟（大京）
- ■住宅着工戸数166万戸／持家86万戸（分譲住宅39万戸）・借家80万戸

建築関連法制度／出来事／建築作品
- 大蔵省「不動産融資の総量規制」通達
- 都市計画法・建築基準法改正（用途別容積型地区計画・住宅地高度利用地区計画制度等）
- 生産緑地法改正（宅地化農地と保全農地の区分）
- 国際花と緑の博覧会
- サンリオピューロランド（梓設計）
- 水戸芸術館（磯崎新）
- 東京体育館（槇文彦）
- 湘南台文化センター（長谷川逸子）
- 東京芸術劇場（芦原義信）
- 熊本北警察署（篠原一男）
- 東京都庁第一本庁舎（丹下健三）
- 山谷労働者会館（宮内康）

世界の中の日本
- 初代ソ連大統領ゴルバチョフ選出
- 米ソ大統領戦略兵器削減条約（START）基本合意
- イラク軍クウェート侵攻
- 東西ドイツ統一
- 日米構造協議最終報告、公共投資・規制緩和の拡大
- 東証株価2万円割る（バブル経済崩壊）
- 地球温暖化防止行動計画発表
- 第1回大学入試センター試験
- 日本人初の宇宙飛行
- 任天堂「スーパーファミコン」発売

1991
平成3

- ネクサスワールド（監修＝磯崎新）
- RUSTIC（隈研吾）
- 住居No.9唐松林の家（内藤廣）
- 熊本県営保田窪第一団地（山本理顕）
- 綱島の家（石田敏明）
- 週末住宅 暗箱と鳥籠（中尾寛）
- 玉川学園の集合住宅（入江経一）
- 再春館製薬女子寮（妹島和世）
- 茨城県営松代アパート（大野秀敏＋三上清一、−93）

- 鉄骨戸建住宅「グルニエZEX」、賃貸住宅「ディアス」（積水ハウス）
- 等価交換型分譲マンション第1号「ラウム祐天寺」（旭化成ホームズ）
- 中央住宅、ポラスグループに改称
- ■住宅着工戸数134万戸／持家72万戸（分譲住宅27万戸）・借家62万戸

- 土地白書「地価高騰 国民生活に重大な影響」
- 借地借家法成立（定期借地権創設）
- 京都駅コンペで原広司案決定、景観論争
- 神長官守矢史料館（藤森照信）
- センチュリータワー（ノーマン・フォスター）
- 丸亀市猪熊弦一郎現代美術館（谷口吉生）
- 目黒雅叙園（日建設計）
- M2（隈研吾）
- ホテル川久（永田北野建築研究所）

- ソ連崩壊、独立共同体CIS創設
- 湾岸戦争勃発
- 南アフリカ、アパルトヘイト撤廃宣言
- 韓国・北朝鮮が国連同時加盟
- カンボジア和平合意
- 初の自衛隊海外派遣を閣議決定
- 国民年金基金創設
- 美浜原発原子炉自動停止事故
- 雲仙普賢岳噴火大火砕流発生、死者行方不明者43人
- 東北・上越新幹線、東京駅乗り入れ

1992
平成4

- 日本橋の家（岸和郎）
- コモンシティ 星田A2ゾーン（坂本一成）
- 星龍庵（元倉眞琴）
- 岡山の住宅（山本理顕）
- 緑園都市XYSTUS（山本理顕）
- 葛飾の住宅（山本理顕）
- 相模原の住宅（野沢正光）
- 代官山ヒルサイドテラス 第6期（槇文彦）

- ツーバイフォー住宅「ONE'S ONEエイジング」、鉄骨戸建住宅「オリジナル・タウン」「オリジナル・ライヴ」、都市型3階建て併用住宅「アービス3」（積水ハウス）
- 「すまい塾」開講（積水ハウス）
- SANシステム構法（積水ハウス）
- 「Rコントロールパネル」（ダブルシールドパネル）商品化（三井ホーム）
- ■住宅着工戸数142万戸／持家70万戸（分譲住宅48万戸）・借家72万戸

- 地価税導入
- 建築基準法一部改正（準耐火構造創設、木造3階建て共同住宅建築可能、伝統的建築規制見直し等）
- 都市計画法第5次改正（用途地域区分細分化）
- 『GA JAPAN』創刊
- ハウステンボス開業
- 出雲ドーム（鹿島デザイン）
- ベネッセハウス本館・ミュージアム棟（安藤忠雄）
- 海の博物館・展示棟（内藤廣）
- 東京都江戸東京博物館（菊竹清訓）
- 内子町立大瀬中学校（原広司）
- 熊本県草地畜産研究所（トム・ヘネガン）

- 欧州連合（EU）条約調印（翌年発効）
- 地球サミット開催（リオ・デ・ジャネイロ）
- PKO協力法施行
- 天皇・皇后中国初訪問
- 育児休業法施行
- 東海道新幹線「のぞみ」運行開始
- 山形新幹線開業
- 学校週5日制スタート
- 東証平均株価1万5000円割れ
- 公示地価前年水準下回る（ソ連崩壊）
- 65歳以上人口過去最高13%
- 雇用者総数に占める女性の割合過去最高38%
- 有効求人倍率1.0下回る（就職氷河期到来）

	1993 平成5	1994 平成6
住宅・集合住宅	●NEXT21（大阪ガスNEXT21建設委員会） ●六甲の集合住宅II（安藤忠雄） ●緑園都市AMINIS（山本理顕） ●緑園都市OBERISK（山本理顕） ●緑園都市PRADO（山本理顕） ●NOSハウス（石田敏明） ●鴻ノ巣の家（竹原義二） ●住居No.15（内藤廣） ●岡山県営中庄団地（丹田悦雄＋阿部勤＋遠藤剛生、－98）	●SOFT AND HAIRY HOUSE（ウシダ・フィンドレイ・パートナーシップ） ●熊本市営託麻団地（坂本一成＋松永安光＋長谷川逸子） ●中塚ハウス（原広司） ●宮の町タウンハウス（宮森洋一郎） ●熊本県営竜蛇平団地（元倉眞琴） ●H（青木淳） ●YKK滑川寮（大野秀敏） ●TH-1（朝倉則幸） ●森の別荘（妹島和世） ●津山の家（村上徹）
住宅関連商品／分譲住宅／住宅生産・技術	●積水ハウス「新梅田シティ」竣工、本社移転 ●コンクリート住宅「オリジナル・スクエア」累積建築戸数100万戸（積水ハウス） ●「サンヴァリエ」月間942棟の受注最高記録（ナショナル住宅建材） ●「蔵のある家」開発（ミサワホーム） ●オークプリオタワーレジデンス（167m、50階） ■住宅着工戸数151万戸／持家83万戸（分譲住宅29万戸）・借家68万戸 ◇総住戸数4588万戸・空き家数448万戸	●賃貸住宅「フォーブルNEW」、コンクリート住宅「イズ・パーソンNEW」発売、新工法「J・アップ工法」開発（積水ハウス） ●建築構造体用ワンサイドボルト・角形鋼管とH形鋼を接合する無溶接構法「DNS-V」開発（大和ハウス） ●ライオンズマンション累計4000棟（大京） ■住宅着工戸数156万戸／持家96万戸（分譲住宅38万戸）・借家60万戸
建築関連法制度／出来事／建築作品	●環境基本法成立 ●レインボーブリッジ開通 ●法隆寺・姫路城など世界遺産登録 ●槇文彦プリツカー賞受賞 ●梅田スカイビル（原広司） ●幕張プリンスホテル（丹下健三） ●横浜ランドマークタワー（三菱地所設計、ザ・スタビンス・アソシエイツ） ●福岡ドーム（竹中工務店、前田建設工業） ●園部SD Office（岸和郎） ●多磨霊園みたま堂（内井昭蔵）	●建築基準法第8次改正（住宅地下室の容積率緩和） ●ハートビル法施行 ●公募型プロポーザル方式導入 ●『10+1』（INAX出版）創刊 ●恵比寿ガーデンプレイス（久米設計） ●シーガイア（芦原建築設計研究所） ●大阪府立近つ飛鳥博物館・サントリーミュージアム天保山（安藤忠雄） ●リアスアーク美術館（石山修武） ●関西国際空港旅客ターミナルビル（レンゾ・ピアノ） ●東京都現代美術館（柳澤孝彦） ●彩の国さいたま芸術劇場（香山壽夫）
世界の中の日本	●世界貿易機関WTO設立 ●クリントン米大統領就任 ●江沢民中国国家主席就任 ●天皇・皇后沖縄初訪問 ●細川護熙内閣成立（55年体制崩壊） ●マイクロソフト「Windows 3.1」日本語版発売 ●釧路沖地震M7.8 ●北海道南西沖地震・奥尻島津波、死者行方不明者230人 ●推計人口1億2445万人、増加率0.33%で戦後最低 ●人口動態統計で出生率過去最低、離婚過去最高 ●外国人登録者数、総人口の1%超	●南アフリカ共和国マンデラ大統領就任 ●北朝鮮金日成死去 ●自社さ連立政権（村山富市内閣）成立 ●松本サリン事件 ●名古屋空港中華航空機墜落事故（264人死亡） ●北海道東方沖地震 M8.2 住家被害4500棟超 ●ニューヨーク市場1ドル＝100円突破 ●「ジュリアナ東京」閉店 ●ソニー「プレイステーション」発売 ●日本人の平均寿命、男女ともに世界最長寿国（男76・25歳、女82・51歳）

1995
平成7

- ドラキュラの家（石山修武）
- 水／ガラス（隈研吾）
- カーテンウォールの家（坂茂）
- 紙のログハウス（坂茂）
- 紙の家（坂茂）
- 幕張ベイタウン・パティオス4番街（坂本一成+松永安光）
- 箱の家001（難波和彦）
- 家族文化アパートメント「愛田荘」（宮本佳明）
- 沢田マンション（沢田嘉農）
- タンポポハウス（藤森照信）
- F3 House（北山恒）
- 蓼科S邸（伊東豊雄）
- 鎌倉の家（山本理顕）
- F4（石田敏明）

- 積水ハウス、木造住宅事業（シャーウッド住宅事業）開始
- 3階建て住宅「デシオ」ホームエレベータ標準搭載、ポリエチレン配水管を開発・製造（セキスイハイム）
- 阪神・淡路大震災、計1万4000戸強の応急仮設住宅建設（大和ハウス）
- 創業40周年記念商品「ステイトメントウイズ」（大和ハウス）
- 住友林業、木造ユニット工法によるシステム住宅事業開始
- 一条工務店本社東京移転

■住宅着工戸数148万戸／持家89万戸（分譲住宅34万戸）・借家59万戸

- 被災市街地復興特別措置法
- 被災マンション法
- 製造物責任法（PL法）施行
- 建築物耐震改修促進法
- 都市計画法・建築基準法改正
- 宅建業法改正
- 安藤忠雄プリツカー賞受賞
- 世界都市博覧会中止（青島幸男東京都知事）
- ゆりかもめ開業
- 千葉市立打瀬小学校（シーラカンス）
- 紙の教会（坂茂）
- 養老天命反転地（荒川修作+マドリン・ギンズ）
- アクロス福岡（日建設計、竹中工務店）

- 阪神・淡路大震災
- 地下鉄サリン事件（13人死亡、約6300人被害）
- 改正市町村合併特例法施行
- 住専不良債権問題、大蔵省立入調査
- 高速増殖原型炉もんじゅナトリウム漏洩事故
- マイクロソフト「Windows 95」日本語版発売
- 東京外為市場1ドル=79・75円（戦後最高値）

1996
平成8

- 木箱210（葛西潔）
- 白翳の家（坂本昭）
- 繁柱の家（深尾精一）
- 小国S邸（伊東豊雄）
- S（青木淳）
- アライグマ・ギンとの家（石山修武）
- W house（入江経一）
- 曼月居（齊藤裕）
- S-HOUSE（SANAA）
- 幕張ベイタウン・パティオス11番街（スティーブン・ホール）

- 鉄骨戸建住宅「セントレージBR-α」、コンクリート住宅「オリジナルSR-NEO」、都市型3階建て住宅「アービス・モデラート」（積水ハウス）
- PCコンクリート地下室「ベースピア」開発、新工法「カルロード工法」（積水ハウス）
- ハイパーフレーム構造導入（旭化成ホームズ）
- 新免震システム「M-400」開発（三井ホーム）

■住宅着工戸数163万戸／持家99万戸（分譲住宅35万戸）・借家64万戸

- ボランタリー・アーキテクツ・ネットワーク（VAN設立）
- 高島屋タイムズスクエア開業
- 原爆ドーム・厳島神社世界文化遺産登録
- キャナルシティ博多（ジョン・ジャーディ）
- 東京国際フォーラム（ラファエル・ヴィニョーリ）
- MIHO MUSEUM（I・M・ペイ）
- 国際情報科学芸術アカデミー・マルチメディア工房（妹島和世）

- パレスチナ自治政府アラファト議長就任
- タリバン、アフガニスタン・カブール制圧
- 日米安保共同宣言
- 民主党結成
- 小選挙区比例代表並立制選挙（衆院）実施
- 長野新幹線開業
- アクアライン開通
- 「Yahoo! JAPAN」サービス開始
- 15歳未満子ども人口2000万人下回る
- 65歳以上人口過去最高、高齢者世帯が全世帯数の13・8%
- ゲームボーイソフト「ポケットモンスター」発売、たまごっち発売

1997
平成9

住宅・集合住宅

- M-HOUSE（SANAA）
- アニ・ハウス（アトリエ・ワン）
- 壁のない家（坂茂）
- 9スクウェア・グリッドの家（坂茂）
- 立川のハウス（西沢大良）
- 世田谷村（石山修武、建設開始）
- 「ゼンカイ」ハウス（宮本佳明）
- 読売メディア・ミヤギ・ゲストハウス（阿部仁史）
- ニラハウス（藤森照信）
- 懐風荘（木原千利）
- 莽居（齊藤裕）
- 深沢環境共生住宅（岩村和夫）
- 真野ふれあい住宅（神戸市）

住宅関連商品／分譲住宅／住宅生産・技術

- 太陽光発電システム搭載住宅販売開始（セキスイハイム）
- 西山夘三記念すまい・まちづくり文庫オープン（積水ハウス）
- 4階建て住宅「アクティブ4」（三井ホーム）
- ■住宅着工戸数134万戸／持家80万戸（分譲住宅35万戸）・借家54万戸

建築関連法制度／出来事／建築作品

- 密集市街地防災街区整備促進法
- 都市計画法・建築基準法改正（高層住宅誘導地区計画制度等）
- Windows版「Jw_cad」リリース
- ナゴヤドーム（三菱地所、竹中工務店）
- 大阪ドーム（日建設計ほか）
- 大館樹海ドーム（伊東豊雄ほか）
- 風の丘葬祭場（槇文彦）
- うしぶか海彩館（内藤廣）
- 酒田市美術館（池原義郎）
- 細見美術館（大江匡）
- 潟博物館（青木淳）
- 京都駅ビル（原広司）
- 新国立劇場（柳澤孝彦）

世界の中の日本

- 英香港中国へ返還
- タイ・バーツ暴落（アジア通貨危機）
- 地球温暖化防止京都会議COP3京都議定書採択
- 改正男女雇用機会均等法・改正労働基準法施行
- 介護保険法成立
- 消費税引き上げ5%
- 北海道拓殖銀行が経営破綻
- 山一證券が経営破綻（山一ショック）
- ナホトカ号重油流出事故
- グーグルの検索サービス開始
- トヨタ「プリウス」（ハイブリッド車）発売
- 神戸市連続児童殺傷事件

1998
平成10

住宅・集合住宅

- スペースブロック上新庄（シーラカンス）
- 大田のハウス（西沢大良）
- ウィークエンドハウス（西沢立衛）
- 伊藤邸（原広司）
- 松本邸（原広司）
- 岐阜県営住宅ハイタウン北方 南ブロック第1期（監修＝磯崎新）
- 梅ヶ丘の住宅（佐藤光彦）
- グラスハウス（横河健）

住宅関連商品／分譲住宅／住宅生産・技術

- ホルムアルデヒド対策「健康住宅仕様」を標準採用（大和ハウス）
- 準防火地域木造3階建て共同住宅商品化（三井ハウス）
- 「エスパシオEF・EF3」（トヨタホーム）
- エルザタワー55（185・8m、55階、大京）
- タマホーム設立
- ■住宅着工戸数118万戸／持家72万戸（分譲住宅28万戸）・借家46万戸
- ◇総住戸数5025万戸・空き家数576万戸

建築関連法制度／出来事／建築作品

- まちづくり3法（大規模小売店舗立地法、中心市街地活性化法、都市計画法第6次改正）
- 建築基準法第9次改正（建築確認民間開放、建築基準法性能規定化、限界耐力計算導入、有効採光面積算定合理化、階段手摺設置義務、中間検査の導入）
- 明石海峡大橋開通
- 芦原義信文化勲章
- なら100年会館（磯崎新）
- 洲本市立図書館（鬼頭梓）
- ビッグパレットふくしま（北川原温）
- 吉備高原小学校（シーラカンス）

世界の中の日本

- インドネシア、スハルト政権崩壊
- 金大中韓国大統領就任
- インドが核保有宣言、パキスタンが初の地下核実験
- 北朝鮮が弾道ミサイル発射
- 長野冬季五輪
- NPO法成立
- 金融再生法成立
- 金融監督庁発足
- 長銀破綻、一時国有化
- 和歌山カレー事件
- マイクロソフト「Windows 98」日本語版発売
- アップル「iMac」日本発売
- 4月の失業率、初の4%台
- 高校生就職内定率62・7%（過去20年間で最低）

1999
平成11

●ミニ・ハウス（アトリエ・ワン）
●祐天寺T邸（伊東豊雄）
●スミレアオイハウス（小泉誠）
●House SA（坂本一成）
●諏訪のハウス（西沢大良）
●相模原の家（みかんぐみ）
●ナチュラルシェルター（遠藤政樹＋池田昌弘）
●花屋敷の家（横内敏人）
●鎌倉山の家（手塚建築研究所）
●NT（設計組織ADH）
●中島ガーデン（松永安光）

●住宅用低価格中水利用システム開発（積水ハウス）
●ライオンズマンション累積5000棟（大京）
■住宅着工戸数123万戸／持家79万戸（分譲住宅31万戸）・借家44万戸

●環境共生住宅認定制度創設
●住宅の品質確保の促進等に関する法律
●PFI法制定
●ゼネコン不良債権問題、債務免除
●しまなみ海道開通
●仙台MTビル、超高層ビル免震構造採用（日本初）
●西武ドーム（早稲田大学池原研究室ほか）
●東京国立博物館法隆寺宝物館（谷口吉生）
●牧野富太郎記念館（内藤廣）
●ルイ・ヴィトン名古屋栄店（青木淳）
●イサム・ノグチ庭園美術館（イサム・ノグチ）

●カンボジアASEAN加盟
●ポルトガル、マカオ返還
●台湾集集大地震
●自自公連立政権成立
●日銀ゼロ金利政策実施
●地域振興券交付
●男女共同参画社会基本法施行
●通信傍受法成立
●改正労働者派遣法施行
●日産ルノー資本提携
●NTTドコモ「i-mode」サービス開始
●ソニーが犬型ロボット「AIBO」発売
●茨城県東海村ウラン加工施設臨界事故、2人死亡
●失業者300万人

2000
平成12

●矩形の森（五十嵐淳）
●桜上水K邸（伊東豊雄）
●VILLA FUJII（宇野求＋池村圭造）
●slash富士北麓の家（岡田哲史）
●仙川の住宅（佐藤光彦）
●横浜市営住宅三ツ境ハイツ（山本理顕）
●W・HOUSE（渡辺明）
●熊本県立農業大学校学生寮（藤森照信＋入江雅昭＋柴田真秀＋西山英夫）
●小さな家（妹島和世）
●岐阜県営住宅ハイタウン北方 南ブロック第2期（監修＝磯崎新）
●ミツモン荘（アトリエ・ワン）
●c（青木淳）
●経堂の社（甲斐徹郎）

●グループホーム「ダイワカーム21」、環境対応住宅〝2000年モデル〟「環境光房」（大和ハウス）
●ペット共生戸建住宅販売開始（旭化成ホームズ）
●木造円形空間「ラ・ロトンダ」（三井ホーム）
●低層賃貸住宅「シャーメゾン」（積水ハウス）
●ムジ・ネット（現MUJI HOUSE）設立
●木造住宅プレカット利用率50％超
■住宅着工戸数122万戸（持家79万戸（分譲住宅35万戸）・借家43万戸

●都市計画法改正（線引き制度見直し、準都市計画区域制度等）
●建設リサイクル法
●マンション管理適正化推進法
●『SD』（鹿島出版会）休刊
●公立はこだて未来大学（山本理顕）
●さいたまスーパーアリーナ（日建設計ほか）
●馬頭町広重美術館（隈研吾）
●せんだいメディアテーク（伊東豊雄）
●宮城県迫桜高等学校（シーラカンス）
●大江戸線飯田橋駅（渡辺誠）
●鴻巣市文化センター（小泉雅生）

●ロシア連邦プーチン大統領就任
●2000年（Y2K）問題
●沖縄サミットG8開催
●二千円紙幣発行
●金融庁発足
●介護保険制度開始
●地方分権一括法施行（合併特例債導入）
●地下鉄大江戸線全線開業
●アマゾン日本向けサービス開始
●BSデジタル放送開始
●有珠山・三宅島噴火、鳥取県西部地震

	2001 平成13	2002 平成14
住宅・集合住宅	●Hut T（坂本一成） ●屋根の家（手塚建築研究所） ●N-House＊（藤本壮介） ●苦楽園（宮本佳明） ●foo（ライフアンドシェルター社） ●西所沢の住宅（佐藤光彦） ●エアー・ハウス（三分一博志） ●ー（青木淳） ●アパートメント鶉（泉幸甫） ●牛久のギャラリー（堀部安嗣） ●鎌倉の住宅（西沢立衛）	●Plastic House（隈研吾） ●ヒムロハウス（シーラカンス） ●黒の家（千葉学） ●淡路町ビル（西片建築設計事務所） ●折本邸（原広司） ●Springtectureびわ（遠藤秀平） ●ナチュラルエリップス（遠藤政樹＋池田昌弘） ●高知・本山町の家（小玉祐一郎） ●101番目の家（竹原義二） ●BLOC（米田明） ●403号室（納谷学＋納谷新）
住宅関連商品／分譲住宅／住宅生産・技術	●積水ハウス、累積建築戸数150万戸 ●宮崎台桜坂（ミサワホーム） ●熱膨張耐火材「フィブロック」販売開始（セキスイハイム） ●戸建免震住宅「ステイトメント ウイズC 免震タイプ」開発（大和ハウス） ●ヘーベルメゾン「30年一括借上げシステム」（旭化成ホームズ） ■住宅着工戸数117万戸／持家72万戸（分譲住宅34万戸）・借家45万戸	●「外断熱工法」採用（大和ハウス） ●鈴木エドワードと共同開発、デザイナーズ住宅「EDDI's House」をインターネット販売（大和ハウス） ●「再築システムの家」「光熱費ゼロ住宅」（セキスイハイム） ●ナショナル住宅建材（ナショナル住宅産業）、パナホーム（PanaHome）に社名変更 ●『大改造!! 劇的ビフォーアフター』放送開始 ■住宅着工戸数115万戸／持家69万戸（分譲住宅32万戸）・借家46万戸
建築関連法制度／出来事／建築作品	●国土交通省発足 ●高齢者の居住の安定確保に関する法律 ●USJ開業、東京ディズニーシー開業 ●明石花火大会歩道橋事故 ●歌舞伎町雑居ビル火災 ●札幌ドーム（原広司、アトリエブンク） ●豊田スタジアム（黒川紀章） ●メゾンエルメス（レンゾ・ピアノ） ●相模女子大学マーガレットホール、三鷹の森ジブリ美術館（日本設計）	●都市再生特別措置法 ●建築基準法第10次改正（用途地域ごとに容積率・建蔽率・日影規制等の選択肢増加、シックハウス規制導入） ●ハートビル法改正（特別特定建築物への利用円滑化基準適合義務付け） ●構造特区導入 ●ポーラ美術館（日建設計＋安田幸一） ●国立国会図書館関西館（陶器二三雄） ●苓北町民ホール（阿部仁史） ●ルイ・ヴィトン表参道（青木淳） ●電通本社ビル（ジャン・ヌーヴェル） ●横浜港大さん橋国際客船ターミナル（foa）
世界の中の日本	●G・W・ブッシュ米大統領就任 ●アメリカ同時多発テロ事件 ●米軍アフガニスタン空爆開始 ●中央省庁再編（1府12省庁へ） ●独立行政法人設置 ●日銀「量的金融緩和政策」開始 ●大阪教育大附属池田小学校殺傷事件 ●H-IIAロケット1号機打ち上げ ●ウィキペディア日本語版開設 ●「Yahoo! BB」（ADSL）商用サービス開始 ●アップル「iPod」日本発売 ●JR東日本「Suica」導入 ●日経平均株価1万円切る（1984年以来）	●ユーロ流通開始 ●東ティモール独立 ●サッカーW杯日韓大会開催 ●小泉首相北朝鮮訪問（拉致被害者5人帰国） ●日本経団連発足 ●ホームレス自立支援法成立 ●住基ネット稼働 ●東京電力原子力発電所点検記録改竄発覚 ●学校完全週5日制開始 ●マイクロソフトの家庭用ゲーム機「Xbox」日本発売

2003
平成15

●東雲キャナルコートCODAN1街区（山本理顕）、2街区（伊東豊雄）
●森／床（隈研吾）
●梅林の家（妹島和世）
●ガエ・ハウス（アトリエ・ワン）
●上原の家（みかんぐみ）
●調布の集合住宅A・B（西沢大良）
●毘沙門の家（谷尻誠）
●積層の家（大谷弘明＋陶器浩一）

●光熱費負担軽減「ZERO-STYLE」（セキスイハイム）
●太陽光発電住宅モデル団地「ヒルズガーデン清田」（ミサワホーム）
●ハートフル生活研究所設置（積水ハウス）
●セキスイハイムＭ１（大野勝彦）、DOCOMOMO JAPAN選定
■住宅着工戸数１１７万戸／持家70万戸（分譲住宅33万戸）・借家47万戸
◇総住戸数５３８９万戸・空き家数６５９万戸

●東海道新幹線品川駅開業
●東京駅丸の内駅舎、重要文化財指定
●朱鷺メッセ連絡デッキ落下事故
●卒業設計日本一決定戦始まる
●モエレ沼公園（イサム・ノグチほか）
●まつだい雪国農耕文化村センター（ＭＶＲＤＶ）
●プラダブティック青山（ヘルツォーク＆ド・ムーロン）
●六本木ヒルズ（入江三宅設計事務所ほか）
●ディオール表参道（ＳＡＮＡＡ）
●ランバンブティック銀座店（中村拓志）
●国立長崎原爆死没者追悼平和祈念館（栗生明）

●米英軍、イラク・バグダッド攻撃開始（イラク戦争）
●ユーゴスラビア連邦消滅
●米スペースシャトル空中分解
●米でＢＳＥ発見、米国産牛肉輸入禁止
●北朝鮮核不拡散条約脱退宣言
●新型肺炎ＳＡＲＳ流行
●平成の大合併（市町村数３１９０）
●日本郵政公社発足
●地上デジタル放送開始
●十勝沖地震
●完全失業率過去最低5.4％
●日経平均株価７６０７円88銭（バブル崩壊以降最安値）
●自殺者5年連続3万人超
●大卒就職内定率60％

2004
平成16

●東雲キャナルコートCODAN3街区（隈研吾＋アール・アイ・エー）、4街区（山設計工房）
●アシタノイエ（小泉雅生＋メジロスタジオ）
●egota house A（坂本一成＋遠藤康一＋岡村航太＋中井邦夫）
●ＭＥＳＨ（千葉学）
●鎗屋アパートメント（中谷ノボル）
●ＴＥＭ（ヨコミゾマコト）
●船橋アパートメント（西沢立衛）
●調布のアパートメント（石黒由紀）
●LEMM HUT（中村好文）
●House H＊（平田晃久）
●我孫子の住宅Kokage（SUEP.）

●セキスイオアシス株式会社設立
●在宅介護サービス事業開始（セキスイハイム）
●制震装置「ＭＧＥＯ」開発（ミサワホーム）
●「木の家」販売開始（無印良品、監修＝難波和彦）
●アクティ汐留（１９０ｍ、56階）
■住宅着工戸数１１９万戸／持家71万戸（分譲住宅35万戸）・借家48万戸

●景観法公布
●建築基準法一部改正（既存不適格建築物に関する規制の合理化ほか）
●都市再生機構ＵＲ発足
●六本木ヒルズ回転ドア事故
●『建築文化』（彰国社）休刊
●まつもと市民芸術館（伊東豊雄）
●地中美術館（安藤忠雄）
●富弘美術館（ヨコミゾマコト）
●金沢21世紀美術館（ＳＡＮＡＡ）
●TOD'S表参道ビル（伊東豊雄）

●自衛隊イラク多国籍軍参加
●スマトラ沖地震
●日朝首脳会談、拉致被害者家族５人帰国
●沖縄国際大に米軍ヘリ墜落
●国立大学法人化
●裁判員法成立
●年金改革法、改正高齢者雇用安定法成立
●みなとみらい線開業
●山口県で鳥インフルエンザ発生
●プロ野球ストライキ実施
●フェイスブック開設
●「ニンテンドーＤＳ」発売
●新潟県中越地震（Ｍ6.8、死者68人）

	2005 平成17	2006 平成18
住宅・集合住宅	●ハウス&アトリエ・ワン（アトリエ・ワン） ●SUS福島工場社員寮（伊東豊雄） ●Lotus House（隈研吾） ●T house（藤本壮介） ●蟻鱒鳶ル（岡啓輔、建設開始） ●ヨコハマホステルヴィレッジ（岡部友彦） ●松原ハウス（菊地宏） ●三鷹天命反転住宅 イン メモリー オブ ヘレン・ケラー（荒川修作＋マドリン・ギンズ） ●森山邸（西沢立衛） ●東雲キャナルコートCODAN5街区（ADH＋ワークステーション）、6街区（スタジオ建築計画＋山本・堀アーキテクツ） ●西麻布の家（安田幸一）	●Y-Hütte（隈研吾） ●森のなかの住宅（長谷川豪） ●五反田の住宅（長谷川豪） ●桜台の住宅（長谷川豪） ●情緒障害児短期治療施設 生活棟（藤本壮介） ●クローバーハウス（宮本佳明） ●環境共生住宅ハーモニー団地（松永安光） ●板橋のハウス（西沢大良） ●House A（西沢立衛） ●2004（中山英之） ●洗足の連結住棟（北山恒） ●ヌーベル赤羽台（監修＝ADH、ー18）
住宅関連商品／分譲住宅／住宅生産・技術	●「環境共生住宅認定」平成16年度建設実績総合1位（平成16、17、19─27年度1位）、創業50周年記念戸建住宅「センテナリアン 健康百彩」（大和ハウス） ■住宅着工戸数125万戸／持家72万戸（分譲住宅37万戸）・借家53万戸	●エコライフ住宅「エルソラーナ」累積受注5000棟（パナホーム） ●URBAN DESIGNERS「ViKiFEMY」（ミサワホーム） ●事業主別マンション発売戸数、ライオンズマンション29年間連続全国第1位（大京） ●クロスタワー大阪ベイ（200m、54階） ■住宅着工戸数129万戸／持家74万戸（分譲住宅38万戸）・借家55万戸
建築関連法制度／出来事／建築作品	●愛・地球博開催 ●つくばエクスプレス開業 ●構造計算書偽造事件発覚 ●悪質リフォーム商法摘発 ●アスベスト被害社会問題化 ●京都迎賓館（日建設計） ●アイランドシティ中央公園中核施設ぐりんぐりん（伊東豊雄） ●島根県芸術文化センター グラントワ（内藤廣） ●茅野市民館（古谷誠章） ●青森県立美術館（青木淳） ●長崎県美術館（隈研吾） ●ぐんま国際アカデミー（シーラカンス） ●リーテム東京工場（坂牛卓）	●建築基準法改正（構造計算適合性判定制度、確認・検査業務の厳格化等） ●消防法改正（住宅用火災報知器の設置義務化） ●住生活基本法 ●高齢者、障害者等の移動等の円滑化の促進に関する法律（バリアフリー新法） ●シンドラーエレベーター事故 ●表参道ヒルズ（安藤忠雄） ●国立新美術館（黒川紀章） ●ソニーシティ（大江匡） ●日本盲導犬総合センター（千葉学） ●大阪弁護士会館（日建設計） ●虎ノ門タワーズ（鹿島建設） ●梼原町総合庁舎（隈研吾）
世界の中の日本	●北朝鮮核保有宣言 ●ロンドンで同時多発テロ ●京都議定書発効 ●個人情報保護法施行 ●道路関係四公団民営化 ●郵政民営化法成立 ●青色発光ダイオード訴訟和解 ●JR福知山線で脱線事故 ●福岡県西方沖地震（M7.0、最大震度6弱） ●宮城県沖地震（M7.2、最大震度6弱） ●米ハリケーン・カトリーナ ●合計特殊出生率1.26（過去最低）、総人口初の自然減	●フセイン元イラク大統領に死刑判決 ●安倍内閣発足 ●夕張市財政破綻 ●改正教育基本法成立 ●高齢者虐待防止法施行 ●障害者自立支援法施行 ●岩国市、住民投票で米軍基地受け入れ反対 ●オウム真理教・松本智津夫被告の死刑確定 ●出生率過去最低を更新 ●ツイッター開設 ●65歳以上高齢者割合20%超 ●生活保護世帯初めて100万超 ●景気回復「いざなぎ景気」超

2007
平成19

●HOUSE TWISTED（アルファヴィル）
●月島の住宅＊（石上純也）
●アパートメントー（乾久美子）
●GLASS HOUSE／靭公園（岸和郎）
●Yien East（隈研吾）
●鉄の家（隈研吾）
●光の矩形（五十嵐淳）
●Dancing trees, Singing birds（中村拓志）
●IRONHOUSE（椎名英三＋梅沢良三）
●さやどう（中村勇大）

●「窓の家」販売開始（無印良品、監修＝隈研吾）
●ライオンズマンション累計6000棟（大京）
●シティタワー西梅田（177・4m、50階）
■住宅着工戸数104万戸／持家60万戸（分譲住宅28万戸）・借家44万戸

●特定住宅瑕疵担保責任の履行の確保等に関する法律
●東京ミッドタウン開業
●建築確認厳格化による着工減（建築基準法不況）
●気象庁が緊急地震速報を開始
●アパホテル耐震偽装問題
●渋谷スパ爆発事故
●ふじようちえん（手塚建築研究所）
●ニコラス・G・ハイエックセンター（坂茂）
●沖縄県立博物館・美術館（石本建築設計事務所）
●中村キース・ヘリング美術館（北川原温）
●霞が関コモンゲート（久米設計）

●パレスチナ、ハマスがガザ地区制圧
●米サブプライムローン問題、世界同時株安
●防衛省発足
●郵政事業民営化
●公的年金加入記録不備発覚
●参院選自公過半数割れ、衆参ねじれ国会
●全国学力テスト実施
●食品偽装問題多発
●ニコニコ生放送サービス開始
●ユーチューブ日本向けサービス開始
●能登半島地震（M6.9、最大震度6強）
●新潟県中越沖地震（M6.8、最大震度6強）
●柏崎刈羽原発火災
●ネットカフェ難民、推計5400人

2008
平成20

●カタガラスの家（TNA）
●Sayama Flat（長坂常）
●House N（藤本壮介）
●SHELL（井手孝太郎）
●house K（宮晶子）
●ドラゴン・リリーさんの家（山本理顕）
●Hi-ROOMS明大前A／線路際の長屋（若松均）
●地層の家（中村拓志）
●BUILDING K（藤村龍至）
●柱と床（福島加津也＋冨永祥子）
●イエノイエ（平田晃久）
●Q=0.64臥龍山の家（西方里見）
●SUMIKA Project（東京ガス）

●積水ハウス国際事業部設置、海外事業参入
●「CO_2オフ住宅」（積水ハウス）
●「ソラーナ・ユールキア」「ソルビオス・ユールキア」（パナホーム）
●耐久型断熱構造「ファインヘーベルハウス」（旭化成ホームズ）
●パークシティ武蔵小杉ステーションフォレストタワー（162・8m、47階）
●THE TOKYO TOWERS（193・5m、58階）
■住宅着工戸数104万戸／持家58万戸（分譲住宅31万戸）・借家46万戸
◇総住戸数5759万戸・空き家数757万戸

●歴史まちづくり法公布
●長期優良住宅普及促進法
●建築士定期講習義務付け
●『10＋1』（INAX出版）休刊
●神奈川工科大学KAIT工房（石上純也）
●日向市駅（内藤廣）
●モード学園スパイラルタワー（日建設計）
●十和田市現代美術館（西沢立衛）
●犬島アートプロジェクト「精錬所」（三分一博志）
●東急東横線渋谷駅（安藤忠雄、日建設計、東急設計）
●大船渡市民文化会館・市立図書館（新居千秋）
●福生市役所（山本理顕）

●リーマン・ブラザーズが経営破綻（リーマンショック）
●キューバ、カストロ引退
●東京・日比谷公園に「年越し派遣村」開設
●後期高齢者医療制度開始
●学習指導要領改訂（「ゆとり」路線の終焉）
●東京・秋葉原で無差別殺傷事件
●アップル「iPhone」日本で発売
●ツイッター日本向けサービス開始
●フェイスブック日本向けサービス開始
●日暮里舎人ライナー開業
●東京メトロ副都心線開業
●非正規雇用労働者数過去最多1730万人余り

2009
平成21

住宅・集合住宅

- 千ヶ滝の別荘*（o+h）
- 奥沢の家（長坂常）
- between（宮本佳明）
- スモールハウスH（乾久美子）
- 大泉の家（菊地宏）
- 熊谷邸（久野浩志）
- house I（宮晶子）
- ヨコハマアパートメント（西田司+中川エリカ）
- アトリエ・ビスクドール（前田圭介）
- O邸（中山英之）
- ENEOS創エネハウス（小泉アトリエほか）

住宅関連商品／分譲住宅／住宅生産・技術

- セキスイハイム、タイに合弁会社設立
- パナホーム、耐火基準を満たさないプレハブ住宅28棟施工、型式部材等製造者認証取消処分
- 環境配慮製品「NEW『エルソラーナ』」「ユールキアWe」「ソルビオス〈アーキモード〉」、賃貸住宅「エルメゾン」（パナホーム）
- The Kitahama（209m、54階）
- ICHIJO USA設立（一条工務店、オレゴン州）
- パークシティ武蔵小杉ミッドスカイタワー（203・45m、59階）
- ■住宅着工戸数78万戸／持家45万戸（分譲住宅16万戸）・借家33万戸

建築関連法制度／出来事／建築作品

- 太陽光発電余剰電力買取制度（FIT）開始
- 新築住宅着工数急減、100万戸割る
- 広島市民球場（仙田満）
- 根津美術館（隈研吾）
- 三菱一号館（三菱地所設計）
- 木材会館（日建設計）
- 日比谷花壇日比谷公園店（乾久美子）
- 下関市川棚温泉交流センター（隈研吾）
- 東京大学数物連携宇宙研究機構棟（大野秀敏）

世界の中の日本

- オバマ米大統領就任
- クライスラー経営破綻
- 衆院選で民主大勝、政権交代へ
- 民主党による事業仕分け、「コンクリートから人へ」
- 裁判員制度開始
- 水俣病救済法成立
- 消費者庁発足
- 日経平均株価終値、バブル後最安値7054円98銭
- 厚労省貧困率初めて公表、15・7%
- 待機児童4万6000人
- ツイッター利用600万人
- アマゾンの電子書籍端末日本発売

2010
平成22

住宅・集合住宅

- 地中の棲処（SUEP.）
- 靭公園の住宅（安藤忠雄）
- 守谷の家（伊礼智）
- パークコート神楽坂（隈研吾）
- Tokyo Apartment（藤本壮介）
- bird house（宮本佳明）
- 杉浦邸／多面体 岐阜ひるがの（横河健）
- Invincible石神井台の家（水谷俊博+水谷玲子）
- 天神山のアトリエ（藤野高志）
- 祐天寺の連結住棟（北山恒）
- スマートハウス観環居（積水ハウス）

住宅関連商品／分譲住宅／住宅生産・技術

- 「NEW『エルソラーナ シリーズ』」（パナホーム）
- 木造耐火4階建て住宅「MULTIS-4（マルティスフォー）」（三井ホーム）
- 御影タワーレジデンス（170m、47階）
- 勝どきビュータワー（193m、55階）
- 住宅エコポイント開始
- HandiHouse project事業開始
- ■住宅着工戸数82万戸／持家52万戸（分譲住宅21万戸）・借家30万戸

建築関連法制度／出来事／建築作品

- ドバイに世界一の高層ビル「ブルジュ・ハリファ」（SOM）
- 妹島和世・西沢立衛プリツカー賞受賞
- 安藤忠雄文化勲章
- ホキ美術館（日建設計）
- 豊島美術館（西沢立衛）
- 立川市庁舎（野沢正光、山下設計）
- 福良港津波防災ステーション（遠藤秀平+陶器浩一）
- 大林組技術研究所本館（大林組）
- 室町東三井ビルディング（團紀彦）

世界の中の日本

- 中国GDP世界第2位・日本第3位後退
- EU財政危機ギリシャ金融支援
- 尖閣諸島中国漁船衝突事件
- ウィキリークスが米外交当局の機密文書を公表開始
- 日本年金機構発足（社会保険庁廃止）
- 東北新幹線全線開業
- JAL経営破綻
- 子ども手当法・高校無償化法施行
- 普天間基地移転先を辺野古とする日米共同声明
- アップルの多機能端末「iPad」発売
- 生活保護基準未満、229万世帯

2011
平成23

●渥美の床（403architecture [dajiba]）
●駒沢公園の家（miCo.）
●二重螺旋の家（o+h）
●向陽ロッジアハウス（金野千恵）
●頭町の住宅（魚谷繁礼）
●六甲の住居（島田陽）
●経堂の住宅（長谷川豪）
●凱風館（光嶋裕介）
●House NA（藤本壮介）
●陸前高田市小友町獺沢第2仮設団地（住田住宅産業＋菅原大輔＋原田勝之）
●等々力の二重円環（藤原徹平）
●みんなの家（伊東豊雄ほか）
●シャレール荻窪（山設計工房）

●環境配慮型賃貸集合住宅「フィカーサ」、重量鉄骨の都市型3・4・5階建て「ビューノ」、CO_2±0「カサート・テラ」（パナホーム）
●震災復興支援戸建住宅「xevo K〜絆〜」、スマートハウス「スマ・エコ オリジナル」（大和ハウス）
●太陽光発電システム戸建住宅、業界初年間1万棟（積水ハウス）
●マンション建替え研究所設立（旭化成ホームズ）
●環境型住宅「グリーンズ」（三井ホーム）
■住宅着工戸数84万戸／持家54万戸（分譲住宅21万戸）・借家30万戸

●津波防災地域づくりに関する法律
●サービス付き高齢者向け住宅制度開始
●大阪ステーションシティ開業
●武蔵野プレイス（kwhgアーキテクツ）
●今治市伊東豊雄建築ミュージアム（伊東豊雄）
●宇土市立宇土小学校（シーラカンス）
●宇土市立網津小学校（坂本一成）
●鈴木大拙館（谷口吉生）
●旭川駅（内藤廣）
●ソニーシティ大崎（日建設計）

●チュニジア大統領退陣（アラブの春）
●エジプト、ムバラク大統領辞任
●米軍、ビンラディン殺害
●北朝鮮金正日総書記死去
●東日本大震災、福島第一原発事故
●復興基本法成立
●九州新幹線開業
●霧島連山新燃岳噴火
●小学校英語必修化
●サッカー女子ワールドカップ日本優勝
●地上テレビアナログ放送終了
●LINEサービス開始
●「ニンテンドー3DS」発売

2012
平成24

●富塚の天井（403architecture [dajiba]）
●観月橋団地再生計画（オープン・エー）
●三層の家（中谷礼仁）
●バウンダリー・ハウス（山下保博）
●SHAREyaraicho（篠原聡子＋内村綾乃）
●Garden & House（西沢立衛）
●house I（日吉坂事務所）
●Steel House（能作文徳）
●Coil（平田晃久）

●積水ハウス、2012年度販売戸数国内第1位（4万5098戸／鉄骨1万1945戸、木造4246戸、集合住宅2万8907戸）、売上高大和ハウスに次ぐ第2位
●スマートタウン第1号「スマートコモンシティ明石台」（宮城県富谷町）まちびらき（積水ハウス）
●「カサート・ファミオ」、スマートHEMS採用「NEWスマート・パナホーム」（パナホーム）
●モクチンレシピ事業開始
■住宅着工戸数89万戸／持家56万戸（分譲住宅24万戸）・借家33万戸

●建築士免許証偽造相次ぐ
●笹子トンネル天井板崩落事故
●新国立競技場国際デザインコンペ、ザハ・ハディド案決定
●東京スカイツリー（日建設計）
●渋谷ヒカリエ（日建設計、東急設計）
●アオーレ長岡（隈研吾）
●文京区立鴎外記念館（陶器二三雄）
●中之島フェスティバルタワー（日建設計）
●東京駅丸の内駅舎保存復元（JR東日本建築設計）

●ロシア連邦プーチン大統領再就任
●習近平中国共産党中央委員会総書記就任
●金正恩朝鮮労働党第一書記就任
●復興庁発足
●国内50基全原発停止、大飯原発再稼働
●新型輸送機オスプレイ岩国基地配備
●消費税率引き上げ・社会保障・税一体改革関連法成立
●山中伸弥ノーベル賞受賞
●日本の総人口25万9000人減（過去最大）
●国負債1000兆円超
●任天堂の家庭用ゲーム機「Wii U」発売

	2013 平成25	2014 平成26
住宅・集合住宅	●海辺の家Shore House（マウントフジアーキテクツスタジオ） ●京都の集合住宅（SANAA） ●都市にひらいていく家（studio velocity） ●s-house（柄沢祐輔） ●内の家（坂牛卓） ●HOUSE VISION家具の家（坂茂） ●嶋原のシェアハウス（魚谷繁礼） ●egota house B（坂本一成） ●石切の住居（島田陽） ●LT城西（成瀬・猪熊建築設計事務所） ●阿佐ヶ谷書庫（堀部安嗣） ●微気候の家（中川純） ●御所西の町家（森田一弥）	●井上邸（井上武司） ●アパートメント・ハウス（河内一泰） ●調布の家（青木弘司） ●躯体の窓（増田信吾+大坪克亘） ●リビングプール（増田信吾+大坪克亘） ●発泡スチロールの家（村上慧） ●食堂付きアパート（仲俊治） ●Casa O（高橋一平） ●ドラゴンコートビレッジ（エウレカ）
住宅関連商品／分譲住宅／住宅生産・技術	●「セキスイハイムM1」重要科学技術史資料（未来技術遺産）に選定・登録 ●ゼロエネルギー住宅「スマートパワーステーション」（セキスイハイム） ●「カサート エコ・コルディス」「フィカーサ エコソレイユ」（パナホーム） ●「SMA×ECO TOWN晴美台」（大和ハウス） ●「グリーンファースト ゼロ」（積水ハウス） ●飯田グループホールディングス設立 ●住宅遺産トラスト設立 ■住宅着工戸数99万戸／持家61万戸（分譲住宅26万戸）・借家38万戸 ◇総住戸数6063万戸・空き家数820万戸	●都市型7階建て住宅「ビューノセブン」、エコナビ搭載換気システムHEPA+採用「エコ・コルディス2」（パナホーム） ●3・4階建て複合型多目的マンション「ベレオ・プラス」、木造戸建住宅「ザ・グラヴィス2014 edition」、鉄骨戸建住宅「ビー・モード・ジェント」、木造戸建住宅「モデラーレ」（積水ハウス） ●ツーバイフォーを「プレミアム・モノコック構法」に名称変更（三井ホーム） ●「縦の家」販売開始（無印良品、監修=みかんぐみ） ●大京子会社化（オリックス） ■住宅着工戸数88万戸／持家51万戸（分譲住宅26万戸）・借家37万戸
建築関連法制度／出来事／建築作品	●伊勢神宮・出雲大社遷宮 ●伊東豊雄プリツカー賞受賞 ●耐震改修促進法改正 ●グランフロント大阪開業 ●国立近現代建築資料館（平田重雄） ●京都国立博物館平成知新館（谷口吉生） ●工学院大学弓道場・ボクシング場（福島加津也+冨永祥子） ●羽田クロノゲート（日建設計） ●ザ・リッツ・カールトン京都（日建設計） ●リボンチャペル（中村拓志） ●琵琶湖のエコトーンホテル（芦澤竜一） ●ROGIC（小堀哲夫） ●竹林寺納骨堂（堀部安嗣）	●建築基準法改正（構造計算適合性判定制度見直し、特殊建築物に係る構造制限見直し等） ●都市低炭素化促進法（エコまち法） ●坂茂プリツカー賞受賞 ●空家等対策特別措置法 ●マンション建替え円滑化法改正 ●あべのハルカス（竹中工務店、ペリ・クラーク・ペリ・アーキテクツ、高さ300m） ●虎ノ門ヒルズ（日本設計） ●戸畑図書館（青木茂） ●空の森クリニック（手塚建築研究所） ●大分県立美術館（坂茂） ●上州富岡駅（TNA） ●住田町役場（松永安光ほか）
世界の中の日本	●フランシスコ新ローマ法王選出 ●習近平中国国家主席就任 ●水銀規制水俣条約採択 ●特定秘密保護法成立 ●改正公職選挙法（ネット解禁）成立 ●日銀金融緩和 ●福島第一原発汚染水約300トン漏れ発覚 ●2020年オリンピック・パラリンピック東京開催決定 ●PM2.5濃度上昇 ●アルジェリア、イスラムテロで邦人10人死亡 ●富士山世界遺産登録 ●日経平均株価リーマンショック前水準回復	●香港雨傘革命 ●過激派組織IS国家樹立宣言 ●ロシア、クリミア併合 ●仮想通貨ビットコイン最大手取引所マウントゴックス破綻 ●韓国大型旅客船セウォル号沈没 ●集団的自衛権行使容認を閣議決定 ●消費税引き上げ8% ●リニア中央新幹線着工 ●STAP細胞論文発表、不正発覚 ●御岳山噴火（58人死亡5人行方不明） ●日経平均株価終値2万円台回復 ●総人口の1／4が65歳以上

2015
平成27

- ハウスM（乾久美子）
- house T／salon T（木村松本建築設計事務所）
- Hut AO（坂本一成）
- ホシノタニ団地（ブルースタジオ）
- 宙地の間（渡辺菊眞）
- 裏庭の家（松岡聡＋田村裕希）
- 元斜面の家（畑友洋）
- 木のカタマリに住む（網野禎昭）

- マンション杭施工データ改ざん事件
- 「ハイムガーデン」高齢者向け事業（セキスイハイム）
- エコ性能「ゼロエコ」標準採用「NEW『CASART』」発売（パナホーム）
- 戸建住宅分譲地「SECUREA」（大和ハウス）
- トヨタホーム、インドネシア営業開始
- 大阪ひびきの街 ザ・サンクタスタワー（189・5m、53階）
- シティタワー武蔵小杉（192m、53階）

■住宅着工戸数92万戸／持家53万戸（分譲住宅26万戸）・借家39万戸

- 建築物エネルギー消費性能向上法
- 東洋ゴム工業免震装置性能試験データ偽装事件
- 旭化成建材杭工事データ改ざん問題
- 新国立競技場ザハ・ハディド案白紙撤回、再コンペ実施、隈研吾案に決定
- 吹田サッカースタジアム（竹中工務店）
- みんなの森 ぎふメディアコスモス（伊東豊雄）
- 静岡県草薙総合運動場体育館（内藤廣）
- 新宿東宝ビル（竹中工務店）
- ロームシアター京都（香山壽夫）
- 直島ホール（三分一博志）
- 鋸南町道の駅（古谷誠章＋北山恒ほか）

- 国連SDGs採択
- パリ同時多発テロ事件
- イスラム国武装勢力邦人人質殺害
- 米キューバ国交回復
- 改正公職選挙法（選挙年齢18歳以上）成立
- 安全保障関連法成立
- 女性活躍推進法成立
- 若者雇用促進法施行
- マイナンバー（個人番号）通知開始
- スポーツ庁・防衛装備庁設置
- 電通社員過労自殺
- 人気漫画『ONE PIECE』単行本発行部数世界記録
- ネットフリックス、日本向けサービス開始

2016
平成28

- 牛久のおやこ屋根（ツバメアーキテクツ）
- 神石高原町営小畠住宅（土井一秀）
- 辰巳アパートメントハウス（伊藤博之）
- 中出邸（近藤哲雄）
- 西宮の場合（西澤徹夫＋酒井真樹＋安藤僚子）
- 桃山ハウス（中川エリカ）
- 高岡のゲストハウス（能作文徳＋能作淳平）
- house A／shop B（木村松本建築設計事務所）
- 始めの屋根（増田信吾＋大坪克亘）
- パッシブタウン黒部（エステック計画研究所ほか）

- 熊本地震、計1016戸の応急仮設住宅建設、熊本地震復興支援戸建住宅「xevo ΣK」「xevo BK」（大和ハウス）
- 築53年「セキスイハウスA型」有形文化財（建造物）登録（積水ハウス）
- シティタワー広島（197・5m、52階）

■住宅着工戸数97万戸／持家54万戸（分譲住宅25万戸）・借家43万戸

- 仙台空港民営化
- バスタ新宿開業
- 博多駅前道路陥没事故
- 国立西洋美術館世界文化遺産登録
- 多治見市モザイクタイルミュージアム（藤森照信）
- コープ共済プラザ（日建設計）
- すみだ北斎美術館（妹島和世）
- 道の駅ましこ（マウントフジアーキテクツスタジオ）
- 陸前高田市立高田東中学校（SALHAUS）
- 新豊洲ブリリアランニングスタジアム（KAP）

- 英国民投票、EU離脱派勝利
- 中国「一人っ子政策」終了
- G7首脳会議（伊勢志摩）
- オバマ大統領、広島訪問
- 環太平洋パートナーシップ（TPP）、日本・米国など参加12カ国署名
- 日本銀行マイナス金利導入
- 北海道新幹線開業
- 高速増殖炉「もんじゅ」廃炉決定
- 電力自由化
- 相模原市の障害者施設殺傷事件（19人死亡）
- 熊本地震（M6.5、震度7）
- 65歳以上高齢者人口3461万人（過去最高）
- スマホ向けゲームアプリ「ポケモンGO」配信開始

2017
平成29

住宅・集合住宅
- ●庭路地の家(アルファヴィル)
- ●新建築社「北大路ハウス」(平田晃久)
- ●16の部屋(久野浩志)
- ●父母の家(松山将勝)
- ●伊達の家(青木弘司)
- ●弦と弧(中山英之)
- ●西大井のあな(能作文徳+常山未央)
- ●Tree-ness House(平田晃久)
- ●延岡の家(長坂常)
- ●節穴の家(ICADA)
- ●KITAYON(日吉坂事務所)

住宅関連商品/分譲住宅/住宅生産・技術
- ●全住戸ZEH分譲マンション「グランドメゾン覚王山菊坂町」(積水ハウス)
- ●積水ハウス地面師詐欺事件(55億5千万円)
- ●ミサワホーム子会社化(トヨタホーム)
- ●ザ・パークハウス西新宿タワー60(208・97m、60階)
- ●ザ・パークハウス中之島タワー(192・93m、55階)
- ■住宅着工戸数95万戸/持家53万戸(分譲住宅25万戸)・借家42万戸

建築関連法制度/出来事/建築作品
- ●都市計画法・建築基準法改正(田園住居地域制度)
- ●「日本の家 1945年以降の建築と暮らし」展(東京国立近代美術館)
- ●レゴランド(大林組)
- ●GINZA SIX(アール・アイ・エーほか)
- ●新国立競技場建設労働者過労自殺
- ●太田市美術館・図書館(平田晃久)
- ●富山県美術館(内藤廣)
- ●荘銀タクト鶴岡(SANAA)
- ●武蔵野クリーンセンター(水谷俊博ほか)
- ●新発田市庁舎(ヨコミゾマコト)
- ●静岡県富士山世界遺産センター(坂茂)

世界の中の日本
- ●トランプ米大統領就任
- ●米TPP離脱
- ●英EU離脱通告
- ●森友学園問題・加計学園問題
- ●北朝鮮金正男暗殺
- ●築地市場移転問題
- ●辺野古埋め立て工事着工
- ●天皇の退位等に関する皇室典範特例法成立
- ●改正組織犯罪処罰法成立
- ●立憲民主党結成
- ●人口6年連続減少、子どもの数36年連続減(過去最低)
- ●生活保護受給世帯が過去最多164万世帯余

2018
平成30

住宅・集合住宅
- ●K2 house(下吹越武人)
- ●古澤邸(古澤大輔)
- ●だぶるすきんの家(佐藤信)
- ●コート・ハウス(松岡聡+田村裕希)
- ●Todoroki House in Valley(田根剛)
- ●CHRONOS DWELL(藤森雅彦)
- ●猿楽十方楼(平井政俊)
- ●門脇邸(門脇耕三)
- ●アパートメントハウス(髙橋一平)
- ●真鶴出版2号店(tomito architecture)
- ●欅の音terrace(つばめ舎建築設計)

住宅関連商品/分譲住宅/住宅生産・技術
- ●ハートフルタウン三鷹(飯田産業)
- ●三井ホーム完全子会社化(三井不動産)
- ●パナホーム、パナソニックホームズに社名変更(ブランド名「Panasonic」)
- ●レオパレス21大量施工不備問題
- ●ヤマダホームズ設立(ヤマダ・ウッドハウス、ハウジングワークス、エス・バイ・エル住工合併)
- ■住宅着工戸数95・3万戸/持家55・5万戸・借家39・8万戸
- ◇総住戸数6377万戸・空き家数1026万戸

建築関連法制度/出来事/建築作品
- ●建築基準法改正(建築物・市街地の安全性確保、用途変更に係る規制の合理化、構造制限の合理化等)
- ●民泊新法(住宅宿泊事業法)施行
- ●KYB免震・制振ダンパー検査不正発覚
- ●豊洲市場開業
- ●延岡駅周辺整備プロジェクト(乾久美子)
- ●松山大学文京キャンパスmyu terrace(日建設計)
- ●富岡市役所(隈研吾)
- ●とらや赤坂店(内藤廣)

世界の中の日本
- ●韓国・北朝鮮南北首脳会談
- ●史上初米朝首脳会談
- ●TPP発効
- ●働き方改革関連法成立
- ●統合型リゾート整備法成立
- ●東京医科大学入試不正発覚
- ●北海道胆振東部地震(M6.7、震度7、死者43人、負傷者782人)
- ●訪日外国人旅行者3000万人超
- ●子ども食堂急増、全国2000カ所超
- ●在留外国人、総人口の2%(約263万人)に
- ●いじめ認知件数41万超、不登校14万人超
- ●埼玉県熊谷市で観測史上国内最高気温41・1度

2019
平成31／令和1

- まれびとの家（秋吉浩気）
- toberu 1（o+h）
- 糸魚川市駅北大火復興住宅（スタジオ・クハラ・ヤギ）
- daita2019（山田紗子）
- 地の舎（志垣デザイン店）
- 武蔵野の戸建（小坂森中建築）
- 節会（渡邊大志）
- SHIRASU／桜島（鈴木亜生）
- 8・5ハウス（齋藤隆太郎+井手駿）
- 河谷家の住宅（髙橋一平）
- 半麦ハット（板坂留五+西澤徹夫）

- オーナー向け電力買売サービス「スマートハイムでんき」開始（セキスイハイム）
- 鉄骨３・４階建て都市型戸建住宅「REGNUM COURT」（積水ハウス）
- 賃貸住宅でＺＥＨ基準実現（トヨタホーム）
- 「陽の家」販売開始（無印良品、監修＝原研哉）
- シエリアタワー千里中央（１８４・82m、52階）
- ■住宅着工戸数88万戸／持家54万戸（分譲住宅24万戸）・借家34万戸

- 大和ハウス工業の施工管理技士大量不正取得問題
- 市原ゴルフガーデン鉄柱倒壊事故
- 磯崎新プリツカー賞受賞
- 京都市京セラ美術館（西澤徹夫+青木淳）
- 須賀川市民交流センターtette（畝森泰行+石本建築事務所）
- 福田美術館（安田幸一）

- 新型コロナウイルスCovid-19発生
- 日本ＥＵ間の経済連携協定（ＥＰＡ）発効
- 令和改元
- 消費税引き上げ10%
- 厚生労働省統計不正問題発覚
- 宮古-釜石間鉄道運行再開
- 国際観光旅客税導入
- 京都アニメーション放火事件
- ラグビー・ワールドカップ決勝トーナメント進出（日本史上初）

2020
令和2

- toberu 2（o+h）
- Villa beside a Lake（長谷川豪）
- 新富士のホスピス（山﨑健太郎）
- 高台の小さな家（松山将勝）
- 相模原の家（青木弘司）
- House oh（平井政俊）
- 出窓の塔居（藤貴彰+藤悠子）
- ケーブルカー（藤野高志）

- トヨタ自動車・パナソニックの合弁会社プライム ライフ テクノロジーズがミサワホーム、トヨタホーム、パナソニックホームズ連結子会社化
- 持家着工戸数月間２万戸割れ、マンション供給戸数過去最低
- テレワーク浸透で郊外へ住み替え増加
- ■住宅着工戸数81万戸／持家50万戸（分譲住宅26万戸）・借家31万戸

- 建設業法改正
- 前田建設工業、石膏ボード不適切廃棄発覚
- としまえん閉園
- 角川武蔵野ミュージアム（隈研吾）
- 上勝ゼロ・ウェイストセンター（中村拓志+山田憲明）
- 横浜市役所（槇文彦）
- 熊本城特別見学通路（日本設計）
- 京都リトグラフ工房（村越怜+家入杏）
- 嘉麻市庁舎（久米設計）
- 大井町駅前公衆便所（あかるい建築計画）
- 芽室町役場（アトリエブンク）
- 飯能商工会議所（野沢正光）

- Covid-19世界蔓延、ＷＨＯ「国際的に懸念される公衆衛生上の緊急事態」宣言、全世界感染者数８０００万人超
- バイデン米大統領当選
- 中国火星探査機天問1号打ち上げ
- 小中高・特別支援学校一斉臨時休校
- 東京オリンピック・パラリンピック延期
- 全国高等学校野球選手権大会中止
- 菅内閣発足
- ＪＡＸＡ小惑星探査機「はやぶさ２」地球帰還
- スーパーコンピュータ富岳、計算速度世界一
- 日経平均株価リーマンショック後最高値（２万５３４９円60銭）

おわりに

コモンズのかたち

ユヴァル・ノア・ハラリの言うように（ハラリ2016）、あらゆる人間社会の基本構成要素であり続けた家族やコミュニティは、産業革命によってばらばらな個人に分解され、伝統的に家族やコミュニティが果たしてきた役割の大部分は、国家と市場の手に移った（「失われた終の棲家」冒頭）。

冷戦構造が崩壊した1990年代以降、格差を駆動力とする世界資本主義は地球の隅々にまで圧倒的に浸透してきたように思える。しかし、2020年代に入って、このグローバリゼーションに抗うように、自国第一主義、民族主義が抬頭し、民主主義vs権威主義の対立という新たな局面が出現してきた。ウクライナ戦争（2022－）、ガザ戦争（2023－）の勃発に、国際社会は右往左往するだけで一致した方向を見い出せないでいる。気候変動、地球温暖化問題への各国の対応も遅々として進まない。ネーションステート（国民国家）のネットワークである196カ国が加盟する国際連合は完全に機能不全に陥ってしまっているかのようである。おそらく必要とされるのは、まったく新たな世界システムである。

ユヴァル・ノア・ハラリが言わんとするのは、人間社会に必要なのは、国家と市場に絡めとられない家族とコミュニティを基本構成要素とする分散自律組織ＤＡＯ（Decentralized Autonomous Organization、コミューン）のネットワークの構築ではないか。

世界史の大転換、世界システムの再編成というとてつもない問題は、もとより、本書の範囲をはるかに超えている。しかし、日本の住居のあり方を身近に考えるだけで、日本の居住空間、地域空間さらに国土編成がいかに歪なかたちをしているかについて理解することができる。

東京一極集中の中枢には、パワーカップルと呼ばれる高所得者世帯が居住する一住戸1億円を超えるタワーマンションが林立する一方で、地方には平均年齢が65歳を超える限界集落、消滅の恐れがある自治体が存在する。単身者世帯が4割近くあり、夫婦のみ世帯が2割、ひとり親と子ども世帯が1割弱あり、夫婦＋子ども世帯は総世帯数の4分の1になっているにもかかわらず、しかも、空き家が1000万戸を超えているにもかかわらず、供給され続けるのはいわゆるファミリータイプ（nLDK型デル）の住居である。

世界に先駆けて少子高齢化社会に突き進む日本において求められているのは、多様な住居形式というだけにとどまらない、ひとりで終末を迎える単身者とそれを支える集まって住む住居のかたちである。

本書の企画にあたって考えたのは、若い建築家たちが住宅設計の現場で何を考え、何に悪戦苦闘しているかについて情報共有し、それをもとにこれからの日本の住居のあり方について議論しよう、そして、その議論を住居について考えるすべての人に投げかけようということであった。『進撃の建築家たち――新たな建築家像を目指して』（彰国社、2019）で取り上げた若い建築家たちを中心に声をかけて、まず、それぞれが興味をもつ住居について挙げてもらった。1989年以降で50件ぐらいの住居を選定し、実際に見学しながら議論を積み重ねようというのが当初のプログラムである。そして、選定した住居について相互批評するメディアとしたいと考えた。それはある程度実現したと思う。企画がスタートしたのは2019年である。本書で取り上げることになった「T house」（藤本壮介）、アパートメント鶉（泉幸甫）、IRONHOUSE（椎名英三＋梅沢良三）、ヨコハマアパートメント（オンデザイン）、「発砲スチロールの家」（村上慧）は、何人かで訪れ、議論する機会をもった。しかし、Covid-19の発生は、以上のような目論見を断念させることになった。本書のフレームを設定して原稿発注し、総論の草稿を書いたのは２０２０年初頭であったが、企画が再開されたのは、Covid-19の帰趨がほぼ見えてきた２０２３年初頭である。長い時間がかかったことになるが、この間の世界の変転はドラスティックである。この時間の経過が個々の論考に厚みと深みを増したであろうことは間違いない。

２０２４年元旦には、能登半島地震が起こった。大規模な災害は私たちの拠って立つ基盤、地域社会が抱える対立や葛藤を露わにする。能登半島地震は、地域の自律性とそれを支えるネットワークの重要性をあらためて認識させる。日本列島はこの間揺さぶられ続けてきた。東日本大震災が襲った地域は少子高齢化が加速したコミュニティのさまざまな問題を明るみに出した。一方、株式市場はバブル期の最高値を突破し、3月22日には史上最高値を記録した。金融資本主義の動向と縮退し続ける日本の間には、格差社会の拡大などさまざまな問題がある。

そうしたなかで、山本理顕さんが建築界のノーベル賞と言われるプリツカー賞を受賞したという嬉しいニュースが飛び込んできた（3月5日）。本書で触れてきたように、家族のかたちと住居のかたちをめぐって一貫して問い続けている建築家の代表が山本理顕さんである。「熊本県営保田窪第一団地」（１９９１）、「東雲キャナルコートCODAN」（２００３）など数多くの住居とともに、日本の住居の驚くほどの画一性とそれを支える生活像、家族像についてのステレオタイプを徹底的に批判する住居論を展開してきた理論家である。

プリツカー賞の審査委員長アレハンドロ・アラヴェナは、南米チリのサンチアゴを拠点に低所得者向け住宅の設計で知られる建築家である（２０１６年プリツカー賞受賞）。アラヴェナは、山本理顕を「コミュニティに対する彼の絶え間ない、注意深い、実質的な配慮は、人々がさまざまなかたちで集まることを奨励する公共スペースの相互作用システムを生み出している」「彼は、建物の内部に共通の活動のためのスペースを組み込むことで、この活動をコミュニティの日常的な生活に統合しようとしている」と評価する。両者には、明らかに共鳴関係がある。

山本理顕は「地域社会圏主義」という（山本2013）。アラヴェナのいう「公共スペースの相互作用システム」「共通の活動のスペース」をいたるところに組み込んだ地域社会圏の構想である。地域社会圏主義すなわちコミュニティ（地域社会）の（ための）イズム（運動、思想、主義）＝コミューン主義である。コミューンは、フランスでは「基礎自治体」すなわち「地方自治体」の最小単位をいう。イタリアではコムーネである。日本では市区町村であるが、フランスの場合、人口数百人（極端にいえば2人）の村も首都人口約220万人のパリもコミューンである。

私たちがひとりでは生きられないとすれば、コモンズ（国家と市場にばらばらにされた個人個人が共有するもの）を介して結びついていく必要がある。建築家に要請されているのは、コモンズを求める人たちと連帯しながら、その多様なあり方を空間として実現していくことだと思う。

本書を契機として多くの議論が巻き起こり、老若男女が集い続ける多様な楽しい居住空間と地域社会が豊かにかたちづくられていくことを願う。

2024年4月19日

布野修司

わ

人名

あ

か

ま

や

ら

な

は

た

さ

か

索引

※「n」は注番号を表す。

事項

数字

A–Z

あ

以後の建築——社会と建築家の新しい関係』(学芸出版社、2014年)、『建築と日常 No.5』(出版長島、2018年)など。

柳沢究 やなぎさわ・きわむ
1975年神奈川県生まれ。京都大学大学院工学研究科建築学専攻准教授、博士(工学)。一級建築士。専門は建築計画、住居計画。究建築研究室代表、名城大学准教授などを経て現職。著書に『住経験インタビューのすすめ』(共著、西山夘三記念すまい・まちづくり文庫、2019年)、『初歩からの建築製図』(共著、学芸出版社、2014年)など。主な作品に「ほら貝のRC住宅改修」(2016年)、「あじまの家」(2015年)、「斜庭の町家」(2009年)など。主な受賞に京都建築賞優秀賞(2013年)、地域住宅計画賞(2010年)、住総研実践・研究選奨(2019年)など。

山岸輝樹 やまぎし・てるき
1970年新潟生まれ。日本大学生産工学部建築工学科准教授、博士(工学)。専門は建築計画。千葉大学卒業、千葉大学大学院自然科学研究科博士後期課程退学。山設計工房、日本大学生産工学部・日本建築学会共同事業「千葉県寄附講座ブレーメン型地域コミュニティづくり事業」特別研究員、千葉大学コミュニティ再生・ケアセンター特任助教、日本大学生産工学部助教などを経て、2020年より現職。

山本麻子 やまもと・あさこ
株式会社アルファヴィル共同代表。大阪工業大学准教授。京都大学修士課程修了。主な作品に「大阪ガス実験集合住宅NEXT21 605住戸インフィル改修」(2022年)、「24ミリ合板の家」(共同設計、2021年、Dedalo Minosse International Prize)、「NEW KYOTO TOWN HOUSE 4」(共同設計、2019年、建築学会選集2023)など。著書に『住まいの百科事典』(共著、一般社団法人家政学会編、丸善出版、2021年)、『ALPHAVILLE ARCHITECTS』(共著、Equal Books、2013年)など。

山本理奈 やまもと・りな
成城大学社会イノベーション学部心理社会学科准教授、博士(学術、東京大学)。専門は社会学、現代社会論。東京大学大学院総合文化研究科国際社会科学専攻助教などを経て現職。著書に、『マイホーム神話の生成と臨界——住宅社会学の試み』(岩波書店、2014年、都市住宅学会賞)、『変わる暮らしと住まいのかたち——これからの豊かさをどう創るか』(共著、創樹社、2019年)、『あこがれの住まいとカタチ』(共著、建築資料研究社、2022年)など。

渡辺菊眞 わたなべ・きくま
1971年奈良県生まれ。建築家。高知工科大学システム工学群准教授、修士(工学)。1997年京都大学大学院修士課程修了、2001年京都大学大学院博士課程単位認定退学。2001–07年渡辺豊和建築工房勤務。2002年太陽建築研究所にてパッシブソーラーハウスの共同研究(井山武司に師事)。2007年D環境造形システム研究所設立。2009年より現職。主な作品に「虹の学校学舎 天翔ける箱舟」(タイ、2013年)、「宙地の間」(奈良、2015年)、「金峯神社」(高知、2017年)など。著書に『感涙の風景』(渡辺菊眞建築出版、2020年)など。2020年より渡辺菊眞建築出版代表。

渡邊詞男 わたなべ・のりお
1968年福岡県生まれ。メタボルテックスアーキテクツ、博士(工学)。専門は建築計画、住宅問題。早稲田大学卒業、早稲田大学大学院博士課程修了。日本大学非常勤講師、長岡造形大学非常勤講師。著書に『格差社会の住宅政策——ミックスト・インカム住宅の可能性』(早稲田大学出版、2015年)、『深化する居住の危機——住宅白書2014–2016』(共著、日本住宅会議編、ドメス出版、2016年)、『この間取りがすごい』(共著、エクスナレッジ、2022年)など。

藤村真喜 ふじむら・まさき
1983年大阪生まれ。合同会社スタジオノラ パートナー。専門は建築意匠。京都大学工学部建築学科卒業、京都大学大学院工学研究科建築学専攻修了。2007–16年野沢正光建築工房、2017–21年OMソーラー、2021年より現職。作品に「愛農高校RC校舎再生+木造校舎新築」(2010–13年、野沢事務所在籍時)、「東住吉の古民家再生」(現職)など。環境に配慮した建築の設計業務とともに木造施設事務局として木造施設の普及、連携に関わる。

前田圭介 まえだ・けいすけ
1974年広島県福山市生まれ。株式会社UID代表取締役。近畿大学工学部教授、博士(建築学)。1998年国士舘大学工学部建築学科卒業、2003年UID設立、2024年早稲田大学創造理工学研究科にて博士(建築学)取得。現在、近畿大学工学部教授。主な受賞に、「ホロコースト記念館」でDedalo Minosse 2007/2008 国際建築賞Under40グランプリ、「アトリエ・ビスクドール」で2011年ARCASIA建築賞ゴールドメダル・第24回JIA新人賞・日本建築学会作品選奨、「Peanuts」で日事連建築賞 国土交通大臣賞、「とおり町Street Garden」でグッドデザイン賞2017金賞など。著書に『UID architects Keisuke MAEDA』(nemo factory、2018年)、『茶室を感じる』(共著、淡交社、2018年)など。

牧紀男 まき・のりお
京都大学防災研究所教授。専門は防災計画、災害復興計画、危機管理システム、すまいの災害誌。数多くの自治体の防災計画の策定に携わるとともに、東日本大震災以降は南海トラフ地震の発生に備えた事前復興計画についての実践的な研究を行う。また災害対応支援・復興計画策定などの被災自治体の支援活動も行っている。著書に『平成の復興誌』(慶応大学出版会、2023年)、『復興の防災計画』(鹿島出版会、2013年)、『災害の住宅誌』(2011年、鹿島出版会)、『組織の危機管理入門——リスクにどう立ち向えばいいのか』(共著、京大人気講義シリーズ、丸善出版、2008年)など。

松元良枝 まつもと・よしえ
1977年福岡県生まれ。駒沢女子大学人間総合学群住空間デザイン学類教授、博士(工学)。(株)クアトロ取締役。専門は建築環境工学。東京理科大学卒業、東京工業大学大学院博士後期課程修了。室内環境解析、環境設計、設計支援ツールの開発に従事。2019年グッドデザイン賞(住宅設計支援ツール パッシブ気候図)。著書に『設計のための建築環境学 第2版——みつける・つくるバイオクライマティックデザイン』(共著、彰国社、2021年)など。

水谷俊博 みずたに・としひろ
1970年神戸市生まれ。武蔵野大学工学部建築デザイン学科教授。専門は建築設計計画。京都大学卒業、京都大学大学院工学研究科建築学専攻修了後、佐藤総合計画勤務を経て2005年水谷俊博建築設計事務所設立。2005年より武蔵野大学専任講師、准教授を経て現職。主な作品に「武蔵野クリーンセンター・むさしのエコreゾート整備事業」(2020年竣工、2023年日本建築学会賞(業績)、ARCASIA建築賞、iFデザイン賞等)、「アーツ前橋」(2012年竣工、グッドデザイン賞、日本建築士連合会賞、BELCA賞等)など。

森田一弥 もりた・かずや
1971年愛知県生まれ。1994年京都大学工学部建築学科卒業。1997年京都大学大学院工学研究科修了。1997–2001年、左官職人として文化財修復に従事。2000年より森田一弥建築設計事務所主宰。2020年より京都府立大学准教授。

彌田徹 やだ・とおる
1985年大分県生まれ。403architecture [dajiba]共同主宰、渡辺隆建築設計事務所勤務。横浜国立大学卒業、筑波大学大学院人間総合科学研究科修了。現在、静岡理工科大学、名城大学非常勤講師。2014年「富塚の天井」にて第30回吉岡賞受賞、2016年ヴェネチア・ビエンナーレ国際建築展日本館にて審査員特別表彰。著書に『建築で思考し、都市でつくる/Feedback』(LIXIL出版、2017年)、寄稿に『3.11

2011年に建築コレクティブ403architecture [dajiba]（以下403）を共同設立、2017年に辻琢磨建築企画事務所を設立し現職。403として、2014年「富塚の天井」にて第30回吉岡賞受賞、2016年ヴェネチア・ビエンナーレ国際建築展日本館にて審査員特別表彰。著書に『建築で思考し、都市でつくる／Feedback』（LIXIL出版、2017年）、『応答 漂うモダニズム』（共著、左右社、2015年）など。

露木尚文 つゆき・なおふみ
1966年東京生まれ。株式会社住宅・都市問題研究所代表取締役。一級建築士、技術士（建設部門、都市及び地方計画）、マンション管理士。1990年日本大学理工学部建築学科卒業、1993年日本大学大学院理工学研究科博士前期修了。都市計画コンサルタントとして基礎自治体の住宅施策や都市計画に関する基礎調査や計画立案に取り組んでいる。日本工業大学建築学部非常勤講師（建築基準法と都市計画の講義を担当）。豊島区居住支援協議会副会長、渋谷区居住支援協議会有識者委員、日本住宅会議の事務局長としても活動中。

仲俊治 なか・としはる
1976年京都府生まれ。建築家、仲建築設計スタジオ共同代表。東京大学卒業、東京大学大学院修士課程修了。山本理顕設計工場勤務、横浜国立大学大学院Y-GSA設計助手を経て、2012年仲建築設計スタジオ設立。主な作品に「SCOP TOYAMA」（2022年）、「金沢美術工芸大学」（2023年、共同設計）、「上総喜望の郷おむかいさん」（2015年）、「食堂付きアパート」（2014年）など。著書に『2つの循環』（LIXIL出版、2019年）、『脱住宅』（共著、平凡社、2018年）、『地域社会圏主義』（共著、LIXIL出版、2012年）など。

橋本健史 はしもと・たけし
1984年兵庫県生まれ。橋本健史建築設計事務所代表、403architecture [dajiba]共同主宰、京都芸術大学大学院教授、デザイン・フォー・ヘリテージ社外取締役。2005年国立明石工業高等専門学校建築学科卒業、2008年横浜国立大学建設学科建築学コース卒業、2010年横浜国立大学大学院建築都市スクールY-GSA修了。2014年「富塚の天井」にて第30回吉岡賞受賞、2016年ヴェネチア・ビエンナーレ国際建築展日本館にて審査員特別表彰。著書に『建築で思考し、都市でつくる／Feedback』（LIXIL出版、2017年）など。

長谷部勉 はせべ・つとむ
1968年山梨県生まれ。建築家、一級建築士。1991年東洋大学工学部建築学科（布野修司研究室）卒業。堀池秀人都市・建築研究所、服部建築計画研究所を経て2002年H.A.S.Market設立。現在、東洋大学非常勤講師、一般社団法人建築家住宅の会理事長。主な作品に「諏訪の家」（SDレビュー 2012年入選）など。著書に『新しい住宅デザイン図鑑』（共著、エクスナレッジ、2013年）、『この間取りがすごい』（共著、エクスナレッジ、2022年）。

馬場兼伸 ばば・かねのぶ
1976年東京都生まれ。2002年日本大学大学院修了、メジロスタジオ共同主宰、2014年– B2Aarchitects主宰。明治大学・東洋大学大学院・日本大学非常勤講師。主な作品に「3331 Arts Chiyoda」（2010年）、「東松山農産物直売所」（2015年）、「本町の部屋」（2016年）、「愛菜館の転換」（2022年）、「Link MURAYAMA」（2022年）など。主な受賞にSDレビュー朝倉賞（2011年）、日本建築学会作品選奨（2011・2018年）、JIA新人賞（2017年）など。

平塚桂 ひらつか・かつら
1974年生まれ。神奈川県横浜市出身。ライター・編集者。ぽむ企画主宰。京都大学大学院地球環境学堂人間環境設計論分野研究員。京都大学大学院工学研究科修了。編著書に『建築と温泉』（本と温泉、2024年）、『ヴォーリズ研究 1』（編集協力、関西学院大学建築学部ヴォーリズ研究センター、2024年）、『ほっとかない郊外——ニュータウンを次世代につなぐ』（編集、大阪公立大学共同出版会、2017年）、『空き家の手帖』（編集・共著、学芸出版社、2016年）など。

た藍畑を世話し藍染めを実践する創作グループ・歓藍社に所属。主なプロジェクトに「シャンティニケタンの住宅」(2018年)、「喫茶野ざらし」(2020年)、「Iさんの避難観測所」(2022年)など。

山道拓人 さんどう・たくと
1986年東京都生まれ。株式会社ツバメアーキテクツ、代表取締役。東京工業大学卒業、東京工業大学大学院修士課程修了、博士課程単位取得満期退学。現在法政大学デザイン工学部建築学科准教授、江戸東京研究センタープロジェクトリーダーも務める。主な作品に「BONUS TRACK」(2020年竣工、2022年日本建築学会作品選集新人賞、2022年東京建築賞 一般一類部門最優秀賞及び新人賞、2023年JIA新人賞)、「森の端オフィス」(2022年竣工、2022年SDレビュー朝倉賞)など。

菅原大輔 すがわら・だいすけ
1977年東京生まれ。SUGAWARADAISUKE建築事務所代表取締役、東京電機大学未来科学部建築学科准教授、博士(建築)。専門は建築計画と意匠。日本大学卒業、早稲田大学大学院博士課程修了。シーラカンスアソシエイツ勤務後渡仏、Jakob + MacFarlane Architecture、Shigeru Ban Architects Europeを経て帰国し独立。東京都屋外広告物審議委員、山梨県や渋谷区の景観アドバイザー、調布市まちづくりプロデューサーなど、まちの広域戦略に関わりながら「物語る風景」の構築目指し、「まちと建築」の設計を行う。日本建築学会作品選集新人賞やiFデザインアワードなど、国内外40以上の受賞。

高木正三郎 たかぎ・しょうざぶろう
1969年福岡県生まれ。早稲田大学理工学部建築学科修士課程修了。石山修武研究室個人助手(–1999年)。設計+制作/建築巧房代表。福岡大学、佐賀大学非常勤講師。主な作品に「楽只庵」(2002年)、「Ventilator-House」(2008年)、「平家のような家-I」(2008年)「平家のような家-II」(2011年)、「Soy Field」(2013年)、「安閑居」(2013年)、「パリ・モンスリー」(2015年)、「八女蔵の家」(2017年)、「タイマーの宿」(2018年)、「Stair-House」(2021年)、「宮前迎賓館灯明殿&別館」(2023年)など。

種田元晴 たねだ・もとはる
1982年東京都生まれ。文化学園大学造形学部建築・インテリア学科准教授、博士(工学)。一級建築士。専門は日本近代建築史。法政大学卒業、同大学院博士課程修了。2019年より文化学園大学助教を経て現職。著書に『立原道造の夢みた建築』(鹿島出版会、2016年)、『建築思想図鑑』(分担執筆、学芸出版社、2023年)、『日本の図書館建築——建築からプロジェクトへ』(分担執筆、勉誠出版、2021年)、『世界建築史15講』(分担執筆、彰国社、2019年)など。主な受賞に日本建築学会奨励賞(2017年)など。

千葉元生 ちば・もとお
1986年千葉県生まれ。株式会社ツバメアーキテクツ代表取締役。東京工業大学卒業、東京工業大学大学院修士課程修了。主な作品に「BONUS TRACK」(2020年竣工、2022年日本建築学会作品選集新人賞、2022年東京建築賞 一般一類部門最優秀賞及び新人賞、2023年JIA新人賞)、「森の端オフィス」(2022年竣工、2022年SDレビュー朝倉賞)など。

塚田修大 つかだ・のぶひろ
塚田修大建築設計事務所代表。専門は建築意匠設計。東京理科大学卒業、早稲田大学大学院修士課程修了、コロンビア大学大学院修士課程修了後、伊東豊雄建築設計事務所を経て現職。主な作品に「大栄鉄工所施設群建築」(2014年から継続、、その内の「組積の小屋」で2018年JIA新人賞)、「コンクリートと木」(2024年)。

辻琢磨 つじ・たくま
1986年静岡県浜松市生まれ。辻琢磨建築企画事務所代表、403architecture [dajiba]共同主宰。横浜国立大学大学院建築都市スクールY-GSA修了後、橋本健史、彌田徹とともに

魚谷繁礼 うおや・しげのり
1977年生まれ。兵庫県出身。魚谷繁礼建築研究所代表。京都大学などで非常勤講師。京都大学卒業、京都大学大学院工学研究科修了。2020年より京都工芸繊維大学特任教授。著書に『魚谷繁礼建築集』(TOTO出版、2024年)、『リノベーション図集』(魚谷繁礼建築研究所編、オーム社、2016年)など。

岡野道子 おかの・みちこ
1979年生まれ。芝浦工業大学准教授、株式会社COA一級建築士事務所共同主宰。2003年東京理科大学大学院修士課程修了、2003–05年東京大学大学院博士課程在籍後、2005–15年伊東豊雄建築設計事務所勤務、2016年岡野道子建築設計事務所設立、2022年よりCOAに改称。主な作品に「益城町テクノ仮設団地のみんなの家」(2016年)、「檸檬ホテル」(2016年)、「甲佐町住まいの復興拠点整備事業」(2019年)など。現在は長野スクールデザインの一環として、「若槻養護学校」の基本設計が進行中。

織山和久 おりやま・かずひさ
1961年東京生まれ。株式会社アーキネット代表、博士(学術)。専門は建築構法計画。東京大学経済学部卒業、横浜国立大学にて博士号取得。三井銀行、マッキンゼーを経て、1995年会社設立以来、現職。横浜国立大学・法政大学客員教授、広島県立大学特別講師。著書に『建設・不動産ビジネスのマーケティング戦略』(ダイヤモンド社、1999年)、『東京 いい街、いい家に住もう』(NTT出版、2009年)、『自滅する大都市』(ゆうぶっくす、2021年)など。

柿木佑介 かきのき・ゆうすけ
1986年大阪府枚方市生まれ。PERSIMMON HILLS architects共同主宰、建築家。2008年関西大学工学部建築学科卒業。2009年MOUNT FUJI ARCHITECTS STUDIO。2016年に廣岡周平とPERSIMMON HILLS architects設立。主な受賞に日本建築学会作品選集新人賞(2020年)、日事連建築賞日事連会長賞(2022年)など。

葛西慎平 かさい・しんぺい
1986年石川県生まれ。2010年滋賀県立大学環境科学部環境建築デザイン学科卒業、2013年リスボン工科大学建築学部留学、2014年東京大学大学院工学系研究科建築学専攻修了。2014年日本建築学会優秀修士論文賞、トウキョウ建築コレクション全国修士論文展金箱温春賞受賞(修士論文「リスボン・バイシャ地区の復興プロセスに見る一貫性と適応性」)。2014–18年MOUNT FUJI ARCHITECTS STUDIO勤務。2018年よりSAND所属。現在は主に台湾における中・大規模な建物の設計監理に携わり、個人でも設計活動と執筆活動を行う。

香月真大 かつき・まさひろ
1984年東京生まれ。キュレーターアーキテクト。専門は建築設計と展覧会企画。法政大学建築学科卒業、早稲田大学大学院建築学専攻修了。SIA一級建築士事務所、すぎなみの街並みをつくる会、杉並建築展実行委員会を運営。展覧会企画に「杉並建築展」(高架下倉庫ギャラリー)、主な作品に「若葉町WHARF」(2018年)、「浜松町ビルディング」(2024年)など。

権藤智之 ごんどう・ともゆき
1983年香川県生まれ。東京大学大学院准教授、博士(工学)。専門は建築構法・建築生産。東京大学卒業、東京大学大学院博士課程修了。日本学術振興会特別研究員、首都大学東京准教授、東京大学特任准教授を経て2022年より現職。著書に『箱の産業』(共著、彰国社、2013年)、『建築生産』(共編著、市ヶ谷出版社、2022年)、『内田祥哉は語る』(編著、鹿島出版会、2022年)など。

佐藤研吾 さとう・けんご
1989年神奈川県生まれ。建築家。一般社団法人コロガロウ／佐藤研吾建築設計事務所代表。東京大学卒業、早稲田大学大学院修士課程修了。現在は福島県大玉村を主な拠点に据えつつ、福島−神奈川−インドという複数の地点を往還するなかでの創作活動に取り組む。同村では東日本大震災の後から活動を開始し

編著者略歴

布野修司 ふの・しゅうじ
日本建築学会名誉会員。1949年松江（島根県）生まれ。博士（工学、東京大学）。建築計画学専攻。東京大学工学部建築学科卒業。東京大学助手、東洋大学助教授、京都大学助教授、滋賀県立大学教授・副学長を経て日本大学特任教授。日本建築学会副会長、『建築雑誌』編集委員長、建築計画委員会委員長など歴任。「インドネシアにおける居住環境の変容とその整備手法に関する研究」で日本建築学会賞（1991年）、『近代世界システムと植民都市』で日本都市計画学会賞論文賞（2006年）、『韓国近代都市景観の形成』『グリッド都市——スペイン植民都市の起源、形成、変容、転生』で日本建築学会著作賞（2015年）。主要著書に『戦後建築論ノート』『スラムとウサギ小屋』『住宅戦争』『裸の建築家——タウンアーキテクト論序説』『建築少年たちの夢』『進撃の建築家たち——新たな建築家像をめざして』など。

執筆者略歴（50音順）

青井哲人 あおい・あきひと
1970年愛知県生まれ。明治大学理工学部専任教授、博士（工学）。専門は建築史・建築論。京都大学博士課程を中退後、神戸芸術工科大学、人間環境大学等を経て現職。著書に『ヨコとタテの建築論』（慶應義塾大学出版会、2023年）、『彰化一九〇六年』（acetate、2006年）など。共著に『戦後空間史』（筑摩選書、2023年）、『世界建築史15講』（彰国社、2019年）、『津波のあいだ、生きられた村』（鹿島出版会、2019年）、『沖縄と琉球の建築｜Timeless Landscapes 3』（millegraph、2022年）など。

秋吉浩気 あきよし・こうき
VUILD株式会社代表取締役CEO、建築家、メタアーキテクト。2017年に建築テック系スタートアップVUILDを創業し、「建築の民主化」を目指す。デジタルファブリケーションやソーシャルデザインなど、モノからコトまで幅広いデザイン領域をカバーする。主な受賞にUnder 35 Architects exhibition Gold Medal賞（2019年）、グッドデザイン金賞（2020年）、Archi-Neering Design AWARD 最優秀賞（2022年、2024年）、みんなの建築大賞大賞（2024年）など。主な著書に『メタアーキテクト——次世代のための建築』（スペルプラーツ、2022年）がある。

市川紘司 いちかわ・こうじ
1985年東京都生まれ。建築史家。博士（工学）。東北大学大学院工学研究科都市・建築学専攻助教。東京藝術大学美術学部建築科教育研究助手、明治大学理工学部建築学科助教を経て現職。2013–15年、中国政府奨学金留学生（高級進修生）として清華大学建築学院留学。著書に『天安門広場——中国国民広場の空間史』（筑摩書房、2020年、2022年日本建築学会著作賞）、翻訳書に王澍『家をつくる』（共訳、みすず書房、2021年）など。

井上悠紀 いのうえ・ゆうき
1988年兵庫県生まれ。一級建築士。滋賀県立大学環境建築デザイン学科卒業、同大学院環境科学研究科修了。（株）IAO竹田設計、（株）大建設計、SHARK ARCHITECTSを経て、2023年にYUUKI ARCHITECTSを設立。

今村水紀 いまむら・みずき
1975年神奈川県生まれ。miCo.共同主宰。近畿大学建築学部建築学科専任講師。明治大学理工学部建築学科卒業。妹島和世建築設計事務所を経て、2008年miCo.共同設立。主な作品に「駒沢公園の家」（2011年）、「光のあみの家」（2021年）、「鎌倉アパートメント」（2023年）など。主な受賞に、2015年「駒沢公園の家」で日本建築学会作品選集新人賞、2016年ヴェネチア・ビエンナーレ国際建築展日本館にて審査員特別表彰（共同受賞）、2020年「La・La・Grande GINZA」で日本建築学会作品選奨など。

はてしなき現代住居　1989年以後
2024年5月20日　初版発行

編著　布野修司

ブックデザイン　村上 和
DTP　大河原 哲
編集　臼田桃子（フィルムアート社）

発行者　上原哲郎
発行所　株式会社 フィルムアート社
〒150-0022 東京都渋谷区
恵比寿南1-20-6 第21荒井ビル
tel 03-5725-2001
fax 03-5725-2626
https://www.filmart.co.jp/

印刷・製本　シナノ印刷株式会社

Printed in Japan
ISBN978-4-8459-1910-9　C0052